Grenzwissenschaften

Robert Charroux

Verratene Geheimnisse

Aus biblischen und vorbiblischen Dokumenten

Wilhelm Goldmann Verlag

Originaltitel: Le Livre des Secrets Trahis
Originalverlag: Robert Laffont, Paris
Ins Deutsche übertragen von Wilfried Sczepan

Made in Germany · 5/79 · 1. Auflage · 1110
Genehmigte Taschenbuchausgabe

Umschlagentwurf: Creativ Shop, A. + A. Bachmann, München
Umschlagfoto: Mall Photodesign, Stuttgart
Lektorat: Renate Richter/Ria Schulte
Herstellung: Peter Papenbrok
Druck: Mohndruck Reinhard Mohn GmbH, Gütersloh
Verlagsnummer: 11710
ISBN 3-442-11710-0

Dieses Buch ist Jean Cocteau gewidmet
In memoriam

Ich danke *Yvette Charroux* für ihre aufopferungsvolle Mitarbeit, ferner *Catherine Krikorian,* die mir das Geheimnis der Primhistorie Armeniens enthüllte, sowie den Mitgliedern der »Tafelrunde«, die mich bei der Abfassung dieses Buches durch ihre Ansichten und Kenntnisse unterstützten.

Für die Bereitstellung dokumentarischen Materials gebührt mein Dank *Michel Simkine,* Professor *Eugène Falinski,* Professor *Louis Jacot,* dem Biologen *Beltran García* sowie meinen Kollegen und Freunden *Philippe Bernert, François Couten, S. de Davrichewy, Roger Delorme, Jean-Albert Foëx, Jacotte de Grazia, Christiane Le Cossec, Jean Roy, Lola Rofocale* und *Hélène Vetter.*

Dank schulde ich schließlich auch dem rätselhaften *M.N.Y.,* dem europäischen Delegierten der Gelben Geheimzentrale.

INHALT

PRIMHISTORIE

FRÜHGESCHICHTE

DAS MYSTERIUM DES UNBEKANNTEN

Ich finde nicht, daß irgendeine Anhänglichkeit oder sonst eine vor der Prüfung eingeschlichene Neigung meinem Gemüte die Lenksamkeit nach allerlei Gründen für oder dawider benehme, eine einzige ausgenommen. Die Verstandeswaage ist doch nicht ganz unparteiisch, und ein Arm derselben, der die Aufschrift führt: Hoffnung der Zukunft, hat einen mechanischen Vorteil, welcher macht, daß auch leichte Gründe, welche in die ihm angehörige Schale fallen, die Spekulationen von an sich größerem Gewichte auf der anderen Seite in die Höhe ziehen.

Immanuel Kant

VORWORT

Die Menschheit läuft Gefahr, ausgerottet zu werden, ohne etwas über ihren Ursprung erfahren zu haben, ohne zu wissen, ob ihr Geschick von unbekannten Herrschern gelenkt und der natürliche Ablauf ihrer Geschichte verfälscht wurde.

Die Menschen wissen nicht, ob höherstehende Vorfahren in sehr ferner Zeit heutzutage unbekannte große Kulturen geschaffen und wie wir die Eroberung des Weltalls versucht haben.

Geheimnisse, die uns durch ihre Unerforschbarkeit gleichermaßen faszinieren und beunruhigen, erregen immer wieder unsere Neugier: das Aufblühen der ägyptischen Baukunst wie durch Zauberhand, der Bau der Pyramiden, die griechische Mythologie, das rätselhafte Land der Hyperboreer und der Atlantiden, die »Türme der fliegenden Menschen« von Simbabwe und Peru, die Levitation, die Kabbala, der Gral und die alten Geheimgesellschaften.

Nun gibt es und gab es zu allen Zeiten unbelehrbare Individuen, die, vielleicht in dem Vorgefühl, das Ende eines Zeitalters zu erleben, nur den einen Wunsch haben, sich die Scheuklappen von den Augen zu reißen und all das, was man ihnen aufgeschwatzt hat, erneut in Frage zu stellen.

In diesem Bemühen wollen wir am Rande der offiziellen Geschichtsschreibung in Form von Hypothesen neue Deutungen der sichtbaren und unsichtbaren Historie vorstellen, unterstützt durch Einblicke in das, was man die »Parallelwelten«, die Andere Welt, Anti-Zeit, Anti-Universum zu nennen übereingekommen ist, und zwar nicht in der anmaßenden Tonart eines seiner Sache sicheren Volksredners, sondern mit der Bescheidenheit des unermüdlichen Forschers, der sich dennoch bewußt ist, einige wenige Schritte vorangekommen zu sein.

Ein ungeheuerlicher Irrtum hat das Verständnis für den Werdegang der Menschheit verfälscht, und so nahm die Geschichte, die Vorgeschichte genau den Verlauf, den man beabsichtigt hatte.

Ein winziger Federstrich auf einer fünfhundert Millionen Kilometer langen Linie, ein Staubkorn in der Sahara – das etwa sind, konkret gesprochen, unsere geschichtlichen und vorgeschichtlichen Zeiträume innerhalb des Raum-Zeit-Begriffs.

Soll man vernünftigerweise glauben, daß unsere Zivilisation auf diesen winzigen Federstrich, auf dieses unscheinbare Sandkorn beschränkt ist?

Uralte Überlieferungen, dunkle und festverwurzelte Anschauungen lassen uns vielmehr vermuten, daß dem Menschen ein großartiges Schicksal bestimmt war, das er im periodischen Auf- und Abstieg untergegangener Kulturen erlebt haben dürfte, aber die offizielle Wissenschaft verhält sich ablehnend gegen das, was aus den Abgründen der Vergangenheit zurück ans Tageslicht drängt.

Demnach scheint eine einzige Wahrheit fortzubestehen: die des Geheimnisses, an die man glauben muß wie an eine gültige und unzerstörbare Realität.

Einer der größten Geister aller Zeiten, der Physiker Albert Einstein, der Mensch, der vielleicht am meisten befähigt war, alle Dinge zu begreifen und zu verstehen, hat uns den goldenen Schlüssel zur Enträtselung des Wunders Mensch in die Hand gegeben:

Das schönste Gefühl, das man empfinden kann, schreibt er, ist das Gefühl des Geheimnisvollen. Es ist die Quelle jeder wahrhaften Kunst, jeder wahren Wissenschaft. Derjenige, der diese Ergriffenheit nie gekannt hat, der nicht die Gabe des Erstaunens und des Entzückens besitzt, könnte ebensogut tot sein: Seine Augen sind verschlossen.

PRIMHISTORIE

Unter »Primhistorie« verstehen wir den der Frühgeschichte vorausgehenden, mit der Vorgeschichte gleichlaufenden Abschnitt der Menschheitsgeschichte, nur mit dem Unterschied, daß die Primhistorie die Existenz fortgeschrittener Kulturen voraussetzt.

I. UNTERGEGANGENE STÄDTE – VERWÜSTETE ERDE

Die Bibel berichtet von der Sintflut, die babylonischen Tontafeln geben uns eine genau entsprechende und dabei wesentlich ältere Version dieses Ereignisses. Hier liegt, im wahren Sinne des Wortes, geschriebene Geschichte vor, die man gemeinhin als das erste Zeugnis unserer Kultur betrachtet.

Dieses Postulat entspringt unserer Ansicht nach aus einem jahrtausendealten Irrtum der Hebräer und der Christen, für die die Thora und die Bibel unumstößliche Wahrheiten bleiben müssen. *Nicht eine Zeile ändern ... nicht ein Wort ... nicht ein Iod,* so fordern es die hebräischen Texte.

Gewiß hat die Welt den Hebräern, den Indern, den Ägyptern und den Griechen viel zu verdanken. Gewiß ist die Bibel ein wertvolles Dokument, aber Adam und Eva waren weder Semiten noch Inder, weder Ägypter noch Griechen. Eine solche Vorstellung läßt die seit einem Jahrhundert vorangetriebenen Entdeckungen sehr entwickelter prähistorischer Lebensgemeinschaften und Kulturen, die den Schreibern bzw. Abschreibern des ersten Buches Mosis leider unbekannt geblieben sind, leichtfertigerweise unberücksichtigt.

Nach Ausschaltung der Pseudo-Hominiden – des Australopithecus, des Sinanthropus, des Pithecanthropus, des Menschen von Fontéchavade und von Piltdown, die alle entweder offenkundige Fälschungen oder Hirngespinste darstellen –, hat es den Anschein, daß der erste bekannte Mensch der von Cro-Magnon ist, ein echter, etwa vierzigtausend Jahre alter Bewohner der Provinz Périgord.

Verfolgt man unbeirrt die durch die Prähistorie vorgezeichnete Linie, hat unsere Kultur ihren Ursprung in den Malereien, die man im Périgord fand, denn man kann den Zeichnern von Poitou, die ihre Zeichen in die steinernen Bücher der prähistorischen Bibliothek von Lussac-les-Châteaux (Vienne) einmeißelten, und den aus dem Périgord stammenden Malern der Höhlen von Montignac-Lascaux (Dordogne) die Eigenschaften kultivierter Menschen schwerlich absprechen.

Trotzdem lehnen es die Archäologen entweder aus religiösem Sektierertum oder aus Mangel an Überzeugung und Disputier-

freudigkeit ab, sich eine echte Cro-Magnon- oder Neandertalkultur mit regelrecht gebauten Städten, mit Handel, Industrie, Kunst usw. vorzustellen.
Wenn man freilich unter Kultur den Ausdruck einer der unseren vergleichbaren Gesellschaftsform versteht, dann müssen wir Cro-Magnon zweifellos wieder in den Ursümpfen versinken lassen. Geht es aber nicht ein wenig zu weit, wenn man glauben soll, daß die ersten Ansätze menschlicher Kultur ausschließlich um das Mittelmeer oder im Orient, überhaupt auf der Erde zu suchen sind?
Unsere Geschichte reicht bis weit vor die Tontafeln der Sumerer zurück, denn die mündliche Überlieferung und die Geologie tragen uns die Kunde von fernen Ereignissen zu, die außerhalb der Welt der Alten stattgefunden haben und schwer zu datieren sind, deren Authentizität jedoch feststeht.

Die Welt jenseits der Meere

In keltischen Überlieferungen ist von einer Anderen Welt die Rede, die »jenseits der Meere« im Westen liegt, während die Bibel, eingekapselt in ein inzwischen veraltetes egozentrisches System, die Wiege der Menschheit in den Nahen Osten zwischen Euphrat und Tigris verlegt, wobei jedoch die Möglichkeit einer Ausdehnung in Richtung von Gottes Himmel vorgesehen ist, unter dem man vielleicht die Gestirne zu verstehen hat.
Dadurch, daß Theologen und Historiker sich das biblische Postulat bereitwillig zu eigen machen, haben sie dem Himmel uneingeschränkten Kredit eingeräumt.
Was aber sollen wir von den irischen, walisischen, französischen, spanischen, mexikanischen Überlieferungen und den verschiedenen Mythologien der Welt halten, die alle ihre eigene Weltentstehungslehre haben?
Wenn wir ehrlich sein wollen, muß sich unsere Untersuchung wahrscheinlicher Kulturen an der Gesamtheit aller Überlieferungen orientieren und eine Vereinigung aller Wege anstreben, deren Ziel die logische Welt ist, zu der uns die Erkenntnis führt.
In diesem Sinne liegt der geometrische Mittelpunkt der Menschheit nicht im Orient, und die bekannte, verstandene, erlebte Geschichte beginnt weder in Sumer noch mit der Sintflut, die beide

für die konventionellen Archäologen jenen idealen Punkt darstellen, an dem sich wissenschaftlich beweisbare Fakten und herkömmliche Vermutungen berühren.
Unleugbar muß die im ersten Buch Mosis erwähnte Sintflut viel furchtbarere Auswirkungen gehabt haben, als sie in der Gegend zwischen Euphrat und Tigris bekannt geworden sind. Die Erde wurde bei Ys in der Bretagne ebenso wie zwischen Frankreich und England überflutet: eine vorsumerische historische Gewißheit.
In chronologischer Reihenfolge gehen die prähistorischen alphabetartigen Schriften von Glozel (Allier), Newton (Schottland), Alvão (Portugal), Bautzen (Sachsen) und Costi (Rumänien) den babylonischen Tontafeln um mehrere Jahrtausende voraus und deuten auf das Vorhandensein kultivierter Völker hin, die Erben sehr alter untergegangener Kulturen gewesen sein müssen.
Starrköpfig verschanzen sich die Archäologen hinter einem kümmerlichen Rationalismus: Da es vor mehr als dreieinhalbtausend Jahren kein Eisen gegeben habe, ist folglich die Bronze älter als das Eisen (was völlig absurd ist, weil man lediglich die Haltbarkeitsgrenzwerte der Materie berücksichtigt); da es keine älteren Ruinen als die babylonischen Zikkurats gebe, hat die zivilisierte Welt folglich ihren Ursprung in Sumer! Eben nicht!

Buffon, Laplace, Arago, Humboldt sagen ja – warum nicht wir?

Chinesische Überlieferungen bezeugen, daß die irdische Kultur mehrere hunderttausend Jahre vor der Jetztzeit ihren Ursprung hat. Der französische Naturforscher Buffon war der Meinung, daß in einigen Gegenden der Erde *Granite, Porphyre, Jaspisse, Quarze massenweise zusammen mit anderen fossilen Körpern, den seltsamsten der Erde, auf eine Gefällelinie geworfen werden.*
Der berühmte Mathematiker Laplace schrieb in seiner *Exposition du Système du Monde:*
Große Völker, deren Namen man in der Geschichte kaum kennt, sind von dem Erdboden, den sie bewohnten, verschwunden; ihre Sprache, ihre Städte, alles wurde vernichtet; von den Denkmälern ihrer Wissenschaft und ihrer Industrie blieben nichts als eine dunkle Überlieferung und einige Bruchstücke, deren Herkunft ungewiß ist.

Alexander von Humboldt, der Schöpfer der botanischen Geographie, war davon überzeugt, daß eine Katastrophe riesigen Ausmaßes den größten Teil der alten, bewohnten Erde unter Wassermassen hatte versinken lassen.

Es steht einwandfrei fest, schrieb Dominique François Arago, *daß Überschwemmungen die von den Geologen beobachteten Wirkungen nicht erklären.* Der große französische Physiker glaubte an eine tiefreichende Umwälzung der Erdoberfläche, die durch eine kosmische Katastrophe hervorgerufen worden war.

Es liegt eine Fülle großartiger überlieferter Beweise vor, die uns erkennen lassen, daß es vor jener verheerenden Umwälzung auf der Erde eine allumfassende Kultur gegeben hat, von der nur Spuren übrigblieben, hatte 1785 Jean Sylvain Bailly, Astronom des Königs und Mitglied der Akademie der Wissenschaften, behauptet.

Ausgehend von den Entdeckungen berühmter Männer, hatte der Schriftsteller d'Espiard de Colonge das Problem so formuliert:

Alles scheint auf der Erdoberfläche in ungeordnetem Zustand angehäuft zu sein. Man möchte sagen, daß eine andere Welt auf die Erde gefallen oder durch auf die Erde geschleuderte Überreste unserem Planeten hinzugefügt worden sei.

Heute sind sich Geologen, Ethnologen, Archäologen und Gelehrte aller Disziplinen in der Erkenntnis einig, daß mehrere große Erdbeben und Flutkatastrophen in Zeitabständen von 4000, 10 000, 16 000 Jahren usw. vor unserer Zeitrechnung die Erde verwüstet und ihre Bevölkerung ausgerottet haben.

Alles würde also eindeutig die Echtheit der untergegangenen Kulturen bestätigen, wenn die Prähistoriker mit ihren Begriffen Altsteinzeit und Jungsteinzeit und mit ihrer Vorstellung vom verblödeten, direkt vom Affen abstammenden Menschen nicht den Zweifel in die Gemüter gesät hätten!

Unter solchen Voraussetzungen, das heißt, wenn Orang-Utans oder Menschenaffen als unsere Vorfahren angesehen werden, kann man natürlich unmöglich zugeben, daß diesen Vorfahren das Fernsehen, die Radioaktivität und die Raumfahrt bekannt gewesen sein mochten.

Seit einigen Jahren stellen jedoch zwei Entdeckungen alles erneut in Frage und machen die Theorien der Prähistoriker alter Schule zunichte:

1. Es ist wenig wahrscheinlich, daß der Mensch vom Affen abstammt;
2. Paläolithikum (Altsteinzeit) und Neolithikum (Jungsteinzeit) sind reine Erfindungen, ungeheuerliche Fehlleistungen, und beruhen, wie wir nachweisen werden, lediglich auf falschen Auslegungen (wir werden diese Frage noch behandeln), doch ist es vielleicht zweckmäßig, von jetzt ab auf einen Punkt hinzuweisen, der eine Beurteilung gestattet: Unsere Vorfahren haben niemals Messer, Beile oder sonstige Werkzeuge aus Feuerstein benutzt, ausgenommen einige »geistig Minderbemittelte«, die man heute der Zunft der Clochards oder Pennbrüder zurechnen würde. Wenn die Menschen in der Vergangenheit den Feuerstein laufend verarbeitet und benutzt hätten, müßte man Milliarden und aber Milliarden Werkzeuge finden. Nun, *man findet praktisch nichts,* d. h. kaum einige hunderttausend Beile (das Hauptwerkzeug), *was gerade ausreicht, um pro Generation zehn bis höchstens zwanzig Erdbewohner nachzuweisen,* nicht einen einzigen mehr!

Andererseits existieren noch immer die Beweise: Durch die Sintflut und die kosmische Katastrophe wurden Städte begraben und Kontinente verschlungen, also sind unbekannte Kulturen der unseren vorausgegangen.

Buffon, Laplace, Humboldt, Arago und zahlreiche andere Gelehrte glaubten daran: Warum nicht wir?

Tempel und Städte unter Sandwüsten und Ozeanen

In der Wüste Gobi haben sowjetische Archäologen gewaltige Grundbauten, die stellenweise in den Dünen zum Vorschein kamen, freigelegt und wiederhergestellt. In der Arabischen Wüste findet man nicht weit von Marib (Jemen) den einstigen Ort Saboea, die Hauptstadt der Königin von Saba, doch unter den Ruinen erkennt man die Fundamente einer sehr viel älteren Stadt, die aus der Zeit stammt, als Arabien ein reiches, fruchtbares und gut bewässertes Land war.

Weiter nördlich, noch mitten in der Wüste, erheben sich etwa 120 km westlich der syrischen Stadt Homs die Ruinen von Palmyra. Warum und auf welche Weise wurde diese im Altertum sehr mächtige Stadt inmitten der Sandwüste gebaut? »Man ist auf

Vermutungen angewiesen«, behaupten die Historiker mit um so größerem Unbehagen, als sie genau wissen, daß in der Hauptstadt der Fürstin Septimia Zenobia Hunderttausende von Einwohnern aßen, tranken und lebten. Alles wird klar, wenn man annimmt, daß die trockene und unfruchtbare Wüste einst blühendes Ackerland war.

Salomo sei der Erbauer von Palmyra gewesen, bezeugt die jüdische Überlieferung, aber Ruinen existierten schon immer an dieser Stelle, und einige Chronisten, darunter A. d'Espiard de Colonge, behaupten, daß ein sehr berühmter König (König Salomo) in einer verschütteten Stadt einen mächtigen Schatz gefunden habe, der in einem furchtbaren Unwetter verlorengegangen und die Quelle seiner so gepriesenen Reichtümer gewesen sei, deren Herkunft jedoch von keinem Gewährsmann habe genau angegeben werden können. König Salomo habe Expeditionen nach Ophir gesandt – von dem man annimmt, es sei Simbabwe in Südrhodesien gewesen –, um sich das zum Bau des Tempels erforderliche Gold zu beschaffen. Bekanntlich sei die Ausbeute aber ziemlich enttäuschend gewesen: 420 Talente Feingold je Expedition, entsprechend 14 Millionen Dollar im Jahre 1941. Salomo war in Wirklichkeit ein armer König, der sich für den Bau des Tempels mit König Hirom zusammentat. Die Behauptung von Monsieur de Colonge entbehrt also nicht der Logik.

Die alte griechische Stadt Kopai (Copae) sei einst von Herakles zerstört worden, berichtet die Sage, hinter der sich freilich eine rationalere Wahrheit verbirgt.

Auf dem Grunde des Kopai-Sees waren noch im vorigen Jahrhundert deutlich die Spuren einer Stadt zu erkennen, die vor fünftausend Jahren gute fünfzig Meter höher gelegen sein mußte.

Mit Erstaunen haben die Archäologen tatsächlich ein Netz von Abflüssen entdeckt, die das verunreinigte Wasser ins Meer leiten sollten. Obwohl die Stadt im Talkessel eingebettet lag, steigen die Kanäle, statt abwärts zu verlaufen, von Kopai aus an. An dieser Stelle muß folglich eine gewaltige Katastrophe stattgefunden haben, an die sich aber schon die Griechen des Altertums nicht mehr erinnerten, denn sie schrieben sie dem Zorn des Herakles zu.

Dennoch war Kopai allem Anschein nach eine mächtige Stadt, denn man stößt immer wieder, wenn man von den fünfzig Sammelkanälen ausgeht, auf tiefe, in den Felsen gehauene Schächte, die als Belüftungskanäle vorgesehen waren. Das Ganze stellt eine derart titanenhafte Arbeit dar, daß weder das Griechenland des Perikles noch das heutige Griechenland sie hätte unternehmen und zu einem guten Ende führen können.

Die aus den Wassermassen geretteten Eingeweihten

In Ägypten werden in jedem Jahrhundert mehrere verschüttete Tempel freigelegt, und es steht außer Zweifel, daß der Wüstensand noch zahlreiche unbekannte Städte bedeckt.

Man hat die Baudenkmäler des hunderttorigen Theben mit seinen prächtigen grottenartigen Königsgräbern, seinen unterirdischen mehrgeschossigen Palästen zu Tage gefördert, ebenso die Bauten von Karnak mit dem königlichen Wandelgang, wo eintausendsechshundert schnurgerade ausgerichtete, übergroße Sphinxe feierlich Wache hielten.

Man hat die große Sphinx vom Sand befreit, hat den unteren Teil der Pyramiden freigelegt, aber das alte Ägypten aus der Zeit vor den Pharaonen und vor der Sintflut schläft weiter unter Millionen Kubikmetern Sand, dessen Anhäufung man gern erklären möchte.

Der Baron d'Espiard de Colonge, der seine Lebensarbeit der Erforschung dieses Problems und dem Sammeln nordafrikanischer Überlieferungen und Sagen widmete, hat hierüber in seinem 1882 in Paris erschienenen Buch *L'Egypte et l'Océanie* aufschlußreiche Enthüllungen veröffentlicht:

In uralten Zeiten soll es inmitten der großen Pyramiden und westlich der umfangreichen Ruinen von Memphis ein Serapeum sowie Überreste einer alten Säulenhalle gegeben haben, die mehr oder weniger verschüttet sind und sich in der unübersichtlichen Wüste nur schwer wiederfinden lassen. Dieser Ort, so fügt die Legende hinzu, weist die Ausmündungen langer unterirdischer Stollen oder Gänge auf, durch die man zu Labyrinthen und alten und ungewöhnlichen Behausungen gelangen kann, von denen die Pyramiden lediglich die dicken, schwerfällig-plumpen vorgetäuschten Turmspitzen darstellen.

Weitverzweigte Nebengänge, die untereinander in Verbindung stehen, gaben diesen Bauten den Charakter einer unterirdischen Stadt, die, statt von den Wassermassen verschlungen zu werden, in einer tiefen Schlucht aus trockener Substanz verborgen ruht (diese Wendung bedeutet zweifellos, daß es sich um eine unter den Sandmassen begrabene und nicht vom Wasser überflutete Stadt handelt).

Monsieur de Colonge fügt, stets ohne seine Quellen anzugeben, hinzu, daß dieses Geheimnis lange verborgen bleiben werde, denn Kollegen von Eingeweihten hielten ihre Sitzungen in der verschütteten Stadt ab, die auch *hohen Persönlichkeiten des Westens* schon als Zufluchtsstätte gedient hätte.

Mit anderen Worten: Es dürfte unter der ägyptischen Wüste ein unterirdisches Reich existieren, das dem tibetanischen Agharti entspricht.

Weil sie durch »Berechnungen sowie bedeutende und gelehrte Beobachtungen« lange im voraus erkannten, daß über die Erde eine große Katastrophe hereinbrechen werde, hatten die Eingeweihten Ägyptens und des Abendlandes diese Zufluchtsstätten bauen lassen. Dort konnten sie die Gefahr bannen und gleichzeitig »wertvolle Gegenstände jeglicher Art« sowie *»die Archive der Urwelt«* retten.

Die Behauptungen von Monsieur de Colonge sind zugegebenermaßen wenig überzeugend, doch vergißt man im allgemeinen, daß die Ausgrabungen des berühmten französischen Ägyptologen Auguste Mariette in der Mitte des neunzehnten Jahrhunderts seine phantastische Deutung bestätigen halfen.

Unter der Sphinx

In einer Tiefe von etwa 60 Fuß (18 m) unter der Sphinx, wo er Ausgrabungen vornehmen ließ, fand Mariette gigantische Bauten und einen prächtigen, mit zahlreichen Gemächern und Gängen ausgestatteten Tempel aus Granit und Alabaster ohne Inschriften und ohne erhabene Arbeiten, der seit Jahrtausenden vom Sand zugedeckt lag und von dessen Existenz kein Historiker auch nur die geringste Ahnung hatte. Nach Ansicht der Archäologen – ob berechtigt oder nicht, sei dahingestellt – wurde die Sphinx von Gizeh auf einem Felsplateau errichtet.

Die Überlieferung behauptet, daß die Sphinx seit Menschengedenken besteht, und vielleicht verhält es sich mit den Pyramiden, die ganz offensichtlich nicht in einer Wüste erbaut wurden, ebenso.

In dem Buch *Phantastische Vergangenheit – Die unbekannte Geschichte der Menschen seit hunderttausend Jahren* hatten wir zur Erforschung dieses Geheimnisses einen bisher unveröffentlichten wichtigen Beitrag geleistet, dem wir jetzt noch etwas hinzufügen können.

Falls die Pyramiden das sind, wofür man sie hält: eine Art von Landmarkierungen, die imstande sind, irdischen Katastrophen und dem Verschüttetwerden durch Sandmassen zu widerstehen, muß man auch gelten lassen, daß sie gleichermaßen das Heiligtum waren, in dem die kostbarsten Dokumente der antiken Kulturen an verborgenen Stellen aufbewahrt wurden.

Demnach lag es wahrscheinlich in der Absicht der Erbauer, den Pyramiden Abmessungen, eine Masse sowie eine äußere und innere architektonische Form zu geben, die Zeugnis ablegen sollten von dem hohen Niveau der mathematischen und astronomischen Kenntnisse.

Die ägyptischen Baudenkmäler sind ausdrucksvoll-beredte Riesensteine, die schon vielen Nichteingeweihten Kopfzerbrechen verursacht haben. Dennoch ist eine äußerst merkwürdige Tatsache zu verzeichnen: Trotz ungezählter wissenschaftlicher, pseudo-wissenschaftlicher, okkulter und sonstiger Bemühungen ist es nicht gelungen, den Pyramiden von Gizeh ihr Geheimnis zu entreißen.

Die Pyramiden

Der Zeitpunkt ihrer Erbauung ist noch immer ein Geheimnis: Napoleon schätzte ihr Alter auf viertausend, der griechische Geschichtsschreiber Herodot dagegen auf sechstausend Jahre. Üblicherweise sind die Pyramiden Grabmäler und dürften wie die Sphinx aus der IV. Dynastie stammen, d. h. etwa 2900 Jahre v. Chr. erbaut sein.

Nach dem Historiker Abu Sa'id el Balchi *wurden die Inschriften der Pyramiden ins Arabische übersetzt; daraus ging die Zeit ihrer Erbauung hervor; es war aber zu der Zeit, als das Sternbild der*

Leier im Zeichen des Krebses stand. Die Berechnung ergibt zweimal 36 000 Sonnenjahre vor der Hedschra.

Das erscheint reichlich übertrieben.

Papyri, die von den arabischen bzw. koptischen Archäologen Armelius, Abumazar und Murtadi bei ägyptischen Mumien gefunden wurden, liefern Zusammenhänge von größerer Wahrscheinlichkeit.

Zu dieser Zeit, so berichten die Texte, *sah Saurid, der Sohn des ägyptischen Königs Sahluk, im Traum einen riesigen Planeten mit fürchterlichem Krachen auf die Erde niederfallen; dadurch entstand auf der Erde die Finsternis. Die fast völlig vernichtete Bevölkerung wußte nicht, wohin sie sich retten sollte, um dem mit der Katastrophe einhergehenden Steinrutsch und dem nachfolgenden heißen, stinkenden Wasser zu entgehen ... Diese Ereignisse müssen stattgefunden haben, als das Herz des Löwen in die erste Minute des Krebskopfes eintrat. Daraufhin ordnete König Saurid den Bau der Pyramiden an.*

Dieses Zeugnis steht in Wechselbeziehung zu dem in allen Sagen der Welt berichteten Einsturz des Himmels, der sich unserer Meinung nach auf das Erscheinen des Planeten Venus bezieht.

Die Alten behaupteten, daß der heute völlig verschwundene Kalkbewurf der Pyramiden Inschriften in einer unbekannten Sprache getragen habe, die der arabische Historiker und Arzt Abd al Latif im sechzehnten Jahrhundert noch mit eigenen Augen gesehen hat.

Wie dem auch sei, keine Hypothese kann das Mysterium der Pyramiden auf befriedigende Weise erklären: Ihr Sinn ist nach wie vor problematisch, ihre Beschriftung konnte nicht wiedergefunden werden, und ihre Bauweise bleibt für uns unerforschlich.

Stets wird zu klären sein, schreibt der französische Archäologe Edme François Jomard, *warum eine so gigantische Anhäufung von Steinen übereinandergetürmt wurde. Und warum all diese Gänge, diese Überfülle von Gemächern, dieser tiefe Schacht angelegt wurden, dessen Ausgang oder unteres Ende man nicht kennt ... diese schrägen, horizontal verlaufenden, abgewinkelten Kanäle von unterschiedlichen Abmessungen ... diese fünfundzwanzig auf den Seitengängen des hohen Saales angebrachten Zapflöcher; der erhöhte große Saal, an den sich ein äußerst niedriger Gang anschließt; jene drei eigenartigen Zwischenfächer, die dem mittleren Raum vorausgehen und deren Form und Einzelheiten keine Ähnlichkeit mit etwas Bekanntem aufweisen ...*

Keine Ähnlichkeit mit etwas Bekanntem! Vielleicht liegt hier des Rätsels Lösung.
Freilich haben die Okkultisten diese Fragen beantwortet, indem sie behaupten, es müsse sich um eine für Initiationszwecke bestimmte, zu durchlaufende Strecke gehandelt haben; freilich weisen andere Bauwerke in der Welt wohl ähnliche, aber nicht genau übereinstimmende Geheimnisse auf: die Hünensteine, die schnurgeraden Reihen der Menhire und die Megalithhöhlen in der Bretagne und in England, der Tempel Hagiar Kim auf der Insel Malta, die Steinbilder der Osterinsel, die Erdpyramiden der Polynesier. In vielerlei Gestalt zeigt sich auf unserer Erde das Unbekannte, das Geheimnisvolle, doch die Innenarchitektur der Pyramiden Ägyptens ist in besonderer Weise »mit nichts Bekanntem« vergleichbar.

Außerplanetarische Bauwerke?

Deshalb erhebt sich die Frage: Was, wenn Sinn und Ursprung der Pyramiden Vorstellungen und Begriffen zuzuordnen sind, die den Erdbewohnern unbekannt sind?
Diese Vermutung wurde eines Abends auf einer Versammlung der »Tafelrunde« geäußert, wo die Mitglieder einer Pariser Geheimgesellschaft die Probleme des phantastischen und geheimnisvollen Unbekannten erörtern und zu klären versuchen. Die Gesellschaft trifft sich von Zeit zu Zeit im Hinterzimmer eines Restaurants auf dem Montmartre in der Rue Rodier. Um einen von einer Petroleumlampe erleuchteten runden Tisch sitzend, schlagen acht Personen – vier Männer und vier Frauen – für jedes Rätsel Erklärungen vor, die von wissenschaftlichen und religiösen Dogmen völlig frei sind, damit sie die in Raum und Zeit (oder einer Raum-Zeit) unterschiedlichen Wahrheiten zu erkennen vermögen, die von Menschen, die dem herkömmlichen Rationalismus verhaftet sind, nicht anerkannt werden dürften. Bei der Hypothese, daß Menschen von einem anderen Planeten auf die Erde gekommen seien, müßten jene uns überlegenen Vorfahren, nachdem sie jahr-

hunderte- oder gar jahrtausendelang auf der Erde gelebt hatten, den Zeitpunkt der Weltuntergangskatastrophe eigentlich genau vorausberechnet haben.

Da sie künftigen Generationen ein Mahnmal hinterlassen wollten, das diesen zur Lehre dienen mochte, ließen sie in Ägypten die Pyramiden (und in Bolivien das Tor von Tiahuanaco) errichten.

Das Wissen der Außerirdischen war offensichtlich durch ihre Wesensart bedingt; kein Archäologe hat bisher mit seinem erdgebundenen Verstand darüber Aufschluß zu geben vermocht, doch wird eine zunehmend fortschrittliche Entwicklung in Zukunft eine Enträtselung der Botschaft ermöglichen.

Sobald die Richtung der Großen Pyramide mit der nördlichen Himmelsgegend zusammenfällt, würde dies das Zeichen eines neuen Zeitalters sein, und dann würde die auf dem Grunde des geheimnisvollen Brunnenschachtes verborgene Wahrheit unverhüllt, leuchtend und vielleicht furchtbar aus der Tiefe ans Licht des Tages emporsteigen.

Die Empiriker konnten auf ihrer Suche nach feststehenden Meßwerten und Koordinaten bei den zweifellos sehr gründlich erforschten Dimensionen des Bauwerkes lediglich eine noch sehr kümmerliche, noch stumme Wahrheit voraussagen.

Ohne Licht in des Rätsels Dunkel zu bringen, geben uns diese Überlieferungen und archäologischen Entdeckungen dennoch die Gewißheit, daß die Fundamente der Pyramiden lange vor der Sintflut der Bibel gelegt wurden.

Zufluchtsstädte

Darf man wirklich annehmen, daß die Geheimstadt Gizeh – falls sie existiert – den Menschen möglicherweise mehrmals im Laufe *mehrerer Sintfluten* als Zufluchtsstätte gedient hat und daß ihr bei der nächsten Katastrophe wieder dieselbe Aufgabe zufallen wird?

Diese Annahme, die in eingeweihten Kreisen für durchaus glaubwürdig gehalten wird, läßt vermuten, daß unter den Pyramiden noch *im wahren Sinne des Wortes vorsintflutliche Archive verborgen sind.*

Die indischen, kleinasiatischen sowie nord- und südamerikanischen Überlieferungen bestätigen in seltsamer Übereinstimmung, daß

die Eingeweihten aller Kontinente stets einen sicheren Zufluchtsort zu finden wußten.
In seinem 1922 erschienenen Reisewerk *Tiere, Menschen und Götter* berichtet der polnische Schriftsteller Ferdynand Antoni Ossendowski, daß ein chinesischer Lama zum Bogdo Khan gesagt habe, die unterirdischen Höhlen Amerikas würden durch das alte Volk bewohnt, das unter der Erde verschwunden sei.
Eine Legende? Durchaus nicht. Wohl steht fest, daß die amerikanischen unterirdischen Städte nicht mehr von dem »Volk, das unter der Erde verschwand«, bewohnt werden, aber sie *waren* vor einigen Jahrtausenden bewohnt. Im vorigen Jahrhundert noch sah der Naturforscher Charles d'Orbigny in den Ruinen von Tiahuanaco die Eingänge der unterirdischen Kanäle oder Stollen, die zu der Geheimstadt führten.
Höchstwahrscheinlich dienten die offenen Hünengräber und die überdeckten Gänge in der Bretagne und Irland zur Zeit der großen kosmischen Katastrophe ebenfalls als »Schutz gegen den Steinfall vom Himmel«. In der Nähe von Néant im Departement Morbihan, am Anfang des Waldes von Brocéliande, befindet sich der Ortsteil Pertuis Néanti, wo nach Ansicht der Empiriker der Eingang zu einem geheimen keltischen Zufluchtsort, ähnlich dem in Tibet gelegenen Agharti, zu suchen sein dürfte.
Bei den Peruanern des Xauxa-Tales, bei den um die Seen herum ansässigen Mexikanern und Indianern findet man ebenfalls die Überlieferung von der geheimen Zufluchtsstätte der Eingeweihten, die mit der Neuordnung der Welt beauftragt sind.

Die Erde und der Mond

Die Bibel erklärt die Ursachen der kosmischen Katastrophe durch den Zorn Gottes, doch aus rationaler Sicht betrachtet sollte man eher an eine Störung unseres Sonnensystems denken.
Das Drama der Sintflut, sagte man im Altertum, muß mit dem *Auftauchen eines neuen Planeten* zusammengetroffen sein.
Baron d'Espiard de Colonge stellt eine Theorie auf, die zunächst wenig glaubhaft erscheint, die ungeprüft zu verwerfen jedoch ungerecht wäre, denn sie wird – zumindest teilweise – durch bedeutungsvolle, wenn nicht beweiskräftige Anzeichen gestützt.

Kurz, der Urheber dieser Theorie glaubt, daß der Mond einen großen Teil seiner Gesteinsrinde mitsamt der Fauna und Flora buchstäblich auf die Erde geschüttet und auf diese Weise unsere uralten Täler, unsere Städte und unsere Kulturen unter den Trümmern begraben hat. Dadurch entstanden an Stellen, wo es einst nur flaches Land gegeben hatte, Gebirge, während woanders ehemals blühende, fruchtbare und bevölkerte Gegenden unter einer Sandwüste versanken. Tatsächlich weist der Mond mit seiner gleichsam pockennarbigen, kahlen und staubbedeckten Oberfläche das Aussehen eines Planeten auf, dessen gesamte Rinde durch den luftleeren Raum weggerissen beziehungsweise irgendwohin geschleudert worden sein muß. Ohne die geringste Vegetation, scheint der Mond *skalpiert*, was vermuten läßt, daß eine furchtbare Katastrophe die Ursache war. Außerdem besitzt der Mond keine Meere und keine (oder nur eine geringe) Atmosphäre oder, was wahrscheinlicher ist, *er hat sie verloren*. Schließlich weiß man und erkennt man auf unlängst von amerikanischen Raketen aufgenommen Photos, daß der Mond einem höchst intensiven Meteoritenbombardement ausgesetzt war, das ihn mit Kratern übersät hat. Darum stellt sich die Frage: Warum wurde der Mond und nicht die Erde mit Meteoriten bombardiert? Sollte der Mond ein im Laufe einer langen Irrfahrt durch den Raum schwer angeschlagener Wandelstern sein, der nach einigen Zusammenstößen oder besser »Reibereien« mit der Erde endgültig zu ihrem Nebenplaneten oder Trabanten wurde?
Monsieur de Colonge legt einen einzigartigen Scharfsinn an den Tag, indem er mehr als ein Jahrhundert im voraus die großen Atomkriege, Naturkatastrophen und vielleicht eine Einmischung außerirdischer Wesen in die Angelegenheiten der Erdbewohner ankündigte. Gleichzeitig hält er eine These aufrecht, die seitdem klassisch geworden ist: die These von der Evolution des Universums.

Freilich klingt diese Theorie recht phantastisch, aber man darf sie nicht vorsätzlich beiseite schieben, denn jeder – mit Ausnahme der Prähistoriker – weiß, daß unsere Erde erheblichen Meteoritenbombardements ausgesetzt war, die bestimmte Gebiete unter sich begraben und ganze Bevölkerungen vernichtet haben.
Die Menschen besitzen wahrhaftig ein kurzes Gedächtnis! Sie

haben die verheerenden Stein-, Erd- und Feuerregen und die riesigen Überschwemmungskatastrophen (Sintfluten) vergessen, die in periodischen Abständen und sogar gestern noch – 1500 Jahre v. Chr. – unseren Planeten verwüstet haben.
Es ist ein reines Wunder, daß wir seit einigen Jahrtausenden in einer Zeit leben, in der der Kosmos sich friedlich verhält, ein Wunder, das nicht ewig dauern dürfte!
In diesem Geist kündigt Monsieur de Colonge an, daß den heutigen Europäern und allen anderen Völkern nur noch eine Wartezeit von einigen hundert Jahren bleibt, um sich zusammenzutun und sich auf zahlreiche Angriffe aus dem in früheren Zeiten geheimnisvollen Weltraum vorzubereiten ... eine Prüfung, die nichts weiter sein wird als eine neue kosmische Entwicklungs- oder Umwandlungsphase.

Es handelt sich nicht mehr um das Ende der Welt, fügt de Colonge hinzu, sondern um die Evolution des Universums; das mögen sich alle jene guten Leute gesagt sein lassen, die bei jeder passenden Gelegenheit, wenn nicht die allgemein anerkannten Binsenwahrheiten zur Debatte stehen, die vernünftigen Worte derer, die den verkümmerten und beschränkten Geist solcher Leute wieder aufrichten wollen *(sic)*, als Gottlosigkeit oder wissenschaftliche Phantastereien zu werten sich beeilen.

Eine vergessene Tatsache: das Ende der letzten Welt

Wie man die Theorien von de Colonge auch begründen oder rechtfertigen mag, das Auftreten weltumspannender Katastrophen, die in der Vergangenheit unseren Planeten heimgesucht haben, ist offenbar eine unwiderlegbare Tatsache.
In den letzten zehn- oder elftausend Jahren wurde der Erdball mehrmals durch Katastrophen erschüttert, zerfetzt und aufgerissen, deren Ausmaß sich nur mit den Verwüstungen vergleichen läßt, die durch die Explosion Tausender von Atombomben mit einer Sprengkraft von je hundert Megatonnen TNT angerichtet würden.
Die Weltmeere ergossen sich über die Berge und in die Täler, die Pole rissen sich von ihren Grundfesten los, Kontinente versanken,

andere, bisher unbekannte tauchten jungfräulich aus der Tiefsee empor, und fast alle Menschen wurden vernichtet.

Diese Art von Weltuntergängen ist nicht sehr alt, und unsere wie durch ein Wunder davongekommenen Vorfahren haben sie erlebt und die Kunde von dem Ereignis in Sagen und heiligen Schriften überliefert. Doch die Demiurgen unserer Gesellschaft, unserer Lehranstalten, unserer Wissenschaft geben vor, daß sie von diesen hochbedeutsamen Ereignissen nie gehört haben, oder sie sträuben sich dagegen. Atlantis soll versunken sein? Nur eine Fabel Platons! Das Land Mu? Untergegangene Kulturen? Verschüttete Städte? Nichts als Hirngespinste unwissenschaftlicher Schwätzer! Meinen die dem Herkömmlichen Verhafteten und lächeln mitleidig.

In Wahrheit ist unsere gesamte Kultur auf einem einzigen ungeheuren Betrug errichtet, dem willkürliche Prinzipien, unsinnige Annahmen und Voraussetzungen sowie sogenannte heilige Schriften mit eingeschobenen, verstümmelten, gefälschten Textstellen zugrunde liegen.

Eine Aufdeckung und Anprangerung des Schwindels und eine erneute Prüfung des Problems würden eine Riesenarbeit darstellen, einen weltweiten Umschwung, den in die Wege zu leiten die Drahtzieher nicht mehr wagen können.

Also muß man wohl oder übel das Spiel mit den gefälschten Würfeln fortsetzen, die »Fabeln« der Überlieferung belächeln und Adam aus dem Urschlamm von Sumer oder aus dem Samen eines asiatischen oder afrikanischen Affen entstehen lassen.

Wie viele verschiedene Wahrheiten würden aus dem Dunkel der Vergangenheit auftauchen und sich dem erschließen, der es unternähme, sie aus der Stromrinne der offiziellen Geschichtsschreibung emporzuziehen!

Wenn die Menschheit vor viertausend Jahren vernichtet wurde, wenn Kontinente versanken, wenn – wer weiß? – ein anderer Planet die Erde gestreift, die Weltmeere aufgesaugt oder seine Berge und vielleicht seine Städte auf die Erde stürzen ließ, müßten wir nicht unsere Kenntnisse und Anschauungen überprüfen und sie mit den Parametern der wieder lebendig gewordenen Geschichte eichen?

Das wollen wir im folgenden tun und uns dabei lediglich an die noch zugänglichen Quellen halten: die mündliche und schriftliche Überlieferung.

Nach der Sintflut: Die Welt beginnt in Armenien

Die im übrigen von wissenschaftlicher Seite anerkannte Tatsache der Sintflut wird von sämtlichen Völkern der Erde bezeugt, und zwar stets unter Angabe derselben wesentlichen Merkmale: Vernichtung aller Menschen bis auf zwei, die in einem Kahn gerettet werden und später die Erde wiederbevölkern.

In der Bibel wird die Sintflut, obwohl aus überlieferten Bruchstücken rekonstruiert, in einem gewissen Zusammenhang erzählt.

Gott sprach: *Ich will die Menschen, die ich geschaffen habe, vertilgen von der Erde, vom Menschen an bis auf das Vieh und bis auf das Gewürm und bis auf die Vögel unter dem Himmel; denn es reut mich, daß ich sie gemacht habe* (1. Mose 6, V. 7).

Nun könnten wir freilich die Ungerechtigkeit des Herrn tadeln, der in seinem rasenden Zorn alles vernichtet, Schuldige und Unschuldige, Unreine und Reine, Menschen und Tiere. Aber handelt es sich hier nicht um Symbole?

Gott tat also, wie er beschlossen hatte, machte jedoch mit dem frommen Noah, seiner Familie und den in die Arche aufgenommenen Tieren eine Ausnahme. (Gott schloß also von der Vernichtung alles aus, was im Meer oder auf dem Wasser schwimmt und lebt: Fische, Enten, Möwen, Robben, Schildkröten usw.!)

Alle Menschen gingen unter und alles, was einen lebendigen Odem hatte auf dem Trockenen, das starb. Die Überlebenden landeten mit der Arche auf dem Berge Ararat in Armenien.

Wenn man der Bibel Glauben schenkt, entstand unsere heutige Welt nicht in Sumer oder sonstwo, sondern in Armenien, und unsere Kultur ist also (mindestens) die zweite.

Die Archive der Welt wurden gerettet

Die chaldäische Überlieferung deckt sich wiederum ziemlich genau mit den Angaben der Bibel: König Xisuthros wird durch den Gott Chronos vor der über die Menschheit verhängten Sintflut gewarnt. Daraufhin vergräbt der Herrscher in Sisparis, der Sonnenstadt, »die Schriften, die vom Anfang, von der Mitte und vom Ende aller Dinge handelten« (Schriften, die demnach älter als die Bibel

sein dürften), und flüchtet sich mit seinem gesamten Hof in ein Schiff, das schließlich genau wie die Arche Noahs in Armenien landet, jedoch auf dem Berg Korkoura.
Kaum berührt das Schiff den Gipfel des Berges Korkoura, steigt König Xisuthros, der Noah der Chaldäer, in Begleitung seiner Frau, seiner Tochter und des Steuermannes aus, und alle vier wurden nie wieder gesehen, obwohl das aus dem Wasser ragende Land lediglich ein bescheidenes Eiland war: Sie wurden in den Himmel entrückt wie seinerzeit Henoch. Auf welche Weise wurden sie »entrückt«? Durch Engel oder durch Flugmaschinen?
Noah hatte, den Apokryphen zufolge, das älteste Buch der Welt in die Arche mitgenommen: das Buch Henoch. Mehrere Eingeweihte, insbesondere Henoch und Methusalem, haben während der Überschwemmung wahrscheinlich einen außerhalb der Erde liegenden Zufluchtsort ausfindig zu machen gewußt.
Auf der ganzen Welt bezeugen Überlieferungen die »Echtheit« dieser Sintflut und dieses »Weltendes«.
In Indien berichten die Wedas und das Rāmāyaṇa von einer ähnlichen Geschichte: Der Gott Brahma überträgt dem sagenhaften Manu die Aufgabe, für die Wiederbevölkerung der Erde zu sorgen. In dem neueren Bhāgavata Purāna ist es jedoch der König von Drawida, der die Rolle Manus spielt, nachdem er die wertvollen Wedas möglicherweise im Heiligtum von Agharti verborgen hatte.
In Vorahnung der Sintflut schrieb in Ägypten Hermes Trismegistos auf sogenannten Stelen in Hieroglyphen die Summe der menschlichen Kenntnisse nieder, damit sie der Vernichtung entgehen sollten. Diese Stelen oder Hieroglyphensäulen wurden auf siriadischem Land aufgestellt.
Der jüdische Geschichtsschreiber Josephus Flavius erwähnt eine Sage, nach der der Patriarch Seth, in der Absicht, die Kenntnisse und Fertigkeiten der Menschen zu bewahren und in Voraussicht der von Adam geweissagten doppelten Vernichtung durch Feuer und Wasser, zwei Säulen errichtete, und zwar die eine aus Backstein, die andere aus Felsgestein, in die diese Kenntnisse eingemeißelt wurden.
Auch die von Josephus erwähnten Säulen wurden ebenso wie die Säulen des Hermes Trismegistos im Lande Siriad errichtet, das sehr gut in Syrien oder Armenien gelegen haben kann.

Zeugnisse der Erdüberflutung

Platon berichtet, daß Solon auf seine entsprechende Frage von den ägyptischen Priestern in Sais folgende Antwort erhielt:
Nach einer bestimmten Zeitspanne veränderte eine Überschwemmung das Antlitz der Erde. Die Menschheit ist mehrmals auf verschiedene Weise zugrunde gegangen; deshalb fehlen dem neuen Menschengeschlecht Baudenkmäler und die Kenntnis vergangener Zeiten ... Nach einer Sintflut versank auch Atlantis ...
Die Griechen sprechen von zwei Sintfluten: der Ogygischen Flut, die als die älteste gilt, und der nach dem Sohn des Prometheus benannten Deukalischen Flut, die vor etwa dreitausendfünfhundert Jahren stattgefunden haben soll.
In Germanien ging der Sintflut eine ungeheure Feuersbrunst voraus, die Ähnlichkeit mit einer kosmischen Katastrophe hatte. Dergleichen ereignete sich bei den meisten anderen Völkern der Erde, wo Feuer und Wasser vom Himmel sich vereinigten, um die Menschen zu vertilgen.
Die Bibel erwähnt im zweiten Buch Mose und im Buch Josua merkwürdige Erscheinungen am Himmel und auf der Erde, die nach der Sintflut auftraten.
Im zweiten Buch Mose heißt es: ... *der Herr ließ regnen Hagel über Ägyptenland, daß Hagel und Feuer untereinander fuhren ... Und der Hagel schlug in ganz Ägyptenland alles, was auf dem Felde war, Menschen und Vieh ... Allein im Lande Gosen, da die Kinder Israel waren, da hagelte es nicht.*
Man kann natürlich diesen Schutz durch die Vorsehung anzweifeln, und zwar um so mehr, als bekannte Überlieferungen der Rabbiner behaupten, *daß fast ganz Israel zugrunde ging.*
Die Ägypter, die diese Ereignisse in die Zeit des Auszugs der Kinder Israel legen, sind der Meinung, daß eine kosmische Umwälzung die Periode des Mittleren Reiches beendete und daß fast alle Menschen umkamen. (Wir möchten hinsichtlich des Exodus Zweifel anmelden. Wahrscheinlich handelte es sich lediglich um eine lange Irrfahrt einiger Stämme. Die durch die Katastrophe übel zugerichteten Ägypter waren es bestimmt nicht, die die Juden verfolgten; in diesem Sinne dürfte die Durchquerung des Roten Meeres eine reine Fabel sein.)
Der Papyrus Ipuwer spricht von Blutströmen, rotem Erdregen,

durch Feuer vernichteten Mauern und von einer doppelten Wasserwand, welche die Menschen überspülte und unter sich begrub. Diese im Anschluß an die Sintflut auftretenden Störungen beunruhigen die Historiker und setzen sie in Verlegenheit. Handelt es sich etwa, auf Grund einer versehentlich oder absichtlich vorgenommenen späteren Texteinschaltung, um die große Weltsintflut oder, wenn man die biblische und ägyptische Datierung akzeptiert, um eine örtlich begrenzte Katastrophe?

Katastrophen weltweiten Ausmaßes werden in der griechischen Mythologie durch den Aufstand der Titanen, den Krieg der Riesen und den Kampf des Typhoeus mit Zeus dargestellt.

Das Meer und die Erde hallen wider von schrecklichem Getöse und der aus den Fugen geratene Himmel stöhnt ... Der fruchtbare Boden brennt unter Beben, die riesigen Wälder zerbersten, alles siedet und brodelt ... Die in ihren Grundfesten erschütterte Erde und der aus der Höhe hinabstürzende Himmel fließen ineinander (nach F. Giraud und A. V. Pierre: *Mythologie générale*).

Den ägyptischen Priestern zufolge behauptete Platon, daß der von Phaeton verursachte Weltbrand *durch eine Störung des Planetensystems* ausgelöst wurde.

Ein amerikanischer Gelehrter, Dr. I. Velikovsky, erweitert in seinem Buch *Worlds in Collision* diese These noch, indem er die kosmischen Störungen auf die Umkreisungen eines Kometen zurückführt, der die Erde zweimal berührte, bevor er sich in einen Planeten unseres Sonnensystems verwandelte: die strahlende Venus.

Velikovsky ist nach unserem Dafürhalten der Wahrheit sehr nahe, und wir machen uns alle seine Theorien zu eigen, wobei wir jedoch den Akzent auf eine äußerliche Tatsache legen, die, wie wir meinen, der Naturkatastrophe vorausgegangen sein muß: eine durch die Menschen heraufbeschworene irdische Katastrophe.

Ein äußerliches Ereignis, das der Autor des Buches *Worlds in Collision* übrigens in den letzten Zeilen seines Vorworts erwähnt.

Daß der Himmel auf die Erde gestürzt ist, steht unserer Ansicht nach so eindeutig fest, daß wir selbst ohne Beweis, ohne das geringste Anzeichen dafür mit unerschütterlicher Zuversicht daran glauben würden.

Die Erinnerung an die Katastrophe hatte sich bei unseren keltischen Vorfahren als lähmende Furcht manifestiert, der Himmel könnte über ihnen zusammenstürzen.

Die Litauer lassen nach dem Ereignis nur einen einzigen aus göttlichem Geschlecht überleben: den Arier Mannus, dessen Name dem indischen Manu, dem griechischen Minos, dem kymrischen Menw und dem ägyptischen Menes gegenüberzustellen ist.
Die Sintflut der katholischen Abessinier, der Türken und der Araber ist der biblischen Sintflut nachgestaltet. Afrikanische Sagen berichten, daß eines Tages vor sehr langer Zeit der Himmel auf die Erde gestürzt sei.
Das Bundahishn, das heilige Buch der Zoroaster-Anhänger, erzählt von einem Krieg zwischen dem Himmel und der Erde, zwischen den Sternen und Planeten. Ahriman, der Gott des Bösen, habe unseren Erdball mit giftigen Bissen durchbohrt.
Von Ovid wissen wir, daß der Kaukasus in Flammen aufging, was mit den dortigen Erdölvorkommen und mit Aserbeidschan, dem »Land des Feuers«, zusammenhängen muß.
In Indien wird die kosmische Katastrophe durch den Kampf zwischen Wischnu oder Krischna und der Schlange verursacht. In einem Text des Wisuddhi-magga wird gesagt, daß die Erde umgekehrt und dabei ein Zyklus der Welt zerstört wurde.
Dieselben Begriffe werden in chinesischen Sagen verwendet und beziehen sich vielleicht auf die Sintflut zur Zeit des Kaisers Yaou, der mit ansah, wie die Wassermassen gegen die Gebirgsmassive prallten, langsam höher stiegen und dabei Millionen Chinesen töteten.
Gleichfalls das »Ende eines Weltzeitalters« fand in Japan statt; in Sibirien erzählt man sich, daß ein Feuermeer die ganze Erde vernichtete; die Sagen und Überlieferungen der Eskimos, der Lappen und insbesondere der Finnen – in ihrem Kalevala-Epos – bezeugen, daß die Erde umgekehrt wurde, das Unterste zuoberst, und daß ein Weltbrand mit anschließender Sintflut stattfand, die die Menschheit ausrottete.
Die Sintflut der präkolumbianischen Gottheit Bochica und die des mexikanischen Coxcox sind der Sintflut Noahs analog, nur gibt es eine Anzahl Überlebender, die man jedoch an den Fingern abzählen kann.
Die Indianer aus Neu-Kalifornien und dem Seengebiet erinnerten sich, als ihre Stämme noch existierten, an ein Weltende, von dem auch die alten Mexikaner im Popol Vuh erzählen.
In Brasilien stürzte einst der Himmel auf die Erde, und in Polyne-

sien sah man nach einer Sintflut und einem Feuerregen Länder versinken und andere aus dem Meer emporsteigen ... Alle Überlieferungen der Erde, selbst die der entlegensten Völkerstämme Afrikas und Polynesiens, schreiben das vorsintflutliche Weltende einer kosmischen Ursache zu, lediglich für die Bibel ist der Mittelpunkt des gesamten Universums Jerusalem.

Die durch Sagen und Überlieferungen bezeugten und von Cuvier und den Geologen bewiesenen Sintfluten und Katastrophen kosmischer Natur lassen folglich kaum einen Zweifel zu hinsichtlich der Echtheit untergegangener Kulturen, versunkener und verschütteter Kontinente, kurz, hinsichtlich der Realität einer unsichtbaren Historie, die wieder lebendig werden zu lassen schlechthin faszinierend ist.

II. DIE WELT ENTSTEHT IN DEN USA

Versuchen wir einmal, für einen Augenblick mit dem unerfahrenen Auge und Geist eines soeben von der Venus oder von Beteigeuze gelandeten außerirdischen Wesens eine physikalische Weltkarte zu betrachten.
Zartgrüne und smaragdgrüne Gebiete: fruchtbare Ebenen, Weideland, Wälder.
Ockerfarbige Gebiete: Wüsten.
Wenn man logisch zu denken gelernt hat, wird sich einem sofort die Überlegung aufdrängen: Die Kulturen haben sich weder in Nordafrika noch in Ägypten, weder in Mesopotamien noch in Afghanistan entwickelt, da diese Länder echte Wüsten sind.
Dort ist es fast unmöglich, die zur Erhaltung der Lebensfähigkeit wesentlichen Elemente zu finden: Trinkwasser, fischreiche Flüsse, Ackerland, Holz zum Bearbeiten, Wild in den Wäldern, grasbewachsene Ebenen, Steinbrüche, die Material zum Häuserbau liefern . . .
Falls sich in diesen Gegenden wirklich Menschen im Altertum niedergelassen haben, könnte man an ihrem gesunden Menschenverstand verzweifeln.

Sie wählten die Wüste

An dieser Stelle nun muß man, abseits der erworbenen Kenntnisse, ein wenig nachdenken. Die größten Kulturen Afrikas und Asiens entfalteten sich tatsächlich ausgerechnet und ausschließlich in diesen unfruchtbaren Gebieten, ebenso wie die größte europäische Kultur auf dem steinigen Boden Griechenlands zu höchster Blüte gelangte. Ist dies nicht absurd, unnormal, unglaublich?
Im Norden und im Süden dieser Landstriche erstreckten sich wildreiche Wälder und fruchtbare Ebenen, die durch Tausende von Bächen, Flüssen und Strömen bewässert wurden, und auf deren fettem Boden Hirse, Weinreben, Roggen, Weizen, Gerste, Linsen sowie alle Obstbaumsorten der Erde hätten prächtig gedeihen können.
Dort hätten die Menschen nur ihren Bogen zu spannen brauchen,

um Hasen, Kaninchen, Rebhühner, Wildschweine, Hirsche und Auerochsen zu erlegen; dort tummelten sich Forellen, Hechte, Lachse, Störe und Neunaugen in den Flüssen.
Und dennoch hatten die prähistorischen Menschen, unsere Vorfahren und Begründer der Kultur, das grüne Weideland – die *green lands* – verschmäht und sich für das sandige Afrika, für die Wüsten Asiens und Mesopotamiens entschieden, d. h. für Dürre, Hunger und Entbehrung.
Das klingt unglaublich, ist aber trotzdem wahr im Sinne einer verrückten, geheimnisvollen Realität, die nach einer rationalen Ausdeutung verlangt, mit der sich die Archäologen und die Philosophen bisher offenbar nicht sonderlich beschäftigt haben.
Es würde zu keinem Ergebnis führen, wollte man einwenden, daß diese Gegenden in alter Zeit vielleicht keine Wüsten gewesen seien, wie wir sie heutzutage kennen.
Die alten Texte, die Fresken, die Tontafeln würden diesen Einwand für einen Zeitraum von zwei- bis dreitausend Jahren vor unserer Zeitrechnung entkräften.
In der Bibel ist z. B. nie die Rede davon, daß die Hebräer sich in den Wäldern verirren, die Flüsse befahren, im Frühling Tausendschönchen pflücken oder auf den Wiesen blühender Täler Heu ernten. Statt dessen zerstreuen oder verirren sich die Stämme in der Wüste, und warten auf das lebensnotwendige Manna, auf Trinkwasser und auf das Ritualopfer, das ihnen als Speise dient.

Die Bruchlinien

Eine andere Feststellung, und zwar eine der bestürzendsten, macht das Rätsel noch unentwirrbarer: Afrika und Asien liegen genau auf einem Breitenkreis, der häufig von heftigen Erdbeben heimgesucht wird. Dasselbe gilt hinsichtlich des Längengrades für die Kordillere der Anden, wo die reiche Kultur der Inka in Blüte stand, sowie für die Gebirge Mexikos und Guatemalas, wo sich die Maya und die Azteken niederließen.
Man braucht nur die Landkarte der Erdbeben- und Vulkanzonen sowie der Bruchlinien der Erdrinde zu zeichnen, und man erhält sofort eine genaue Darstellung der aufgetauchten und versunkenen Landmassen oder Gebiete, in denen die Kulturen ihren An-

fang nahmen: Mexiko, Guatemala, Peru, Chile, Kolumbien, Bolivien, Nordafrika, Spanien, Frankreich, Italien, Griechenland, Ägypten, Persien, Mesopotamien, Afghanistan, China, Indien usw., einschließlich des geheimnisvollen Hyperborea sowie des vermuteten Atlantis und des Landes Mu.

Und schon befinden wir uns mitten im Phantastischen!

Nicht zufrieden damit, der Wüste gegenüber dem Paradies den Vorzug gegeben zu haben, hatten unsere prähistorischen Vorfahren ihr Talent oder ihren Sadismus so weit getrieben, daß sie sich an den einzigen Stellen der Erde niederließen, wo sie niemals ihre Zelte hätten errichten oder ihre Städte hätten bauen dürfen, an den einzigen Orten, wo die Erde Asche und Feuer speit, wo sie sich auftut, um zu verschlingen, zu töten, zu vernichten, das Wasser der Meere über die Ufer treten läßt und zu Springfluten aufpeitscht.

Dort und an keinem anderen Ort ließen diese Menschen sich nieder, als hätten sie das übermächtige und unbewußte Bedürfnis verspürt, durch die Spalten, durch die Gebärmütter der Erde irgendwelche Strahlungen oder Fluida aufzufangen, die für das Gedeihen der Menschheit unentbehrlich waren.

Als Sohn der Gäa will der aus Lehm und Staub geschaffene Mensch auf der Gebärmutter seiner Erzeugerin leben, wie häßlich und widerwärtig sie auch aussehen mag, denn durch sie empfängt er den aus ihren Eingeweiden dringenden Lebensodem, durch sie nimmt er teil an der unaufhörlichen Geburt der Erdspalten, am Befruchtungs- und Entwicklungsrhythmus.

Die Gebärmutterreligion ist allen Völkern gemeinsam, und die Katholiken selber opfern ihr mit der mystischen Mandel der Jungfrau und den Schwarzen Madonnen, insbesondere der von Chartres: Notre-Dame de Dessous Terre, in der die Esoteriker das Symbol der Rückkehr zur Materie sehen. Darüber hinaus setzen sie die Eingeweide der Gäa, der Mutter Erde, mit den mythologischen Labyrinthen und denen gleich, die man auf den Steinplattenfußböden einiger Kathedralen (Chartres, Montpellier) finden kann. In diesem Sinn benutzen die Initiationsriten oft die Strecke Gebärmutter – Eingeweide, um den »Weg in umgekehrter Richtung« zu symbolisieren, der durch den Tod zum Jenseits einer Parallelwelt führt.

Sind es nicht Liebe und Erotik, die das im Gleichgewicht befindliche Universum aus dem unschöpferischen Zustand herausreißen? Ist Erotik nicht das +-Zeichen, das Entstehen und Werdegang bedeutet, das heißt: physikalische Gesetze, Elektrodynamik, Psychologie und, auf menschlichem Gebiet, höchst kunstvolle Manifestation der Kybernetik?

Auf den klaffenden Gebärmüttern der Gäa, die ihn gebar, seßhaft geworden, ist sich der Mensch bewußt, daß er die Nabelschnur nicht durchschneiden darf, daß er dort wird sterben müssen, aber er fügt sich in sein Schicksal.

Aus dieser zunächst abwegig erscheinenden Wahl, aus diesem Masochismus, entwickelten sich die Gewerbezweige, die des Feuers bedurften, die Baukunst und die sich ständig ändernden Zeiten, welche durch die großen Entdeckungen und die erstaunlichsten Kulturen gekennzeichnet sind: die ägyptische mit ihren Tempeln und Pyramiden, die arabische, persische, afghanische sowie die mesopotamische mit dem wunderbaren Sumer als Mittelpunkt, schließlich die peruanische der Inka und die Maya-Kultur in Yucatán.

Kurz, um weiterzubestehen, war der Mensch gezwungen, seinen Geist bis zum äußersten zu schärfen, auch auf die Gefahr hin, dabei das Leben zu verlieren.

Er mußte in wenigen Generationen das ersinnen, erfinden und schaffen, was das prähistorische Goldene Zeitalter, das jahrtausendelang im Stillstand verharrte, ihm nicht zu geben vermocht hatte. Das Vorhandensein eines Goldenen Zeitalters steht übrigens in formalem Widerspruch zum Prinzip der Evolution des Universums. Es kann, absolut gesehen, weder ein Goldenes Zeitalter noch eine goldene Zahl noch eine Wahrheit geben, die beständig ist, nicht einmal im Tode. Das Goldene Zeitalter setzt die Unsterblichkeit voraus, also eine ewig unveränderliche Natur, die von Menschen bewohnt wird, die keine Nachkommen zeugen, da sie geschlechtslos sind wie die Engel der christlichen Mythologie. Falls sich hinter diesem Symbol eine tiefe Wahrheit verbirgt, gilt sie möglicherweise in einer uns unbekannten Welt.

Doch warum hatten die prähistorischen Menschen nicht ein Leben in Gefahr vorgezogen? Warum waren sie dem Ruf der Erdspalten nicht gefolgt?

Lebten so wenig Menschen auf der Erde, daß das Gesetz der Selbsterhaltung gegenüber der Notwendigkeit, sich weiterzuent-

wickeln, den stärkeren Ausschlag gab? Oder gehörten sie womöglich einer anderen Rasse an?
Diese Hypothese ist durchaus nicht abwegig und verdient eine nähere Untersuchung.
Oder aber die Menschen von Cro-Magnon und Neandertal waren irdische Ureinwohner, die durch eine von ihren Vorfahren erzeugte Strahlung degeneriert waren und die Evolution sowie ihre Symbole: Feuer und Eisen instinktiv abgelehnt hatten. Schließlich bleibt nur noch eine Möglichkeit: Die Menschen der Frühgeschichte – Sumerer, Hebräer, Ägypter, Inka, Maya – stammten von einem anderen Planeten, was zwar ihre überlegenen geistigen Fähigkeiten und ihre mit großem Geschick verfertigten Kunstwerke erklären würde, aber nicht ihr eigenartiges Verhalten.

Jemand entschied zugunsten des Unsichtbaren

Ob Ureinwohner oder Ausgewanderte, der Selbsterhaltungstrieb äußerte sich bei allen, wurde aber bei einigen noch durch ein wunderbares magisches oder inspiriertes Vorherwissen übertroffen.
In diesem Sinne hatten Propheten in die Zukunft, in jene Zeiten zu sehen vermocht, da die Wüste zum Schmelztiegel der Kultur werden würde, ehe ihre Sandmassen die veralteten Städte und die Menschen, die ihre Aufgabe und ihre Zeit vollendet hatten, unter sich begruben.
Hatten sie vielleicht unter dem öden Sand die reichen Erdöllager erkannt, die sich als Entschädigung für einen langen Leidensweg anboten oder aber die Höllenmaschine bilden würden, die am Tage des Jüngsten Gerichts den Erdball in die Luft sprengen könnte?
Im Rahmen der Evolutionstheorie ist man allgemein der Auffassung, daß der Mensch, um sich zu läutern und in höhere Sphären aufzurücken, die Lösungen mit labilem System suchen und die leichten, im Gleichgewicht befindlichen Lösungen ablehnen muß.
Der Mensch der Vorgeschichte, der seiner Lebensweise vollkommen angepaßt war, unterwarf sich keiner biologischen Evolution und gehorchte einzig und allein der Natur.
Eines Tages verweigerte er diesen Gehorsam und entschied sich für den freien Willen. Dabei wählte er das Eiserne Zeitalter, um von dem Goldenen Zeitalter loszukommen, was ein höheres Er-

wachen des Bewußtseins voraussetzt, eine Befreiung des Geistes von der Diktatur des Instinkts, der sich hemmend auf die Weiterentwicklung der Intelligenz auswirkte.
Der Mensch wählte also die Bruchlinien und die Wüsten, um dort sein Abenteuer fortzusetzen; wohl brachte er die Unbeständigkeit und den Tod mit ins Spiel, vermied jedoch dafür das Unschöpferische und die ewige Gegenwart.
Welche Hypothese man als Erklärung auch aufstellen mag, man gelangt zwangsläufig zu einer höheren Ursache, welche die Wahl des Tanzes auf dem Vulkan bestimmt hatte.
Und diese Ursache kann man Weltgesetz, kann man Determinismus nennen.
Man kann sie auch Gott oder Luzifer, Fürst des Geistes und geistiger Führer der Menschheit nennen. Oder Satan, wenn man an die Schrecken der Zivilisation denkt ... Alles hängt von dem Sinn und der Bedeutung ab, die man der Evolution beimißt.
So fiel noch kein Licht auf die Entstehung und den Werdeprozeß des Menschen, aber es ließ sich bereits ein Rhythmus ahnen: eine Expansion des Universums, bei der es zweifellos auch Zeiten der Kontraktion gab, entsprechend dem »Odem« Brahmas und den klassischen Theorien von dem in Schwingungen befindlichen Weltall.
Eine einzige große Bruchzone des Erdballs entzieht sich offenbar dem allgemeinen Gesetz, das für die untergegangenen Kulturen gilt: die Vereinigten Staaten.
In dieser Zone, zwischen dem 30. und dem 40. Breitengrad, hätte alles wachsen, knospen und blühen müssen ... und doch herrschte dort die klinisch reine Leere, die unbegreifliche Sterilität eines wunderbaren Humusbodens.
Diese Anomalie läßt jeden für das Phantastische aufgeschlossenen Geist sogleich auf eine höchst paradoxe Überlegung verfallen: Was, wenn nun genau da, wo man nicht die geringsten Überreste findet, sich die größte und die älteste Kultur der Erde entfaltete?

Die USA-Hypothese wird auf die Probe gestellt

Wenn die uns überlegenen Vorfahren in primhistorischen Zeiten auf dem Gebiet der heutigen USA gelebt hatten, wenn das Land durch eine atomare Katastrophe vernichtet wurde (was bisher nur eine Hypothese ist), wäre es dann nicht ganz normal, daß nichts mehr vorhanden ist?
Was würde in einer Million Jahren von unserer Kultur und Zivilisation übrigbleiben, wenn ein Atomkrieg das Menschengeschlecht auslöschte?
Nichts, höchstens der Feuerstein der Eingeborenen von Borneo und Neuguinea.
Wie viele Katastrophen haben außerdem während der verflossenen Jahrtausende unsere Erde heimgesucht!
Bekanntlich waren einige Wüsten in sehr ferner Zeit Steppen und Weideland; mitten in der Sahara lag das Meer; zwischen Frankreich und den britannischen Inseln bestand eine Festlandbrücke.
Folglich darf man annehmen, daß im Laufe unvorstellbar langer Zeiträume alles möglich war; vor dem Zeitalter der prähistorischen Menschen oder zur selben Zeit hatten sich im unbekannten Amerika die höherstehenden Vorfahren entfalten können.
Um diese Hypothese aufrechterhalten zu können, mußte sie durch Entdeckungen, durch wunderbarerweise gerettete und erhalten gebliebene Dokumente, kurz: durch eine ganze Kette glaubwürdiger Ereignisse und nicht leichtgläubig hingenommener Pseudotatsachen erhärtet werden.
Mit – eingestandenermaßen – einiger Verblüffung sahen wir die Idee sich festigen, Gestalt, Farbe und Substanz annehmen und sich von einer bloßen Vermutung gleichsam zu einer lebendigen Gewißheit wandeln, die aus den Überlieferungen, der Wissenschaft und der sichtbaren Historie der Welt hervorleuchtet.

Ex occidente lux

Rein willkürlich verlegen die Historiker den Ursprung jeder höheren Entwicklung in den Orient. Die Überlieferung und eingehende geschichtliche Untersuchungen beweisen jedoch, daß *die Wiege der Menschheit im Westen stand.*

Aus Tradition zogen die Menschen der Vorgeschichte gen Westen; im Westen suchten sie die Andere Welt, wo Millionen Sonnen in ewigem Licht erstrahlten; nach dem Abendland, dem Land ihrer Sehnsüchte, strebten alle großen Invasoren und alle Völkerwanderungen. Ihre Unternehmungen waren gen Westen gerichtet, genauer gegen die britannischen Inseln, Gallien und Iberien, die äußerste Landzunge des großen Kontinents.

Was aber suchten unsere Vorfahren im sagenhaften Westen, den das Weltmeer begrenzte? Welcher nebelhafte Atavismus führte sie in jene Richtung? Obwohl die meisten Historiker diese wesentliche Tatsache nicht berücksichtigen, fühlen sie sich durch ihre Unterlassung keineswegs entmutigt.

Nach der prähistorischen Ära, in welcher Odysseus auf der gen Westen im großen Weltmeer gelegenen Insel der Elysischen Gefilde nach dem Geheimnis der Einweihung gesucht hatte, verlegte die historische Zeit die – wie man heute noch meint – sagenhaften Inseln und Gegenden ebenfalls in den Westen: die Insel der Verheißung des heiligen Brandan, die Inseln der Seligen, die Andere Welt oder das Gralsreich, und auch Hyperborea, wo für die Skandinavier, die Germanen und die Kelten die Wiege der weißen Rasse stand.

Ein solches Land Hyperborea dürfte in Anbetracht der geologischen Faktoren vor der Katastrophe, die die Neigung unserer Erde um 23° 27′ bewirkte, dem heutigen Gebiet der Vereinigten Staaten entsprochen haben.

Ebenfalls nach Westen, in Richtung des Sonnenunterganges, verlegten die alten Griechen und Ägypter Atlantis, dessen Existenz man eines Tages wohl oder übel wird anerkennen müssen.

Für eine »paradoxe« Hypothese gibt es also einen durchaus »orthodoxen« Ausgangspunkt.

Die Vereinigten Staaten (für die wir bisweilen einfachheitshalber Amerika sagen wollen) stellen ein weites Gebiet dar, dessen Wüsten und teils verwitterte, teils zu Glas zerschmolzene Felsen, dessen in vorgeschichtlicher Zeit menschenleere und nicht den geringsten jagdbaren Tierbestand aufweisende Gegenden auf einen Fluch, ein Tabu zu deuten scheinen, das sehr wohl das Resultat einer natürlichen oder verbrecherischerweise ausgelösten Katastrophe und der nachfolgenden völligen Vernichtung gewesen sein könnte.

Vom wissenschaftlichen Standpunkt aus unterliegt die Realität dieser Katastrophe keinem Zweifel, doch sind die Gründe dafür sehr umstritten.

Der Erdball liegt schief

Einst, vor vielen Tausenden von Jahren, drehte sich die Erde unserer Vorfahren um eine ungeneigte Achse, so daß ewiger Sommer herrschte. In diese Zeit vor der großen Katastrophe fiel das, was die Überlieferung das Goldene Zeitalter genannt hat.
Obwohl die Erde, so wie sie sich uns heute darbietet, in ihrer nordsüdlich verlaufenden Rotationsachse um einen Winkel von 23° 27′ – die sogenannte Schiefe der Ekliptik – geneigt ist, beunruhigt uns dieser Zustand nicht sonderlich, sind uns doch der Globus und die Landkarte Europas, auf der nach einem geheimen Brauch Frankreich rosa, Spanien gelb, Italien violett und Belgien grün dargestellt ist, seit der Kindheit wohlvertraut.
Dennoch leitet sich von dieser Anomalie die gesamte Menschheitsgeschichte und das her, was eigentlich die Grundlagen unseres Wissens bilden sollte. Wenn nämlich die Lehrer an den Gemeindeschulen ihren Schülern, selbst auf elementarster Ebene, vermittelten, daß die Weltentstehungslehre und die Geologie das wesentliche Fundament unserer Kenntnisse bilden, würde die geistige Entwicklung der Menschheit einen großen Sprung machen. Dann würden die Menschen nicht nur den unbeständigen Wert empirischer Unterrichtsmethoden verstehen, sondern auch ihren eigenen Ursprung und Werdegang sowie ihr Schicksal mit größerer Klarheit erkennen.
Die schiefe Lage zeigt unzweifelhaft an, daß unser Planet einst von einer furchtbaren kosmischen Katastrophe heimgesucht wurde, dessen Nachwirkungen alle anderen Planeten des Sonnensystems ebenfalls mehr oder minder heftig zu spüren bekamen.
Und dies führt uns mitten in unser Problem: Wir Erdenbewohner sind nicht bevorzugte, einzigartige, in ein geschlossenes Universum verbannte Geschöpfe; wir gehören einem unendlichen System an, und *unsere ganze Geschichte hat nur dann Sinn, wenn wir sie im Zusammenhang mit der Evolution des Universums sehen.*

Als die Katastrophe eintrat, schwankte und überschlug sich die Erde, die Pole schleuderten wie gigantische Schlitten über die Kontinente und stürzten in die Meere. Auf den hochgepeitschten Wogen trieben Eisschollen von der Größe Korsikas oder Siziliens und prallten mit apokalyptischem Getöse aufeinander. Die Gebirge erzitterten in ihren Fundamenten, Dörfer und Städte mit ihrem Gewimmel entsetzter Menschen wurden in einem Strudel fortgerissen, während die durch Zentrifugalkraft angehobenen Ozeane sich über die Kontinente ergossen und die Wassermassen bis zu den höchsten Bergen emporstiegen.

Im Nu war die Bevölkerung der Erde – Millionen oder vielleicht auch Milliarden Menschen – ertrunken, zermalmt; mit ihr war eine völlig unbekannte Kultur in ein Magma eingeknetet, in dem keine noch so geringen Spuren mehr feststellbar waren.

Ob einige Wesen wohl überlebten?

Man könnte es zunächst annehmen, doch darf man durchaus vermuten, daß alle Menschen ausgelöscht wurden und daß unser heutiges Geschlecht außerirdischen Ursprungs ist.

Gleichwohl ist die erste Annahme die wahrscheinlichere.

Wir haben es hier also mit einer rationalen Deutung der Geschichte unserer Erde in Verbindung mit einer hypothetischen Kultur zu tun, die einst durch eine Naturkatastrophe vernichtet wurde, welche unserer Meinung nach im Anschluß an eine oder mehrere Atomexplosionen erfolgte, wie wir noch werden beweisen müssen.

Diese kühne und von der Schulweisheit natürlich nicht anerkannte These stützt sich vornehmlich auf geophysikalische Beobachtungen, auf Überlieferungen, die durch gerettete Vorfahren auf uns gekommen sind, und auf verschiedene Anzeichen, die darauf hindeuten, daß sich auf der Erde zwei, mit den verschwundenen zwei Kulturkreisen übereinstimmende Epizentren befinden: das heutige Gebiet der Vereinigten Staaten und die Wüste Gobi.

So wird die unsichtbare Geschichte der Menschheit, deren Spuren sich in grauer Vorzeit, im Wüstensand und in den Überlieferungen verlieren und von denen einige vielleicht bei den Menschen eines anderen Planeten fortbestehen, vor unseren Augen wieder lebendig werden.

Standen die USA unter einem Tabu?

Zwischen dem 30. und 50. Grad nördlicher Breite erstrecken sich die am meisten bevölkerten und fruchtbarsten Gebiete der Erde; dort schlechthin haben die Menschen ihre Städte erbaut.
Trotzdem haben sie stets eine geheimnisvolle Abneigung bezeigt, sich an zwei charakteristischen Orten anzusiedeln: in der Wüste Gobi und in den USA, die beide unter einer Art Tabu zu stehen scheinen.
Was die Wüste Gobi betrifft, mag ihre Bodenbeschaffenheit und ihr unwirtliches Klima einer Ansiedlung von Menschen wenig günstig gewesen sein, doch welche Erklärung kann man für die Vereinigten Staaten vorbringen?
Hier haben wir ein Land, in dem außergewöhnlicher Überfluß herrscht, ein Land mit riesigen Weinbaugebieten, Getreide- und Maisfeldern, Weideflächen, mit dem herrlichen Florida, wo in verschwenderischer Fülle saftigere und größere Früchte gedeihen als in irgendeinem anderen Teil der Welt . . .
Nun, die Menschen der Frühgeschichte machten einen großen Bogen um dieses irdische Paradies, und die prähistorischen Menschen wollten sich dort nicht niederlassen!
Trotz intensiver archäologischer Grabungen fanden die Amerikaner lächerlich wenig. Etwa achttausend Jahre alte Überreste von primitiven Menschen mongoloider Rasse wurden bei Santa Barbara in Kalifornien entdeckt. Vielleicht handelt es sich um Mexikaner aus der Zeit vor der großen Vertreibung. Man legte Mammutknochen frei, in denen Steinpfeile steckten, ferner das 20 000 Jahre alte Skelett des »Minnesota Girl« sowie einige annähernd im selben Zeitraum bearbeitete Knochen und Muschelschalen. Dies rechtfertigt die Annahme, daß lediglich ein einzelner Volksstamm oder einige versprengte Elemente Amerika durchzogen haben.
Weder freskenverzierte Höhlen noch Feuersteinlagerstätten noch Tontafeln wurden gefunden, nicht einmal so viel, daß man die kleinste Höhle der Charente oder im Vézèretal damit hätte ausstatten können.
Es läßt sich also mit Fug und Recht behaupten, daß abgesehen von einigen Individuen, die zweifellos über die Behringstraße von Asien kamen, prähistorische Menschen in den Vereinigten Staaten fehlten.

Selbst noch im 16. Jahrhundert stieß man lediglich auf einige seltene Sioux- und Pani-Indianer, die nie eine bemerkenswerte Kultur entwickelten.
Nach der Entdeckung durch Christoph Kolumbus war Nordamerika so spärlich besiedelt, daß die Kolonisten ihre Hauptsorge darin sahen, das Land durch Masseneinwanderungen von Engländern, Italienern, Franzosen, Deutschen und Skandinaviern möglichst schnell zu bevölkern. Die an Schandtaten reiche Geschichte der Menschheit hat auch diesen Sklavenhandel festgehalten, der von gewissenlosen Geschäftemachern organisiert wurde, um dem völligen Mangel an Arbeitskräften abzuhelfen.
Kein anderes Land der Erde – ausgenommen die Wüste Gobi – wurde jemals seiner Urbevölkerung auf solche Weise beraubt. Warum?

Die Mexikaner lebten in den USA

Für dieses phantastisch anmutende Rätsel hatten lediglich die Mythen der Maya des nahe gelegenen Mexiko zumindest eine Teillösung gefunden:
Dieses Land (die USA) ist das Reich des Todes. Dorthin gehen nur die Seelen, die nie wieder fleischliche Gestalt annehmen werden, doch wurde es vor sehr langer Zeit durch das Geschlecht der Urmenschen bewohnt.
Mexikoforscher haben diese Erzählungen durch wissenschaftliche Fakten zu untermauern versucht:
Seit Tausenden und aber Tausenden von Jahren kommen in den von Generation zu Generation mündlich überlieferten Sagen die amerikanischen Volksstämme aus dem Norden; die im 19. Jahrhundert mitten in den kalifornischen Steppen und den Mississippi-Prärien entdeckten alten Bauwerke und, mit noch weitaus größerer Zuverlässigkeit, das vergleichende Studium einer großen amerikanischen Sprachfamilie bestätigten die Genauigkeit dieser Überlieferungen ...

Popol Vuh, das heilige Buch der Quiché-Maya

Andere Berichte liefern genaue Einzelheiten über die Katastrophe, welche die Vorfahren der Mexikaner vernichtete und zweifellos der Grund ihrer Auswanderung war.
Vor sehr vielen Monden wurden die Völker des dritten Zeitalters (die Holzmenschen) von den Göttern zum Tode verurteilt. (Man muß wohl lesen: die aus Holz gemachten Menschen.) Hier liegt ein Symbolismus vor, der vielleicht den seelischen oder geistigen Vorrang vor einem Körper unterstreicht, dessen Rolle vergleichsweise viel passiver gewesen sein dürfte.
Die im Popol Vuh beschriebenen Zeitalter gehören zu den Zyklen der fünf Sonnen:

1. die Sonne des Tigers; 2. die Sonne des Großen Windes;

3. die Sonne des Himmelsfeuers; 4. die Sonne der Sintflut;

5. die gegenwärtige Sonne, die bis ans Ende der Welt dauert.

Eine große Feuerflut und Ströme von Harz (von Flammen) ergossen sich vom Himmel.
Schließlich vollendeten heftige Orkane die Zerstörung der hölzernen Geschöpfe, denen die Helfershelfer des Todesgottes die Augen aus dem Kopf gerissen, das Fleisch vom Körper genagt, die Eingeweide zerfressen sowie Nerven und Knochen zermalmt hatten. (Die Verfechter der Überlieferung sind der Auffassung, daß zu dieser Zeit Yucatán durch die Untiefen des Golfs von Mexiko mit Nordamerika verbunden war. Das Land, in dem derart heftige Orkane auftraten, könnte der Südwesten der Vereinigten Staaten und insbesondere Florida gewesen sein, wo noch immer verheerende Wirbelstürme wüten.) *Und die Menschen begannen in zweien, wie die Maiskolben, die einen hinter den anderen, zu laufen und stiegen auf die Häuser; doch sobald sie zur Dachrinne kamen, fielen sie herunter; sie versuchten auf die Bäume zu klettern, die unter der Last einstürzten; sie wollten sich in die Höhlen flüchten, aber diese stießen die Menschen zurück, sobald sie sich ihnen näherten . . .*

Dieser Bericht ist durch das Popol Vuh, das heilige Buch der Quiché-Indianer, überliefert, das nach Ansicht der Ethnologen das älteste Dokument zur Geschichte der Menschheit darstellen dürfte, also älter als die Bibel der Hebräer, der Rigweda der Inder, das Zendawesta der alten Iranier.

Es ist merkwürdig, daß diese Katastrophe, die eine Sintflut, vom Himmel fallendes Feuer und Erdbeben in sich vereinigte, seltsame Berührungspunkte mit dem Atomkrieg aufweist, von dem die heiligen Schriften (Rāmāyaṇa, Droṇaparvan) der Inder berichten:

Das Feuer der furchtbaren Waffe zerstörte die Städte, indem sie ein Licht verbreitete, das heller war als hunderttausend Sonnen ... Dieses Feuer bewirkte, daß den Menschen die Nägel und die Haare ausfielen. Es bleichte das Gefieder der Vögel und färbte ihre verkrampften Krallen rot.

Um diesem Feuer zu entfliehen, warfen sich die Soldaten in die Flüsse, um sich selbst darin zu waschen und alles, was sie berühren mußten ...

Die in den Sanskritschriften eindeutig beschriebenen Strahlenwirkungen und Mutationen finden sich fast gleichlautend in den heiligen Büchern der Mexikaner: Das Feuer, das vom Himmel kommt, reißt die Köpfe und die Augen ab und zerfrißt Fleisch und Eingeweide.

Schließlich erleiden die Menschen des dritten Zeitalters körperliche Veränderungen oder Mutationen, als hätten sie durch eine Atomexplosion Strahlenschädigungen davongetragen. Nach dem Popol Vuh verschwand ihr Geschlecht, um dem »Geschlecht des vierten Zeitalters« Platz zu machen:

Von den Menschen des dritten Zeitalters bleiben nur die Affen in den Wäldern übrig.

Man sagt, daß diese Affen (Mutanten) Nachkommen der Menschen seien. Aus diesem Grunde ähnelt der Affe dem Menschen.

(Im Gegensatz zur Anschauung der konventionellen Prähistoriker stammt bei den Mexikanern der Affe infolge von Mutationen und Entartungserscheinungen vom Menschen ab.)

Man kann daraus folgern, daß nach den schriftlichen Überlieferungen zweier Völker, die mehr als 20 000 km voneinander getrennt sind, zwei Örtlichkeiten der Erde von zwei Katastrophen atomaren Charakters betroffen wurden: Asien und Amerika oder, wenn

man sich auf geophysikalische Gegebenheiten bezieht, die Wüste Gobi und die Vereinigten Staaten.
Wollten die alten Amerikaner ebenso wie die alten Inder Weltordner, Schöpfer spielen? Entfesselten sie einen Atomkrieg gegen Eroberer, die möglicherweise von einem anderen Planeten gekommen waren? Oder wurde die völlige Vernichtung durch eine Naturkatastrophe ausgelöst?
Es wäre vermessen, sich für eine dieser Hypothesen zu entscheiden, aber das Ereignis als solches scheint stattgefunden zu haben.

Der Planet Venus und der sagenhafte Westen

Ein Eingreifen außerirdischer Wesen vor oder während der Atomkatastrophe läßt sich auf jeden Fall aus den ungewöhnlichen wissenschaftlichen Kenntnissen ableiten, die man den Menschen jener Zeit zuschreibt. Diese These wird durch zahlreiche Anhaltspunkte gestützt, von denen die bemerkenswertesten im alten Peru (das das heutige Bolivien umfaßte) zu finden sind – man denke an seine Überlieferungen, die ungewöhnliche Hinterlassenschaft der Inka und die eingravierten Zeichnungen von Tiahuanaco –, sowie in Mexiko, wo sie für den unterrichteten Archäologen ohne weiteres erkennbar sind.
Quetzalcoatl, der weiße toltekische Gott, gleichzeitig Schlange und Vogel, war der große Freund der Menschen, denen er, genau wie Prometheus und Oannes, die Kultur brachte und die Kenntnis der Künste, des Feuers und der Erzaufbereitung vermittelte.
Die Tolteken und Azteken glaubten, er sei von dem »leuchtenden Planeten« (Venus) gekommen, wobei sie genau angaben, daß seine Haut weiß sei; dies Detail sollte wohl auf die Zugehörigkeit zu einer anderen Rasse hindeuten.
Der Gott zog sich in das »alte Land Tlapallan« zurück, nachdem seine Stadt Tollan (Tulan), die vielleicht die Zwillingsschwester von Thule in Hyperborea gewesen sein mochte, samt ihren Bewohnern durch Überfluten, Ersticken und Vergiften ausgerottet worden war.
Quetzalcoatl *schiffte sich auf dem Ostmeer ein, nach seinen Dienern, die in buntgefiederte Vögel verwandelt worden waren, und versprach seinem Volk, daß er wiederkommen werde.*

Es ist bezeichnend, daß zwischen den meisten großen Eingeweihten der alten Welt und dem Westland, dem Planeten Venus, eine geheimnisvolle Beziehung besteht, und daß sie in östlicher Richtung nach einem unbekannten Bestimmungsort aufbrechen.
Huirakotscha war bei den Inka eine Art Prometheus fremder Herkunft genau wie Orejona, die Venusfrau – *er entfernte sich gen Osten und verschwand im Wasser.* (Nach den Überlieferungen der Andentäler war die Mutter der Menschheit eine Frau, die vom Planeten Venus an Bord eines Raumschiffes gekommen war, das *heller als die Sonne leuchtete.* Sie landete in der Nähe des Titicacasees bei Tiahuanaco in Bolivien. Sie hieß Orejona und ähnelte den heutigen Frauen mit Ausnahme der folgenden Eigentümlichkeiten: Ihr Schädel war nach oben stark verlängert, und sie besaß vierfingrige, mit Schwimmhäuten versehene Hände. Ihre Füße waren sehr schön. Einer ihrer Nachfahren, der Venusmensch von Tiahuanaco, enthüllte vor der Katastrophe, die seine Rasse vernichtete, den Menschen wie Prometheus die Hauptgeheimnisse wissenschaftlicher Erkenntnisse, vor allem in Ägypten, in Sumer und in Indien.)
Kukulkan, der Gott der Yucatán-Maya *kam von Westen mit neunzehn Gefährten. Er blieb zehn Jahre in Yucatán, stellte dort weise Gesetze auf und verschwand in der Richtung, in der die Sonne aufgeht.*
Der geheimnisvolle Gott Ptah (Ptah = der, der öffnet), entweder ein außerirdisches Wesen oder ein mißgestalteter Mutant, war mit der Göttin Bast verheiratet, die gleichzeitig die Gestalt einer Löwin und einer Katze hatte. Berühmt dafür, daß er *das Ur-Ei geöffnet* hatte, nannte man ihn den Herrn der Welt. Wie Prometheus hatte auch er das Feuer vom Himmel geholt.
Der Tiahuanacomensch oder Atlas, der die ägyptische Kultur begründete, war mit Sicherheit das Vorbild von Prometheus; sein überliefertes Bild wurde von den Griechen übernommen und der eigenen Mythologie angepaßt: Dennoch erhielten sie ihm seine Beziehungen zu Amerika und zum Planeten Venus durch seine Mutter, die »Meernymphe mit den wunderschönen Füßen«, eine Verwandte Orejonas, und durch seinen Retter Herakles, den Heros, der die goldenen Äpfel aus dem Garten der Hesperiden holte, welcher »im äußersten Westen der Erde, jenseits des Ozeans«, lag.

Atlas und Prometheus, wie auch die anderen, ihnen gleichgestellten Eingeweihten, beendeten ihr Leben im Osten als Gekreuzigte.

Luzifer mit den vier Gesichtern

Für uns steht einwandfrei fest, daß alle diese Heroen: Quetzalcoatl, Huirakotscha, Kukulkan, Ptah, Oannes, Atlas, Prometheus und auch Luzifer, der Venusmensch und biblische Lichtbringer der Menschen, ein und dasselbe höhere Wesen waren, das zweifellos von dem Planeten Venus stammte und dessen Persönlichkeit durch die verschiedenen Völker umgestaltet wurde, ein und dasselbe Wesen wie der »Gott des Westens« (Amitābha) der Inder und wie der Gott des westlichen Landes der Anderen Welt, den die polynesischen Eingeborenen und in Europa die Kelten verehrten.
Die diesbezüglichen Überlieferungen weisen also eine beunruhigende Übereinstimmung auf, die in dem Bericht über ein (nach unserer Meinung durch eine Atomexplosion verursachtes) Feuer gipfelt, das vom Himmel fiel und einen Kulturkreis vernichtete. Dieser Bericht wird sowohl von den Maya und Inka als auch von den Indern und Kelten, die alle gewissermaßen gegenseitige Antipoden sind, in die Zeit *vor der biblischen Sintflut* verlegt.
Wie kann man solche Übereinstimmungen als zufällig ablehnen? Warum spricht man ihnen den Wahrscheinlichkeitswert einer primhistorischen Realität ab?
Den mexikanischen Überlieferungen zufolge ging Quetzalcoatl eines Tages nach Osten, der zweifellos viel weiter entfernt lag als die heutige Halbinsel Yucatán, d. h. in Richtung des Landes der Atlanten, wo *er in einem großen Feuer umkam.*
Dieser Bericht könnte durchaus bedeuten, daß der Gott eine Flugmaschine bestieg, ähnlich den Feuerwagen, welche Enoch, Xisuthros, Noah, Moses und Elias »lebend in den Himmel« entrückten.
Aber Quetzalcoatl wird wiederkommen, fügen die Überlieferungen hinzu, was beweisen würde, daß er nicht im Feuer umkam, sondern sich lediglich an einen anderen Ort begeben hatte. Nach diesem Ereignis, dessen Authentizität mit großer Sicherheit angenommen werden darf, stellten die Mexikaner an der Ostküste des Landes Wachtposten auf, die die Rückkehr des wohltätigen

Gottes erspähen sollten. Als im 16. Jahrhundert die Spanier unter Führung von Cortez anlegten, glaubten die Indianer, Quetzalcoatl sei zurückgekommen, und empfingen die Fremden mit den allergrößten Ehren.

Der außerirdische Gott

Die Erinnerung an den fliegenden Gott wird seit jener Zeit durch die merkwürdigen Zeremonien und Bräuche der »Räder der fliegenden Menschen« fortgesetzt, durch die »Voadores« (= Flieger), die, angehakt an den Seilen eines hohen Mastes, hundert Fuß über dem Erdboden kreisen, durch figürlich-symbolische Töpferarbeiten und zweifellos auch durch die geheimnisvollen, wie moderne Kosmonauten behelmten steinernen Riesenköpfe, die die Olmeca in Mexiko errichteten. (Die Räder der fliegenden Menschen, die »Voadors«, und die Töpferarbeiten wurden von Max-Pol Fouché am 17. Juli 1964 in der Sendung »Terre des Arts« des französischen Fernsehens gezeigt.)
Welcher weiteren Tatsachen bedarf es, damit auch die Skeptiker wenigstens der Vermutung zustimmen, daß es in der Primhistorie ein Eingreifen außerirdischer Wesen und folglich eine unbekannte Kultur gegeben hat?
Im Popol Vuh wird ausdrücklich diese Kultur der Menschen des dritten mexikanischen Zeitalters (und der dritten Sonne: des Feuerregens) erwähnt, indem »Städte mit Häusern, die Dachrinnen aufweisen, und einer hohen Bevölkerungszahl« beschrieben werden (nach Villacosta).
Andere Überlieferungen berichten von der Massenauswanderung der alten Mexikaner aus dem Land des Nordens (also den Vereinigten Staaten), wo sie von der tödlichen Katastrophe heimgesucht worden waren.
Auf den Rat ihrer Priester hin zogen sie nach Süden auf der Flucht aus dem Land des Todes. Das verheißene Land mußte erreicht sein, als sie auf einem Kaktus einen Adler sitzen sahen, der in seinen Fängen eine Schlange hielt.
Es gibt also noch genügend genaue Angaben über das Vorhandensein einer primhistorischen Kultur in Nordamerika zu einer Zeit, die der sumerischen Kultur vorausging.

Es fragt sich nur, ob diese Berichte durch materielle Beweisstücke so ergänzt und erhärtet werden, daß ihre Glaubwürdigkeit nicht angezweifelt werden kann und man die Vereinigten Staaten zu dem Land erklärt, »in dem die Welt ihren Anfang nahm«.
Die Ethnologen hatten bereits auf alte Bauwerke inmitten der kalifornischen Steppen und in den Präriegebieten des Mississippi hingewiesen, doch mangels jeglicher Datierungsmöglichkeit war es schwierig, mit Sicherheit anzugeben, ob diese Städte ein höheres Alter beanspruchen konnten als die sumerischen Zikkurats.

Vorgeschichtliche Städte – zu Glas zerschmolzen

Im 19. Jahrhundert machte der nordamerikanische Abenteurer Captain Ives William Walker archäologische Entdeckungen, die von unserem Standpunkt aus in dieser Beziehung keinen Zweifel lassen. Walker schreibt:
Das ganze Land zwischen dem Rio Gila und San Juan ist mit zerstörten Städten und Behausungen überdeckt. Ich erkannte ein stattliches Bauwerk wieder, um das herum die Reste einer Stadt lagen, die nach meinen Berechnungen eine Meile lang gewesen sein muß. Spuren eines Vulkanausbruches, verkohlte oder zu Glas zerschmolzene Blöcke legen Zeugnis davon ab, daß über diese Gegend eine furchtbare Geißel hinweggezogen ist. Im Mittelpunkt dieser Stadt, eines amerikanischen Pompeji, erhebt sich ein zwanzig bis dreißig Fuß hoher Felsen, der noch die Überreste gigantischer Bauten trägt.
Das südliche Ende des Bauwerks scheint aus einem Schmelzofen gekommen zu sein; der Felsen, der es trägt, weist selber Schmelzspuren auf; die Anlage der Straßen und die Baufluchten der Häuser sind noch einwandfrei erkennbar. In der Umgegend gibt es ferner eine erhebliche Anzahl ähnlicher Ruinen. Es ist merkwürdig, daß die Indianer keine Überlieferung bewahrt haben, die sich auf ehemals in diesem Gebiet ansässig gewesene Gemeinschaften bezieht. Jedesmal wenn die Indianer dieser traurigen Überreste ansichtig werden, erfaßt sie ein religiöser Schauder, aber sie wissen nichts über ihre Geschichte . . .
Die Azteken, die Cortez in Mexiko fand, behaupteten, vor sehr langer Zeit aus dem Norden gekommen zu sein.

Die Amerikaner werden durch die Phrasen der Prähistoriker des alten Europa derart beherrscht, daß sie schon die bloße Hypothese für undenkbar halten, bei sich selber, auf ihren bald von elektronischen Traktoren durchpflügten Ebenen, an den Baustellen ihrer Betonhochhäuser das Mutterland zu suchen, in dem die Wiege der ältesten bekannten Kultur stand.

Dennoch bot der Fluch, der jahrtausendelang auf ihrem Land lastete, ein Rätsel, dessen Klärung etwas Verlockendes hatte. Der Fluch erstreckte sich auf die gesamte rote Rasse – rot als die Farbe des allesverzehrenden Feuers –, die in Mittelamerika und im äußersten Norden derart dezimiert worden war, daß man Schutzgebiete, sogenannte Reservationen, schaffen mußte, damit die letzten Überlebenden zwar dahinvegetieren, sich aber nicht vermehren können.

Es hat den Anschein, als sollte die Rasse, nachdem sie ihr Bestes gegeben hatte, künftig aus unserem Kulturkreis verschwinden.

Amerikas Geheimnis Nr. 1

Ein anderes, äußerst wichtiges Anzeichen hätte jedoch die Aufmerksamkeit kritischer Köpfe auf sich lenken müssen: die Tatsache, daß es zur Zeit der spanischen Eroberung in ganz Amerika keine Pferde gab.

Bekanntlich waren die Azteken und die Inka höchst erstaunt, als sie die Soldaten Cortez' und Pizarros auf einem ihnen unbekannten Tier, dem Pferd, sitzen sahen.

In Europa, Asien, Afrika, selbst in Ozeanien gehörte das Pferd zu einer sehr alten prähistorischen Tierfamilie und hatte bei der gesellschaftlichen Entwicklung stets eine Rolle gespielt. In Amerika dagegen fehlte das Pferd vollständig. Es fehlte ebenso wie die Menschen, die vorgeschichtlich bedeutsamen Stätten, die Überreste vergangener Kulturen.

Und dies war zu ungewöhnlich, um wahr zu sein!

Zumal da heutzutage die Vereinigten Staaten sozusagen zum Lieblingsland der Pferde geworden sind, die dort – besonders in Texas – in riesigen Herden von zehn- bis fünfzehntausend Tieren gedeihen. Hier leben sogar noch die sogenannten Alzados oder ungezähmten Pferde in freier Wildbahn.

Dann kam, und zwar erst vor wenigen Jahren, die Wahrheit ans Tageslicht, als die ältesten bekannten Knochen eines prähistorischen Pferdes, des Hipparions oder Hippotheriums, gefunden wurden, das wesentlich älter ist als die prähistorischen Pferde von Solutré und Valréas, als die tatarischen Rassen und die der arabischen Länder. Dieser bedeutende Fund wurde nun ausgerechnet in den USA gemacht.

Heute sind sich die Paläontologen darin einig, daß das Pferd weder aus Europa noch aus Asien, weder aus Afrika noch aus Ozeanien, sondern aus Amerika stammt. Man weiß sogar die Urheimat der Rasse genau anzugeben: die Vereinigten Staaten. Von hier wanderte das Pferd durch den Isthmus von Panama nach Südamerika und über die Behringstraße in die übrige Welt. Diese Tatsache führt in unserer unbekannten Geschichte zu einer gewaltigen Verlängerung der Zeiträume, die wissenschaftlich zu erschließen die Prähistoriker sich wohl hüteten. Um das schulmäßig anerkannte Lehrgebäude nicht einstürzen zu lassen, bestritten sie die Echtheit der Höhlenmalereien von Altamira, zerstörten sie die Glaubwürdigkeit von Glozel, beschlagnahmten sie die prähistorische Bibliothek von Lussac-les-Châteaux. Altamira wurde inzwischen rehabilitiert, die übrigen Fundstätten werden folgen.

Eine Tatsache ist also bewiesen: Zehntausend Jahre, vielleicht fünfzigtausend Jahre vor Sumer lebte das Pferd in dem Gebiet der heutigen Vereinigten Staaten, seiner Heimat, und dann war es plötzlich, ohne bekannten Grund, völlig verschwunden.

Um diese hundertprozentige Vernichtung zu bewirken, mußte eine ungeheure Katastrophe stattgefunden haben, eine Katastrophe, die offenbar auch das Verschwinden anderer Tierarten und die Ausrottung von Menschen zur Folge hatte, die einer viel älteren Kulturstufe angehörten als die Menschen Europas und Asiens.

Der prähistorische Mensch hatte also in den Vereinigten Staaten leben, sich entwickeln und hohe Kulturen schaffen können; dann verschwand er völlig, wie das Pferd, infolge eines Ereignisses, das wir mit gutem Grund einer Atomexplosion gleichsetzen möchten.

So findet sich auch eine Erklärung für das geheimnisvolle Pferdestandbild, das man noch im fünfzehnten Jahrhundert auf einem Vorgebirge im Osten der Azoren sehen konnte, den Blick auf das offene Meer gerichtet, nach dem unbekannten Amerika der europäischen Menschen.

In demselben ursächlichen Zusammenhang entstand aus dem Walroß bei den Atlantiden und den Griechen der Gott Poseidon. Eine durch unsere Auslegung des Popol-Vuh-Textes als wahrscheinlich angenommene Atomexplosion hält nicht nur für alle dargelegten Hypothesen eine befriedigende Lösung bereit, sondern auch für alle Rätsel, die wir in zehn Punkten zusammenfassen können:

1. Wahrscheinliches Vorhandensein einer Kultur auf einer ihrer Entfaltung von Natur aus günstigen Bruchlinie.
2. Wahrscheinlichkeit einer Katastrophe atomaren Charakters.
3. Todestäler und zu Glas zerschmolzene Städte.
4. Naturkatastrophe, die für die Neigung unseres Erdballs um 23° 27′ verantwortlich ist.
5. Auswanderung der alten Mexikaner.
6. Gründe für das Verschwinden des Pferdes aus seiner Heimat.
7. Der auf den USA lastende Fluch. Weigerung der Menschen, dort zu wohnen.
8. Die altamerikanische Kultur entsteht vor der Kultur von Sumer.
9. Rechtfertigung des Landes der Vorfahren weißer Rasse sowie der Suche nach den »Inseln der Seligen«, nach Hyperborea und nach Thule.
10. Das Licht kam aus dem Westen.

Nunmehr wird verständlich, warum die Menschen der Frühzeit um keinen Preis im »Tal des Todes« wohnen wollten, wo sich die von Captain Walker beschriebenen, zu Glas zerschmolzenen Ruinenstädte erhoben, an Orten, die schon immer einen unheilverkündenden Namen trugen: Death Valley oder Todestal und das fünfunddreißig Meilen von Las Vegas entfernte Tal des Feuers.

III. DAS RÄTSEL DER WÜSTE GOBI

Das amerikanische Gebiet, auf dem die primhistorische Kernexplosion stattgefunden haben dürfte, wird durch den 30. und 40. Breitengrad sowie den 90. und 110. Grad westlicher Länge (Greenwicher Meridian) begrenzt.
Auf der entgegengesetzten, nördlichen Hälfte liegt das zweite Epizentrum in der Wüste Gobi, und zwar zwischen dem 36. und 50. Breitengrad und dem 80. und 120. Grad östlicher Länge.
Die Wüste Gobi (oder Kobo, chinesisch Scha-mo) in der Äußeren Mongolei ist ein riesiges Gebiet, zweimal so groß wie Frankreich, das auf Grund seiner Unfruchtbarkeit, seiner Staubstürme, seines unwirtlichen Klimas und der Feindseligkeit seiner Nomadenstämme den Archäologen und Geographen so gut wie unbekannt ist.
Legenden – aber sind es wirklich Legenden? – legen dem rätselhaften religiösen Oberhaupt, das über das Wüstenvolk herrscht, den Titel eines Herrn der Welt bei.
Tatsache ist, daß von dieser Gegend ein Geheimnis ausgeht, dessen Ruf in der Magie noch über den von Tibet hinausragt.

Pilgerfahrt Molotows nach Urga

Der amerikanische Ethnologe Professor W. S. Lewis erklärte 1962, als er von einer Reise in die Mongolei zurückgekehrt war, daß Molotow, ehemaliger Leutnant unter Stalin und Chruschtschows Gegner Nr. 1, aller Wahrscheinlichkeit nach das besondere Ansehen, das er genoß, der magischen Unterstützung verdanke, die ihm der Bogdo Chan oder Hutuktu, das letzte Oberhaupt der Lamas von Zentralasien und lebender Buddha in derselben Eigenschaft wie der Dalai-Lama von Tibet verliehen hätten.
Natürlich ist es nicht möglich, diese Enthüllung nachzuprüfen; es steht jedoch fest, daß Molotow eine Immunität genoß, die in politischen Kreisen Aufsehen erregte, so als habe er vermittels einer unbekannten Kraft die Fähigkeit, den Willen und das Verhalten seines mächtigen Gegners Nikita Chruschtschow zu beugen und zu beeinflussen.

Bereits im vorigen Jahrhundert hatte Zar Alexander I. eine solche Hilfe vom Hutuktu in Urga erhalten, die zum Teil den Fall Napoleons ausgelöst hatte.
Alexander I. starb unter mysteriösen Umständen; hartnäckige Gerüchte gingen unter der Bevölkerung um, daß der merkwürdige Monarch noch lange nach seinem »amtlichen« Tod im Jahre 1825 sein Reich unter dem Namen Fedor Kusmitsch durchstreifte.
In den Archiven des Kreml existierten diesbezügliche Geheimakten der Romanows, so daß es durchaus denkbar wäre, daß Molotow diese Akten studiert und zu seinem Vorteil benutzt hat.

Ein Zauberring und heilige Bücher

Beeinflußt der mongolische »Herr der Welt« das politische Geschick der Welt? Man möchte es fast glauben; jedenfalls sprechen die historischen Tatsachen für diese Hypothese, wenigstens im Sinne der Empiriker. Wer ist nun aber dieser Herr der Welt?
Er heißt Djebtsung und wird von der Seele des Amitābha, des Westgottes und barmherzigen Geistes der vier Gebirge, bewohnt, welche die heilige Stadt Ulan-Bator (vormals Urga) umgeben.
Djebtsung wird von den Machthabern der Mongolischen Volksrepublik, die politisch dem »Aberglauben« feindlich gegenüberstehen, offiziell nicht anerkannt, aber in geistiger Beziehung regiert er als »Hutuktu« über 100 000 Lamas und eine Million Untertanen.
Djebtsung residiert nicht mehr im heiligen Bogdo-ul, dem Amtssitz seiner acht Vorgänger, den das kommunistische Komitee der Wissenschaften verstaatlicht hat; er irrt in Begleitung eines ansehnlichen Gefolges von Lamas und Schamanen in der Steppe umher.
Diese Situation eines durchs Land ziehenden »Herrn der Welt« ist nicht gerade dazu angetan, an die übersinnlichen Kräfte des Hutuktu und seiner Schamanen zu glauben, Kräfte jedoch, die sich schwer widerlegen lassen.
Ferdynand Antoni Ossendowski, der hervorragende polnische Gelehrte, entging dank einem Zauberring, den ihm der Hutuktu von Nabarantschi geschenkt hatte, erheblichen Gefahren.
Lamas sagten fast auf die Stunde genau den Tod des gegen die

Bolschewisten kämpfenden russischen Generals Roman Freiherr von Ungern-Sternberg voraus; im Jahre 1933 erhielt der französische Wissenschaftler Dr. Maurice Percheron den unanfechtbaren Beweis für eine geheimnisvolle Macht, die führenden mongolischen Persönlichkeiten offenbar zustatten kam.

Wie soll man sich ohne Magie erklären, schreibt Charles Carrega in seinen »Cahiers intimes«, *daß Dschingis Khan, ein ungebildeter Viehhüter, lediglich mit der Unterstützung einer Handvoll Nomaden nacheinander Reiche und Völker zu unterwerfen vermochte, die tausendmal kultivierter waren als er?*

Khubilai, der Großkhan, der unter seiner Herrschaft die Mongolei, China, Indien, Afghanistan, Persien und halb Europa vereinigte, nahm die buddhistische Religion an, nachdem er die Wunder gesehen hatte, die der Pandit Turjo Ghamba vor den Vertretern der einzelnen Kulte und Religionen vollbracht hatte.

Hitler wollte sich die Magie der Mongolen zunutze machen, um seine Welteroberungspläne durchzusetzen, aber er wurde von den Schamanen verraten, die ihm natürlich nie die Geheimnisse der Oberherrschaft preisgaben.

Diese Geheimnisse sind in heiligen Büchern aufgezeichnet: den 226 Bänden des bsTan-'gyur (Tandschur) und den 108 Bänden des bKa-'gyur (Kandschur), die, in riesigen Truhen eingeschlossen, von den Shabinari-Mönchen aus dem Gefolge des heutigen Hutuktu bewacht werden.

Ihre magische Kraft verkörpert sich in Kultgegenständen und vor allem in dem mit eingravierter Swastika versehenen Rubin, der in einen Ring gefaßt ist, den Dschingis Khan und sein Nachfolger Khubilai ständig am rechten Zeigefinger trugen. (Der Maha Chohan, der als falscher »Herr der Welt« und Hochstapler 1947 nach Paris kam und zunächst der Lehrer und Freund, dann der Feind Michael Ivanoffs, des »Magiers« von Sèvres, war [*Point de Vue*, Nr. 140 vom 20. November 1947 und damalige Tageszeitungen], trug am rechten Zeigefinger einen Smaragdring, der angeblich Dschingis Khan gehört hatte. Der Ring enthielt, den Behauptungen des Scharlatans zufolge, »ein Wasserstoffatom, das imstande ist, die Welt in die Luft zu sprengen«.)

Trotz seiner Bedeutung für das Schicksal unseres Planeten ist von der alten Geschichte des grauenvollsten Gebietes der Erde wenig bekannt.

Die Primhistorie der Wüste Gobi läßt sich andeutungsweise umreißen, wenn man sich des Schlüssels bedient, den wir freundlicherweise dem Historiker Jean Roy verdanken:

Im Industal entfaltete sich vor dreitausendfünfhundert Jahren die Hochkultur der Drawida-Völker, die sich einige Jahrhunderte später mit den hellhäutigen Weddoiden (Weddiden) und den dunkelhäutigen Melaniden vermischten.

Die Melaniden stammten ursprünglich aus dem Tarim-Becken im Seen- und Sumpfgebiet von Lob-nor (heutige Provinz Sinkiang).

(Will man den Spezialisten für UFOs, d. h. unbekannte Flugobjekte, Glauben schenken, dürfte die Gegend von Sinkiang noch heute Mittelpunkt eines Geheimnisses sein. Auf jeden Fall ist sie zum Teil militärisches Sperrgebiet; es ist durchaus möglich, daß sich hier die Versorgungsbasis des »Schwarzen Ritters« befindet, jenes rätselhaften Satelliten, der seit 1957 unsere Erde umkreist.)

Die Melaniden gelangten über den Karakorumpaß in die Hochtäler des Indus und brachten den Drawida-Völkern die Kenntnis des sogenannten »arabischen« dezimalen Ziffernsystems (das erst sehr viel später im Laufe der arabischen Einfälle den Europäern überliefert wurde).

Die drawidischen Inder gaben den Melaniden den Namen Naachals, ein Wort, das »hohe Brüder« bedeutet. Gemeinfaßlich läßt sich dieser Begriff dadurch erklären, daß die Melaniden aus den Gebirgsgegenden von Karakorum kamen, wo nicht wenige Gipfel eine Höhe von 7000 bis 8600 m erreichen.

Bei den Naachals besaßen als einzige die »Wissenden« das Geheimnis des dezimalen Ziffernsystems; sie beanspruchten nicht, die Erfinder dieses Systems zu sein, sondern lediglich die Bewahrer und Mitwisser des Geheimnisses.

Wer aber hatte sie dann auf den trostlosen Hochebenen, die zweimal höher als der Montblanc lagen, die geheimnisvolle Ziffernschrift gelehrt?

Die Weiße Insel

Überlieferungen, auf die wir im folgenden näher eingehen werden, behaupten, daß den Melaniden ihr Wissen durch Menschen offenbart worden sei, die vom Himmel in Raumfahrzeugen ge-

kommen und auf der Weißen Insel des Gobi-Meeres gelandet seien.
Diese Insel existiert noch heute. Es dürfte sich um den Berg Atis handeln, der 600 km nordöstlich von Lob-nor liegt.
Dort, 20 000 km entfernt, finden wir das Gegenstück zum Geheimnis von Nevada.
Über der Wüste Gobi liegt ein Tabu: Auch dort sind nach Sandstürmen Überreste ehemaliger Städte aufgetaucht, deren Ursprung sich in grauer Vorzeit verliert; auch dort fiel Feuer vom Himmel, tobte eine Sintflut, eine Sturmflut. Sowjetische Piloten, die die Wüste Gobi überflogen, photographierten größere Ruinenstädte, deren Fundamente noch erkennbar sind. In naher Zukunft werden auch die Sandmassen der Wüste Gobi ihr Geheimnis preisgeben und die gesamte konventionelle Frühgeschichte erneut in Frage stellen. Bei der großen Sintflut, von der in den Wedas (dem Śatapatha-Brāhmaṇa, einem der ältesten indischen Texte) die Rede ist, baut der sagenhafte Manu eine Arche, die ein gewaltiger Fisch »über das Nordgebirge gelangen läßt«, was besagt, daß die Arche in der Wüste Gobi, vielleicht auf der Weißen Insel, landete. Der deutsche Indologe Albrecht Weber sah in diesem Bericht eine dunkle Erinnerung an die Einwanderung der Arya, die eine Sintflut oder eine irdische Katastrophe aus ihrer Heimat nach Indien und zweifellos auch nach Japan vertrieben hatte.
Aus der heute verödeten Gegend waren einst Völker ausgewandert, die im Besitz eines revolutionierenden und den anderen Menschen unbekannten Wissens waren.
Man muß annehmen, daß ihrer Auswanderung, ebenso wie der Flucht der alten Mexikaner aus dem Gebiet von Nevada in Kalifornien, gewichtige Motive zugrunde lagen; desgleichen läßt die Verwandlung der einst wahrscheinlich fruchtbaren Gebiete in dürre Sandwüsten und trostlose Steppen vermuten, daß sich eine furchtbare Katastrophe ereignet haben muß.
Nun versteht man, warum die Menschen jahrhunderte- und jahrtausendelang nicht an die Stätten des Unheils zurückkehren wollten, aus denen sie vertrieben worden waren und wo ihre fernen Vorfahren »durch den Zorn Gottes« ums Leben gekommen waren.
Besondere Aufmerksamkeit verdient eine Bemerkung Jean Roys

über die »vom Himmel gekommenen Menschen«, die einst auf der Weißen Insel gelandet sein dürften.
Der mongolisch-chinesische Name der Wüste Gobi lautet »Schamo«. Vielleicht steht er in Beziehung zu dem des Gottes Chamos, der dem Talmud zufolge in Form eines schwarzen Sterns verehrt wurde.
Chamos war auch noch »der böse Stern« der Araber, vermutlich Saturn oder irgendein anderer Planet oder Stern, von dem den Menschen Gefahr drohte (noch heute findet man häufig die Vorstellung eines kosmischen Dramas oder einer extraplanetarischen Invasion).
Nachdem die zwei vermuteten Epizentren der Atomkatastrophe des Altertums örtlich bestimmt worden sind, ist es vielleicht nicht uninteressant zu erfahren, ob gewisse Eigentümlichkeiten, die den USA und der Wüste Gobi gemeinsam sind, noch heute Gültigkeit haben. Bei dieser Untersuchung werden wir auf Tatsachen stoßen, die wahrhaft niederschmetternd sind, so als ob alles nur ein ewiger Wiederbeginn sei, von der nur geahnten Primhistorie bis zur noch unsichtbaren Geschichte des 21. Jahrhunderts.
Die alten Texte der Inder (Rāmāyaṇa, Droṇaparvan, Mahāvīracarita) erwähnen ausdrücklich, daß ein Atomkrieg auf der Erde stattgefunden hat; da diese These durch das Popol Vuh (Strahlenschädigungen der Völker des dritten Zeitalters) und durch die Bibel (Zerstörung von Sodom und Gomorrha) unterstützt wird, darf man annehmen, daß auch die Vorfahren der Amerikaner und Mongolen – genau wie die Wissenschaftler im Jahre 1944 – »Weltverbesserer«, Schöpfer spielen wollten.
Wendeten sie gegen die vom Himmel gekommenen Eindringlinge Kernwaffen an, oder rotteten sie sich gegenseitig aus? Diese Frage ist schwer zu beantworten.

Geheimgeschichte unserer Zeit

Für Einwohner von Hiroshima und Nagasaki klingt seit 1945 die These von einer durch Menschen des Altertums heraufbeschworenen atomaren Vernichtung gewiß wahrscheinlicher als die Fabel von einer göttlichen Rache, doch auch bei nicht wenigen Amerikanern und Russen gewinnt diese Ansicht auf Grund verblüffend

genauer Übereinstimmungen seltsamerweise immer mehr an Boden: Im alten Kalifornien und in der Mongolei werden nämlich amerikanische bzw. russische Atomraketen nicht nur zum großen Teil gelagert, sondern auch erprobt!
März 1963, Februar-März 1964: Zu diesem Zeitpunkt waren in Kalifornien USA-Raketen vom Typ Nike-Hercules auf unterirdischen Abschußrampen gelagert.
Die zur Bedienung der Raketen im Kriegsfall eingesetzten Techniker sollten durch die mit ihrer Überwachung betrauten Polizisten sofort niedergeschossen werden, falls einer dieser Techniker verrückt würde, die Startvorrichtung offenkundig verriete oder sie ohne ausdrücklichen Befehl auszulösen versuchte, was der teilweisen Vernichtung einer bestimmten Nation gleichkäme.
Nun, mehrere Raketen, die glücklicherweise keine Atomsprengköpfe hatten, explodierten *»ohne ersichtlichen Grund und trotz aller erdenklichen Vorsichtsmaßnahmen«*, die zur Verhinderung eines solchen Zwischenfalls getroffen worden waren.

Atomexplosion in der Mongolei

Februar 1960. In einer Wüste, ähnlich der von Nevada, nahe der mongolischen Grenze, und zwar auf demselben Breitengrad und einem diametral entgegengesetzten nördlichen Längengrad, lagerten auch die Sowjets Atombomben.
Welch ungewöhnliche Vorherbestimmung von Örtlichkeiten!
Im Februar 1960 erfuhren westliche Geheimdienste zunächst nur von dem Tod zweier russischer Generäle. Später, als nach und nach die ganze Wahrheit durchgesickert war, wußte man, daß mehrere Wasserstoffbomben explodiert waren, und zwar *ohne ersichtlichen Grund und obwohl man alle erdenklichen Vorsichtsmaßnahmen* zur Verhinderung eines derartigen Zwischenfalls getroffen hatte. Es muß zahlreiche Tote sowie Tausende von Verwundeten gegeben haben; die Gammastrahlenradioaktivität auf der Erde überstieg die Toleranzdosis um das Vierfache, was freilich von den Geheimzentralen aller Regierungen sorgsam verschwiegen wurde. Sicher ist, daß Bevölkerungsteile aus der Gegend des Balchasch-Sees zum Kaspischen Meer evakuiert wurden. Die Seismographen in Amerika registrierten zwei Explosionen, die

der Sprengwirkung von zweihundert bis zweihundertfünfzig Atombomben entsprachen. Zwei Kernwaffenlagerplätze waren kurz nacheinander in die Luft geflogen, wobei die zweite Explosion die heftigere war. Wenige Tage nach der Katastrophe erreichte die Radioaktivität in Paris den zulässigen Höchstwert und machte die empfindlichsten Emulsionen der Filmfabriken unbrauchbar.
Ein Jahr später wurde eine plötzliche Zunahme an Mißgeburten registriert, die allen Kulturmenschen, insbesondere in Rußland, China und Japan, so fest im Gedächtnis haften blieb, daß Nina Chruschtschow, die die geheimgehaltenen Ursachen des Unglücks kannte, Gewissensbisse bekam und öffentlich ausrief: »Werfen wir alle Atombomben ins Meer!«
In der Tat waren es sehr merkwürdige Zwischenfälle, die sich auf dem 36. nördlichen Breitengrad unter dem 112. westlichen Längengrad einerseits und dem 90. östlichen Längengrad andererseits ereigneten, d. h. in jenen alten Gebieten, in denen einst, wie man heute immer stärker vermutet, eine atomare Katastrophe stattfand.

Wo einst die Bomben explodierten, werden sie auch wieder explodieren

Atomare Vernichtung vor x Jahrtausenden ... atomare Vernichtung im Verlauf der letzten Jahre: Durch die Wahrscheinlichkeitsrechnung wird klar und deutlich widerlegt, daß derart seltene Ereignisse ohne bestimmte Gründe an denselben Orten der Erde vorkommen können.
Mit Schaudern denkt man daran, daß eines nahen oder fernen, doch unabwendbaren Tages die amerikanischen Kernwaffenbestände in Nevada und die russischen oder chinesischen Kernwaffenbestände in Zentralasien wieder explodieren werden, *ohne ersichtlichen Grund und trotz aller erdenklichen Vorsichtsmaßnahmen* ... (Der amerikanische Atomwaffenvorrat des Forts Richardson in Anchorage wäre bei dem Erdbeben Ostern 1964 fast in die Luft geflogen. Die Raketen wurden durch die Erschütterungen verschoben, und die Zündsicherungen zersprangen.)
Noch einmal könnte die Menschheit zu 90 oder 99% vernichtet werden.

Dann werden sich künftige Generationen *erneut* fragen, warum Nevada und die Mongolei bei den Menschen gleichsam einen atavistischen Abscheu erregen.
Nevada und die Mongolei: zwei Schicksalspole der Menschheit, an denen sich vielleicht noch immer die Bilder ferner Zeiten spiegeln, als da, wo heute Las Vegas, Los Angeles, Salt Lake City, Kansas City, Saint-Louis, Memphis, Little Rock, Dallas, New Orleans, Houston usw. liegen, *die stolzen Städte höherstehender Vorfahren in den Himmel ragten, denen die Raumfahrt, die Kybernetik, das Fernsehen und die Kernspaltung bekannt waren.*

Las Vegas: Sodom

Nicht ohne Interesse wird man feststellen, daß Las Vegas, die amerikanische Stadt des Lasters, der Spielhöllen und der Groschenautomaten, auf dem 36. Breitengrad liegt und daß Sodom und Gomorrha, die verderbten Städte im ersten Buch Mose der Bibel, auf dem 32., d. h. *demselben* Breitengrad lagen, sofern man die Schwankungen des Magnetpols berücksichtigt.
In diesem Zusammenhang ist es von Bedeutung, daß die Zigeuner, deren rassischer Typus dem der Mexikaner und Mongolen so nahe verwandt ist, vielfach als Überlebende des letzten Weltendes angesehen werden. Einige sind sogar der Ansicht, daß sie für die Atomkatastrophe des Altertums unmittelbar verantwortlich waren, weil die anderen Menschen im Laufe der Jahrtausende ihnen immer wieder den Zutritt zu ihren Städten verwehrten.

Alles ist ein Wiederbeginn: Die Zigeuner brechen auf

In unserer apokalyptischen Zeit streben die Zigeuner danach, seßhaft zu werden, und da das Ende des auf ihnen ruhenden Fluches nahe bevorsteht, wandern sie in alle weißen Länder der Welt aus: Australien, Südafrika, Südamerika usw.; nur nach dem schwarzen Afrika und dem gelben Asien als rassebewußten Ländern und natürlich den Vereinigten Staaten gehen sie nicht, vor denen sie eine heilige Scheu empfinden, die durchaus in der jahrtausendealten Primhistorie wurzeln könnte.

Andererseits halten sie sich, indem sie das Bibelwort zu ihren Gunsten auslegen, seit der Gründung des Staates Israel für das auserwählte Volk Gottes, da sie das letzte heimatlose Volk der Erde seien.
Ihre Propheten führen und geleiten sie abseits der Bruchlinien in der Erdrinde, damit sie *ein zweites Mal* dem Weltende oder – genauer – der Katastrophe entgehen, die der in primhistorischer Zeit ähnlich oder gleich sein dürfte, als Babylon nur ein Dorf und die Sumerer umherziehende Hirten waren, zu einem Zeitabschnitt der unsichtbaren Menschheitsgeschichte, als die allerälteste Kultur, die der Indianer, in Amerika begann.
Denn alles ist ein Wiederbeginn, und alles kann wieder wie einst anfangen – an denselben Orten.

IV. DIE STEINZEIT – EINE ERFINDUNG DER PRÄHISTORIKER

Es ist schwer, für die Entstehungsgeschichte des Menschen eine andere Erklärung zu finden als die Evolution aus einem Zweig des Tierreichs.
Subjektiv würden wir uns nur allzugern gegen die Hypothese einer Abstammung vom Affen wehren, die wir, ob berechtigt oder nicht, als wenig schmeichelhaft erachten, und überhaupt würde eine durch ein Wunder bewirkte, übernatürliche Genesis viel mehr nach unserem Geschmack sein.
Sollte der Mensch aus freien Stücken als bevorzugtes Wesen erschaffen worden sein?
Sind wir die Kinder Gottes, Geschöpfe Gottes? Gewiß, sofern wir Gott mit dem Weltgeist gleichsetzen. Keineswegs, wenn wir aus Gott einen Schöpfer machen, der uns aus Lehm oder Töpfererde modelliert und die erste Frau aus der Rippe des ersten Mannes baut, während dieser schläft.

Die Erde hat eine bevorzugte Umlaufbahn

Im Rahmen der Weltevolution gibt es anscheinend für keinen Bereich, für kein entwicklungsgeschichtliches Verbindungsglied eine Ausnahme.
Keine Vorrechte für den Himalaja, der durch besondere Gunst ein sonnendurchwärmter Garten Eden ohne ewigen Schnee sein könnte; keine Vorrechte für den Pazifischen Ozean, dessen Wasser nicht salzhaltig zu sein brauchte; keine Vorrechte, damit eine Ameise die Größe eines Elefanten und umgekehrt ein Elefant die Kleinheit einer Ameise erhält; keine Sonderrechte für eine einzige der Milliarden von Sonnen, die in der unermeßlichen Weite der Sternnebel verglühen ... Was den Menschen betrifft, ist die Frage nach seiner etwaigen Vorrangstellung durchaus berechtigt.
Natürlich haben wir eine fatale Neigung, uns als den Mittelpunkt der Welt zu betrachten, wie es die Bibel behauptet, aber ist unser Raumschiff – die Erde – nicht in der Tat besser als die anderen Planetenschiffe betakelt, ausgerüstet und bewaffnet, um den kosmi-

schen Stürmen standzuhalten und nicht vom Kurs abzuweichen? Wir sind in dieser Hinsicht nicht sehr unterrichtet, doch bekanntlich ist der Mars sehr trocken, die Venus sehr nebelreich und der Mond wie ausgeglüht und ohne Vegetation. Nur die Erde bietet einwandfrei bessere Lebensmöglichkeiten im menschlichen Sinne, d. h. Möglichkeiten für etwas, worunter wir Leben verstehen, was zweifellos auf ihre außergewöhnliche Umlaufposition im Verhältnis zur Sonne zurückzuführen ist.

Wie glauben aus den Gesetzen, auf denen die Expansion des Weltalls beruht, zu wissen, daß die Planeten sich Tag für Tag ein wenig mehr vom Mittelpunkt unseres Sonnensystems entfernen oder mit anderen Worten: daß sie unaufhörlich ihre spiralförmige Bahn vergrößern. (Man hat im Zusammenhang mit der Großen Pyramide von Gizeh eine Reihe alberner Behauptungen aufgestellt. Danach sollen ihre Maße die Zahl π ergeben, den Erdumfang, die Entfernung unseres Planeten von der Sonne usw. Falls also die Große Pyramide einst die *genaue* Entfernung der Erde von der Sonne angab, dann bestand in den Berechnungen von Anfang an ein Fehler, denn auf Grund der die Expansion des Weltalls bestimmenden Gesetze entfernt sich die Erde unablässig vom Mittelpunkt unseres Sonnensystems. Folglich ist sie heute weiter von der Sonne entfernt, als sie es zur Zeit der alten Ägypter war. Die *genaue* Zahl dürfte also falsch sein.) Dies bedeutet, daß die Planeten ursprünglich sich zu vermutlich verschiedenen Zeiten von diesem Mittelpunkt abgelöst haben (Theorie von Louis Jacot) und daß sie der heutigen Erdbahn folgen (Merkur und Venus) oder gefolgt sind (Mars, die Asteroiden, Jupiter u. a.).

Es gibt also offenbar eine Zeit und einen Punkt, wo die Planeten entweder zu jung oder zu alt sind, während die Erde den idealen Zwischenzustand einnimmt.

Exodus von Planet zu Planet

Aber auch die alten Planeten müssen einmal ebenfalls diesen idealen Zeitpunkt, dieses günstige Stadium erreicht haben, das ihnen Flora und Fauna sowie die Entfaltung menschlichen Lebens verlieh. Davon ausgehend läßt sich eine faszinierende Hypothese aufstellen.

Als für die Bewohner des im Vergleich zur Erde nächstälteren Planeten (der nicht unbedingt Mars ist, da große kosmische Umwälzungen stattfanden) die Lebensbedingungen immer ungünstiger, ja schließlich unerträglich wurden, bereiteten sie eine Art Exodus in Richtung Erde vor, wo die Entwicklung in allen Bereichen bereits eingesetzt hatte.

Die ersten Erkundungstrupps, die von dem gefährdeten Planeten die Erde erreichten, mußten, wie Noah in der Arche, von ihren Streifzügen Pflanzensamen und Proben einer ausgewählten Fauna mitnehmen.

Werden nicht auch unsere Kosmonauten vor diese Aufgabe gestellt werden, wenn sie einst zum Mond, zum Mars oder zur Venus fliegen?

Kurz, die primhistorischen Kosmonauten hatten den Auftrag, die Akklimatisierung verschiedener Arten und Spezies vorzubereiten, noch ehe die Kolonisten eintrafen, die aus höheren Gründen die Reise vielleicht nicht ausführen konnten.

Bewohner anderer Planeten hatten zuvor ebenso gehandelt; auf diese Art entstand eine Art kosmischen Staffellaufs von Planet zu Planet, und zwar stets in derselben Richtung, auf dieselbe bevorzugte Umlaufbahn zu, d. h. die, der unsere Erde heute folgt.

Der Ursprung des Menschen dürfte demnach in sehr ferner Vergangenheit liegen, sein Geburtsort dagegen in jedem Fall runde 150 Millionen Kilometer von der Sonne.

Diese Hypothese steht trotzdem keineswegs im Widerspruch zum natürlichen Auftreten autochthoner Erdbewohner, denen sich später extraterrestrische Menschen zugesellten. Allem Anschein nach knüpft sie merkwürdigerweise sogar an die Sieben-Himmel-Theorie spiritualistischer Lehren, die konzentrisch angeordneten Himmelssphären nach spätantiker Vorstellung und die Geheimlehre der Rosenkreuzer an, der letzten Bewahrer des Wissens von »Anfang, Mitte und Ende«.

Dafür, daß auf der Erde vor mehr als 20 000 oder 30 000 Jahren Menschen lebten, besitzen wir keinen schlüssigen Beweis, denn es gibt keine Überreste weder von älteren Kulturen noch von älteren Menschenknochen, und die angeblich 500 000 oder gar eine Million Jahre alten, entwicklungsgeschichtlich ersten Glieder aus dem Arsenal der Prähistoriker beruhen auf höchst willkürlichen Annahmen.

Wie alt die Menschheit auch sein mag, wo immer sie ihren Ursprung nahm, sie muß im Laufe großer Katastrophen mehr als einmal untergegangen sein; obwohl im wesentlichen nichts erhalten ist, lebt die Erinnerung an primhistorische Kulturen der letzten Jahrtausende in den Überlieferungen fort.
Trotz unserer Funksignale, trotz unserer ins All entsandten Raketen haben die anderen Planeten noch nicht reagiert; immerhin ist es denkbar, daß in den unermeßlichen Weiten unseres Milchstraßensystems die eine der Welten, die eine noch bevorzugtere Stellung als unsere Erde innehat, den Aufstieg einer kulturbewußten Menschheit bereits erlebte und nun gewissermaßen das wahre Eden des Kosmos, das unirdische Paradies darstellt, aus dem Adam nicht vertrieben wurde.

CTA – 102

Die folgende Hypothese, einst von den wohlmeinenden Anhängern der etablierten Ordnung als irrsinnig bezeichnet, hat am 13. April 1965 sozusagen ihr Beglaubigungsschreiben erhalten, als russische Astronomen bekanntgaben, daß sie im Einvernehmen mit den Amerikanern modulierte Signale untersuchten, die aus dem Weltall kämen und möglicherweise von »hochzivilisierten« Wesen gesendet würden. Die Skeptiker reagierten sofort.
Der Astronom Davies vom Observatorium in Jodrell Bank erklärte: *Diese Signale ähneln den sogenannten* Quasars, *die wir mit unseren Radioteleskopen auffangen ... Man braucht keineswegs an die Möglichkeit eines weit entfernt lebenden Kulturvolkes zu denken, um die regelmäßigen Sendephasen zu erklären. Es könnte sich dabei um eine natürliche Schwankung handeln, wie sie etwa beim Zyklus der Sonnenflecken auftritt ...*
Dies war auch die Meinung des belgischen Professors Raymond Coutrez und von Sir Bernard Lowell, dem Leiter des Observatoriums in Jodrell Bank. Dennoch plädierten die meisten Astronomen für die mögliche Existenz hochzivilisierter Wesen, die in unbekannten Gegenden des Weltenraums beheimatet sind.
CTA-102 wurde 1960 in den USA gleichzeitig mit zahlreichen anderen Radioquellen entdeckt: CTA-21, 3 C 444, 3 C 455 usw., deren Signale im 30-cm-Wellenbereich ausgestrahlt werden.

Der wegen seiner Arbeiten auf dem Gebiet der Astronomie weltbekannte sowjetische Professor Jossif Schklowski sagte am 12. April 1965 im Moskauer Sternberg-Institut:
Das amerikanische Mount-Palomar-Observatorium hat festgestellt, daß an der Stelle, von der CTA-102 seine Wellen aussendet, sich ein sehr kleiner Stern befindet, dessen Größenklasse 17,3 etwa der der kleinsten bekannten Sterne entspricht. Dieser Stern hat eine beträchtliche Energie, und das ist alles, was sich bis jetzt darüber sagen läßt.
Die Untersuchung dieser seltsamen Phänomene brachte Doktor Kardatschew auf einen durchaus ernst zu nehmenden Gedanken: Wenn man die mögliche Existenz von hochzivilisierten Wesen annimmt, die uns Erdenmenschen weitaus überlegen sind, dann müßten diese Wesen die Macht besitzen, ihr gesamtes Planetensystem völlig zu verändern und beispielsweise Signale zu senden, die ebenso stark sind wie die von CTA-102 empfangenen, also Signale, die zehnmilliardenmal stärker sind als die heutzutage auf unserer Erde erzeugte Gesamtenergie. Diese Signale müßten auf einer Wellenlänge ausgestrahlt werden, welche die besten Sendebedingungen gewährleistet, damit Störungen durch kosmische Nebengeräusche vermieden werden, d. h. im Dezimeterwellenbereich.
Die sowjetischen Beobachtungen fanden unter Leitung des Astronomen Scholomizki statt, der das Ergebnis wie folgt formulierte:
CTA-102 ist offenbar nicht mehr als fünf Millionen Lichtjahre von der Erde entfernt. Die empfangenen Signale im 32-cm-Band zeigen eine sehr ausgeprägte Periodizität von 100 bis 102 Tagen; in diesem Zeitraum nimmt das Signal an Intensität zu und ab, wobei die Maxima deutlich hervortreten.
Die Existenz kosmischer Wesen wird also von Gelehrten und Wissenschaftlern für wahrscheinlich gehalten, was einen großen Schritt vorwärts bedeutet in der Erkenntnis der Wirklichkeit.
Verkehrten die geheimnisvollen »Menschen« von CTA-102 einst mit den Erdbewohnern? Eine solche Behauptung aufzustellen, wäre sehr kühn; immerhin ist es recht merkwürdig, daß sie ihre Signale in einem Zeitintervall zur Erde senden, das nach Ansicht der Astronomen für einen Signalaustausch und -empfang besonders günstig ist.
Was die wirkliche Entfernung des Sterns – drei bis fünf Millionen

Lichtjahre – betrifft, stellt sie nur ein scheinbares Hindernis dar, da der Zeit- und Raumbegriff der Erdbewohner von den Vorstellungen der CTA-102-Bewohner wahrscheinlich stark abweicht. Werden wir es eines Tages erleben, daß Kosmonauten der dortigen Menschheit auf der Erde landen und sich als unsere höherstehenden Vorfahren ausgeben?
Die phantastischsten Vermutungen sind zulässig, wenn es um die Erforschung des Universums geht; da aber jeder absolute Beweis fehlt, muß man den wenn auch überholten Standpunkt der Prähistoriker alter Schule prüfen und jenes merkwürdige Geschöpf genauer betrachten, das sie als den Steinzeitmenschen, den Höhlenmenschen, unseren Stammvater, kurz: den »prähistorischen« Menschen bezeichnen.

Evas genialer Ungehorsam

Der Mensch – sei er irdischen oder außerirdischen Ursprungs – gehört auf Grund seiner Bestandteile zur Materie und erscheint wenn nicht als Ergebnis, so doch wenigstens als logische Fortsetzung der Evolution.
Doch in ihm ist diese Evolution äußerst rasch verlaufen: Seine geistige Entwicklung, sein Bewußtsein, sein freier Wille haben sich gleichsam in Form einer geometrischen Reihe entwickelt und geschärft, die die aufsteigende Spirale bis zu einem Winkel von nahe 180° öffnet.
In dieser Spirale darf das erste Auftreten des Menschen fast an den Grenzen der möglichen Evolution angenommen werden, bevor er sich mit dem Unendlichen, das heißt, wie die Spiritualisten sagen würden, mit Gott vereinigt.
Wenn der Mensch ein Säugetier ist, stammt er unzweifelhaft von einer höheren Gattung ab, denn er überlegt, unterscheidet gut und böse und empört sich vor allem ganz offen wider die Natur, die er sogar sich untertan zu machen beabsichtigt.
Mit ihm beginnt das Zeitalter Luzifers, des Fürsten aller geistigen Wesen, jenes himmlischen Engels, der sich nicht fürchtete, wenigstens scheinbar die Pläne Gottes zu vereiteln. Man kann daraus begreifen, daß der Mensch sich mit Luzifer identifiziert und sich zum Herrn der Welt aufwerfen möchte.

Die Genesis hat uns mit dem Symbol des irdischen Paradieses die Bewußtwerdung des Menschen und seinen freien Willen geschildert. Gott verbietet dem Menschen, die Frucht vom Baum der Erkenntnis anzurühren, und *mit der größten Selbstverständlichkeit* essen Adam und Eva von dem Apfel!

Mit der größten Selbstverständlichkeit, denn offensichtlich war das Drama unabwendbar und *beabsichtigt.* Gott wußte, daß sein Gebot übertreten werden würde und hatte zweifellos bereits beschlossen, daß dies geschehen sollte wie beim Aufbegehren Luzifers, doch diesmal durch den persönlichen Willen der Sünder. Auf diese Weise empfingen Adam und Eva das Gewissen und den freien Willen, und Gott, indem er zu ihren Gunsten auf einen Bruchteil seiner Macht verzichtete, gab der ganzen Menschheit damit die kostbarste aller Gaben.

Wie hätte übrigens der Schöpfer den Himmel und die Sterne, die Erde und die wunderbare Natur seinen Geschöpfen als »Herrschaftsbereich« geben können, wenn die Menschen nicht die Fähigkeit zu herrschen, zu entscheiden, zu erkennen besessen hätten? Welchen Sinn hätte die Schöpfung gehabt, wäre die Evolution des Menschen nicht möglich gewesen und als Ergänzung lediglich stillschweigend hinzugedacht worden?

Man stelle sich für einen Augenblick einen blinden Gehorsam unserer beiden biblischen Ahnen vor, und wir würden zu einem unsinnigen Schluß, zu einer ausweglosen Situation gelangen, aus der Adam und Eva sich auf höchst geschickte Weise herausmanövrierten!

Wenn wir dem biblischen Bericht seine wahre Bedeutung wiedergeben wollen, müssen wir seine Interpretation erweitern und gleichzeitig dem Aufstand Luzifers einen anderen Sinn beilegen.

Dieser Mythos muß sich also in den Zusammenhang der Evolution des Menschen einfügen lassen, so wie wir sie begreifen, seit wir von dem Apfel gekostet haben.

Das Schicksal der Menschheit

Nach Ansicht der Biologen sind wir am Ende unseres Abenteuers, unserer Irrfahrt.

Dieser Standpunkt wird besonders von Jean Rostand verteidigt.

Nun, eine solche Möglichkeit, für die man so gern den freien Willen und die Ablehnung der Naturgesetze durch den freien Menschen verantwortlich machen möchte, könnte sehr gut in den Rahmen der vorbestimmten Evolution passen.

Unsere Evolution hat uns anscheinend bis an die äußersten Grenzen dessen geführt, was unserem Hochmut zu wissen erlaubt ist. Noch ein Sprung, und Luzifer würde sich mit Gott auf eine Stufe stellen, noch ein kleiner Schritt, und der Mensch würde als unumschränkter Herr der Welt seine Machtgelüste auf den Kosmos ausdehnen. Obwohl nur eine Hypothese, gelangt man zwangsläufig zu der Schlußfolgerung, daß der Evolutionszyklus dem Ende zustrebt ebenso wie unser biologischer Zustand.

Die Menschen trachten danach, die im Atom schlummernden Kräfte unter ihren Willen zu zwingen und schicken sich an, den Himmel zu erobern, womit sie den Kampf der Titanen gegen die Götter gleichsam wieder aufleben lassen; nur laufen die Titanen – Zauberlehrlinge, die sie sind – dabei Gefahr, ihren Sturz zu beschleunigen, wenn durch Strahleneinwirkung in erster Linie ihre Zeugungsfähigkeit geschädigt wird.

Nach Meinung der hervorragendsten Biologen der Welt, die in dem seit 1962 bestehenden »Lebensinstitut« zur Rettung des Homo sapiens tätig sind, werden nach drei Generationen, etwa im Jahre 2035, die Menschen keine Kinder mehr oder höchstens nur noch mißgestaltete Wesen zeugen können.

Bedeutet dies das Ende der Welt?

Nicht unbedingt. »Die Wissenschaft hat stets Besseres geleistet, als was man von ihr erwartete«, behauptet Jean Rostand, was man so auslegen könnte, daß die Menschen, selbst wenn sie ihrer Zeugungskraft beraubt wären, Mittel und Wege finden würden, sich fortzupflanzen.

Die Menschheit, unfruchtbar und impotent, würde sich dann wieder auf die ursprünglichen Merkmale der Schöpfung besinnen: die geschlechtslose Art der Fortpflanzung, wie sie bei den einzelligen Lebewesen vorliegt.

Die Fortpflanzung könnte auf künstlichem Wege erfolgen, oder die Menschen würden in ihrem fortgesetzten Bemühen, den physischen Tod zu überwinden, schließlich die Unsterblichkeit erlangen und noch einmal ein Goldenes Zeitalter erleben, das es den Überlieferungen zufolge einst gegeben haben soll.

Ob unsere Herrschaft sich dann immer mehr sublimieren und bis zur Identifizierung mit Gott läutern würde, eine Anschauung, wie sie Pierre Teilhard de Chardin vertritt?
Oder wird der Mensch, da seine Hoffnung auf ein ewiges Leben schlechthin trügerisch ist, in die Protoplasma-Materie zurückkehren, bevor er einen neuen aufsteigenden Zyklus beginnt?
Die Evolutionsgesetze geben uns schwerlich Auskunft über das Schicksal der Menschheit, denn die Evolutionstheorie verfügt über kein wissenschaftlich strenges System, ja sie kann nicht einmal bewiesen werden.
Zahlreiche Arten, insbesondere Anneliden (Ringelwürmer), Bakterien, Algen usw. – der berühmte Quastenflosser Coelacanthus nicht mitgerechnet – leben seit Urzeiten, ohne daß sie sich merklich veränderten, d. h. ohne daß sie sich fortentwickelten.

Sechs klassische Irrtümer

Die Entstehungsgeschichte und der vorige Untergang der Menschheit verlieren sich also in geheimnisvollem Dunkel, das um so schwieriger zu deuten ist, als die Geschichte und die Vorgeschichte oft Lücken, ja sogar erstaunliche Irrtümer aufweisen.
Die ferne Vergangenheit des Menschen weist nach ihrer – zwar im Sinne des Darwinschen Evolutionsgedankens vorgenommenen – Erforschung durch die Prähistoriker genau festgelegte Zeitabschnitte auf, die unter den Namen Paläolithikum und Neolithikum, also ältere und jüngere Steinzeit, bekannt sind.
Sie untermauerten im besonderen die klassischen Thesen, die ohne diese bequeme Erfindung, ohne den goldenen Schlüssel zum ganzen System nur zu einem höchst unsicheren und schwankenden Lehrgebäude gereicht hätten.
Heute ist man davon überzeugt, daß die elementaren Grundlagen der Vorgeschichte zu einem Empirismus gehören, den man nicht billigen, geschweige anerkennen kann, selbst nicht in Form vorsichtig formulierter Lehrmeinungen, da man darin zumindest auf sechs wesentliche Irrtümer stößt.

1. Nichts beweist, daß der Mensch vom Affen abstammt. Die Arten sind so wenig ähnlich, daß eine Bluttransfusion zwischen

einem Menschen und einem Gibbon, Schimpansen oder Orang-Utan ebenso gefährlich ist wie zwischen grundverschiedenen Tierarten.

Die Verbindungsglieder zwischen Affe und Mensch *wurden nie gefunden,* und alle Sinanthropi, Australopithecinen, Pithecanthropi, Atlanthropi und sonstige Anthropopitheci sind ebenso wie der »Mensch von Piltdown« das Werk von Witzbolden oder Fälschern. Mit dieser Art, unseren Stammbaum aufzustellen, könnte man ebensogut beweisen, *daß der Stab über den Sitzstock, den Klappstuhl, den Schemel, den Sessel und das Sofa der Vorläufer des Bettes ist,* schreibt Jean Servier in seinem Buch *L'Homme et L'Invisible* (Der Mensch und das Unsichtbare).

2. Der prähistorische Mensch wohnte nicht in Höhlen, es sei denn in Ausnahmefällen wie auch heute. In der Nähe der meisten Feuersteinfundstätten gibt es keine Höhlen: keine Höhlen bei Saint-Acheul (Pas-de-Calais), (Acheuléen), keine Höhlen bei Levallois-Perret (Levalloisien), keine Höhlen bei Chelles noch bei Le Grand-Pressigny (Pressignien) usw. Die prähistorischen Menschen der Departements Pas-de-Calais, Seine, Seine-et-Marne, Indre-et-Loire gingen abends trotzdem nicht in die Höhlen von Les Eyzies schlafen! Sie wohnten in Hütten und, da sie den Stein so gut zu bearbeiten wußten, wahrscheinlich in Häusern.

3. Der prähistorische Mensch trug die gleichen Kleidungsstücke wie alle Kulturmenschen des Abendlandes: Hut, Jacke, Hosen, Schuhe. Die Tatsache ist einwandfrei erwiesen durch die auf den Steinen der prähistorischen Bibliothek von Lussac-les-Châteaux eingravierten Zeichnungen. (Im Musée de l'Homme in Paris zeigt man freilich nur die harmlosen Gravierungen. Diejenigen Fundstücke, welche die fortgeschrittene Kulturstufe der Menschen des Magdalénien beweisen, sind zufällig »unbekannt, unauffindbar oder irgendwohin verlegt ...«, aber man weiß nicht, wo sie liegen. Der Journalist Constantin Brive vom *Auto-Journal* wollte nach Erscheinen des Buches *Phantastische Vergangenheit – Die unbekannte Geschichte der Menschen seit hunderttausend Jahren* nachprüfen, ob der Autor hinsichtlich des Vorhandenseins der gravierten Steinplatten gelogen hatte. Er mußte verfängliche Absperrungen durchschreiten und einfältig-plumpe Ausflüchte des Aufsichtspersonals vereiteln, aber schließlich erlangte er doch die

Gewißheit, daß die Steinplatten der Beschreibung entsprachen und prähistorische Menschen darstellten, die mit Hut, Jacke, Hose und Schuhen bekleidet waren.
Der im *Auto-Journal* vom 8. August 1963 veröffentlichte Augenzeugenbericht enthüllte in recht schüchterner Weise die Machenschaften, die zur Verhinderung der Nachforschung inszeniert worden waren, doch wagte es Constantin Brive nicht, zu erwähnen, wie es zwischen ihm und Robert Charroux ausdrücklich vereinbart worden war, wer eigentlich in dieser Angelegenheit der Lügner war.)

4. Die prähistorischen Menschen kannten die Schrift, wie es die eingeritzten Tontäfelchen von Glozel beweisen, die unwiderlegbar echt sind und nach aufsehenerregenden Prozessen als echt anerkannt wurden, in deren Verlauf das helle Licht der Tatsachen und die Glaubwürdigkeit des Entdeckers Emile Fradin den Prähistorikern eine vernichtende Niederlage beibrachten. (Das Museum von Glozel, 15 km von Vichy im Departement Allier entfernt, ist immer geöffnet. Unserer Meinung nach stellt es zusammen mit den Grotten von Lascaux und der prähistorischen Bibliothek von Lussac-les-Châteaux im Departement Vienne, die drei Wunder der alten Welt dar.)

5. Die prähistorischen Menschen lebten nicht im Zustand materieller Unsicherheit, wie es in den Schullehrbüchern behauptet wird.
Im Gegenteil: Sie erlebten gleichsam ein materialistisches Goldenes Zeitalter, dessen unerschöpflicher, vielfältiger und leicht zu nutzender Reichtum jedem einzelnen zugute kam.
Die Tatsache liegt auf der Hand: Heute leben oder könnten Tausende von Menschen einzig vom Obstbau, vom Fischfang und von der Jagd leben, obwohl unsere Wälder fast verschwunden und unsere Flüsse durch Entkeimungsmittel und alle möglichen chemischen Produkte fischarm geworden sind.
In prähistorischer Zeit tummelte sich das Wild in den Wäldern, Fische waren im Überfluß vorhanden, und den Menschen stand jede nur erdenkliche Nahrung in Hülle und Fülle zur Verfügung.

6. Der prähistorische Mensch war kein stumpfsinniges, beschränktes, brutales Wesen, zu dem man ihn gern stempeln möchte. Er war Maler, Töpfer, talentierter Zeichner (man denke an Lascaux, Altamira und Glozel). Die Höhlen waren lediglich die

Werkstätten einiger geistig niedrigstehender Individuen der Gesellschaft. Zeitgenossen, die einer höheren Kulturstufe angehörten, kannten das Glas, die Kohle und sehr wahrscheinlich auch die Metalle und die Eisenindustrie.

Vor 30 000 Jahren bekannt: Eisen und Galvanoplastik

Aber, so werden die Prähistoriker protestieren, die Verarbeitung von Eisen war doch im Paläolithikum gar nicht bekannt!
Das Eisen soll nicht bekannt gewesen sein? Wie ist es dann zu erklären, daß man in den an Eisenerzen besonders reichen Departements – vor allem in Elsaß-Lothringen – nicht die geringste Spur einer steinbearbeitenden Kultur findet?
Gleichwohl war das Land reich, und der Feuerstein, den man exportierte, konnte genausogut in den Osten des Landes gelangen. Sicher waren diese Departements von prähistorischen Menschen bewohnt, hauptsächlich fünf- bis sechstausend Jahre vor unserer Zeitrechnung; trotzdem findet man dort keine bearbeiteten Feuersteine, weil es bequemer und rationeller war, selbst für die untersten Schichten, Gegenstände aus Eisen herzustellen und zu benutzen. Wahrscheinlich entfalteten sich vor Tausenden und aber Tausenden von Jahren auf allen Kontinenten sogar Kulturen, denen der Stahl, die Luftfahrt und die Atomwissenschaft bekannt waren.
Bereits im 19. Jahrhundert hatten Forscher und Gelehrte diese Gewißheit, ohne daß sie sie auszusprechen gewagt hätten wie im Fall des französischen Ägyptologen Mariette, der das Serapeum von Memphis und die Grabmäler der Apisstiere entdeckte.
Als er in einer Tiefe von etwa sechzig Fuß unter der Sphinx von Gizeh mit Ausgrabungen beschäftigt war, legte er unter einem harten und dichten, mit Steinen vermischten Boden Bauwerke von gigantischem Ausmaß frei, in denen er wundervolle Gegenstände von höchster künstlerischer Vollendung fand.
Das Alter der Sphinx verliert sich im Dunkel der Zeiten. Daraus folgt aber, daß die Bauten unter dem im Laufe von Jahrtausenden angehäuften, jetzt festen und harten Erdreich noch viel älter waren. Doch das ist noch nicht alles. Unter den so tief in der primhistorischen Erde vergrabenen Gegenständen entdeckte man

– wir zitieren Zeugnisse aus dem Jahre 1850 – *Schmuckstücke aus Gold, die auf Grund ihres geringen Gewichts an galvanoplastische Relieftechnik erinnern, ein industrielles Verfahren, das bei uns seit kaum zwei oder drei Jahren bekannt ist.*

Für diejenigen, die die Kultur um jeden Preis vor höchstens sechstausend Jahren in Sumer beginnen lassen wollen, ist diese Entdeckung offenbar sehr peinlich.

An anderen Stellen wurden ähnliche Entdeckungen gemacht. In der Tat läßt sich bei sehr vielen Gegenständen, die aus Memphis und Theben stammen, z. B. Vasen, Schalen, Bechern, Lanzenspitzen usw., eine dünne Metallschicht feststellen, ohne daß es möglich wäre, Spuren einer Löt- oder Schweißstelle oder sonstiger manueller Bearbeitung zu entdecken. Die Schicht ist so gleichmäßig, ihre kristalline Beschaffenheit ist der von auf galvanoplastischem Wege erhaltenen Gegenständen so ähnlich, daß Wissenschaftler nicht länger zögerten, den Ägyptern die Kenntnis dieser Technik zuzuschreiben (M. Crüger, Dinglers *Polytechnisches Journal,* 1851).

Was die Verwendung von Eisen betrifft, so ist sie bei den Haddaden Afrikas seit achttausend Jahren bekannt und läßt sich noch viel früher nachweisen.

Die Eisengruben auf der Insel Elba wurden nach den mit größter Sorgfalt durchgeführten Berechnungen von Bergbauingenieuren zu einer Zeit benutzt, *die wenigstens zehnmal älter ist als die uns bekannte Zeit.*

Wenn man berücksichtigt, daß schon die Griechen zu Homers Zeit diese Insel kannten, die sie wegen des Rußes und der weithin sichtbaren Rauchschwaden aus den Hüttenwerken Aithalia (griech. aithálē = Ruß) nannten, gelangt man zu dem Schluß, daß diese Gruben vor mehr als dreißigtausend Jahren in Betrieb gewesen sein müssen.

Altsteinzeit und Jungsteinzeit – Erfindungen der Prähistoriker

Altsteinzeit und Jungsteinzeit, Paläolithikum und Neolithikum: Sie sind die starre, unerschütterliche Hauptstütze einer veralteten Vorgeschichte. Jeder ihrer gutgläubigen Anhänger muß diese zwei Worte in tiefer Demut aussprechen.

Wir dagegen wagen zu behaupten, daß *die Altsteinzeit und die Jungsteinzeit immer nur in der Phantasie der Prähistoriker existiert haben.*

Damit wir uns richtig verstehen: Natürlich haben prähistorische Menschen Arbeitsgeräte aus Feuerstein benutzt, aber in so geringem Maße, daß man es praktisch vernachlässigen kann. Kurz, sie benutzten Feuersteinwerkzeuge, wie die Menschen des 20. Jahrhunderts Kaviar essen oder Kaugummi kauen, d. h. in einem Verhältnis von 1 : 1000 oder gar 1 : 10 000.

Wir haben diese These Fachwissenschaftlern vorgelegt, deren Reaktionen sich in zwei Kategorien einteilen lassen:

Prähistoriker alter Schule zucken die Achseln und weichen jeder Diskussion aus, sind aber absolut unfähig, den geringsten Begriff zu widerlegen.

Neuen Erkenntnissen aufgeschlossene Prähistoriker halten die vorgelegte These für mathematisch exakt.

Im folgenden geben wir eine kurze Zusammenfassung unserer Beweisführung:

Die Einwohnerzahl eines Volkes oder einer bestimmten Gegend läßt sich annähernd aus der Zahl der Häuser oder der Kraftwagen oder der notwendigen, unentbehrlichen Werkzeuge errechnen, bei weniger entwickelten Völkern z. B. aus der Zahl der Messer.

Auf Grund dieser Rechnung gelangt man für das Gebiet Frankreichs auf zehn Millionen oder auch auf hundert Millionen Einwohner, für das Gebiet der Sahara auf zehntausend oder auf achthunderttausend Einwohner, aber man erhält stets einen Wert, der schätzungsweise das Doppelte oder Fünffache der genauen Lösung nicht übersteigt.

Wüßten wir die Anzahl der Messer, die es im Mittelalter gab, hätten wir eine Vorstellung von der Bevölkerungszahl zu jener Zeit, aber die Messer gingen verloren, wurden durch Rost zerfressen, lösten sich in nichts auf.

Falls in der Altsteinzeit wie in der Jungsteinzeit nur der behauene oder polierte Feuerstein und kein Metall bekannt war, wie es die Prähistoriker behaupten, muß es möglich sein, die »Messer« dieser Zeit, so fern sie auch sein mag, wiederzufinden, denn Feuerstein *verwittert nicht.* Ohne die geringste mit bloßem Auge erkennbare Abnutzungsspur bleibt er hunderttausend, fünfhunderttausend, eine Million Jahre hindurch praktisch unverändert.

Eine Million Jahre, das ist genau der Zeitraum, in dem der Mensch auf der Erde lebte (behauptet man).
Bei unserer Hypothese benutzte der prähistorische Mensch notgedrungen ein Werkzeug, das ihm zum Schneiden, Behauen, Anspitzen und zur Selbstverteidigung diente.
Die Menschen aller Zeiten und aller Kulturepochen benötigten und benötigen noch immer die folgenden unentbehrlichen Werkzeuge: Messer oder Klinge, Beil oder Axt, Feile und Meißel.
Fassen wir nun unter dem Oberbegriff der für den prähistorischen Menschen »notwendigen Gegenstände« all das zusammen, was die Form eines Messers hat oder sich praktisch als Messer verwenden läßt: Beil, Faustkeil (Zweiseiter), Schaber, Grabstichel, Nukleus usw., d. h. fast alle Feuersteingeräte von annehmbarer Größe, deren sich die Menschen bedienten. Ein Durchschnittsmensch benötigt selbst heutzutage im Laufe seines Lebens eine bestimmte Anzahl von Werkzeugen: Beil, Säge, diverse Scheren und Zangen, Picke, Hacke und dergleichen, alles in allem etwa hundert verschiedene Gegenstände.
Der prähistorische Mensch, der sich ein Beil in etwa zehn Minuten zurechtschlug (annähernd die Zeit, die Monsieur Borde aus Bordeaux zur Grobbearbeitung eines Steinbeils benötigte) und an den uns bekannten Stellen Feuerstein in Hülle und Fülle fand, mußte also wenigstens 100 Werkzeuge in seinem Leben herstellen und gebrauchen, denn diese Werkzeuge nutzten sich ab, zerbrachen oder gingen verloren. An Rohmaterial fehlte es ihm dabei nicht. Bei Le Grand-Pressigny, bei Charroux, bei Fontainebleau, bei Vellèches findet man unbehauene Nuklei (Feuersteinknollen) und eine Menge von Kernstücken, die denselben Zweck hätten erfüllen können. Eins steht jedoch fest: Die Feuersteinwerkzeuge konnten weder verschwinden noch zu Staub zerfallen. Bekanntlich werden Kieselsteine und infolgedessen auch Feuersteine durch die Erderschütterungen, zu denen noch die Zentrifugalkraft hinzukommt, an die Bodenoberfläche zurückgeworfen. Dies erklärt, warum man in den Gärten jedes Jahr aufs neue Steine aufklauben muß, ohne je den Boden davon befreien zu können.
Desgleichen kommen auf den Schlachtfeldern von 1914–1918 die Granaten und Granatsplitter unvermeidbar wieder zum Vorschein. Noch immer finden Kinder alljährlich in Gärten, Wäldern und auf Ackerland Granaten, die ihren Tribut fordern. Etwa im Jahre

1970 werden alle aus dem ersten Weltkrieg stammenden Granaten ans Tageslicht gekommen sein.

Unsere Untersuchung erstreckte sich zunächst auf eine uns gut bekannte Fundstätte; die von Charroux im Departement Vienne. Sie gehört, was Beile (oder Faustkeile) betrifft, zu den wichtigsten. Bisher wurden in Charroux tausend bis zweitausend Beile gefunden, doch in wenigen Jahren wird der Fundort erschöpft sein. Man kann die Zahl der noch in der Erde liegenden Beile auf zweitausend, höchstens aber auf fünftausend schätzen, wobei der letzte Wert *übertrieben optimistisch* ist. Wie gesagt, gehört diese Fundstätte mit Ausnahme von Le Grand-Pressigny zu den wichtigsten. Charroux liegt übrigens bemerkenswerterweise an der prähistorischen großen Landstraße, und zwar auf halbem Wege zwischen Le Grand-Pressigny und Les Eyzies, am Ufer der Charente und nur sechs Kilometer von der berühmten Höhle von Chaffaud entfernt. Andererseits gibt es auf dem Gebiet der Gemeinde neunundvierzig Höhlen, von denen jedoch keine bewohnt gewesen zu sein scheint.

In Charroux kommen Feuersteinwerkzeuge in besonders großer Zahl vor. Wenn wir pro Mensch und pro Generation (25 Jahre) hundert behauene Beile annehmen, gehen wir von einer äußerst geringen Fertigung aus.

In Wirklichkeit mußte der prähistorische Mensch, sei es aus Notwendigkeit, sei es, um sich die Zeit zu vertreiben oder jemandem ein Geschenk zu machen, weit mehr als hundert Beile in seinem Leben anfertigen.

Auf Grund dieser Voraussetzung läßt sich eine annähernde Rechnung aufstellen, ohne bis auf die frühesten Epochen der Prähistorie zurückgehen zu müssen. Innerhalb von fünfzigtausend Jahren gab es in Charroux zweitausend Generationen von Menschen, die nach unserer Untersuchung etwa zehntausend Beile verbrauchten. Wenn hundert Beile für ein Leben notwendig waren, wieviel Menschen lebten dann in Charroux während eines Zeitraums von fünfzigtausend Jahren?

$$\frac{10\,000 \text{ Beile}}{100 \cdot 2000 \text{ Generationen}} = 0{,}05 \text{ Mensch},$$

oder anders ausgedrückt, mit 100 Beilen pro Mensch für eine Dauer von nur zehntausend Jahren bzw. 400 Generationen:

$$\frac{10\,000}{100 \cdot 400} = 0{,}25 \text{ Mensch}.$$

Ist man der Meinung, daß die Zahl von 100 Beilen übertrieben hoch liegt, reduziere man diesen Wert getrost auf 10, und man erhält für 2000 Generationen:

$$\frac{10\,000}{10 \cdot 2000} = 0{,}5 \text{ Mensch},$$

und für 400 Generationen lediglich:

$$\frac{10\,000}{10 \cdot 400} = 2{,}5 \text{ Menschen}.$$

Man versuche noch andere Möglichkeiten, indem man z. B. für einen Zeitraum von einer Million Jahre (40 000 Generationen) mit 10 Beilen pro Mensch rechnet:

$$\frac{10\,000}{10 \cdot 40\,000} = 0{,}025 \text{ Mensch};$$

mit 1 Beil pro Mensch auf 2000 Generationen erhält man dagegen:

$$\frac{10\,000}{1 \cdot 2000} = 5 \text{ Menschen}.$$

Bei diesen Rechnungen haben wir für unsere These *die ungünstigsten* Werte gewählt: Es gibt nämlich keine 10 000 Beile in Charroux.

Die Zahl 10 000 bezieht sich lediglich auf die ungefähre Menge der Werkzeuge und ungeformten Bruchstücke und Splitter, die, streng genommen, hätten verwendet werden können.

Auf welche Weise wir auch vorgehen, wir erhalten ein sinnloses Ergebnis. Und dies Ergebnis blieb das gleiche, als wir es auf Le Grand-Pressigny, Les Eyzies, die Hochebene von Chambes oder Saint-Acheul bezogen.

Wir können also kaum eine richtige Vorstellung von der Einwohnerzahl Frankreichs in prähistorischer Zeit gewinnen, aber Größenordnungen, die zwischen 30 000 und vielleicht 300 000

Menschen liegen, dürften unserer Ansicht nach der Wahrheit am nächsten kommen.

Wenn wir bei unseren Überlegungen von 30 000 Menschen, 50 000 Jahren und 100 verschiedenen Werkzeugen, die ein einzelner Mensch pro Generation benötigte, ausgehen, müßten wir in Frankreich *6 Milliarden* Feuersteinwerkzeuge finden oder ausgraben können.

Unsere Museen und Spezialsammlungen besitzen aber nicht einmal *1 Million* bearbeiteter Feuersteine!

Andererseits ist nicht anzunehmen, daß rund 6 Milliarden Feuersteine noch in der Erde verborgen sein können.

Das auf uns gekommene Erbe an Feuersteinen beträgt etwa 600 000 Stücke, was für Frankreich unter den eingangs dargelegten Bedingungen ein Verhältnis von

$$\frac{600\,000}{100 \cdot 2000} = 3 \text{ Menschen}$$

ergäbe.

Hieraus wiederum ergäbe sich eine Anzahl von etwa 50 bis 100 Individuen, um die Erde zu bevölkern, wobei Frankreich bekanntlich die Heimat des prähistorischen Menschen schlechthin ist.

Die obigen Ergebnisse sind natürlich reiner Unsinn, und es drängt sich einem zwangsläufig die Feststellung auf: *Die Zahl der Beile und Feuersteinwerkzeuge steht in keinem Verhältnis zur Zahl der Menschen, die Frankreich einst bevölkerten.*

Die Zahl der Feuersteinwerkzeuge ist einfach proportional der Zahl von geistig »Minderbemittelten« und »Spätentwicklern«, die die Hefe, den Abschaum jedes Volkes bilden – und gleichzeitig, zusammen mit dem Piltdown-Menschen und dem nicht vorhandenen (!) Schädeldach des Sinanthropus, die Mustertypen darstellen, auf denen die Prähistoriker ihre Pseudowissenschaft aufgebaut haben.

Folglich benutzten die prähistorischen Menschen, von denen es mehr als 50 pro Generation auf der Erde gab, zur Herstellung ihrer Werkzeuge, *etwas anderes* als den Feuerstein, etwas anderes, das durch natürliche Verwitterung verschwunden ist, d. h. wahrscheinlich das Eisen und die Metallegierungen.

Auf jeden Fall sind Paläolithikum und Neolithikum, die den Prähistorikern zur Charakterisierung der Zeitabschnitte dienen, in denen behauene oder bearbeitete Steinwerkzeuge auftreten, höchst irreführende und mißbräuchliche Bezeichnungen. Wenn nämlich in jeder Generation 10, 50 oder selbst 100 Menschen auf der Erde Feuersteinbeile benutzten, hat man noch lange nicht das Recht, die Zeit, in der das geschah, nach jener prozentual unbedeutenden Gruppe zu benennen.

Ebensogut könnte man behaupten, das 20. Jahrhundert sei das Altsteinzeit-Jahrhundert (vom Standpunkt der Völkerstämme Neu-Guineas und Borneos aus) oder das Kaviar-Jahrhundert (wie es vielleicht die versnobten Stammgäste von Nachtklubs bezeichnen würden) oder schließlich auch das Kaugummi-Jahrhundert (nach der Angewohnheit einiger Zeitgenossen).

Aus dieser Feststellung geht hervor, daß unsere direkten Vorfahren gar nicht so stumpfsinnig und beschränkt waren, wie man es uns gern einreden möchte; ferner resultiert daraus, daß die ganze konventionelle Vorgeschichte auf unhaltbaren Prinzipien und auf einer Reihe von Irrtümern beruht.

Doch was unserer Ansicht nach viel wichtiger ist: die Tatsache, daß nach dem Bankrott des Höhlen- und des Feuersteinmenschen sich nunmehr ein großes Tor auftut, durch das wir in die unbekannte Vergangenheit des Menschen gelangen werden.

In eine Vergangenheit, die wir uns von jetzt an, da die falschen Theorien hinweggefegt worden sind, großartig und phantastisch vorstellen dürfen – so, wie sie zweifellos war.

V. DAS WELTALL UND DIE RAKETENARCHE

Der Nullpunkt: Alles existiert im Unerschaffenen

Das der Schöpfung vorausgehende Nichts vermögen wir uns nicht vorzustellen.
Wie sollen wir uns ein schweigendes, leeres »Universum« denken, ein Weltall ohne Zeit, ohne Raum, ohne Bewegung, ohne Licht, ohne Wärme und ohne Geist, um so mehr, als diese Vorstellung sich zutreffend auf das Nichts anwenden läßt?
Die Sophisten dürften übrigens mit der Bemerkung aufwarten, daß das Nichts, obwohl eine Abstraktion, ein Phänomen an sich, folglich eine erschaffene Realität sei.
Der menschliche Geist kann sich spekulativ nur innerhalb der Grenzen eines endlichen, sichtbaren Weltalls bewegen, wo selbst die Abstraktion etwas Konkretes an sich hat.
Das Mysterium der Schöpfung ist uns natürlich noch versagt, da aber zwei ihrer Phasen, die Gegenwart und die Zukunft, zeitlich nicht abgeschlossen sind, bietet sie uns eine verhältnismäßig zugängliche geistige Landschaft.
Beim Weltmodell eines bikonischen, in Expansion und in Kontraktion befindlichen Universums (man stelle sich eine Folge von horizontal angeordneten Kegeln vor, die sich mit ihren Spitzen berühren) ist der geometrische Mittelpunkt des Ganzen die Verbindungsstelle der Kegelspitzen bzw. der Nullpunkt, an dem die Kontraktion endet und die Expansion beginnt.
Dieser Nullpunkt dürfte also ein Punkt der Unbeweglichkeit, des Gleichgewichts, des Nichts sein, aber er existiert nur theoretisch.
Einem solchen in Form aufeinanderfolgender Kegel gedachten Entwicklungsprozeß scheint etwas Übernatürliches anzuhaften, da der menschliche Geist sich nun einmal weder eine endlos fortgesetzte Ausdehnung und Zusammenziehung noch den nonexistenten Nullpunkt noch die Urschöpfung nach diesem Nullpunkt vorzustellen vermag.
Das Denkschema entspricht indessen der brahmanischen Kosmogenese (dem Ein- und Ausatmen Brahmas), der Theorie von dem in Expansion befindlichen Weltall sowie den zwangsläufigen Zyklen von Leben, Tod und Wiedergeburt. Schließlich stimmt es

mit dem zuerst von Lavoisier formulierten Gesetz von der Erhaltung des Stoffes überein: Nichts geht verloren, nichts wird gewonnen, alles verwandelt sich.

Wenn wir uns ein wenig von unserem kleinen dreidimensionalen Universum entfernen, können wir versuchen, als Arbeitshypothese die gleichzeitige Existenz des Nichts und des vollen Raumes, des Ungeschaffenen und des Geschaffenen anzunehmen, was übrigens in der klassischen Theorie einer vom Ungeschaffenen ausgehenden Schöpfung mit einbegriffen ist, bei der die Urzelle bereits das gesamte Weltall in Masse, Rauminhalt und Größenausdehnung einschließt. Dieser Nullpunkt, den einige mit Gott identifizieren, setzt auch das Nebeneinanderbestehen von Anti-Zeit und Zeit voraus. Was noch nicht geschaffen ist, existiert also im Nichtexistenten, welches den vorgedachten Plan der Schöpfung enthält. Danach tritt ein Übergang vom Gedanken zur Verwirklichung, vom Stofflos-Geistigen zum Stofflich-Sinnlichen ein.

Wie auch immer wir das Weltall konzipieren, keine unserer Überlegungen kann sich über jene kühne Theorie hinwegsetzen, da wir in einem fort auf Unvereinbarkeiten und Geheimnisse stoßen.

Wenn der Mensch sich eines Tages bewußt in fünf, sechs oder sieben Dimensionen entwickelt, wird er vielleicht begreifen, was sich heute noch seiner Wahrnehmung entzieht oder ihm in keinem Zusammenhang mit den ihm bekannten Tatsachen und Gegebenheiten erscheint. Das Schöpfungsproblem wird stets unter dem Gesichtswinkel unserer dreidimensionalen Anschauung und ohne Berücksichtigung der anderen parallelen oder interferierenden Welten untersucht, deren Existenz möglich, wenn nicht wahrscheinlich ist. Im Traum hat der Mensch die Fähigkeit zu schaffen und zu vernichten, doch scheint es, daß die Phänomene sich einzig und allein entweder im Geist oder in einem anderen Universum abspielen. Falls es wirklich eine Verstofflichung gäbe, könnte sie das Potential unserer unsichtbaren Welt versorgen oder bei der Schaffung einer anderen Welt mitwirken. Was die Materialisation im Bereich des Übersinnlichen betrifft, wurde sie nie bewiesen; soll das aber heißen, daß sie unmöglich ist? Daß das Übersinnliche, das Jenseits, die anderen unsichtbaren Welten nicht existieren?

Falls sie existieren und erforschbar sind, sei es durch unser Denkvermögen, sei es auf eine beliebige andere Art und Weise, folgt daraus, daß unsere Welt einen Bruchteil ihrer Masse zugunsten der anderen Welt verliert, in die unser Geist eindringt und der er etwas von seiner Substanz zuführt. Diese Hypothese setzt auch eine Umkehrung des Phänomens voraus: Einbringen von Materie in unsere Welt durch ein Wesen oder einen Denkvorgang, die von einer anderen Welt kommen.

Bei einem wahren Wunder, wie es der Keimungsprozeß darstellt, existiert der vorkonzipierte Schöpfungsplan noch vor der Bildung des Samenkorns, folglich im Nichts oder Gegenwärtigen, welches mit einem Wort nur das noch nicht geschaffene Bestehende sein dürfte. In diesem Sinne ist die Zukunft stets in der Gegenwart enthalten, wie die Materie und die Zeit stets im Nichts enthalten sind.

Geheimnisse über Geheimnisse!

Es ist also ebenso sinnlos zu fragen: »Wie wurde die Welt erschaffen?« als wollte man sich auf die Beantwortung immer neuer, aus voraufgegangenen Fragen abgeleiteter Fragen einlassen, wie es bei Kindern sehr beliebt ist, etwa in der Form: Wenn es die Welt nicht gab, wer oder was war vorher? Das Nichts. Und wer hat das Nichts gemacht? Gott. Und wer hat Gott gemacht, usw., usw.

Große Schwierigkeiten bereitet dem Menschen auf seiner Suche nach Erkenntnis die Fähigkeit, sich und sein Wahrnehmungsvermögen in Beziehung zu dem einzustufen, was ihm unendlich groß oder unendlich klein erscheint.

Was immer der Mensch durch die Kraft seines Geistes, durch die beschwörende Formelsprache der Mathematik, durch die geradezu unabsehbare Vielschichtigkeit seiner Überlegungen erreichen mag, nie wird er ans Ende der Kette gelangen.

Eine tibetanische Überlieferung verleiht demselben Gedanken auf eine etwas andere Weise Ausdruck; danach müßten alle Menschen der Schöpfung, wollten sie den Namen Gottes schreiben, sich zusammentun und jahrtausendelang die verschiedenen möglichen Buchstabenkombinationen des Alphabets ausprobieren und noch immer könnten sie dann lediglich nur die ersten Buchstaben schreiben.

Den Rabbinern ist es sogar untersagt, den Namen G. . . . auszusprechen und zu schreiben, ebenso wie es den alten Ägyptern verboten war, die Spitze der heiligen Pyramiden zu errichten.

Um seine luziferische Neugier zu befriedigen, mußte sich der Mensch indessen mit dem Warum und dem Wie der Dinge beschäftigen.
Er glaubt, daß das unendlich Kleine ein Abbild des unendlich Großen sei und daß die Milchstraßen, die Spiralnebel, die Sternhaufen *eo ipso* zu diesem unendlichen Großen gehören.

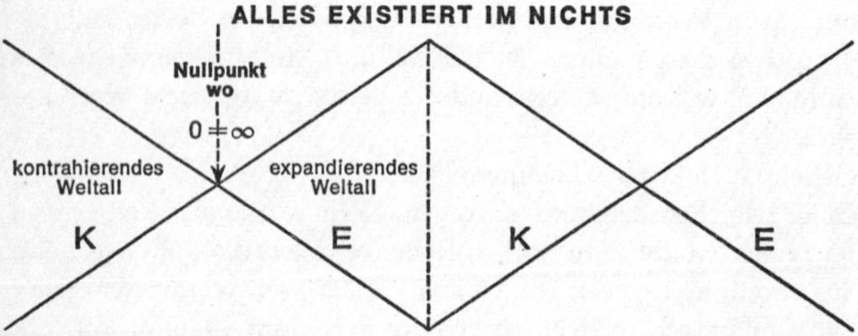

Im Nullpunkt, wo das kontrahierende Weltall *endet* und das expandierende Weltall *beginnt*, liegt theoretisch ein nichtseiendes Weltall, wo alles im Ungeschaffenen existiert. Es dürfte demnach ein Nebeneinanderbestehen des Nichts und des vollen Raumes, der Zeit und der Antizeit geben, was sich vielleicht mit dem »Ein- und Ausatmen« Brahmas vergleichen läßt.

Und von diesem Glauben ausgehend, hat er ein »komplettes« Weltall, sein Getriebe, seine Gesetze, seinen Ursprung ersonnen. Mit anderen Worten: Er kannte den Punkt, mit dem der Grundstrich vom A unseres Alphabets beginnt, und dachte sich danach die 26 Buchstaben aus.
Wahrscheinlich ist unser Weltall, soweit wir es wahrnehmen können – Sternhaufen, Spiralnebel, Planeten usw. –, größenmäßig einem Tröpfchen Blutplasma vergleichbar, das man zwecks mikroskopischer Untersuchung einem Menschen abgenommen hat.
Man erkennt Bakterien, Viren, man sieht rote Blutkörperchen, die Lymphe, sieht, wie all dies unendlich Kleine in einer riesigen Leere umherschwimmt. Und dann?
Wird der von dieser Probe ausgehende Biologe nachweisen können, daß es sich dabei um Plasma handelt? Wenn ja, um tierisches oder menschliches? Handelt es sich um das Blutplasma eines Flohs, eines Fisches, eines Bären, eines Elefanten, um das eines Trunken-

bolds oder eines schwachsinnigen Höhlenbewohners? Oder um das eines Einstein, eines Bergson? Wird er erkennen, ob das Plasma aus dem sanft geschwungenen Arm einer schönen Frau, aus ihrem Bein, ihrem zierlichen Fuß oder aus ihrem Busen stammt? Und selbst wenn es ihm schließlich gelänge, das Individuum zu bestimmen und zu analysieren, würde er deshalb schon einen Überblick über die Welt gewinnen? Würde er die Städte sehen mit ihrem Menschengewimmel und den rasenden Autos, die Museen mit den dort ausgestellten Meisterwerken der Kunst, die Forschungslaboratorien, die Kirchen und Dome, die Sportplätze, die Theater, die Bordelle? Würde er, wenn auch nur flüchtig, etwas von der Intelligenz eines Descartes, von der genialen Schöpferkraft eines Rodin verspüren?
Man kann getrost eins gegen eine Milliarde wetten, daß unsere Weltanschauung auf sehr zweifelhaften Fundamenten errichtet ist, denn alles, was wir wahrnehmen, ist überaus verdünnt, verwässert. Kurz: Wir haben zwar eine Vorstellung von dem Grundbaustein der Welt, aber wir verwechseln den inneren Mechanismus dieses Bausteins mit dem zweckdienlichen Mechanismus des Objekts selber. Wir haben natürlich eine Vorstellung von der Materie, doch begreifen wir kaum etwas von ihrer Intelligenz.
Von unserem Standpunkt aus empfiehlt es sich also, die wissenschaftliche Forschung nur als ritterlich-sportliches Suchen zu betrachten. In diesem Sinne handelt es sich, sooft wir von der Welt sprechen, selbstverständlich um *unsere* Welt.

Die unsichtbaren Welten

Andererseits weisen unsere Mittel zur Erforschung unseres hehren Himmelsgewölbes, unseres Welt-Grals nur eine lächerliche Ausrüstung auf: nämlich kaum mehr als das, was Don Quijote zur Verfügung stand, als er auszog, das Unrecht der Menschen wiedergutzumachen.
Wie stark unsere Fernrohre auch immer werden, wie präzise unsere elektronischen Geräte und Maschinen auch immer arbeiten mögen, unsere Forschung entfaltet sich lediglich in einem sehr bescheidenen und unzureichenden, weil dreidimensionalen Bereich.
Gibt es mehrere Welten oder nur eine Welt?

Wir sind uns der Nutzlosigkeit unseres Suchens und Forschens so sehr bewußt, daß wir uns dabei von Anfang an betrügen: Wir haben im Atom (dem kleinstmöglichen Teil) eine Menge von Kernen und Partikeln untergebracht und haben die Gesamtheit – eben das Universum – so gut in verschiedene kleine Gesamtheiten aufgeteilt, daß wir nunmehr Atome, Welten, Weltordnungen, Universa zu kennen glauben, welche wir durch recht schwankende Gesetze erklären, die, so gut es eben geht, wieder durch andere nachlässig formulierte und willkürliche Gesetze gestützt werden. Das Lehrgebäude, das darauf errichtet ist, wirkt nicht gerade überzeugend.

Diese Gesetze und die Forschung lassen an dem Punkt, wo sie sich heute befinden, auf das Vorhandensein neuer Dimensionen schließen: einer vierten, fünften, sechsten, siebenten usw. Dimension, ganz zu schweigen von dem geheimnisvollen Unbekannten, Unsichtbaren, von dem sich unser Geist angezogen fühlt.

Das Universum in seiner neuen Bedeutung könnte also aus Milliarden galaktischer Welten bestehen, zu denen die Parallelwelten hinzukommen: Gedankenwelten, Jenseits- und Diesseitswelten, unsichtbare Welten, vieldimensionale Welten, vielleicht sogar dimensionslose Welten.

Wir haben nicht den Ehrgeiz, die wesentlichen Kosmogonien zu analysieren, auch nicht in stark gedrängter Form; indessen erscheint es unerläßlich, die vorzustellen, in denen sich neue geistige Ansätze zeigen und die bahnbrechend in die Zukunft weisen.

Das phantastische Universum des Louis Jacot

Für den Schweizer Professor Louis Jacot ist nichts unbeweglich, nichts dauernd und der absolute Nullpunkt eine willkürliche Erfindung, folglich wurde das Weltall nicht erschaffen: Es hat immer existiert.

Das klingt vernünftig und entfernt sich kaum von dem Weltbild alter Schule. Nun aber sollen zwei Gesetzmäßigkeiten gleichsam als Startrampen für neue Ideen dienen, die zwar vielleicht in ihrer Gesamtheit noch keine Allgemeingültigkeit besitzen, jedoch schon jetzt hervorragende Fundamente für die Wahrheiten von morgen bilden könnten.

Hubble-Effekt: Die von dem amerikanischen Astronomen Edwin Hubble entdeckte Tatsache, daß die Geschwindigkeit, mit der sich extragalaktische Nebel von uns entfernen, der jeweiligen Entfernung proportional ist (500 bis 100 000 km/s in einem sich in konstanter Expansion befindlichen Weltall).

Bode-Titiussche Reihe: In unserem Sonnensystem entsprechen die Entfernungen der Planeten von der Sonne einer geometrischen Reihe mit dem Quotienten 2, also 1–2–4–8–16–32–64–; wenigstens gilt diese Reihe bis zum Uranus. Bei dieser Gesetzmäßigkeit, die sich siebenmal nacheinander wiederholt, gibt es zwei Ausnahmen: die erste gleich am Anfang, und zwar insofern, als die Reihe nicht von der Sonne ausgeht, sondern bei Merkur beginnt, die zweite jenseits von Uranus, wo die Entfernung sich nicht mehr verdoppelt und allmählich konstant wird.

Um seine Thesen zu stützen, macht Louis Jacot sich einige Anschauungen zu eigen, während er andere verwirft: Das Weltall ist voll, die Anziehungskraft der Erde ist eine Täuschung, die Schwerkraft erklärt sich durch den konzentrischen Druck des Äthers, und die Relativitätstheorien stellen Lösungen dar, in denen man durch Fehler, Verdrehungen und einen veränderlichen Bezugspunkt das beweist, was man offensichtlich gern beweisen möchte.

Zwar haben einige Physiker diese Ansichten übernommen, doch Louis Jacot hat sie auf die Gesetzmäßigkeiten der Bode-Titiusschen Reihe angewandt und ist damit zu einer erstaunlichen Version der Geschichte unseres Sonnensystems gelangt:

Die Sonne dreht sich um sich selbst und bildet dabei auf ihrer Äquatorlinie einen immer größer werdenden Wulstring. Sobald dieser Ring eine bestimmte Masse erreicht, fängt die Sonne buchstäblich an zu kreißen und stößt einen Planetenfetus aus, der genau wie ein Kind zunächst bei seiner Mutter bleibt, dann allmählich größer wird und schließlich zu den Grenzen unseres kleinen Universums aufbricht.

Die der Sonne am nächsten befindlichen Planeten Merkur, Venus und Erde sind also – in dieser Reihenfolge – die jüngsten, während Pluto, Neptun, Uranus, Saturn usw. die ältesten sind.

Auch unsere Erde wurde von einem Satelliten (dem Mond) entbunden, seit ihr eine zunächst langsame, dann weniger langsame und schließlich beschleunigte Rotation zuteil wurde.

Die langsame Umdrehung setzte während der letzten Eiszeit des Quartärs aus und ging erst nach einer langen Zwischenperiode in die vierundzwanzigstündige Umdrehung über.
Bei jeder langsamen Umdrehung bildeten sich auf der in ewige Nacht getauchten Hemisphäre Gletscherkalotten; auf der anderen Halbkugel dagegen war das Klima vom Äquator bis zu den Polen sehr warm und die Vegetation hatte ausgesprochen tropischen Charakter. Dies würde das Vorhandensein von Bernstein, dem fossilen Harz, in der Ostsee erklären, ferner die tropischen Fossilien in den Kohleschichten des hohen Nordens, die Vereisungen während prähistorischer Epochen, die alten Zeitrechnungen und das unwahrscheinliche Alter der Patriarchen.
Der Übergang von den weniger langsamen (etwa zweimonatigen) Umdrehungen zu einer schnellen Umdrehung der Erde innerhalb von vierundzwanzig Stunden bewirkte das Schmelzen der Eismassen und führte zu der sogenannten Sintflut, die Louis Jacot etwa 3500 Jahre v. Chr. ansetzt.
Diese Kosmogenese erschüttert natürlich zahlreiche Punkte, die man bisher als erwiesen ansah, vor allem das Problem der zeitlichen Fixierung. Die Wissenschaftler schätzen das Alter der Erde auf vier bis acht, vielleicht auch zehn Milliarden Jahre.
Nach dem Studium verschiedener Verfahren zur Bestimmung des Erdalters (die Kalium-Argon-Methode ausgenommen) – Messung der Gesteinsradioaktivität, Erosions- und Sedimentationsdiskordanzen, Zählung der sogenannten Warven oder Warren (wechselnd gefärbte Bändertonschichten der Gletscher), Untersuchung der Kohlenflözbildung, astronomische und physikalische Verfahren, usw. – gelangte Louis Jacot zu dem Schluß, daß der Wissenschaft bei der Schätzung des Erdalters ein riesiger Fehler unterlaufen sein mußte. Unsere Erde dürfte nämlich höchstens seit hunderttausend bis hundertfünfzigtausend Jahren bestehen!

Das Land Mu liegt auf dem Mond

Die Hypothese, daß der Mond sich von der Erde losgerissen und dabei im Pazifischen Ozean eine mutmaßliche »Narbe« hinterlassen habe, wurde schon öfters aufgestellt, aber erst Louis Jacot war imstande, eine plausible Erklärung zu geben.

Die Überlieferung verlegt den alten Kontinent Mu (oder das Land Gond) mitten in den Pazifischen Ozean; aus der obigen Theorie läßt sich der Schluß ziehen, daß Mu einst den Urstoff unseres Trabanten bildete. Wenn unsere ersten Kosmonauten auf dem Mond landen, stoßen sie vielleicht auf Überreste einer sehr alten Kultur, die irdischen Ursprungs ist.
Die evolutive Physik von Louis Jacot führt auch auf interplanetarem Gebiet zu Deutungen, die nicht ohne Interesse sind.
Falls Menschen aus dem Weltenraum einst auf unserer Erde landeten, woher kamen sie? Es klingt erstaunlich, daß extraterrestrische Besucher von Merkur oder Venus, die doch junge Planeten sind, gekommen sein sollen; die vermeintlichen Bewohner des Jupiter und der Asteroiden in sehr ferner Vergangenheit und die des Mars in jüngerer Zeit hatten dagegen ein gewisses Interesse, wenn nicht sogar die Möglichkeit, ihren jeweiligen Planeten zu räumen, ehe er unbewohnbar wurde.
Dies alles ist natürlich rein hypothetisch, denn einerseits konnte die Evolution auf der Venus in einem viel schnelleren Rhythmus als auf der Erde erfolgen und andererseits vermochten die Bewohner anderer Planeten im Kosmos sich Fluchtmöglichkeiten zu schaffen, die wir nicht einmal ahnen.
Behauptete nicht Pierre Teilhard de Chardin, daß allein das Phantastische Aussichten habe, wahr zu sein?

Die Kosmogenese nach Pierre Teilhard de Chardin

In Achtung und Ehrfurcht vor den Glaubenssätzen der Kirche, aber im Bewußtsein der Revolution, die sich der Christen bemächtigte, stellte Pierre Teilhard de Chardin eine Kosmogenese auf, die sich wie folgt zusammenfassen läßt:
Die Welt befindet sich in evolutivem Aufstieg (in Askese), angefangen vom Unorganisierten bis zum reflektierten Denken. Die Evolution setzt sich fort auf der individuellen Stufenleiter und auf der überindividuellen Stufenleiter, wobei diese Anordnung immer mehr Bewußtsein erzeugt.
Die Menschheit steigt auf biologischem Gebiet empor zu ihrer Einswerdung und ihrer geistigen Konzentration im Schoße eines göttlichen Super-Zentrums (oder Zentrum der Zentren).

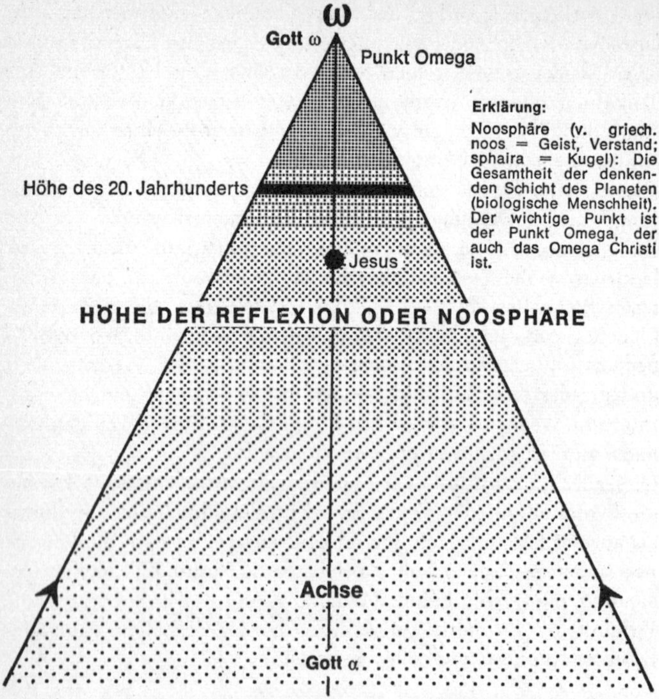

Schematische Darstellung der Kosmogenese nach Teilhard de Chardin

Die ideale Vollendung (der eschatologische oder Endzustand) der Welt vollzieht sich in einem Idealpunkt: dem Punkt Omega (Ω), dem »überpersönlichen« Personalisationszentrum.
Die gesamte Evolution geschieht um eine ultraphysikalische Achse, die vor der Welt bestand.

Die Intelligenz der Materie

In einer anderen Hypothese, obwohl auch sie von der klassischen Mutterzelle ausgeht, macht sich die Evolution der Materie höchst phantastische Elemente zu eigen, die den Kreis der Vermutungen

erweitern, indem sie eine Synthese bildet aus den anerkannten wissenschaftlichen Theorien, aus einigen anderen, mehr empirischen Theorien und aus den Angaben der Überlieferung, die von den Rationalisten ungerechterweise ignoriert oder beseitigt wurden.
Die Evolution besteht aus *zwangsläufig instabilen* Systemen, die über Geburt, Leben und Tod hinaus nach einer immer größeren Komplexität und Spiritualität streben.
Die Atheisten sind der Auffassung, daß diese Mechanik blind und bar jeder lenkenden Intelligenz sei.
Für Nicht-Atheisten wird die letzte Herrschaft des Menschen, falls das Universum einem Ziel zustrebt (endliches Universum), schließlich mit der lenkenden Intelligenz übereinstimmen, welche die Gläubigen als Gott bezeichnen.
Diese Intelligenz ist also in allem, und der Mensch ist ein Teil von ihr.
In gedrängter Darstellung folgt nun ein möglicher Evolutionsprozeß, so wie er sich nach unseren Grundbegriffen bestimmen ließe.
Der Grundstoff des Universums besteht aus einer Art ungeschaffenen »Urplasmas« (Bewegung-Licht-Energie). Am Anfang herrschte nach Ansicht einiger Wissenschaftler eine Temperatur von mehreren Milliarden Grad. Alles bestand aus Strahlung oder Wellen, wobei es unermeßlich viele Möglichkeiten der Umwandlung und vielleicht der Intelligenz gab. Der Aufstieg der einzelnen Bereiche dürfte von diesem Plasma seinen Ausgang nehmen, um dahin zurückzukehren und einen neuen Kreislauf als eine dem vorhergehenden überlegene, höhere, reichere, geistigere Seinsstufe zu beginnen. Vielleicht ließen sich dadurch auch jene vernunftwidrigen Glaubensbekenntnisse aufwerten, welche die Reinkarnation und die Wiederauferstehung zum Gegenstand haben.
Wenn das Universum endlich wäre, würde es also sein Ende nur mit der Sublimierung der Materie und nicht des Menschen finden.
Daß Leben und Intelligenz allenthalben zu finden sei, vom Mineral bis zum Menschen, ist der erklärte Grundsatz des Hylozoismus.
Die sogenannte ungeformte Materie enthält ebensoviel potentielle Intelligenz wie das Gehirn eines Mathematikers, aber möglicherweise wird nur ein winziges Quantum ausgenutzt, wie es auch – allerdings in einem anderen Verhältnis – im menschlichen Gehirn

der Fall ist, wo von einer Gesamtzahl von etwa 30 Milliarden kleiner grauer Zellen nur 10 Milliarden beansprucht werden. Ein Gestein benötigt vielleicht nur 5 oder 6 oder 1000 Zellen der ihm zur Verfügung gestellten Gesamtmenge.
Die Intelligenz solcher Zellen ist auf Grund der ungeheuren Trägheitskräfte, die ihr entgegenwirken, nicht wahrnehmbar. Man kann sich jedoch fragen, ob die Intelligenz des Mineralreichs wirklich nicht deutlicher zutage tritt, als man es wahrhaben will. Schließt sich das Erdreich nicht über der Saat?
Sind nicht Vulkanausbrüche, Erdbeben und vor allem jene lebendige Kraft eines geheimnisvollen Unbekannten, die man als »Erdströme« bezeichnet, Ausdruck und Beweis zugleich für die Intelligenz der Erde, unserer Mutter Erde, der wir, intelligente Menschen, entsprossen sind?
Kann man übrigens jenen Trillionen und aber Trillionen von Elektronen, Neutronen, Protonen usw. eine Intelligenz absprechen, die, in stetem Wandel begriffen, ihre schwindelerregenden Bahnen ziehen, und bewirken, daß der Edball *im Unsichtbaren* eine ständig siedende und brodelnde Masse ist?
Die Erde lebt wie jedes Teilchen des Atoms. Aus ihr baut sich das Mineralreich auf, sie ist der Saft der Pflanze, die Mutter des Tierreichs. Sie ist Gäa, die Gebärerin des Menschen wie auch seine letzte Ruhestätte, in der sie seine Bestandteile und zweifellos auch einen Teil seines psychischen Potentials zurückempfängt.

Die rätselhafte DNS

Alle Bereiche der Natur, vom Mineralreich bis zum Menschen, besitzen Sinne, eine Intelligenz und eine Seele.
Man hat dem Stein, der Pflanze und den niederen Tieren, ja sogar den Frauen die Seele abgesprochen, doch um eine solche These aufrechtzuerhalten, müßte man den Augenblick und den Bereich, in dem sich die Seele plötzlich manifestiert, näher bestimmen. Nun, der Erscheinungspunkt tritt nie spontan auf, wofür man nebenbei keine Erklärung weiß.
Intelligenz, Sinne und Seele sind also die allen Verbindungsgliedern der Natur gemeinsamen Attribute, angefangen bei dem, das man als allerniedrigstes im Laufe der Evolution erachtet: die

Desoxyribonucleinsäure (DNS), die im kristallisierten Zustand ein Mineral und als Virus ein lebender Organismus ist. Im übrigen weiß man nie so genau, wo ein Bereich anfängt und/oder aufhört.
Die Seeanemone, obwohl ein Tier, ähnelt einer Pflanze so sehr, daß sie jahrhundertelang als Pflanze verzeichnet war. Der berühmte französische Physiker und Naturforscher Réaumur, den man den »Plinius des 18. Jahrhunderts« nannte, war von der pflanzlichen Natur der Seeanemone so überzeugt, daß er der Akademie der Wissenschaften zu Paris den Namen dessen, der dem gelehrten Gremium den Beweis für die tierische Natur der Seeanemone erbringen wollte, lange verschwieg, um, wie er meinte, »den Namen vor Lächerlichkeit zu bewahren«.

Der Argus-Baum

Die These von der allumfassenden Intelligenz findet in wissenschaftlichen Kreisen immer mehr Anhänger, seit der tschechische Botaniker Bohumil Němec das intrazelluläre Reizleitungssystem in den Wurzelspitzen der Zwiebel (Allium cepa), der Hyazinthe (Hyacinthus orientalis), mehrerer Farnarten und anderer Pflanzen gefunden hatte.
Wenn man »eine Pflanze verwundet«, sei es nun einen dreißig Meter hohen Sequoia-Baum oder ein winziges Moospflänzchen, läuft der Zellinhalt auf der der Wunde entgegengesetzten Seite aus. Läßt man auf eine Wurzelfaser eine Säure einwirken, schrumpft sie zusammen und krümmt sich wie ein verwundetes Tier.
Unter dem Mikroskop läßt sich ein regelrechter Krampf beobachten, der in breitem Streifen die Zellen einer Pflanze durchläuft, von der man ein Blatt oder eine Blüte abreißt. (Die Vegetarier sind trotz ihrer Unwissenheit und Naivität sehr sympathische Leute. Sie haben zweifellos recht mit der Ansicht, daß ihre Diät, vernünftig angewandt, eine gesunde Reaktion gegen übermäßige Fleischkost darstellt, aber sie irren sich, wenn sie meinen, die vegetarische Lebensweise unterbinde das »Verbrechen« an den Tieren.
Hier verwechseln sie nämlich Gefühlsduselei mit Vernunft und verdrehen vorsätzlich Naturgesetze, wie grausam auch immer sie einfältigen Gemütern erscheinen mögen.

Seltsamerweise kann man feststellen, daß die intelligentesten Tiere Fleischfresser sind (Hunde, Katzen, Füchse usw.), während die Tiere, die sich von Pflanzen ernähren, besonders beschränkt sind (Rinder, Rentiere, Antilopen, Schafe usw.).
Der Begründer der physiologischen Pflanzenanatomie, Professor Gottlieb Haberlandt, hat den Nachweis erbracht, daß die Epidermis auf der Oberseite der Blätter einem Facettenauge gleicht und aus vielen sammellinsenähnlichen Zellen aufgebaut ist, die die auffallenden Sonnenstrahlen zur Mitte hin konvergieren.
Müßte man nicht eine Eiche, die eines Tages zu sprechen, ja mathematische Gleichungen zu lösen begänne, ins höherstehende Tierreich aufnehmen, selbst mit ihrem Geäst, ihren Eicheln, ihren Elstern- oder Rabennestern?
Leider spricht die Eiche offensichtlich nicht, wenigstens nicht in dem von den Menschen definierten Sinn des Wortes, aber wie sagte doch Aristoteles vor zweitausenddreihundert Jahren: »Sie denkt deshalb nicht weniger.« Das Verhalten mancher Tiere und Pflanzen setzt einen oft in Erstaunen.
Das Männchen des auf Neuguinea häufig anzutreffenden *Amblyornis* oder Gärtnervogels aus der Unterfamilie der Ptilonorhynchiden (Laubenvögel) sammelt in einem sichtbaren künstlerischen Bemühen um das Nest des Weibchens herum Blätter und abgebissene Blüten und ordnet diese zu einer Art farbigem Teppich oder Gartenbeet.

Die schlaue Kardendistel

Sämtliche Theorien, die zu dem Phänomen der Tropismen, also des Geotropismus, Heliotropismus, Hydrotropismus, Nyktotropismus usw. aufgestellt wurden, vermögen nicht zu erklären, warum die Winde (Gattung *Convolvulus*) unabhängig von ihrer jeweiligen Richtung in vier von zehn Fällen sich auf eine Stütze, z. B. eine Spalierstange, zu bewegt.
Die Karden- oder Weberdistel verfügt über eine besonders entwickelte Intelligenz.
Die gegenständigen, am Grunde oft verwachsenen Blätter bilden um den Stengel ein kleines Becken, in dem sich Regenwasser und Tau sammelt.

Intelligenz? Vielleicht noch nicht. Aber nun stellt sich heraus, daß dieses kleine Becken zahlreiche Insekten, darunter auch Mücken, anlockt, die schließlich in das Wasser fallen und ertrinken. Durch die Flüssigkeit wird die Beute einige Zeit lang mazeriert, dann schleudert die Kardendistel äußerst feine Protoplasmahaare aus, die sich an der Mahlzeit gütlich tun (nach R. Francé, *Sinnesleben der Pflanzen*).
Die Bakterien, wahre Feinschmecker wie weiland Lukullus, durcheilen im Verhältnis zu ihrer Winzigkeit beträchtliche Entfernungen, um sich auf Kaliumsalzlösungen zu stürzen, selbst wenn diese so weit verdünnt sind, daß sie nur noch ein milliardstel Milligramm Substanz enthalten. Auf ihrem Wege dahin kümmern sie sich nicht einmal um Glyzerinlösungen, die ihnen doch einen ausgezeichneten Nährstoff bieten würden. Den Bakterien schmeckt Kalium nun eben einmal besser!
So zeichnen sich von einem bis zum anderen Ende der unteren Evolutionskette die Reste einer Seele, eines Empfindungsvermögens, eines Willens ab, die wir gerade erst wahrzunehmen beginnen.

Alles kam von den anderen Planeten

Die Evolution ist ein allumfassendes, irreversibles Phänomen, das freilich noch ungenügend bewiesen und wenig nachprüfbar ist. Bequemlichkeitshalber spricht man oft von »Verbindungsgliedern« zwischen zwei Bereichen, aber in Wirklichkeit gibt es diese Verbindungsglieder nicht. Mit der Nichtumkehrbarkeit stammesgeschichtlicher Entwicklungsprozesse berühren wir einen Punkt der klassischen These, der noch keineswegs bewiesen ist. In der japanischen Stadt Osaka beobachtete Doktor Ziro Nikuni in Gegenwart mehrerer anderer Ärzte auf Patienten, die von einer geheimnisvollen Krankheit befallen waren, eine Effloreszenz von Baumwollfasern, die zur Anfertigung mehrerer Anzüge hätten dienen können. Es handelte sich dabei nicht um eine durch Parasiten verursachte Erkrankung, was eine plausible Erklärung gewesen wäre. Vielmehr besaßen die Kranken in sich drei Naturen, die plötzlich zutage traten: eine durch die Körperbestandteile gegebene mineralische, eine pflanzliche und eine tierische Natur.

Übrigens muß man einräumen, daß diese »allumfassende« Evolution im einzelnen zahlreiche Arten einschließt, die sich seit den fernsten Tagen der Schöpfung nicht fortentwickelt haben.
Mit anderen Worten: Das Leben stellt sich ohne großen Zusammenhang dar, etwa so, als sei unsere Erde ein riesiges Versuchsfeld und ein zoologischer Garten, die sich höherstehende Wesen zu ihrer persönlichen Erbauung geschaffen haben, oder auch – wenn man sich die Theorien des Barons d'Espiard de Colonge zu eigen macht – als sei die Erde einst infolge einer interplanetaren Kollision oder Osmose zum Schuttabladeplatz irgendeines umherschweifenden Gestirns geworden.
Schließlich noch eine dritte These – bei weitem die wahrscheinlichste: Auf dem Planeten Erde trat das Leben durch kosmische Panspermie, d. h. Übertragung von Lebenskeimen quer durch den Weltraum, beziehungsweise durch wiederholte Akklimatisationen in Erscheinung, die von Reisenden, welche von einem anderen Planeten gekommen waren, mit einem ausgewählten Samen- und Tierbestand durchgeführt wurden, genau wie es bald die ersten Kosmonauten tun werden, wenn sie auf dem Mond oder einem anderen unerforschten Gestirn landen.
Diese Möglichkeiten führen zu einer völligen Änderung des Evolutionsproblems.
Wir sind auf der Suche nach einer Wahrheit, aber möglicherweise lügen wir dabei das Blaue vom Himmel herunter und machen uns selber etwas vor, da wir nicht wissen, wo wir auf der Stufenleiter der Größenordnungen stehen.
Die Milchstraßensysteme, die wir mit unseren Fernrohren in einer Entfernung von mehreren Millionen Lichtjahren wahrnehmen, rotieren vielleicht nur am Rande eines unergründlichen Universums, und die in unserer wahrnehmbaren Welt herrschenden Gesetze haben dort nur eine sehr begrenzte und keine Allgemeingültigkeit.
Mit mathematischer Gewißheit läßt sich sogar sagen, daß die wahren Weltgesetze zu den unbedeutenden und umständlich erläuterten Gesetzen, wie sie sich unsere Wissenschaftler ausdenken, nur eine sehr entfernte Beziehung haben.
Was wird beispielsweise aus der Schwere, der Erdanziehung, dem Phänomen der Undurchsichtigkeit und der Zeit im unbekannten Leben des Atoms?

Was bedeuten Länge, Breite, Dicke in einem auf 100 Millionen Wärmegrade erhitzten Medium?
Stets waren die Menschen von dem Wunsch beseelt, das Unbekannte zu erfassen, indem sie es mit den ihnen bekannten Dimensionen zu messen und innerhalb ihres irdischen Abenteuers zu lokalisieren versuchten.
Aber gerade dieses irdische Abenteuer ist im Begriff, sich aus dem Mittelpunkt zu verlagern, und immer mehr müssen wir uns zu der Erkenntnis bequemen, daß das Leben auf unserem Planeten wahrscheinlich außerirdischen Ursprungs ist, d. h., daß Pflanzen, Tiere und Menschen auf die Ur-Erde sozusagen *mitgebracht* wurden. Eine solche Hypothese ist keineswegs beunruhigend.
Die Prähistoriker freilich sehen an ihren Scheuklappen vorbei den »Ur«-*Homo-sapiens* sich vom Menschenaffen losreißen, dann den Feuerstein behauen und schließlich die Stufenleiter der Kenntnisse und Fertigkeiten mühsam emporklimmen, doch haben Menschen zu allen Zeiten und an allen Orten diese Theorien auf das entschiedenste abgelehnt.
In der Tat haben Menschen – die roten Indianer Amerikas, die braunhäutigen Polynesier, die Schwarzen Afrikas, Menschen der gelben Rasse in Asien sowie die weißen Europäer – stets bezeugt, daß unsere Kultur von woanders zu uns gelangt, *daß sie nicht irdischen Ursprungs ist.* Wir vermögen sogar genau anzugeben, daß nach dem ältesten bekannten Dokument, dem Buch Henoch, die Wissenschaft des Metallschmelzens, die Herstellung von Waffen – Schilden, Dolchen, Schwertern –, die alte Arzneikunde, die Kunst, das Gesicht der Frauen zu schminken und die Augenbrauen auszuzupfen oder nachzuziehen, Kenntnisse darstellen, welche uns nach Ankunft außerplanetarischer Wesen vermittelt wurden, die sich durch die Schönheit und den Sex-Appeal unserer Mädchen angezogen fühlten.

»Weißes Quadrat« für die Genesis

Offenbar ist es für die edlen Geschöpfe Gottes wenig schmeichelhaft, eingestehen zu müssen, daß ihre Kultur eine schmutzige und ziemlich ordinäre kosmische Kommandosache zum Ausgangspunkt hatte, bei der als Helden Wollüstlinge fungierten, die lediglich

Heißblütigkeit als Entschuldigung für ihr Tun anzugeben vermochten!

Eine solche Begebenheit, selbst wenn sie in staatlich zensierte Fortsetzungen zerschnitten würde, könnte im Fernsehen nur gezeigt werden unter Zuhilfenahme des wohlbekannten »weißen Quadrats« zur Unkenntlichmachung bestimmter Bildpartien; man begreift also die gerechte Empörung und Scham der Bibelkopisten, als sie gezwungen waren, die Geschichte zu berichten.

Sie zogen sich geschickt aus der Affäre, und zwar in ganzen zehn Zeilen – 1. Mose, Kap. 6, V. 2 und 4 –, deren wahrer und bedeutungsschwerer Sinn auch weniger aufmerksamen Lesern nicht entgehen dürfte.

Ließ der Mond einst seine Kontinente, seine Meere, seine Städte auf die Erde stürzen, wie es Baron d'Espiard de Colonge behauptet? Unserer Meinung nach keinesfalls.

Gab es in sehr fernen Zeiten eine Verbindung zwischen den Planeten?

Wir antworten mit Entschiedenheit: Ja, um so mehr, als ein Ausweichen auf einen anderen Planeten bedrohten Lebewesen die einzige Chance bot und noch bietet, einer möglichen Gefahr zu entrinnen und sich in Sicherheit zu bringen.

Es ist *möglich,* daß *space people* morgen oder erst in einigen Jahrhunderten auf der Erde landen werden; *mit Sicherheit* jedoch werden in ein paar tausend Jahren (wahrscheinlich schon sehr viel früher) die Menschen der Erde, sofern sie weiterleben wollen, sich auf den Weg zum Mond, zum Mars, zur Venus oder zum Merkur machen müssen.

Die biologische Anpassungsfähigkeit des Menschen ist zwar erstaunlich, doch ist es selbst bei einer beschleunigten Evolution zweifelhaft, ob sie mit den unausbleiblichen physikalischen Veränderungen, die unserer alten Erde bevorstehen, fertig werden wird: zunehmende Umdrehungsgeschwindigkeit, verminderte Dichte, steigende Luftverdünnung, Austrocknung der Ozeane, schneidende Kälte, usw. Die Möglichkeit, nach anderen Planeten zu fliehen, wird also zu einer Lebensnotwendigkeit.

Wenn man dem Schweizer Physikprofessor Louis Jacot und der Bode-Titiusschen Reihe Glauben schenken will, mußten diejenigen Planeten, die älter als die Erde sind, also Mars, Jupiter, Saturn, Uranus, falls diese bewohnt waren, ihre jeweilige Bevölkerung

nach einem gastlicheren und im Verhältnis zur Sonnenumlaufbahn besser »plazierten« Planeten evakuieren.
Die Bevölkerung des Uranus mußte also auf den Saturn ausweichen, dann setzte sich der Exodus von Saturn nach Jupiter fort, von Jupiter sodann zu dem zerstörten Planeten, der jetzt die Asteroiden bildet, danach folgte das Evakuierungsmanöver von den Asteroiden zum Mars und schließlich vom Mars zur Erde.

Eine Arche namens Venus

Unser Ursprung und unsere Kultur dürften nach dieser Hypothese also unmittelbar mit Mars und – zu einem noch früheren Zeitpunkt – mit allen anderen Planeten zusammenhängen.
Dennoch haben wir guten Grund anzunehmen – und darin werden wir von dem amerikanischen Gelehrten Dr. Immanuel Velikovsky wie auch von den Überlieferungen unterstützt –, daß unsere Kulturstifter Venusier waren. Venus ist nämlich ohne Frage ein Vagabund unter den Planeten, der sich erst in jüngster Zeit in unser Sonnensystem eingereiht hat.
Wir werden später noch ausführlicher darauf zurückkommen, aber möglicherweise ist Venus ein zum Stillstand gekommener Komet oder eine Art Raumschiff, das *space people* einst benutzten, um einem bedrohten Milchstraßensystem zu entfliehen.
Vor 3500 Jahren stieß Venus mit der Erde zusammen oder streifte sie zumindest, doch vor dieser natürlichen oder beabsichtigten »Verbindung« hatten die Venusier oder Bewohner anderer Planeten unsere Erde vielleicht mit allerlei Keimen und Samen versehen und auf ihr auch einen gewissen Bestand an Tieren und Menschen ausgesetzt, da ihnen – wie später den Piraten – begreiflicherweise daran lag, einen neugewonnenen Zufluchtsort oder Schlupfwinkel mit Proviant zu versorgen. (Im 16. Jahrhundert setzten die Piraten und Freibeuter des Antillenmeers und des Stillen Ozeans auf den einsamen Inseln Ziegen, Ziegenböcke, Mutterschafe und Widder aus, damit diese Tiere sich vermehren und eine heimliche Jagd- und Proviantreserve bilden sollten.)
Die Prähistoriker versteifen sich auf höchst seltene und äußerst zweifelhafte Knochenfunde vorgeschichtlicher Menschen und Hominiden, die unsere Vorfahren gewesen sein sollen.

Nach den Vorstellungen dieser Prähistoriker widersprechen Überlieferung und Logik dem ewig jungen symbolträchtigen Bild der Arche Noah: In einem Schiff, das einer Katastrophe entronnen ist, ziehen Paare menschlicher Wesen, wohlversehen mit erlesenen Musterexemplaren der Fauna und Flora, aus, um den Wiederaufbau einer verschwundenen Welt in Angriff zu nehmen.

Der erste Mensch mag durchaus auf unserer Erde geboren worden sein; er mag sogar einen Affen als Vorfahren gehabt haben. Diese Hypothese ist gar nicht so unwahrscheinlich, aber ebensogut kann er auf einem anderen Planeten geboren worden sein. Wir sind fest davon überzeugt, daß das zumindest auf einige unserer Vorfahren zutrifft, die die alten Völker als Engel, Idole und Halbgötter bezeichneten ...

Unterscheidet sich die Evolution auf anderen Sternen von der irdischen? Wir wissen es nicht, aber wir werden es eines Tages wissen, wenn wir unsererseits, getrieben von dem magischen Wunsch nach einem Wiederbeginn, am Steuerungsaggregat einer Raketenarche in die Weiten des Kosmos vorstoßen, um eine Kultur neu zu schaffen.

Unseren fernen Nachfahren wird dann nichts anderes übrigbleiben, als die wunderbare Begebenheit einfach zu glauben.

FRÜHGESCHICHTE

VI. DIE ENGEL UND DAS BUCH HENOCH

Die Primhistorie, die wir in den vorigen Kapiteln zu neuem Leben erweckt haben, weicht von den Wahrheiten, wie sie von der Bibel bekannt und von der offiziellen Wissenschaft gelehrt werden, erheblich ab.
Die Bibel gleicht einem riesigen Meer, dem die Ströme der Erkenntnis und des Wissens entspringen. Nur müssen wir sofort zugeben, daß wir trotz des Interesses, das wir der Heiligen Schrift entgegenbringen, ihre Berichte und Erzählungen nur noch als entfernte Deutungen von Tatsachen ansehen können, die manchmal stimmen, jedoch denen, die sie berichteten und oft verfälschten, beinahe unverständlich wurden.
In Zukunft wird sich die Bibelexegese an feststehenden oder bewiesenen Tatsachen orientieren und sich von dogmatischen Beschränkungen frei machen müssen.

Einunddreißig Zeilen in der Bibel

Seit zweitausend Jahren haben es sich Millionen von Menschen angelegen sein lassen, die biblischen Texte entweder gegen jede wissenschaftlich-rationale Ausdeutung zu verteidigen oder ihren Gehalt mit einem bornierten und verneinenden Sektierertum zu zerstören. Andererseits haben Milliarden von Menschen diese Texte aus Bequemlichkeit oder aus Furcht vor Repressalien nie studiert. Man wird also unser Vorhaben für sehr gewagt halten; wir wollen indessen dem Problem mit ehrlichem Bemühen entgegentreten und Lösungen in der Hoffnung zur Diskussion stellen, daß sie eines Tages anderen Exegeten nützen könnten.
Dieser unser Versuch wird nicht wenige Leser aller Konfessionen verletzen, Weltanschauungen und Meinungen erschüttern und auf Vorurteile stoßen; wir legen folglich großen Wert darauf zu erklären, daß wir nichts und niemand zu verdammen beabsichtigen, daß wir keiner Politik verhaftet sind, daß uns jedoch auch die Achtung vor den Meinungen anderer nicht daran hindern kann, nach der Wahrheit oder den »verschiedenen Wahrheiten« zu suchen.

Toleranz und das Recht der freien Meinungsäußerung sind die kostbarsten Errungenschaften des Menschen, die auch wir geltend machen.
Analysiert man die Bibel aus dieser Geisteshaltung heraus, erweist sie sich als ein Werk der Verschwörung, von dem die Menschen des 20. Jahrhunderts ganze einunddreißig Zeilen im Gedächtnis zu behalten brauchen.
Diese Zeilen sind die Verse 1 bis 7 im 6. Kapitel des ersten Buches Mose. Die übrige Bibel hat, von einigen Ausnahmen abgesehen, lediglich eine veraltete Moralanschauung sowie Anekdoten zum Inhalt, die die Chinesen, Australier, Eskimos, Amerikaner und alle modernen Völker niemals betrafen.
Daß zweihundert Krieger Israels dreihundert Moabiter ausrotten, ist heute nur noch für Fachhistoriker von Interesse.
Es bleiben drei Punkte von hauptsächlicher Bedeutung, die den Durchschnittsbürger von heute noch zu fesseln vermögen:

1. Unmittelbar nach der Erschaffung der Welt kommen *Kinder Gottes* (Engel oder außerirdische Wesen) auf die Erde, um sich die Töchter der Menschen zur Frau zu nehmen.

2. Ereignisse, über die uns nichts gesagt wird, finden statt und erregen den Zorn Gottes.

3. Gott »bereut« und vernichtet seine Schöpfung.

Was könnte für die Menschen wichtiger sein als die Zerstörung der Welt? Ist angesichts einer solchen Katastrophe nicht alles andere belanglos?
Nun wird aber das, was die wirkliche Genesis darstellen müßte, in der ganzen Bibel stillschweigend übergangen: In zwölf Zeilen wird die Ankunft geheimnisvoller außerirdischer Personen verkündet, und in neunzehn weiteren Zeilen die Vernichtung der Menschheit, die Sintflut. Und zwar ohne weitere Erklärung!
Das ist merkwürdig, ja beunruhigend, wüßten wir doch zu gern, was uns alle angeht.
Doch wer waren zunächst diese Kinder Gottes oder Himmelssöhne, welche die Kirchenväter Engel nennen? (Im Buch Henoch haben die »Engel« verschiedene Namen: Himmelssöhne, Söhne der heiligen Engel, Wächter und manchmal »Menschen«. Im Buch der Gleichnisse werden sie »die Gesichter« genannt.)

Waren es himmlische Geschöpfe aus dem Reich Gottes des Vaters? Waren sie es, die auf den Planeten Erde kamen und Zuneigung zu den schönen Erdentöchtern faßten?
Können die Menschen im Zeitalter des Atoms, des Fernsehens, der Raumraketen an diese phantastischen Wesen glauben, die wie Feen, Kobolde und Elfen nie einer gesehen hat?
Für den, der daran glaubt, ergibt sich kein Problem, und die Bibel verkörpert buchstäbliche Wahrheit; aber wer glaubt schon vernünftigerweise daran?
Dann existierten die Engel womöglich gar nicht? In diesem Fall bliebe nichts anderes übrig, als die Bibel und sämtliche heiligen Schriften sowie sämtliche Apokryphen, die einmütig übereinstimmende Tatsachen berichten, in das Regal einer Märchenbibliothek für Kinder zu stellen.
Falls jedoch diese *Engel* eine verborgene Wahrheit, ein Symbol darstellen, wer sind sie und woher kommen sie?
Mit aller gebotenen Behutsamkeit werden wir ihre einzig mögliche Identität aufzeigen, die unserer im Zeichen des außerplanetarischen Abenteuers stehenden Zeit gerecht zu werden vermag.

Die Söhne Gottes heiraten die Töchter der Menschen

Aus dem sechsten Kapitel des ersten Buches Mose erfahren wir, daß Adam und Eva kurze Zeit nach ihrer Erschaffung die ersten Menschen zeugten und daß ihnen insbesondere Töchter geboren wurden (Vers 1). Die Erde ist also zu jener Zeit noch sehr wenig bevölkert, d. h. es leben auf ihr nur einige tausend Menschen.
Vers 2. *Da sahen die Kinder Gottes nach den Töchtern der Menschen, wie sie schön waren, und nahmen zu Weibern, welche sie wollten.*
Vers 4. *Es waren auch zu den Zeiten Riesen (Tyrannen) auf Erden; denn da die Kinder Gottes zu den Töchtern der Menschen eingingen und sie ihnen Kinder gebaren, wurden daraus Gewaltige in der Welt und berühmte Männer.*
Diese berühmten Männer, die aus der Verbindung der ersten irdischen Frauen mit den »Kindern Gottes« hervorgingen, kann man durchaus mit den Staatsoberhäuptern oder mit den Heroen oder Halbgöttern der alten Mythologien gleichsetzen.

Was hat es aber mit diesen »Kindern Gottes« auf sich?
Will man berufenen Bibelexegeten Glauben schenken, sind Engel vom Himmel Gottes auf die Erde hinabgestiegen, um mit den dortigen Frauen intim zu verkehren und sie zu schwängern. Was für ordinäre Kerle müssen diese Engel doch gewesen sein!
Ehrlich gesagt, wir können uns mit dieser gotteslästerlichen Erklärung nicht abfinden, wenn wir uns den Himmel nicht als eine Räuberhöhle denken wollen, zumal es schwierig ist, sich Engel vorzustellen, die nicht nur auf ein amouröses Abenteuer aus, sondern auch körperlich imstande sind, ihre Begierde zu befriedigen.
Sind die Engel vielleicht Wesen aus Fleisch und Blut? Geschlechtswesen gleich uns, die noch stärker als wir vom Dämon der Wollust bedrängt werden?
Apokryphe Texte, wie der aus dem Äthiopischen übersetzte »Kampf Adams und Evas« wenden sich gegen eine so vernunftwidrige Erklärung:
Und die Weisen des Altertums haben über sie geschrieben und haben behauptet, die Engel seien vom Himmel hinabgestiegen und hätten sich mit den Töchtern Kains vereinigt, die ihnen Riesen geboren hätten.
Aber sie täuschen sich in dieser Annahme, und es stimmt nicht, daß die Engel, die doch Geister sind, sich in sündhafter Weise mit den Menschen zusammentun ... Doch sind sie ihrem Wesen und ihrer Natur nach weder männlich noch weiblich, sondern reine Geister, die freilich nach ihrem Sturz schwarz geworden sind.
(Falls die Engel als geschlechtslos aufgefaßt werden, konnten sie mit den Frauen der Menschen nicht gut sündigen. Und was ist aus den »schwarzen Engeln« auf der Erde geworden? Ob sie am Ende männliche Geschlechtsattribute erhielten – das Bedürfnis mag zur Ausbildung des entsprechenden Organs wesentlich beigetragen haben – und die höherstehenden Vorfahren der Schwarzen darstellen? Eine solche Version würde zumindest dem Fluch, der auf unseren farbigen Brüdern zu lasten scheint, einen verborgenen Sinn geben.)
Dieser Text – und das verdient besonders unterstrichen zu werden – ist im wesentlichen religiös inspiriert und will nicht als Ketzerei verstanden werden.
Wenn es sich aber nicht um Engel handelt, kann man nur an Menschen von großem Wuchs denken, zumal ihnen riesenhafte

Kinder geboren wurden. Da diese Menschen ihr Treiben zu einer Zeit ausführten, als die Nachkommenschaft Adams und Evas noch nicht sehr zahlreich und daher leicht überschaubar war, konnten sie mit Sicherheit nicht von der Erde stammen.
Kinder Gottes – vielleicht, wie alle anderen auch; aber keinesfalls waren sie auf unserer Erde geboren worden.
Wir glauben offen gestanden nicht an einen Mann und eine Frau, die aus Lehm geschaffen wurden und unserer heutigen Menschheit als Muster dienten; folglich dürfen wir vermuten, daß die fraglichen Riesenmenschen von einem anderen Teil des Erdballs gekommen sein konnten: Asien, Amerika, Europa, Ozeanien, Afrika.
Die Bibel drückt sich aber genau aus: Es waren Kinder Gottes, *Engel, die vom Himmel gekommen waren,* und alle apokryphen Texte sind sich ausnahmslos darin einig, daß es sich um Wesen handelte, die vom Himmel gekommen waren, um »Himmelssöhne«, die vom Himmel auf die Erde *hinabstiegen.*
Solche Reisende können ohne weitere Erklärung entweder nur fliegende Menschen, Piloten oder Kosmonauten gewesen sein, die wahrscheinlich einer anderen Rasse angehörten, da ihre körperlichen Eigenschaften kaum an ihre irdische Herkunft denken lassen.
Man muß also auf die alten Schriften zurückgreifen, um neue aufschlußreiche Einzelheiten zu finden, die in einer vorbiblischen apokryphen Schrift im Überfluß vorhanden sind: im Buch Henoch.
Ein äußerst beunruhigender Tatbestand fällt uns bei der Lektüre der Bibel auf: Neun Zeilen (Vers 2 und 4) erwähnen die Ankunft der Kinder Gottes, und in nur zweiundzwanzig Zeilen erledigt die Heilige Schrift die gesamte Weltgeschichte seit jener phantastischen Landung bis zum Drama der Sintflut.
Das Buch Henoch widmet unter Berücksichtigung späterer Texteinschaltungen und -verfälschungen *rund achtzig Kapitel diesen Engelgeschichten* und spürt den Ursachen des göttlichen Zorns nach.
Achtzig Kapitel gegen einunddreißig Zeilen in der Bibel! Natürlich stellt sich nun sofort die Frage: *Warum wurden die wichtigsten Punkte der Genesis unterschlagen?*

Das Buch Henoch

Das von dem großen schottischen Gelehrten und Afrikareisenden James Bruce etwa 1772/73 in drei Exemplaren aus Abessinien mitgebrachte Buch Henoch wurde von einem in Hebräisch, Chaldäisch oder Aramäisch abgefaßten Original abgeschrieben, das zahlreiche Übersetzer für die älteste Handschrift der Welt halten. (Das Buch Henoch existiert in drei Kopien: Zwei befinden sich in England, die dritte in Paris.) Die Handschrift wurde durch katholische Abschreiber verfälscht, die ihm in frommer Absicht Kapitel hinzufügten, in denen das Kommen des Menschensohnes oder des Messias angekündigt wurde. Aber diese Hinzufügungen sind leicht nachzuweisen. In ihrem Eifer, die Existenz Jesu als Messias zu beweisen, zerstörten die Kopisten, Mönche und Ordensbrüder in den ersten sechzehn Jahrhunderten unserer Zeitrechnung alle Dokumente: Handschriften, gravierte Steine, Bücher usw., die an den allgemein anerkannten christlichen Wahrheiten den geringsten Zweifel hätten aufkommen lassen können. Dieses ungeheuerliche Fälschungswerk wurde auch von den Priestern anderer Religionen so gründlich ausgeführt, daß keine einzige alte Handschrift mehr existiert, deren Echtheit und Unversehrtheit unwiderlegbar erscheinen, *vielleicht mit Ausnahme* der Schriftrollen vom Toten Meer.

Henoch ist eine geheimnisvolle Person, welche die jüdische Überlieferung für sich beansprucht, die sich jedoch schon lange vor der hebräischen Kultur nachweisen läßt.

Verschiedene Gelehrte behaupten, daß es vor der Bibel, wie vor den Wedas der Inder, den Manu-Gesetzen der Brahmanen, den Ching-Büchern der Chinesen usw. Handschriften gab, die der uns bekannten Heiligen Schrift als Vorlagen dienten.

Moses spricht mehrmals von Texten, die älter als der Pentateuch sind, und zitiert daraus einige Stellen. (Die vorbiblischen Bücher werden von Moses im vierten Buch, Kapitel 21, Vers 14-27 erwähnt, von Josua in Kapitel 10, Vers 13, von Samuel im zweiten Buch, Kapitel 1, Vers 18, usw.) Moses hat diese Bücher offenbar in den zwölf ersten Kapiteln der Bibel gleichsam in Kurzfassung wiedergegeben.

Will man der Überlieferung Glauben schenken, dürfte Henoch aus Obermesopotamien oder Armenien stammen, denn er gilt als

Vater des sagenhaften Königs Kaju-Marath oder Kaiomers, des »Königs der Erde«, und von Aserbeidschan. Die Wechselbeziehung zwischen Henoch und Armenien ist äußerst wichtig, da in Armenien die erste indoeuropäische Kultur entstand. In diesem Zusammenhang dürfte es nicht uninteressant sein, daß Kaiomers – nach Meinung der Historiker – die Zeremonie des *pabus* oder Fußkusses einführte und daß die armenischen und tscherkessischen Frauen als die schönsten der Erde gelten. Diese Einzelheiten hängen unmittelbar mit dem außerplanetarischen Abenteuer zusammen.

In mohammedanischen Handschriften wird behauptet, daß Kaiomers die Kenntnis des wahren Gottes aus den Büchern des Propheten Idris schöpfte (Idris ist im Arabischen gleichbedeutend mit Henoch).

Engel, die es faustdick hinter den Ohren haben

Das apokryphe, d. h. geheime, nur für Eingeweihte bestimmte und trotzdem als echt anerkannte Buch des Armeniers Henoch – in der Urkirche wurde es sogar den kanonischen Schriften zugerechnet – beginnt mit folgender Einleitung:

Im Namen des allbarmherzigen und gnädigen, langsam zürnenden, allzeit zu Milde und Erbarmen bereiten Gottes: Dies ist das Buch Henochs, des Propheten.

Vom sechsten Kapitel an kommt der Erzähler auf das Wesentliche zu sprechen, ohne Adam und Eva erwähnt, ohne an die Tragödie im Paradies auch nur im geringsten erinnert zu haben.

Kapitel 6

1. *Als sich nun die Menschenkinder vermehrt hatten, wurden ihnen in jenen Tagen schöne und liebliche Töchter geboren.*

2. *Die Engel aber, die Himmelssöhne, erblickten sie und begehrten sie und sprachen untereinander: Wohlauf, laßt uns Weiber wählen unter den Menschenkindern und Nachkommen zeugen.*

Hier befinden wir uns schon in einem anderen »Klima« als in der Bibel. Die Frauen auf der Erde existieren erst seit kurzer Zeit - wenigstens die, die lieblich und schön sind –, sofern sie nicht bereits von den »Himmelssöhnen« bemerkt worden waren.

Sind die himmlischen Wesen Engel? Ja, und zwar in der Bedeutung des Wortes, wie es die Inka verstanden, als sie die Soldaten des Cortez landen sahen, oder die rückständigen Völkerstämme des Dschungels, als sie die ersten Flieger zu Gesicht bekamen. Wurde Orejona, die Venusierin, die nach den Andenüberlieferungen in der Nähe des Titicacasees (vielleicht mit einem Spähtrupp) landete, nicht später als Göttin verehrt?
Ist es nicht logisch, daß Urmenschen und Primitive vom Himmel gekommene Menschen übernatürlichen Wesen gleichsetzen?
Henoch gibt genau an, daß diese Engel, die sich wie ganz gewöhnliche Durchschnittsmenschen verhalten, nicht zu unserer Rasse gehörten.
Setzen wir die Analyse der anderen Verse fort:

3. *Da sprach Semjasa, ihr Anführer, zu ihnen: Ich befürchte, daß ihr euer Vorhaben nicht ausführen könnt,*

4. *und daß ich dann allein die Strafe für euer Verbrechen erleide.*

5. *Doch alle antworteten ihm: Wir alle wollen einen Schwur ablegen*

6. *und einander durch Verwünschungen geloben, nichts an unserem Vorhaben zu ändern und auszuführen, was wir beschlossen haben.*

7. *Sie legten ihren Schwur ab und verpflichteten sich einander durch Verwünschungen. Sie aber waren zweihundert an der Zahl, die in den Tagen Jareds auf den Gipfel des Berges Hermon hinabstiegen* [andere Leseart: *die auf den Ardîs, das ist der Gipfel des Berges Hermon, hinabstiegen* (dieser Name findet sich nicht in der Bibel)]. Merkwürdigerweise läßt die Verschwörung der zweihundert Außerirdischen – denn um solche handelt es sich – in Semjasa Bedenken aufkommen. Was die Männer des extraterrestrischen Stoßtrupps betrifft, benehmen sie sich wie verwegene, abenteuerlustige Kosmonauten, wie Draufgänger, die die vielleicht lange entbehrten Freuden des Fleisches offenbar sehr gut kennen und zu schätzen wissen. Jedenfalls sind diese »Engel« auf dem Gebiet keine Anfänger mehr!

9. *Dies sind die Namen ihrer Anführer: Semjasa, ihr Anführer, Urakibarameel, Akibeel, Tamiel, Ramuel, Danel, Askeel, Sara-*

kamjal, Asasel, Armers, Batraal, Anani, Savebe, Samsaveel, Ertael, Turel, Jomjael, Araseal. Dies sind die Anführer der zweihundert Engel; und die anderen alle waren mit ihnen. (Man vergleiche: *Araseal* und *Aruseak* sind die armenischen Namen für den Planeten Venus.)

10. *Sie nun und mit ihnen alle anderen nahmen sich Weiber, ein jeder wählte sich eines aus; dann begannen sie zu ihnen zu gehen und sich mit ihnen zu vermischen, und sie lehrten sie Zaubermittel und Beschwörungen und die Eigenschaften der Wurzeln und Bäume.*

11. *Und die Weiber wurden schwanger und gebaren Riesen ...*

Wie soll man annehmen, daß »Engel«, die gewöhnlich im Reich Gottes bei den Seligen, den himmlischen Heerscharen wohnen, einerseits Gefühle zeigen, die zu einer rohen Soldateska passen, und andererseits sich auf Dinge verstehen, die natürlich im Himmel unbekannt sind: also auf Zaubermittel, Beschwörungen und die heilenden oder nährenden Eigenschaften der Pflanzen?

Kapitel 8

1. *Asasel lehrte die Menschen, Schwerter, Messer, Schilde, Brustpanzer und Spiegel zu fertigen; er unterwies sie in der Herstellung von Armbändern und Schmuckstücken, im Gebrauch der Farben und in der Kunst, sich die Augenbrauen zu schminken und Edelsteine sowie alle Färbemittel zu gebrauchen, so daß die Welt verderbt wurde.*

So dürften der Spiegel, die Waffen sowie die Schminken und Schönheitsmittel unserer Frauen weder irdischen Ursprungs noch der Erfindung durch Erdenwesen zuzuschreiben sein. Auf einem anderen Planeten standen Menschen zum Teil auf der gleichen Kulturstufe wie wir, und die dortigen Frauen benutzten gleichartige oder ähnliche Kosmetika, wie sie heute in unseren Geschäften verkauft werden. In der von François Martin besorgten Übersetzung des Buches Henoch heißt es über das Schminken: ... *die Kunst, sich die Augenränder mit Antimon zu schminken und die Lider zu verschönern ...*

In den folgenden Versen lehren die anderen Engel *Zaubersprüche und wie sich Zauber lösen lassen, die Kunst der Sterndeutung, die Himmelszeichen und ihre Bedeutung, den Lauf des Mondes.*

Man kann aber nur lehren, was man gelernt, erfahren hat; ist es statthaft anzunehmen, daß »Engel« in Gottes Himmel die Herstellung von Kriegsgerät, Schmuckstücken und nichtigem Flitterkram, ja »die Kunst, sich die Augenbrauen zu schminken«, lernten?
Und daß sie lernten, der reinen und unschuldigen Erde die Verderbtheit des Himmels zu bringen?
Es ist wirklich verblüffend, über wieviel menschliches Denkvermögen und über wieviel menschliche Geschicklichkeit, die mit göttlichem Wesen einfach unvereinbar sind, diese »Engel« verfügen. Aber man braucht ihnen nur die Wesensart von Kosmonauten eines anderen Planeten zu verleihen, und alles klärt sich auf.
Wenn man den Bericht des Buches Henoch aus rationaler Sicht akzeptiert, handelt es sich um eine Kolonisierung unserer Erde durch Kosmonauten, die von einem eroberungssüchtigen Planeten gekommen oder zur Auswanderung gezwungen worden waren.
Bei dieser Vermutung bildeten die zweihundert außerplanetarischen Wesen wahrscheinlich nur eine Art Stoßtrupp und mußten im Hauptquartier über ihre Mission Bericht erstatten.
Alles in allem eine vernünftige These, die durch unseren derzeitigen Wettlauf in den Kosmos bestätigt und durch den weiteren Verlauf des Berichtes noch konkretere Formen annehmen wird, sobald die Aufgabe Henochs geklärt ist. Vielleicht ist auch er ein Außerirdischer, vielleicht Semjasa, dem das Gewissen schlägt, mit größerer Wahrscheinlichkeit aber ein Beauftragter des Hauptquartiers, denn er mißbilligt das Treiben der Stoßtruppleute, macht sich auf, um die Anführer wiederzufinden und übernimmt schließlich sogar die Vermittlerrolle zwischen ihnen und den Kosmonauten, die sich gegen die erteilten Weisungen vergangen hatten.

Kapitel 12 (Dritter Abschnitt)
Vor diesen Geschehnissen wurde Henoch von der Erde aufgehoben, und keiner wußte, wohin er aufgehoben worden noch was ihm widerfahren war.

2. *Er verbrachte indessen seine Tage bei den Heiligen und bei den Wächtern (Eingeweihten).*
Wie Elias, der nach Angabe der Bibel zu Lebzeiten »auf einem feurigen Wagen« von Gott in den Himmel geholt wurde, wird

auch Henoch zum Kosmonauten oder Flieger und erstattet seinen Vorgesetzten Bericht. (In der armeno-kaukasischen Mythologie ist nach Prof. Joseph Karst von der Universität Strasbourg der Geist Karapet identisch mit Henoch. Karapet leitet sich von dem georgischen *kari*: die Tür, Pforte; der Herr der Pforte, oder von *karvosani:* der Herr des Lagers mit der allgemeinen Bedeutung »Bote« ab, was gut auf den Armenier Henoch zutrifft.)
Wir verstehen, wie sehr diese phantastische Deutung der Tatsachen unsere bürgerliche Gemütsruhe, unsere atavistische Leichtgläubigkeit stört und verletzt, doch sofern wir uns nicht die noch phantastischere und heutzutage noch unzumutbarere Erklärung von einem düsteren Aufstand perverser Engel zu eigen machen, die einem reichlich zwielichtigen Himmel entflohen, vermögen wir den Ereignissen keinen Sinn beizulegen.

Die ersten Väter Hyperboreas

In der Ausdrucksweise und im Geist seiner Zeit beschreibt der Erzähler den »Himmel« mit »seiner aus Kristallsteinen erbauten Mauer«, der merkwürdig an das Land Hyperborea der Überlieferung erinnert, das von hohen Eismauern umschlossen war.
Die Ähnlichkeit verdient Beachtung, denn sie wird durch die nordischen Sagas bestätigt.
In der nordischen und keltischen Überlieferung liegt Hyperborea etwa bei Grönland (*Green land* = grünes Land), d. h. sehr genau zwischen Norden und Westen.
Henoch gibt an, daß in dieser Richtung das Hauptquartier der Außerplanetarischen gelegen habe.
Er besucht verschiedene westliche Gegenden der Erde, sodann die Wohnung des ewigen Königs *auf der nördlichen Seite der Erde.*

Kapitel 70 (Zwölfter Abschnitt)

3. ... *Und von diesem Tage weilte ich nicht mehr unter den Menschenkindern, sondern er setzte mich zwischen zwei Geister (Winde), zwischen den Nord und den West, da wo die Engel Schnüre empfangen hatten, um den Ort für die Auserwählten und Gerechten zu messen.*

4. *Dort sah ich die ersten Väter, die Heiligen (die Gerechten) von uralter Zeit wohnen an jenem (schönen) Ort.*
Bemerkenswert ist, daß Henoch den Himmel ohne weiteres mit der Erde gleichsetzt; andererseits gibt er genau an, daß »der heilige Ort« – eine Art Eden, wo der wohlriechende Baum der Gerechten wächst – »im Westen liegt, an den Enden der Erde, wo der Himmel selbst beginnt«.

Kapitel 34

1. *Von da ging ich gen Norden an den Enden der Erde hin.*

2. *Und dort sah ich ein großes und herrliches Wunder an den Enden der ganzen Erde.*

3. *Hier sah ich die Himmelstore offen, von denen es drei verschiedene* gab ...
Henoch sagt nicht, daß er unsere Erde verläßt, um bis zu den Sternnebeln vorzudringen, er scheint den Süden und den Osten nicht zu kennen und begegnet unseren ersten Vätern, den höherstehenden Menschen, in denen wir die Oberbefehlshaber des Armenien-Stoßtrupps sehen.
Manchmal jedoch trennt Henoch den Himmel von der Erde. Zum Beispiel als er von den Abtrünnigen spricht:

Kapitel 69

3. *Dies sind nun die Namen ihrer Anführer (Hauptleute) über hundert und über fünfzig und über zehn.*

4. *Der Name des ersten ist Jequn (Jaqun); das ist der, welcher alle die Söhne der heiligen Engel verführte und sie auf die Erde herabbrachte, damit sie mit den Töchtern der Menschen Kinder zeugten.*
(Die heiligen Engel machen also Kinder im Himmel!)

6. *Der dritte heißt Gadreel; dies ist der, welcher den Menschenkindern alle Werkzeuge zeigte, wie sie sich töten könnten.*

7. *Er hat die Eva verführt.*

Es ist höchst ungewöhnlich, daß der Name Evas genannt wird und nie der von Adam, der diesem Bericht zufolge der erste von der Schöpfung enttäuschte Ehemann gewesen sein dürfte.

Das Ende der Apokalypse ist äußerst dunkel und verworren, denn sie führt auf die Erschaffung der Welt zurück und endet mit der Sintflut, der gerechten Strafe für die Sünde der Kosmonauten oder derer, die wir dafür ansehen.

Die schuldigen Engel werden in die feurigen Täler gestürzt, was vielleicht auf das Land des Feuers (Aserbeidschan) hindeutet, in dessen Nähe die Arche Noahs landete.

In einem altslawischen Text mit dem Titel *Das Buch von den Geheimnissen Henochs* werden auf merkwürdige Weise die Wesen beschrieben, die dem Chronisten einen Besuch abstatteten:

Es erschienen mir zwei sehr große Männer, wie ich solche niemals auf der Erde gesehen hatte. Ihr Angesicht leuchtete wie die Sonne, ihre Augen glichen brennenden Fackeln (Lampen); aus ihrem Mund ging Feuer hervor; ihre Kleider ähnelten einer Verteilung von Schaum, und ihre Arme waren wie goldene Flügel am Kopfende meines Bettes.

In dieser Beschreibung ist nicht mehr von Engeln die Rede, sondern *von Menschen*, die mit ihrem Helm und ihrem Raumanzug aus Kunststoff so gekleidet sind, wie man sich – einer reichlich naiven Vorstellung entsprechend – die Kosmonauten vorzustellen pflegt. Der sowjetische Journalist und Physiker Agrest hat aus Texten der am Toten Meer gefundenen Schriftrollen die folgende Stelle transkribiert:

Menschen sind vom Himmel gekommen, und andere Menschen sind von der Erde in den Himmel aufgehoben worden. Die vom Himmel gekommenen Menschen sind lange auf der Erde geblieben . . . (Die usbekische Sowjetrepublik liegt zwischen Afghanistan und dem Aralsee. Der sowjetische Archäologe Georgi Tschatski hat unlängst in der Nähe der Uranbergwerke von Fergana Felszeichnungen wiederhergestellt, auf denen Wesen dargestellt sind, die augenscheinlich mit Kombinationsanzügen und Helmen bekleidet sind und wie richtige Raumfahrer aussehen. Nach Schätzungen Tschatskis sollen die Zeichnungen aus der sogenannten Altsteinzeit stammen.

Die von dem geheimnisvollen Volk der Olmeca in Mexiko hinterlassenen riesigen Steinköpfe beziehen sich offenbar ebenfalls auf eine interplanetarische Begebenheit.

Ein strenggläubiger Mensch mag es natürlich bei der wörtlichen Bedeutung des Textes bewenden lassen, doch im 20. Jahrhundert werden unerbittliche Kritiker zwangsläufig an eine auf die Vertuschung eines gefährlichen Geheimnisses gerichtete Verschwörung denken.

Die einen werden sogar an »wunderhübsche Lügenmärchen« denken, die anderen wiederum an einen raffinierten Schwindel, und diejenigen, die Schwindel sagen, sind schon drauf und dran, sich der These von den außerplanetarischen Wesen anzuschließen.

Ein gründliches Studium des Buches Henoch fördert beunruhigende Einzelheiten zutage und schafft uns gleichsam die Gewißheit, daß es sich nicht um eine *Vision*, sondern ganz einfach um eine wirkliche Reise des Patriarchen handelt.

Freilich sagte Henoch, daß er mehrere Visionen hatte, aber er verwechselt in wunderlicher Weise Himmel und Erde, als wüßte er sie nicht voneinander abzugrenzen, wie es einem Inder ergangen wäre, den im 16. Jahrhundert ein Hubschrauber oder ein Düsenflugzeug nach China mitgenommen hätte.

Henoch wird *auf die Erde geleitet und vor seiner Haustür niedergesetzt* (Kap. 81, V. 5), was völlig überflüssig wäre, wenn er nur eine Vision gehabt hätte; mit anderen Worten, wenn er sich nicht von der Stelle gerührt hat, braucht er auch nicht wieder nach Hause gebracht zu werden.

Im Kapitel 65, Abschnitt 11, Vers 2, scheint die schlecht getilgte Wahrheit durchzubrechen, als Henoch sagt, daß Noah *sich auf den Weg macht und bis zu den Enden der Erde geht, zur Wohnung seines Großvaters Henoch.*

Ist hier der Schleier über dem Geheimnis der Geschehnisse endlich gelüftet?

Für den Schreiber dieses Berichtes ist es klar, daß der *zu seinen Lebzeiten in den Himmel entrückte* Patriarch Henoch in Wirklichkeit sich zu den Grenzen der Erde begab, und zwar zwischen Norden und Westen, d. h. nach Hyperborea oder Florida, wo er seine irdische Geheimwohnung in der Nähe der obersten Leitung hatte.

In Kapitel 65, Abschnitt 11, Vers 1, sieht Noah, wie *die Erde sich neigt und einzustürzen droht.*

Auch das ist höchst eigenartig.

Sollte Noah, wie es die Bibel der Gnostiker Ägyptens behauptet, *zu Lebzeiten in den Himmel entrückt worden sein,* um der Sintflut zu entgehen?

Vielleicht durch die geheimnisvollen Vorfahren, die zwischen *Nord*

und West wohnten? Bestimmt aber waren es Vorfahren, die über Flugmaschinen verfügt haben dürften.
Oder sah Noah die Erde sich neigen, genauso wie man es beim Aufsteigen eines Flugzeugs gewahr wird?
All das stützt im besonderen die These von einer Luftreise, die Henoch wirklich erlebt und nicht bloß »im Traum gesehen« hat. Das Buch Henoch und das Buch von den Geheimnissen Henochs stellen in diesem Sinne ein Zeugnis dar, das die tabuierte Geschichte der Menschheit in einem phantastischen Glanz erstrahlen läßt.
Wie weit darf man diesen Schriften Glauben schenken, die trotz ihrer Ungereimtheiten und ihrer Verworrenheit nichtsdestoweniger die ersten Dokumente unserer Geschichte darstellen und sehr wahrscheinlich auch eine Wahrheit enthalten, die lediglich durch mangelndes Verständnis sowie durch Abschreibfehler entstellt ist?
Im Sohar, dem ältesten Bericht der Kabbala, wird das Buch Henoch mehrmals als ein Werk erwähnt, *das von Generation zu Generation bewahrt und voller Ehrfurcht überliefert wurde.* Freilich wurde es aus dem Kanon der Juden ausgeschlossen und schließlich von den Christen verbannt, doch erst vom 3. Jahrhundert an. Auf Grund der Tatsache, daß man das Buch Henoch für die einzige vorsintflutliche Handschrift hält, ist seine Anziehungskraft unverändert groß geblieben.
Diese Ansicht wird dadurch untermauert, daß Henoch bei der Beschreibung der Bewegungen der Sonne und des Mondes trotz seiner gelehrten Darstellung einige Fehler unterlaufen sind, die den Bibelexegeten und Orientalisten Andreas Gottlieb Hoffmann (1796–1864) zu der folgenden kritischen Betrachtung anregten:
Ich sehe nur eine einzige Möglichkeit, all diese Fehler zu rechtfertigen, und zwar durch die Annahme, daß der Verfasser ein System darlegt, das existiert haben muß, ehe die Naturordnung durch die Sintflut verändert wurde.
Aus der Überlieferung geht hervor, daß das Buch Henoch von Noah in die Arche mitgenommen wurde und auf diese Weise der Vernichtung entging.
Nicht ohne Grund hält man folglich diese apokryphe Schrift für die wahre Bibel der Menschen.
Die in dem Buch mitgeteilten astronomischen Angaben lassen im

Hinblick auf die später bei der Sintflut erfolgte Verschiebung der Pole vermuten, daß sein Verfasser in einem Lande lebte, das ziemlich genau an der Stelle des alten Armeniens, nahe der Quelle des Euphrat lag, da, wo einst die in die schönen Menschentöchter verliebten Kosmonauten landeten.
Es sind vor allem Überlegungen geologischer Natur, die für diese These sprechen.

VII. DAS WELTGEHEIMNIS NR. 1 UND DAS GEFÄHRLICHE WORT

Das Geheimnis der Entstehung des Menschen und der untergegangenen Kulturen dürfte sich auf den Nachweis gründen, was es mit den »Engeln«, den »Kindern Gottes« eigentlich auf sich hat. Dies ist durchaus keine willkürliche Hypothese.

Die Atheisten und viele Leute mit angeblich gesundem Menschenverstand lehnen die heiligen Texte schlechthin ab und bezeichnen sie als Fabeln, Legenden oder auch als albernes Gerede.

Dieser sektiererische Standpunkt wirft ein zu schlechtes Licht auf unser überliefertes Erbe, wie unzuverlässig und verfälscht es zunächst auch erscheinen mag.

Für uns steht es einwandfrei fest, daß die Bibel und die Apokryphen eine Wahrheit darstellen, die zwar überspannt oder verstümmelt sein mag, doch zweifellos auf authentischen Begebenheiten beruht.

Was also soll man glauben?

Wenn die »Engel« aus dem himmlischen Reich stammen, wenn sie keine menschlichen Wesen sind, die als Verbindungsglieder und Mittler zwischen Gott und uns dienen, ist unsere Auslegung völlig unnütz.

Das himmlische Reich hat tatsächlich in unserem geschaffenen und materiellen Universum nicht viele brauchbare Anhänger. Und die Engel, ob sie nun gut oder böse, ob sie Wächter oder Verräter sind, wurden nicht mehr identifiziert, photographiert, gesehen oder überprüft als Elfen, Feen, Gnomen und Fabeltiere.

Wenn die Bibel ein glaubwürdiges Buch ist, selbst in der etwas abgewandelten Bedeutung des Wortes, wie wir es verstehen, muß man für »Engel« Partei ergreifen, die wie wir aus Fleisch und Blut gemacht sind und über einen Verstand und mehr oder weniger empfehlenswerte Gedanken verfügen, das heißt mit anderen Worten, daß die Engel, die Kinder Gottes, *Menschen* waren.

Wir müssen ehrlich zugeben, daß die Identität der Engel mit außerirdischen Wesen – denn zu dieser Schlußfolgerung werden wir gelangen – unseren feigen Konventionalismus ein wenig über den Haufen wirft.

Wie darf man, selbst im 20. Jahrhundert, behaupten, daß Menschen von einem anderen Planeten schon einmal auf die Erde gekommen sind?

Freilich beschäftigt sich die breite Öffentlichkeit mit dieser Vorstellung, freilich sind sich die Leute der tiefen Bedeutung unseres Vorstoßes in den Kosmos und der unausbleiblichen Fortschritte auf diesem Gebiet durchaus bewußt – aber es gibt die anderen!

Und diese anderen sind einerseits die unverbesserlich Leichtgläubigen, die jeden Morgen den Extraplanetarischen in den Gängen der Untergrundbahnwagen begegnen und die jahraus, jahrein am Himmel ihrer Träume ihre zwei oder drei fliegenden Untertassen wahrnehmen; andererseits gibt es jene, die Tatsachen gegenüber von einer hartnäckigen Ungläubigkeit sind und deren Position – das soll nicht bestritten werden – sehr gefestigt ist.

»Die Existenz von Engeln, Geistern, Feen bestreiten Sie, weil diese Phantasmen keiner bewiesenen, wahrnehmbaren, materiellen Wirklichkeit entsprechen«, werden sie uns entgegenhalten, »aber an außerirdische Wesen glauben Sie! Haben Sie schon welche gesehen?«

Wir müssen ehrlich sein: Wir haben keine außerirdischen Menschen gesehen, aber wir haben Kosmonauten, Sputniks, Raketen gesehen, und wir wissen, daß seit einigen Jahren Raumfahrzeuge sich immer weiter von der Erde entfernen.

Einige Raumraketen sind auf dem Mond gelandet, andere sind an Mars und Venus vorbeigeflogen. Für uns steht es fest, daß Menschen von dieser Erde noch vor dem Jahre 2000 den Fuß auf einen anderen Planeten setzen werden.

Es wäre absurd, das Gegenteil zu behaupten. Unserer Meinung nach wäre es ebenso absurd anzunehmen, daß das, was morgen geschehen wird, nicht auch schon gestern geschehen konnte.

Daß man Anhaltspunkte, Dokumente, konkrete Beweise verlangt, damit sind wir einverstanden, denn alles bleibt lediglich Hypothese, solange greifbare Beweise fehlen; *daß man sich aber weigert, an die Möglichkeit einer Einmischung außerirdischer Wesen in ferner Vergangenheit zu glauben,* ist vernunftwidrig und unehrlich.

Doch bevor wir die Engel der Genesis und des Buches Henoch als Menschen identifizieren, die aus dem Weltall kamen, wollen wir versuchen, anhand ihrer seltsamen Abenteuer noch mehr über diese rätselhaften Besucher zu erfahren.

War Noah Hyperboreer?

Nach der Sintflut wird der biblischen Überlieferung zufolge die gesamte Menschheit vernichtet, ausgenommen die acht Insassen der Arche Noah, die nach ihrer Landung in Armenien sich vor die schwere Aufgabe gestellt sahen, die Erde wiederzubevölkern.
Will man diesem Bericht Glauben schenken, würde es auf der Erde nur ein Geschlecht geben, nämlich das Geschlecht Noahs, und wir alle wären mehr oder weniger seine Nachkommen.
Die diesbezügliche Situation ist nicht klar, denn nach dem Eingeständnis seines mutmaßlichen Vaters war Noah von unbekannter Herkunft.
Dieser Vater, der biedere Lamech, war in der Tat weit davon entfernt, an die Treue seines Weibes Bathenosch zu glauben, die im Grunde an dem Ehebruch wahrscheinlich keine Schuld trug.
In der von August Dillmann besorgten und 1853 in Leipzig veröffentlichten Übersetzung des Buches Henoch heißt es in Kapitel 106 (zwanzigster Abschnitt):
Und nach einiger Zeit nahm mein Sohn Methusalah seinem Sohne Lamech ein Weib, und sie wurde von ihm schwanger und gebar einen Sohn. Dessen Leib war weiß wie Schnee und rot wie Rosenblüte, und sein Haupt- und Scheitelhaar weiß wie Wolle, und seine Augen schön ...
Dann vertraut sich Lamech seinem Vater Methusalem an:
Ich habe einen eigentümlichen Sohn gezeugt; er ist nicht wie ein Mensch, sondern gleicht den Kindern der Engel des Himmels, und ist anders geartet, nicht wie wir ...
In einer Schriftrolle, dem sogenannten »Genesisapokryphon«, die sich im Besitz des amerikanischen Generals Yigaël Yadin befindet, befragt Lamech seine Gattin über das von ihr geborene seltsame Kind; Bathenosch rechtfertigt sich – wir erwarten es – in wahrhaft rührender Weise.

9. *O mein Bruder, o mein Herr! Sei eingedenk meiner Wonne [...]*

10. *[... des Beischlafs] Zeit und meine Seele in ihrer Scheide und ich [will] in Wahrheit all[es ...]*

11. *[...] und mein [umherirrendes] Herz änderte sich da in mir gar sehr.*

Weiter unten heißt es:

13. *Da nahm sie ihren Geist zusammen, begann mit mir zu reden und sagte zu mir: O mein Herr, o mein Bru[der. Erinnere dich an]*
14. *meine Wonne. Ich schwöre dir bei dem großen Heiligen, beim König des H[immels(?) . . .],*
15. *daß von dir dieser Same (ist), von dir diese Empfängnis (herrührt) und von dir dieser Fruchttrieb (stammt) [. . .],*
16. *aber nicht von irgendeinem Fremden, nicht von irgendwelchen Wächter(engeln) und nicht von irgendwelchen Söhnen des Him [mels . . .]*

Textlücken und Ergänzungen solcher sind durch eckige Klammern, das Verständnis erleichternde Zusätze in der Übersetzung des Wiener Orientalisten Johann Maier durch runde Klammern angezeigt.

Die große Furcht vor eifersüchtigen Ehemännern

Offensichtlich entspricht das von Lamech gezeichnete Porträt Noahs in seinem Charakter nicht den Eigentümlichkeiten seiner Rasse; uns erinnert es unweigerlich an die Hyperboreer mit schneeweißer Haut und goldblonden Haaren.

Lange nach Ankunft der »Himmelssöhne« beziehungsweise – den Kirchenvätern zufolge – der Engel hatten diese lüsternen und kraftstrotzenden Wesen, wie man sieht, ein äußerst lebendiges und höchst zwielichtiges Andenken hinterlassen.

Dieser Vorfall, der sich im Abstand einiger Jahrtausende ziemlich komisch ausnimmt, vermittelt den Eindruck, daß die Menschen während einer sehr langen Zeit gegen diese geschlechtsbegabten und ganz offensichtlich liebestollen Engel ein starkes Mißtrauen hegten. Wie soll man sich aber andererseits nicht über die Ausdrucksweise der frommen Gattin Lamechs wundern, wenn sie von ihnen spricht? In Wirklichkeit scheint sie ihnen wohl kaum Verehrung und Wertschätzung entgegenzubringen, da sie »*irgendwelche* Söhne des Himmels« sagt, als spreche sie von *irgendeinem x-beliebigen* Taugenichts.

Auch Lamech selber ist nicht gerade außer sich vor Freude bei dem Gedanken, daß er möglicherweise von einem himmlischen Engel hintergangen wurde.

Doch welch besondere Gunst für die Tiefgläubigen, die sie beide sind, wenn der Himmel ihnen dieses Geschenk zuteil werden ließ, durch welches Maria, Josephs Weib, solche Ehre widerfuhr!
Nun, Lamech und seine Frau sind darüber keineswegs erfreut, und es steht fest, daß *für sie* der vermeintliche Engel vom Himmel nichts anderes als ein ganz vulgärer Weiberheld ist, was im übrigen klar erkennen läßt, daß die Extraplanetarischen schon seit langem ihr Prestige und ihre göttlichen Eigenschaften eingebüßt hatten. Wohl nannte man sie noch »himmlische Engel«, verstand aber darunter stillschweigend Schürzenjäger, freilich hochgelehrte, vor allem in der Kunst, Ehemänner zum besten zu halten und ihnen Hörner aufzusetzen.
Diese unvernünftige Furcht vor eifersüchtigen Ehemännern im frühen Altertum, die mehrere Jahrhunderte lang in eine Psychose ausartete, ließ sich auf eine durchaus ehrenwerte Weise erklären. Nur Joseph glaubte dem Engel, als dieser ihm verkündete, daß das Kind Marias »vom heiligen Geist stamme« (Matthäus, Kap. 1, V. 20).
Die sowjetischen Bibelexegeten, die auf Grund ihrer atheistischen Weltanschauung den Vorwurf der Gotteslästerung nicht fürchten, haben aus diesen Abenteuern der Engel die Schlußfolgerung gezogen, daß »Jesus der Sohn eines außerirdischen Wesens« war, was zwar nicht allgemein anerkannt ist, doch durchaus vertretbar erscheint. Man muß dabei allerdings die Voreingenommenheit der Russen berücksichtigen. Einmal behaupten sie, Jesus sei ein Mythos, weil kein zeitgenössischer Historiker ihn erwähnt habe, ein Mythos, der die systematische Zerstörung aller historischen Werke aus dem ersten und der ersten Hälfte des zweiten Jahrhunderts im Mittelalter erklären würde; zum anderen vertreten sie die Anschauung, daß Jesus und die Apostel Extraplanetarier gewesen seien, die auf der Erde einen Auftrag zu erfüllen hatten.
Schließlich kommentieren sie den Text des Matthäusevangeliums so: *Joseph war impotent, seine Frau Maria dagegen hübsch. Schließlich wurde sie schwanger, und das mußte so kommen ... so etwas passiert in ähnlichen Fällen ja immer. Darin liegt nichts besonders Verwerfliches, aber es ist ein Unfug* (fügen die sowjetischen Kommentatoren hinzu), *daß eine satanische Verschwörung aus diesem Kind der Liebe einen Sohn Gottes, ja Gott selber gemacht hat.*

Nach unserem Dafürhalten sind diese höchst umstürzlerischen Ansichten von nicht geringem Interesse, unterstreichen sie doch eine Tendenz der sowjetischen Politik, die zur gleichen Zeit, im Oktober 1963, gegen die, wie es hieß, »bourgeoisen Israeliten« aufrechterhalten wurde.

Moses war Ägypter

Unsere Exegese stellt das Fundament der jüdischen und der christlichen Religion sowie die Authentizität der Bibel erneut in Frage. Kann man heutzutage allen Berichten des Alten Testaments uneingeschränkt Glauben schenken?

Die biblische Geschichte ist nicht die Geschichte der Hebräer. Sie ist *unsere* Geschichte, die des Westens – aller Völker von Skandinavien bis Ägypten, von Frankreich bis Ostrußland.

Wenn die Bibel zunächst auch nichts anderes sein wollte als gewissermaßen das Logbuch der Wüstennomaden, so ist ihr Schicksal durch eine geheimnisvolle Kraft auch für das Schicksal Europas und der größten Kulturvölker des Erdballs bestimmend gewesen.

Zwei Jahrtausende lang war die Bibel eben die Bibel, d. h. die Heilige Schrift des einzigen Gottes und der ewigen Wahrheit.

Sie anzutasten, anzuzweifeln, auszulegen war ein Verbrechen, war Gotteslästerung.

Unsere Städte, unsere Erfindungen, unsere Dome und Kathedralen sind die prächtigen Verherrlichungen eines Gedankens, der einst im Geist eines armen hebräischen Schafhirten entstand.

Die Menschen des Westens können das, was sie durch Körper, Seele und Geist mit ihren spirituellen Brüdern unzerstörbar verbindet, nicht vergessen, doch mit dem Aufkommen der Wissenschaft sind neue Zeiten angebrochen.

Wir müssen uns, wie es Leprince-Ringuet einmal ausdrückte, »umschulen« lassen, und bei aller Liebe, mit der wir an unserer guten alten Großvaterbibel hängen, sind wir dennoch, um weiterleben, um uns entwickeln zu können, verpflichtet, ja gezwungen, sie über dem bezaubernd naiven Kapitel, das wir nicht zu Ende lasen, für alle Zeiten zu schließen.

Der große Neurologe und spätere Schöpfer der Psychoanalyse, Sigmund Freud (und noch viele andere vor uns), war durch die

Unglaublichkeit bestimmter Tatbestände überrascht und beunruhigt; als er erkannte, wie schwierig es für ihn war, sie zu widerlegen, hatte er trotzdem den Mut, seine Interpretation rücksichtsvoll, aber mit Beharrlichkeit vorzutragen.

Das Geheimnis des Mannes Moses war insbesondere der Gegenstand einer gelehrten Studie, in der Freud zu folgendem Schluß gelangt: Der große Patriarch, Reformator und Gesetzgeber der Juden war Ägypter, konnte nur Ägypter sein, und das mosaische Gesetz wie auch die Beschneidung waren eine typisch ägyptische Sitte (Sigmund Freud, *Der Mann Moses und die monotheistische Religion;* Gesammelte Werke, Bd. XVI, S. 125ff., S. Fischer Verlag, 1961).

Wie Sargon (Scharrukēnu), der König von Akkad, wurde auch Moses in ein sorgfältig abgedichtetes Weidenrutenkörbchen gelegt und dann der Strömung eines Flusses anvertraut. Die Tochter des Pharao fand das Kind, nahm es zu sich, adoptierte es und nannte es Mose. Soweit die Legende.

Der Name Mose stammt nach Auffassung von Fachhistorikern von dem hebräischen »Mosche«, was »aus den Wassern gerettet« bedeuten soll. Wie hat man jahrhundertelang nur einen solchen Unfug glauben können?

Zu der Zeit, als Moses gelebt haben dürfte, waren die Hebräer, ein nomadisierendes Hirtenvolk, bei den Ägyptern das, was die Zigeuner heute in den Augen seßhaft gewordener Bürger darstellen. (Übrigens würde es nur Nachteile mit sich bringen, wollte man zu viel widerlegen; selbst die Wahrheit braucht Grenzen, sowie das menschliche Streben der Lüge bedarf. Wir müssen zumindest darauf hinweisen, daß die geschichtliche Existenz der Person des Moses noch keinesfalls bewiesen ist.)

Schlimmer noch: Die Hebräer stellten ein Volk dar, das infolge seiner raschen Vermehrung und Ausbreitung verhaßt war und für so schädlich gehalten wurde, daß der Pharao befohlen hatte, alle männlichen Kinder der Hebräer sogleich nach der Geburt zu töten. Kann man sich vorstellen, daß die Tochter eines Präsidenten der Republik Frankreich in den Jahren 1914–1918 ein Kind adoptiert und diesem einen germanischen Namen gibt, z. B. Sigurd oder Wilhelm?

Und das, auf die damaligen Verhältnisse übertragen, soll die Tochter des Pharao getan haben? Völlig undenkbar! Um so mehr als bekannt ist, daß »Kind« im Ägyptischen »mose« bedeutet. Diese Etymologie ist viel einleuchtender als das hebräische »Mosche«. Moses war also höchstwahrscheinlich Ägypter; außerdem wurde er am Königshof erzogen, und der Historiker Josephus beschreibt ausführlich sein großes Glück.

Aus der Apostelgeschichte, Kapitel 7, Vers 22, erfahren wir, daß das Kind in der Weisheit der Ägypter unterrichtet wurde, d. h., daß Moses als Kind die der Priesterkaste vorbehaltene wissenschaftliche Erziehung genoß.

Moses soll die Heere des Pharao befehligt und den Krieg in Äthiopien geführt haben; kurz, er nahm den Rang einer sehr hochstehenden Persönlichkeit ein, der eine großartige Laufbahn beschieden war, und starb unter äußerst verdächtigen Umständen.

Der geheimnisvolle Melchisedek: Herr der Welt

In unserer kurzen angelologischen Abhandlung über die Identität der vom Himmel gekommenen Wesen lenkt eine andere Person unsere Aufmerksamkeit auf sich: der geheimnisvolle Melchisedek, über den die Bibel sehr mit Einzelheiten geizt.

Er muß jedoch eine wichtige Rolle gespielt haben, denn im 1. Buch Mose, Kap. 14, Vers 18–20, heißt es: *Melchisedek, der König von Salem, trug Brot und Wein hervor, weil er ein Priester des Allerhöchsten war, segnete Abraham ... Darauf gab Abraham ihm den Zehnten von allem, was er hatte.*

Das ist die einzige Anspielung auf Melchisedek, die in den kanonischen Büchern der Heiligen Schrift enthalten ist, zu wenig, um nicht einen berechtigten Argwohn zu wecken. Glücklicherweise erfahren wir aus den Apokryphen mehr.

Das »Buch der Geheimnisse Henochs« (das sogenannte slawische Henochbuch) gibt von der Geburt Melchisedeks, dessen Name in Hebräisch »König der Gerechtigkeit« bedeutet, einen Bericht, den wir im folgenden kurz zusammennfassen:

Sopanima (Sophonima), das Weib Nirs, war unfruchtbar, und doch war sie eines Tages schwanger, starb aber, ohne niederzukommen. Da ging hervor ein Knabe aus der toten Sopanima und begann sogleich zu sprechen und den Herrn zu benedeien.

Nir und Noah nannten ihn Melchisedek.

Der Herr ließ ihn durch den heiligen Michael von der Erde aufnehmen und ihn in das Paradies Eden zur Bewahrung setzen, damit er der Sintflut entginge.
Später wurde er an die Spitze der Priester seines Geschlechts gestellt, und sobald die Menschheit geläutert ist, wird er der Herr der Welt sein.
Ein seltsamer Priester in der Tat, zumal da die alten Chronisten sich bemühen, seine Lebensgeschichte zu verschleiern, als müßten *sie ein Geheimnis, das keiner wissen darf,* in den Mantel der Unerforschlichkeit hüllen.
Nach Ansicht einiger war er der eigene Sohn Noahs; die Kirchenväter erklären ihn als »Abbild Jesu und einen Priester in Ewigkeit«. Die Melchisedekianer oder Melchisedekiten, eine Sekte um 200 n. Chr., behaupteten unter Berufung auf ein Wort des Apostels Paulus, dem zufolge Melchisedek weder Vater noch Mutter noch ein Geschlechtsregister hatte, daß er kein menschliches Wesen wäre, sondern eine himmlische Tugend, die noch höher als Jesus Christus selber stände, ein Mittler zwischen Gott und den Engeln. In bestimmten esoterischen Kreisen versichert man, daß die Nachkommenschaft Melchisedeks über die Jahrtausende hinweg, vergleichbar dem ewigen Weiterleben des tibetanischen Buddha, sich an heiligen Stätten fortgepflanzt habe, die unter der Obhut eingeweihter Rabbiner stehen. Wenn die Zeit gekommen sei, werde der letzte Nachkomme Melchisedeks sich zu erkennen geben und zum König der Gerechtigkeit, zum Herrn der Welt oder zum Messias der Juden aufsteigen.
An dieser Stelle treten also nach dem Eingreifen der Extraplanetarier die »Engel« wieder in Erscheinung, und das Geheimnis nimmt durch eine weitere Anschauung eine interessante Wendung: Melchisedek war Henoch selber, jawohl, Henoch, der Vermittler zwischen dem Armenien-Stoßtrupp und den außerplanetarischen Wesen Hyperboreas oder, wenn man will, zwischen den Engeln und Gott (Dom Augustin Calmet, *Discours et dissertations sur le Nouveau Testament,* 1705, Bd. II).
Dom Calmet sah in ihm sogar einen der drei weisen Könige aus dem Morgenland, die auf ihrem Weg nach Bethlehem dem sonderbaren Stern folgten: Henoch, Melchisedek und Elias.
Welche merkwürdigen Übereinstimmungen zwischen dem zu Lebzeiten von der Erde in den Himmel entrückten Henoch, dem zu

Lebzeiten in den Garten Eden entrückten Melchisedek und Elias, der ebenfalls zu seinen Lebzeiten von der Erde auf einem feurigen Wagen in den Himmel entrückt wurde, nachdem er größere Wunder als die, die Jesus zugeschrieben werden, vollbracht hatte.
Diese drei Personen müssen das Geheimnis der Luftfahrt oder der Weltraumfahrzeuge und noch viele andere Geheimnisse gekannt haben, wenn man der Überlieferung Glauben schenken will. Elias erweckte Tote auf, entzündete einen Holzstoß aus der Ferne, ließ es donnern und regnen, vernichtete durch das »Feuer vom Himmel« feindliche Soldaten, zerteilte die Wasser des Jordan, um ihn trockenen Fußes zu durchqueren ...
Welche wissenschaftlichen Wahrheiten verbergen sich hinter diesen Legenden? Und falls es sich um wissenschaftliche Wahrheiten handelt, woher konnten sie stammen, wenn nicht von einer untergegangenen Hochkultur?
Erkennt man darin nicht ein wunderbares Mysterium, das hinter dem Symbol und der Umschreibung im Verborgenen wirkt?

Ein gefährliches Wort

In früheren Zeiten kamen verborgene Wahrheiten, die der Zensur entgangen waren, noch in gewissen Lehren zum Vorschein. Die ägyptischen Gnostiker behaupteten, daß Noah die Arche nicht gebaut habe und nicht auf der überschwemmten Erde dahingetrieben sei; vielmehr sei er *auf einer leuchtenden Wolke* gen Himmel gefahren, wo er eine Zuflucht gefunden habe (nach Jean Doresse, *Les Livres secrets des Gnostiques d'Egypte*, Ed. Plon).
Im Jahre 1621 schrieb Jacques Auzoles Lapeire über Melchisedek:
Er war durch Neuschaffung oder auf eine uns unbekannte und für uns unerforschliche Art und Weise gezeugt worden.
Dieser Patriarch war Henoch, dem es vergönnt war, das irdische Paradies zu verlassen und seinen Namen zu ändern ...
Er war vor Adam aus einem himmlischen Geschlecht erschaffen worden, das dem der Menschen weit überlegen war ...
Alle Geheimnisse beruhen auf ein und derselben Grundtatsache: auf Wesen, die vom Himmel kommen, die dorthin zurückkehren und die im Verborgenen das Schicksal der Menschen lenken.
Aber, so sagen die Rabbiner, »es ist verboten, von den Engeln zu

sprechen und sie mit Namen zu nennen«. Trotzdem entdeckt man immer wieder mit Staunen, daß die hohen Persönlichkeiten der Heiligen Schrift: Henoch, Noah, der allerhöchste und allmächtige Melchisedek, Moses, Elias, Jesus *sämtlich von einem unbekannten Vater stammen* und daß fast alle ihre Herkunft von einer Engelaffäre herleiten.

Außerdem *wurden sie alle zu Lebzeiten von der Erde aufgehoben und anderswohin befördert,* als hätten sie die Fähigkeit besessen, sich in einer geheimnisvollen Maschine fortzubewegen, um sich an einen ebenso geheimnisvollen Ort zu begeben. Auch Moses wurde nach dem apokryphen Text der *Himmelfahrt Mosis* entrückt. Seine vierzigtägige Unterredung mit Gott »von Angesicht zu Angesicht« auf dem Berge Sinai läßt viele Dinge vermuten, zumal da *keiner sich dem Berge nähern durfte.* Bemerkenswert ist auch, daß Moses, um zu sterben, sich von allen Menschen zurückzieht, und daß weder seine Leiche noch sein Grab gefunden wurden (5. Buch Mose, Kap. 34, Vers 6).

Man kann nicht umhin, einem solchen Geheimnis gebührende Aufmerksamkeit zu schenken, einem Geheimnis, hinter dem unserer Meinung nach sich die Wahrheit über unsere Entstehungsgeschichte verbirgt. Ein Wort würde genügen, damit alles verständlich, logisch wird, ein magisches und verabscheutes Wort – *ein gefährliches Wort, welches das Antlitz der Geschichte verändern würde!*

Aber auch ein Wort, das jeder einfältig-religiöse Mensch, der den schrecklichen Verschwörungen der Bibel blindlings vertraut, nur mit einem mitleidigen Lächeln aussprechen darf, selbst wenn sein Gefühl und seine Phantasie durch den Ruf der unterdrückten Wahrheit beunruhigt werden.

Bereits im Jahre 366 wurde auf der Synode von Laodicea entweder aus Gewissensgründen oder aus Vorsicht – um das Geheimnis besser bewahren zu können – die Namensnennung der Engel verboten. Daher gilt Angelolatrie (Engelverehrung) als Ketzerei und Irrlehre. Auf diese Weise brauchte man nicht ein Problem aus der Welt zu schaffen, das früher oder später zur Aufdeckung des Geheimnisses hätte führen können.

Kurz, es ist gefährlich, von den Engeln zu sprechen oder vielmehr von jenen Wesen, die wie wir beschaffen waren und ihr Hauptquartier im Hyperborea der Überlieferung errichtet hatten.

Die Jahrhunderte sind dahingegangen, Tatsachen, Namen, Daten wurden beseitigt, entstellt, gemildert; die Menschen haben das natürliche Zerstörungswerk noch vergrößert, indem sie Texte von Handschriften ausradierten und tilgten, um daraus Palimpseste zu machen. Indessen hat sich die Erinnerung an höherstehende Vorfahren, deren Land nach Amerika zu jenseits des Okeanosstromes lag, wunderbarerweise erhalten.

Eine unzerstörbare Erinnerung, die uns über zwei Jahrtausende geschichtlicher Zeit hinweg auch nach Hyperborea und Atlantis zurückführen wird auf unserer Suche nach den direkten Nachkommen Henochs, Noahs und Melchisedeks: den Kelten und den Skandinaviern.

VIII. VENUS, DER PLANET UNSERER VORFAHREN

Die alten Völker, die sich ihrer Integration in die Weltordnung mehr bewußt waren als wir, fürchteten sich vor nichts so sehr wie vor dem Einsturz des Himmels. Sie lebten damals noch in zeitlicher Nähe der großen kosmischen Umwälzungen, die unseren Planeten hatten erbeben lassen, jener Ereignisse, die uns so fern sind, daß unsere Zeitgenossen entweder keine Erinnerung mehr daran bewahrt haben oder nicht mehr gewillt sind, daraus eine Lehre zu ziehen.

Wir können uns gut vorstellen, daß die meisten Menschen über eine solche Besorgnis nur lässig und mit einem skeptisch-ironischen Lächeln die Achsel zucken. Doch wird wie vor 4000 Jahren (1965 nach Angaben der Bibel genau vor 4313 Jahren, nach anderen Berechnungen vor 3500 Jahren) eines Tages – vielleicht schon morgen – am Horizont ein kleiner Komet auftauchen, die Erde wird ins Schwanken geraten, Nord wird zu Süd, Ost geht in West über – und alles wird für die Wissenden wie auch für die Freigeister gesagt, ins reine gebracht, zu Ende sein!

Aber, so wird man uns entgegenhalten, die Aussichten, daß die Erde mit einem Kometen zusammenstößt, sind äußerst gering: Nach den Berechnungen der Astronomen stehen die Chancen 1 zu 281 Millionen!

Alle zehntausend Jahre ein Weltende

Da das Alter der Erde nach Ansicht der Geologen fünf bis zehn Milliarden Jahre beträgt, kann man daraus ohne weiteres folgern, daß das Ende der irdischen Welt unvermeidlich näher rückt. Ja, es müßte sogar schon stattgefunden haben!

Glücklicherweise ist diese Rechnung nicht sehr genau, doch ändert das nichts an der Tatsache, daß die Erde alle fünf- bis zehntausend Jahre mit hundertprozentiger Sicherheit von einer durch eine Schwankung oder Bahnabweichung hervorgerufenen vernichtenden Katastrophe heimgesucht wird. Wenn nämlich die Kometen auch nicht mit der Erde kollidieren, können sie dennoch nahe genug an ihr vorbeiziehen, um verheerend zu wirken.

Der amerikanische Professor Immanuel Velikovsky hat in einem hervorragend fundierten Buch (*Welten im Zusammenstoß*, W. Kohlhammer Verlag, Stuttgart, 5. Aufl., 1956, 403 S.) den Versuch unternommen, mit ungewöhnlichem Scharfsinn die Entstehungsgeschichte der Erde und ihre Begegnung mit den Kometen zu rekonstruieren.

Bei seiner Suche nach der Wahrheit stützt sich Velikovsky auf die Überlieferungen und auf die besten wissenschaftlichen Grundlagen und knüpft in manchen Punkten an die Thesen des Schweizer Professors Louis Jacot an, dem Verfechter der langsamen und dann beschleunigten Erdumdrehungen. Die Untersuchungen der beiden Gelehrten sowie die jüngsten archäologischen Entdekkungen im Verein mit den Interpretationen der Apokryphen und der Bibel bilden unserer Meinung nach die Summe all jener Elemente, die das Geheimnis der Vorgeschichte des Menschen sogar 10 000 Jahre vor unserer Zeitrechnung und zweifellos noch viel früher zu durchleuchten und aufzuklären gestatten.

Der Nordpol lag im Süden

Vor etwa 10 000 Jahren lag der Nordpol auf Baffinland und die Erde drehte sich um eine inklinationslose Achse, wodurch das Klima zu allen Jahreszeiten gleichblieb.

Ein Komet oder vagabundierender Planet – Venus – zog in so geringem Abstand an unserer Erde vorbei, daß sie einen Stoß erhielt und in Brand geriet. Die Städte, die Wälder, sogar die Gebirge fingen Feuer und explodierten, während vom Himmel ein Regen aus Erdöl, Schlamm und glühenden Meteorsteinen niederging. Die Eisfelder des Nordpols wurden abgetrieben und lösten eine ungeheure Flutwelle aus, welche die Feuersbrünste erstickte und schließlich auch das vernichtete, was bis dahin verschont geblieben war. Lediglich ein Bruchteil der Menschheit, der irdischen Fauna und Flora entging der Zerstörung.

Während dieser Katastrophe wurde die Erde so gründlich umgekehrt, daß der Südpol im Norden, der Nordpol im Süden zu liegen kam und auch Ost und West ihre Plätze vertauschten. Dieser Zustand dauerte eine unbestimmte Zeit, vielleicht nur wenige Tage. Venus fing sich in unserem Sonnensystem wie in einem Netz und schlug, genau wie ein russischer Sputnik oder eine amerikanische Rakete, die Umlaufbahn ein, die sie noch heute innehat.

Etwa gegen Mitte des zweiten Jahrtausends vor unserer Zeitrechnung verursachte eine neue, aber weit weniger verheerende Katastrophe den Meteoritenregen, die Springfluten und Erdbeben, von denen im zweiten Buch Mose und im Buch Josua die Rede ist (Velikovsky gibt folgende Daten: Zwischen 1500 und 1700 v. Chr. fand die Sintflut statt und 52 Jahre später (zur Zeit des Auszugs des Volkes Israel) die zweite Katastrophe. Er behauptet ferner, daß der Planet Mars im achten Jahrhundert v. Chr. mit der Erde zusammenstieß, wodurch die Abweichung der Erdachse aus ihrer ursprünglichen Richtung bewirkt wurde. Wir stimmen mit Velikovsky hinsichtlich der Ereignisse bis auf einige wenige Punkte überein: Mars stieß mit der Erde nicht zusammen (sonst wäre sie in Stücke geflogen), sondern streifte sie nur. Der Zeitpunkt der Sintflut ist vielleicht nicht so spät anzusetzen. Jedenfalls hätten die Ägypter und die Hebräer in 52 Jahren ihre Kultur nicht auf die einstige Höhe emporzuführen vermocht).

Das ist in Kürze die Geschichte der letzten fünf- bis zehntausend Jahre, in denen sich bekannte Ereignisse abspielten: die weltweite Katastrophe, die sogenannte Sintflut, und eine örtlich begrenzte Katastrophe, die über das Volk Israel hereinbrach.

Zwei Punkte jedoch verlangen auf Grund ihrer Phantastik eine ausführlichere Erklärung: die Vertauschung der Pole und das Dazwischentreten der Venus zwischen Erde und Merkur.

Was die Pole betrifft, d. h. die völlige Umkehrung der Erde, lassen die alten Texte keinen Zweifel an der Glaubwürdigkeit des Phänomens.

Der ägyptische Zauberpapyrus *Harris* erwähnt eine durch Feuer und Wasser verursachte kosmische Katastrophe und hebt besonders hervor, daß *der Süden zum Norden wurde und daß die Erde sich umkehrte.*

Der Papyrus *Ipuwer* besagt etwa dasselbe: *Die Welt dreht sich verkehrt wie auf einer Töpferscheibe, und die Erde wird umgekehrt.* In dem im Leningrader Museum aufbewahrten Papyrus *Eremitage* liest man ebenfalls, daß *die Welt umgekehrt wurde;* auch Platon spricht in seinem Dialog *Politeia* von der Umkehrung des Laufs der Sonne, von der Vernichtung der Menschen, und Herodot – der Vater der Geschichtsschreibung – berichtet, daß die ägyptischen Priester versichert hätten, die Sonne sei im Laufe der historischen Zeit mehrmals dort aufgegangen, wo sie jetzt untergeht, und umgekehrt.

Auf den Papyri, die bei den Pyramiden gefunden wurden, wird mitgeteilt, daß *die Sonne aufgehört hat, den Westen zu bewohnen, und daß sie erneut im Osten strahlt.* Die Polynesier, Chinesen, Inder und Eskimos waren gleichfalls Zeugen derartiger Phänomene.

Diese Fülle von Anhaltspunkten und Beweisen, welche lange Zeit die Archäologen und Astronomen beunruhigte, gelangte schließlich zu überragender Bedeutung, als man an der Decke der Grabkammer von Senenmut, dem Baumeister der ägyptischen Königin Hatschepsut (18. Dynastie, also etwa 1500 v. Chr.) zwei gemalte Himmelskarten entdeckte. Auf der einen dieser Karten sind die vier Himmelsrichtungen genau und richtig verzeichnet, während auf der anderen der Osten sich in Abhängigkeit von der Stellung der Gestirne links und der Westen rechts befindet, was sehr bedeutsam ist, besonders im Grab einer Person, zu deren Beruf die gründliche Kenntnis der Erdstellung im Vergleich zu den Himmelskörpern gehörte. (Der Baumeister Senenmut lebte zu einer Zeit, in der nach Ansicht Velikovskys auf der Erde die große Katastrophe stattgefunden haben soll. Die Himmelskarte an der Decke der Grabkammer könnte also durchaus an ein ungewöhnliches Ereignis in der damaligen Zeit erinnern.)

Dann entsannen sich die Geologen der Tatsache, daß sie in einigen vulkanischen Gegenden Lavagesteine untersucht hatten, die in einer dem örtlichen Magnetfeld entgegengesetzten Richtung polarisiert waren, ein unerklärliches Phänomen, sofern man nicht annimmt, daß diese Lavagesteine zu einer Zeit erstarrten, als die Pole vertauscht waren.

Vor 4000 Jahren war Venus unsichtbar

Wir haben uns an eine Kosmographie gewöhnt, in der die Planeten unseres Sonnensystems folgsam und gemächlich ihre Bahn ziehen, ohne sich je auch nur eine Sekunde zu verspäten.

Wenn unsere Uhren eines Tages auf zwölf Uhr mittags stünden und der Tag noch nicht angebrochen wäre, würden wir unseren

Augen nicht trauen. Die Astronomen sind sich jedoch darin einig, daß es Tage von dreißig bis vierzig Stunden und ebensolange Nächte gab. Aus der Bibel ist bekannt, daß an dem Tage, als Josua die Sonne anhielt, die Dauer des Tages in wunderbarer Weise verlängert wurde. Die Wasseruhr des ägyptischen Königs Amenhotep III., die man bei Ausgrabungen wiederfand, war für einen Tag von elf Stunden und achtzehn Minuten zur Zeit der Wintersonnenwende an Stelle der heutigen zehn Stunden und sechsundzwanzig Minuten berechnet.

Außerdem gilt es als sicher, daß ein Komet, der in der Nähe der Erde vorbeizog, ihre Umdrehung unmittelbar infolge seiner Masse gebremst haben dürfte.

Dieses Phänomen hat sich bereits ereignet und wird sich auch wieder ereignen.

Was Venus betrifft, gehört sie anscheinend zu unserem Sonnensystem ebenso wie die anderen Planeten.

Genau das ist nicht der Fall. Man darf sogar annehmen, daß Venus, der hellste und bemerkenswerteste Planet am Sternenhimmel, vor fünf- bis sechstausend Jahren den Menschen völlig unsichtbar war. Wo befand sich der Planet Venus damals? Vielleicht jenseits von Jupiter innerhalb unseres Sonnensystems oder auch Milliarden von Kilometern entfernt in einer anderen Galaxis.

Jedenfalls steht fest, daß zu einem verhältnismäßig wenig zurückliegenden Zeitpunkt Venus in ihre heutige Bahn einschwenkte und dabei an der Erde so dicht vorbeizog, daß die Menschheit ausgelöscht wurde.

Eine Erinnerung, die unseren Vorfahren unvergeßlich blieb!

Diese Vermutung wird natürlich von zahlreichen Astronomen bestritten, für die Begriffe wie Überlieferung und gesundes Urteilsvermögen nichts als tote Buchstaben sind; da sie den Tatbestand wissenschaftlich zu beweisen nicht imstande sind, finden sie es bequem, ihn schlankweg zu leugnen.

Doch für jeden logisch denkenden Kopf gilt das Phänomen als sicher erwiesen, dessen verstandesmäßige Analyse sich in zwei Phasen unterteilen läßt, nämlich

1. den Beweis, daß der Planet Venus vor 5000 Jahren als Planet nicht sichtbar war, und
2. den Beweis, daß das Auftauchen des Planeten Venus die Ursache einer weltweiten Katastrophe, der sogenannten Sintflut, war.

Die Tabellen von Tiruvallur

Im 18. Jahrhundert sandten der berühmte Orientalist Jean-Baptiste-Joseph Gentil und christliche Missionare indische astronomische Tabellen nach Frankreich, die Zeugnis ablegten vom hohen Alter der Wissenschaft in Indien.

Unter diesen Dokumenten beweisen die »Tabellen von Tiruvallur«, die ins Marinedepot gebracht wurden, daß die sogenannte Ära *Kaliyuga* am 16. Februar des Jahres 3102 v. Chr. um 2 Uhr morgens, 27 Minuten 30 Sekunden begann *(Traité de l'Astronomie Indienne,* Paris, 1787. Einleitung, S. XXVij und S. 182).

Die Inder behaupten, schreibt der französische Astronom Jean-Sylvain Bailly (1736–1793), *daß es in der Ära Kaliyuga eine Konjunktion sämtlicher Planeten gegeben habe; in ihren Tabellen ist diese Konjunktion tatsächlich angegeben, während unsere Tabellen den Nachweis erbringen, daß eine solche Konjunktion wirklich stattfinden konnte.*

Die erstaunlich genaue Zeitangabe, die sich übrigens anhand der Tabellen von Tiruvallur nachprüfen läßt, geht dem königlichen Astronomen nicht aus dem Kopf:

Damals sahen die Inder vier Planeten nacheinander aus den Strahlen der Sonne hervortreten, zunächst Saturn, dann Mars, dann Jupiter und Merkur; diese Planeten zeigten sich vereinigt auf einem ziemlich kleinen Raum . . .

Bailly war natürlich überrascht, daß er bei der Nachprüfung dieser astronomischen Beobachtung nicht den Planeten Venus fand; da er an ein Vierplanetensystem nicht glauben konnte, folgerte er daraus, ohne dem Geheimnis auf die Spur zu kommen, daß entweder ein Versehen vorliegen oder im Laufe der ganzen Beobachtung Venus sich hinter der Sonne befunden haben mußte.

Aber eine solche Erklärung ist nicht zulässig: Die Inder wie auch die Chaldäer waren sehr geschickte und sehr gewissenhafte Astronomen. Ihre Angabe besagt, daß während der Ära *Kaliyuga* eine Konjunktion *aller* Planeten stattfand und nicht bloß von vier Planeten.

Sie bestimmten diese Konjunktion mit solcher Genauigkeit, daß man ihr exaktes Datum nach unserem heutigen Kalender ermitteln konnte: Sie fand am 16. Februar 3102 v. Chr. um 2 Uhr morgens, 27 Minuten 30 Sekunden statt, d. h. vor rund 5069 Jahren.

Diese mathematisch exakte Angabe läßt uns zu der Überzeugung gelangen, daß der Planet Venus weder bei der Beobachtung noch in dem Bericht vergessen worden sein konnte, zumal da er der hellste und *am besten sichtbare* Planet ist.

Die Annahme, daß er sich hinter der Sonne befunden haben könnte, ist absurd, denn dort wäre er nicht lange geblieben und hätte aus ihr hervortreten müssen wie *zunächst Saturn, dann Mars, dann Jupiter und Merkur.* Unmöglich hätte Venus während der ganzen Zeit, welche die vier Planeten für ihr »Hervortreten« benötigten, verborgen bleiben können.

Andererseits wird in den Tabellen von Tiruvallur Venus überhaupt nicht erwähnt, weder ihr Nichtvorhandensein noch ihr Wiedererscheinen, das sich doch vollzogen haben und bemerkt worden sein müßte.

Schließlich erklären die so gewissenhaften, so exakten indischen Astronomen mit aller Deutlichkeit: Es handelte sich um eine Konjunktion *aller* Planeten.

Daraus kann man schließen, daß das Sonnensystem vor fünftausend Jahren ein Vierplanetensystem war.

Die indischen astronomischen Tabellen, die jüngeren Datums sind als die Tabellen von Tiruvallur, basieren dagegen eindeutig auf einem Fünfplanetensystem, in dem Venus enthalten ist.

Die babylonischen Tabellen

In der babylonischen Astronomie ist die Rede von den obenerwähnten vier Planeten, doch Venus fehlt noch; wenn sie in den alten Texten erwähnt wird, heißt es von ihr *der große Stern, der sich mit den großen Sternen vereinigte.*

In ihren Gebeten riefen die Babylonier Saturn, Jupiter, Mars und Merkur an, aber niemals Venus.

Ein bei Boghazköi in Kleinasien gefundener antiker Kalender erwähnt zwar die Sterne und die Planeten, doch Venus fehlt auf der Liste, wofür es nur eine einzige logische Erklärung gibt: Den Babyloniern des Jahres 3000 v. Chr. war Venus unbekannt.

Folglich gab es diesen Planeten in unserem Sonnensystem nicht, oder er war von der Erde zu weit entfernt, um für die Alten sichtbar zu sein.

In den mexikanischen Überlieferungen wird berichtet, daß *die große Feuerschlange des Quetzalcoatl die Sonne angriff und vier Tage lang Finsternis herrschte. Dann verwandelte sich die große Schlange in einen strahlenden Stern (Venus).*

Auf den Samoa-Inseln behaupten die Eingeborenen, daß dieser Planet einen »wilden Lauf« gehabt habe und daß ihm auf dem Kopf Hörner wüchsen.

Der griechische Philosoph Demokrit, der sich in der Astronomie durch besondere Kenntnisse auszeichnete, vertrat die Ansicht, jedoch ohne sie zu begründen, daß Venus kein Planet sei, was aus dem Munde eines großen Eingeweihten ziemlich beunruhigend klingt.

Der heilige Augustinus berichtet nach Marcus Terentius Varro, daß *der Rhodier Kastor die schriftliche Aufzeichnung eines erstaunlichen Wunders, das sich auf der Venus ereignete, hinterlassen habe; dieser Stern soll seine Farbe, Größe, Gestalt und Bahn verändert haben. Das Ereignis, dem weder früher noch seitdem etwas Vergleichbares an die Seite zu setzen ist, fand wahrscheinlich zur Zeit des Königs Ogyges statt* (wir erinnern uns an die Ogygische Flut), *wie es Adrastus, Cyzicenus und Dion, rühmliche Mathematiker der Stadt Neapel, bezeugen.*

Eine solche Fülle von übereinstimmenden Berichten hat die Gelehrten intensiv beschäftigt, die sich in Vermutungen für die Gründe dieser Phänomene verlieren. Viele glauben, und auch Velikovsky ist dieser Meinung, daß Venus ein Komet war oder zumindest mit einem Kometen verwechselt wurde.

Aber konnte man, so heißt es in der *Grande Encyclopédie* (31 Bde., 1885–1902), *einen Kometen mit einem Stern verwechseln? Selbst wenn man sich scheinbar geirrt hatte, wäre dann der Irrtum durch das Wiedererscheinen der Venus nicht bald erkannt worden? Welcher Beobachter, welcher Gelehrte, welcher Mathematiker hätte es gewagt, ein so wichtiges Ereignis, das seit 3600 Jahren einzig in der Welt ist, leichtfertig zu unterstützen?*

Da die Chinesen, Griechen, Inder usw. von einem »Schweif« oder einem »Feuerschweif« sprechen, der Venus begleitete und gleichsam ihre Schleppe bildete, muß man wohl oder übel zugeben, daß dieser Planet am Himmel der alten Völker einfach nicht existierte und dort zuerst als Komet erschien, wobei er erhebliche Störungen verursachte.

Schließlich erinnern wir uns, daß nach den Überlieferungen der Inka die erste Menschenfrau, Orejona, vom Planeten Venus »auf einem Raumschiff, das heller als die Sonne leuchtete«, gekommen war.

Wenn auch das Geheimnis, das diesen Stern umgibt, weiterhin ungelöst bleibt, so haben sich dennoch zwei Gewißheiten herauskristallisiert: Venus trat an unserem Himmel vor etwa 5000 Jahren in Erscheinung, und zwar sowohl äußerlich als Komet als auch mit den verderbenbringenden Wirkungen eines Kometen.

Zu diesen Feststellungen läßt sich nur noch hinzufügen, daß im 17. und 18. Jahrhundert hervorragende Astronomen wie Cassini, Short, Montagne u. a. in der Nähe der Venus einen geheimnisvollen natürlichen oder *künstlichen* Satelliten beobachteten.

Wahrscheinlich geriet der von Luzifer beschirmte Planet auf seiner Bahn ins Schlingern und verursachte so die Sintflut, woher sich auch sein Ruf als »Unglücksbringer« ableitet.

Ist es so widersinnig, daß ein Planet unseres Sonnensystems solche »Seitensprünge« macht?

Durchaus nicht. Gerade das Gegenteil wäre unnormal.

Das Atom, so behaupten die Wissenschaftler im allgemeinen und die Astrophysiker im besonderen, sei nach dem Bilde des Sonnensystems aufgebaut oder umgekehrt: das Sonnensystem nach dem Bilde des Atoms, wenn einem diese Formulierung mehr zusagt.

In diesem System stellt die Sonne den Atomkern dar, die Planeten treten an die Stelle der Elektronen, und genau wie beim Atom ist es ein noch nicht genau bekannter elektrischer Prozeß, der das Leben, die Bewegung, die Anziehungskraft der Planeten gewährleistet.

Im Atom springen nun die Elektronen von einem Energieniveau auf ein anderes, d. h. sie wechseln ihre Umlaufbahn, ihre »Schale«. Im Sonnensystem müßten die Planeten sich also genauso verhalten, und zwar aus denselben Gründen. (Nach Hermes Trismegistos ist »das, was oben ist, wie das, was unten ist«.)

Beim Atom kann das Phänomen Begleitreaktionen – wie im Laser – auslösen; auf die Planeten übertragen, kann es das herbeiführen, was man im Altertum ein »Weltende« zu nennen pflegte.

Im Jahre 1696 behauptete der englische Physiker W. Whiston, daß der große Komet von 1680, dessen Umlaufszeit 575 1/2 Jahre beträgt, die in der Bibel erwähnte Sintflut verursacht habe.

Wir können die Richtigkeit seiner Berechnungen nicht bezeugen, aber *wenn* Whiston richtig gerechnet hat, müßte das nächste Weltende im Jahre 2255 stattfinden!

Sumer und die Bibel

Wir glauben nicht den Tausenden von Personen, die fliegende Untertassen und Marsbewohner* gesehen haben, auch nicht jenen Hunderttausenden, die Sinnestäuschungen erlagen und Gespenster gesehen haben wollen, wohl aber den Millionen von Zeugen, die über vier Jahrtausende den Fehler der Gelehrten einer konventionellen Wissenschaft bekunden und die, von den Polen bis zum Äquator, vom Osten bis zum Westen, einmütig erklären: »Ein vagabundierender Planet hat den Weltbrand und die Sintflut verursacht. Dieser Planet war Venus.«
Der Fehler der Gelehrten eines »durch die Verschwörungen einfältiger Frömmler gutgeheißenen Systems« ist leider nicht der einzige, der die Geschichte der Menschen in ein falsches Licht rückte. Aber worauf soll man sich verlassen, woran sollen wir uns halten, wenn schon die Grundlagen verfälscht sind und das Ganze wie beim Poker auf Bluff angelegt ist?
Man braucht einfach an überhaupt nichts mehr zu glauben!
Weder an die Bibel noch an Sumer, die Wiege der ersten Kultur. Schön wär's ja! Die Astronomen und Archäologen besitzen zehn-, hundertfache Beweise, daß die ägyptische Kultur um mehrere Jahrtausende älter ist als die von Sumer. Auch die indische Kultur ist sehr viel älter als die sumerische. Die über 5000 Jahre alten Tabellen von Tiruvallur legen Zeugnis ab von einer Kultur, die sich fast 7000 Jahre zurückverfolgen läßt.
Der 6208 Jahre alte *Sothis-Sirius-Kalender* beweist es und läßt die Kultur in Ägypten 7000 und sogar 8000 Jahre vor der Zeitrechnung beginnen. Im Kalender des Ptolemäus findet man den heliakischen Aufgang des Sirius 4241 Jahre v. Chr. Der Aufgang

* Wir wissen, daß es eine ganze Reihe ehrlich bemühter und ernst zu nehmender Fachleute auf dem Gebiet der Ufos (Unbekannte Flugobjekte) gibt. Unsere Bemerkung wendet sich ausschließlich gegen notorisch Leichtgläubige sowie vorsätzliche Panikmacher und Scharlatane.

des Sirius war von großer Bedeutung, da er die Überschwemmungen des Nils ankündigte. Aus dieser Tatsache zog man die Schlußfolgerung, daß dieser Kalender von ägyptischen Astronomen aufgestellt worden war.
Das »System« jedoch wünscht, daß die Welt vor etwa 5000 Jahren in Sumer beginnt ... Man lehnt also den Sothis-Kalender ab und »berichtigt den Fehler« durch spitzfindige Rechnungen, um die 6208 Jahre seit seiner Entstehung auf ganze 2772 Jahre zusammenschrumpfen zu lassen.
Und Sumer ist gerettet!
Es bedarf schon eines gewissen Mutes oder völliger Ahnungslosigkeit, um im Reich der trügerischen Vorstellungen den weltfremden Idealisten spielen zu wollen, um so mehr als die Verschworenen des Systems es wie beim Glozel-Prozeß, wo sie die Wahrheit verdrehten, nicht versäumen werden, unseren Rekonstruktionsversuch in Mißkredit zu bringen und ihm womöglich den Makel der Geschichtsklitterung anzuhängen.
Was macht das schon aus?! Im Labyrinth der Jahrtausende und durch alle Machenschaften hindurch werden wir unbeirrt versuchen, uns so nahe wie möglich an die Tatsachen heranzutasten, indem wir nur solche Deutungen und Erklärungen vorschlagen, die uns am logischsten erscheinen.
In unserer Hypothese kamen die Extraterrestrischen mehrere Jahrtausende vor der Sintflut auf die Erde; dabei ist es nicht möglich, in der großen primhistorischen Finsternis, die sich vielleicht bis zur Zeit des Neandertalers erstreckte, die Ankunft der außerirdischen Wesen auch nur annähernd zu bestimmen.

Atomkrieg zwischen Atlantis und Mu

Der Heiligen Schrift zufolge gingen die Menschen, die in eine neue, höhere Kultur eingeweiht worden waren, an ihrer *Bosheit und den bösen Gedanken ihres Herzens* (1. Mose, Kap. 6, V. 5) zugrunde, was zu einem Vergleich mit der heutigen Zeit, in der Materialismus und Sittenverfall herrschen, anregen mag.
Was geschah damals?
Das Schicksal der Kulturen ist ein ewiger Wiederbeginn, eine unerbittliche Entwicklung zum Tode und zur Wiedergeburt hin.

Aus offenbar ähnlichen Gründen, wie sie heute den Block der Westmächte in Opposition zum Ostblock treten lassen, entbrannte zwischen den Atlantiden und dem Volk von Mu ein Konflikt.

Dieser Vorfall spielte sich an den äußersten Grenzen unserer vorgeschichtlichen Zeit ab, noch in jener nebelverhangenen Epoche, in der die wirklich erlebten Geschehnisse zu den Legenden der Überlieferung verwässerten.

Die Menschen bewahrten zwar die Erinnerung an jene Ereignisse, jedoch indem sie sie jeweils ihrer Zeit, ihren Göttern, ihren Heroen, ihrer Gedankenwelt anpaßten.

Im Mahāvīracarita des indischen Dramatikers Bhavabhūti (Akt 5 und 6), im Mahābhārata, im Droṇaparvan wird von dem Atomkrieg berichtet, der auf der Erde ausbrach, von seinen Strahlen- und Mutationswirkungen. Im Rāmāyaṇa-Epos wie auch in der griechischen Mythologie ist die Rede vom Kampf der Dämonen oder Titanen gegen die Götter. Die Übereinstimmungen sind so zahlreich, die Helden ähneln sich so sehr, daß die Griechen der Ansicht waren, die Werke Homers seien einst in Indien übersetzt worden.

Wahrscheinlicher ist, daß eine in primhistorischer Zeit allen bekannte allgemeine Wahrheit gleichzeitig die *Ilias*, die *Odyssee* und die meisten Überlieferungen inspiriert hat. Der Hauptbestandteil dieser Wahrheit ist der Krieg der Titanen gegen die Götter, d. h. der Bericht von der kosmischen Katastrophe.

Die Atombomben von Mu verwüsteten Atlantis und den amerikanischen Kontinent zur selben Zeit, als der atomare Gegenschlag der Atlantiden Tod und Vernichtung nach Mu trug.

Zwei Epizentren konnten wir bereits ermitteln: Kalifornien-Nevada im Westen und die Wüste Gobi im Osten, doch bestimmt gab es noch andere, die jetzt in den Tiefseegräben des Atlantischen und des Stillen Ozeans versunken sind.

Dieser wahnsinnige Krieg hatte zur Folge, daß die Welt durch den Untergang aller Kulturen, die Rückbildung der geistigen Fähigkeiten und durch Krüppelwuchs auf Grund von Keimdrüsenschädigungen einem Chaos glich.

Mißgestaltete Wesen und Ungeheuer sollten zu Tausenden, zu Millionen geboren werden und die Überlebenschancen aufs Spiel setzen.

Nach der durch Menschenhand ausgelösten Katastrophe fand

unter dem Zeichen einer geheimnisvollen Konjunktion die Naturkatastrophe statt, in deren Verlauf das ganze Sonnensystem durch die Bahnabweichung der Venus gefährdet wurde. (Platon erwähnt, indem er die Priester von Sais zitiert, daß »der durch Phaeton verursachte Weltbrand in Wirklichkeit eine planetarische Katastrophe gewesen sei.)

Nach der Sintflut entarteten die Menschen von Tag zu Tag mehr, stiegen nacheinander die einzelnen Stufen der Evolution wieder hinab und sanken allmählich ins Unbewußtsein zurück.

In einem letzten Aufflackern des klaren Verstandes errichteten die Menschen das Sonnentor von Tiahuanaco und meißelten in die Stirnwand schematisch dargestellte Vorrichtungen, deren Bedeutung und Zweck sie nicht mehr richtig verstanden oder nur noch im Sinne einer Botschaft an künftige Generationen. In Ägypten zeichneten die Eingeweihten geflügelte Kugeln, die später als unverstandenes und unerklärbares Symbol auf den Tempeltoren erscheinen sollten.

Diese Wiederauferstehung der primhistorischen Zeiten wird den »System«-Gelehrten und den Theologen, die an ihren Traditionen und ihrer geoffenbarten Wahrheit festhalten, bestimmt einen schweren Schock versetzen.

Trotzdem ist unsere These nicht phantastischer als die der Historiker und Prähistoriker, die es bei ihren Forschungen und ihren Darlegungen *stets unterlassen*, wichtige Gegebenheiten zu berücksichtigen: die Affären mit den Engeln, die Ungeheuer der Sagen und Legenden, die Heroen und nicht zuletzt die Überschwemmungen und Katastrophen, die auf der Erde mehrere Kulturen völlig vernichteten. Schließlich haben sich Exegeten und Theologen noch nie bemüht, die Bibel und die Apokryphen mit der Geisteshaltung von Menschen zu studieren, die sich den Tatsachen, welche die Zukunft für sie bereithält, nicht mehr verschließen: Wir rücken dem Kosmos immer näher, die Erde ist keine in sich abgeschlossene Welt, interplanetarische Austauschprogramme werden in absehbarer Zeit durchgeführt werden. (Seit Papst Johannes XXIII. macht sich in katholischen Kreisen eine zunehmende geistige Freiheit bemerkbar; gleichzeitig setzt sich eine gewisse Toleranz durch. Die Stellung des Alten Testaments ist bereits umstritten, und am 2. November 1964 forderten sechzehn Bischöfe auf dem Ökumenischen Konzil des Vatikans, daß die

Überlieferung die Lücken in der Heiligen Schrift klären solle. Nach Ansicht dieser umstürzlerischen Bischöfe wurden die Bücher der Bibel von Menschen unter ganz bestimmten Umständen gemäß dem literarischen Stil geschrieben, für den sie sich entschieden hatten. Es zeigt sich eine klare Tendenz zugunsten einer neuen Exegese, »welche die Entdeckungen der modernen Naturwissenschaft gebührend berücksichtigt«. Genau das wollen auch wir in unserem Buch mit einem Höchstmaß an Objektivität tun.)

Mit anderen Worten: Menschen mit einer veralteten und sektiererischen Weltanschauung beabsichtigen, ihre Betrachtungen auch weiterhin als Erdbewohner anzustellen, während wir uns schon als Weltbürger fühlen, ja schon Weltbürger sind.

Aber auch die Bibel, die heiligen Texte und die apokryphen Handschriften unterstreichen die Tatsache – oft in ganz eindeutiger Sprache –, daß unserer Entstehungsgeschichte als wesentlichstes Element die Ankunft extraplanetarischer Wesen auf der Erde zugrunde liegt.

Unter diesem Gesichtswinkel haben wir den Versuch unternommen, eine Primhistorie zu rekonstruieren, die unsere Hypothesen von untergegangenen Kulturen mit den ungewöhnlichen Ereignissen der biblischen Zeit in Einklang bringt.

IX. DIE KOSMONAUTEN VON HYPERBOREA

Haben wir den überzeugenden Beweis erbracht, daß die »vom Himmel herabgestiegenen Engel« nur außerirdische Wesen sein konnten? Ob sich unsere These von den kosmischen Abweichungen des Planeten Venus gegenüber den festgefahrenen Anschauungen der Astronomen alter Schule genügend durchsetzen kann?
Wir wagen es zu glauben, zumal da andere Berichte unsere Theorien unterstützen, durch deren Einbeziehung in das heutige Geschichtsbild Rätsel gelöst werden könnten, die bisher als unerklärlich galten.
Freilich wurde bei weitem nicht alles aufgedeckt, und wir durften weder alles sagen noch gegen alle abergläubischen Vorstellungen, die unseren Geist noch gefangenhalten, Sturm laufen. Dennoch möchten wir meinen, daß durch unsere Interpretation die letztverflossenen zehntausend Jahre bereits ein neues Gesicht erhalten haben und einen Sinn, der unser Bedürfnis nach dem Logischen, dem rational Ausdeutbaren und dem Wunderbaren zu befriedigen beginnt.
Andere nach uns werden berichtigen, streichen, hinzufügen, so daß mit der Zeit und einigem guten Willen eine annähernde Wahrheit aus dem Dunkel emporsteigen wird, in das Vergeßlichkeit, Fehler und Vorurteile sie gestoßen hatten.
Man möge uns verzeihen, daß wir bei unserer Exegese zwecks bequemerer Ausdrucksweise das Wahrscheinliche ganz zwanglos mit dem Mutmaßlichen verbinden werden; dennoch wollen wir uns bemühen, so wenig wie möglich von der Richtschnur der Vernunft abzuweichen.

Venusier landen in Armenien

Daß die Weltgeschichte zyklisch oder in bestimmten Perioden abläuft, werden nur wenige bezweifeln. Diese Zyklen oder Äeren beeinflussen innerhalb unseres Sonnensystems mehr oder weniger alle Planeten.

Vor sechs- bis zwölftausend Jahren* sahen sich die Bewohner eines dieser Planeten vor biologisch derart schädliche Lebensbedingungen gestellt, daß sie beschlossen, eine Auswanderung zu versuchen. Sie schickten eine Art von Konquistadoren in den Weltraum, die die Aufgabe hatten, *einen gastlicheren, etwa ebensogroßen, hinsichtlich der Atmosphäre und der allgemeinen Lebensbedingungen ähnlichen Planeten* ausfindig zu machen und zu erkunden.
Alles streitet sich, alles ist sich einig, wenn es darum geht, die fraglichen Planeten zu ermitteln: die »abweichlerische«, gefährdete *Venus*, deren kosmische Irrfahrt wir im vorigen Kapitel schilderten, und die auf einer idealen Umlaufbahn befindliche und in ihren lebensnotwendigen Voraussetzungen der Venus ähnliche *Erde*. Es handelt sich hierbei nur um eine Hypothese. Die wesentliche Tatsache ist das Auftauchen außerirdischer Wesen, die unserer Meinung nach vom Planeten Venus kamen. Aber sie können ebensogut von einem anderen Planeten stammen, ohne daß deshalb unsere These geändert werden müßte.
Venus befand sich damals nicht zwischen Erde und Merkur, sondern vielleicht zwischen Mars und Jupiter, jedenfalls weit genug von der Erde entfernt, daß die Urvölker ihre Existenz nicht nachzuweisen vermochten.
Die Auswanderung der Gesamtbevölkerung eines Planeten bringt, unabhängig von dem Entwicklungsstand der Raumschiffahrt, unüberwindliche Schwierigkeiten mit sich, und so war es ratsam, zunächst Erkundungsstoßtrupps auszusenden.
Mehrere Raumfahrzeuge starteten also mit einem festumrissenen Auftrag in Richtung Erde, wo die Venusier eine ihnen zusagende Atmosphäre sowie eine bereits voll entwickelte Fauna und Flora finden sollten.
Eine weitere Überlegung lenkte sie bei dieser Wahl: Nur Mars und die Erde besaßen Größenverhältnisse, die denen der Venus nahekamen, doch hatte Mars sehr viel weniger Masse und sein dürrer, unfruchtbarer Boden machte jeden Besiedelungsversuch durch Menschen von vornherein zunichte.

* Wie soll man genaue Datierungen angeben, wenn die Zeit ein Gummimaß ist, das sich ausdehnt oder zusammenzieht. Ein Jahr im Tertiär dauerte vielleicht so lange wie heute ein Jahrhundert. Das Zeitmaß hängt von der Geschwindigkeit der Erdumdrehung ab, die sich ständig ändert.

Venus hatte damals einen größeren Durchmesser als die Erde (später, bei ihrer phantastischen Bahn auf die Sonne zu, verlor sie an Materie); auch waren in Abhängigkeit von der Masse ihres Planeten die Venusier von größerem Wuchs als die Erdenmenschen.

Diese Einzelheiten mußten den extraterrestrischen Wissenschaftlern bekannt gewesen sein; daß sie die Erde als Zufluchtsplaneten wählten, war das Ergebnis einer äußerst scharfsinnigen Analyse. Die heutigen Kosmonauten würden günstige Siedlungsbedingungen nur auf dem Mars (Schwerkraft geringer als auf der Erde) und auf der Venus finden (Schwerkraft etwas größer als auf der Erde). Falls wir eines Tages unseren Planeten verlassen müßten, würde Venus theoretisch die besten Akklimatisationsmöglichkeiten bieten.

Wahrscheinlich führten die Raumgeschwader der Venusier zahlreiche Apparate und Gerätschaften mit; wenigstens fünf verschiedene Gruppen landeten, und zwar in *Hyperborea*, in *Atlantis* (USA, Peru), im *Land Mu* (Wüste Gobi), in *Ägypten* und in *Armenien*, hier auf der durch die brennenden Erdölschächte des Mittleren Orients wie durch Leuchtfeuer kenntlich gemachten Fläche. (Interplanetarische Reisen setzen zunächst Kontaktversuche von Planet zu Planet voraus, sei es durch Aussendungen elektrischer Wellen oder durch Lichtsignale. Empfangen wir Signale von anderen Welten? Ja, sofern wir den kürzlich von CTA-102 ausgesandten Signalen eine Absicht intelligenter Wesen beilegen.

Auch wir schicken Signale und Rufe ins All, doch erst seit kurzem, während in alten Zeiten die Erde ständig ein Signal aussandte: das Feuer der gewissermaßen unaufhörlich brennenden Erdölschächte rings um den Kaukasus, um Aserbeidschan [Land des Feuers], in Persien, im Irak.

Die Chronisten haben es in ihren Schriften bezeugt. In riesigem Halbkreis markierten die Brände der Erdölschächte im Nahen Osten die möglichen Landebahnen. Wenn außerirdische Wesen jemals auf die Erde kamen, wo sonst hätten sie landen können als in der Nähe jener natürlichen Pistenbefeuerung, innerhalb der markierten Zone, d. h. in Armenien? (Würden nicht auch unsere Kosmonauten, sollten sie einst den Mars oder die Venus ansteuern und, falls sie Feuerzeichen wahrnehmen und ihre Raumfahrzeuge entsprechend lenken können, in der Nähe solcher Signale oder der vermeintlichen Signale landen?)

Die obenerwähnten fünf Landeorte der Venusier haben wir mit den heute bekannten Namen bezeichnet.

Auf den meisten Kontinenten, wo sie landeten – den Nahen Osten ausgenommen –, hinterließen die Kosmonauten (die Engel, Halbgötter, Heroen, fliegenden Menschen der Überlieferung) die Erinnerung an hochkultivierte Personen und wohlwollende Förderer der Menschen. Man muß jedoch annehmen, daß der Armenien-Stoßtrupp nicht die Elite der Venusier enthielt, sondern vielmehr Hitzköpfe und Phantasten, wie man sie häufig bei Abenteurern antrifft, die gewohnt sind, ihre Haut zu Markte zu tragen, und bei den ersten Siedlern, unter denen Desperados und Vogelfreie keine Ausnahme bilden.

Man muß ferner zugeben, daß diese Konquistadoren, die man in ein unbekanntes, vielleicht feindseliges Land geschickt hatte, gleichzeitig Gründer, Kolonisatoren, Kulturstifter und Krieger sein mußten.

Die Außerirdischen zeigten sich übrigens nicht gehässig, doch da sie zufällig an einem Punkt der Erde gelandet waren, wo die Frauen schöner als woanders waren, ließen sie sich von ihrem Charme gefangennehmen. (Tscherkessinnen und Armenierinnen standen schon immer wegen ihrer Schönheit, ihrer samtigen Haut, ihrer leuchtenden Augen und ihres edlen Ganges in hohem Ansehen.)

Aus der äußerst glücklichen Verbindung der hübschen Armenierinnen mit den riesenhaften Venusmännern, die etwa 2 m bis 2,30 m groß waren, gingen Kinder hervor, die sich durch hohen Wuchs, besonders schöne Gesichtszüge, Intelligenz und Stärke auszeichneten. Dies führt zu folgender Überlegung: Wenn die Planeten bewohnt wären, müßte der Körperwuchs ihrer jeweiligen Bewohner in direkter Abhängigkeit von der Masse und dem Volumen der Planeten stehen; die Jupitermenschen dürften also größer sein als die Saturnmenschen, wobei sich die Größenordnung dann so staffeln ließe: Neptunier, Uranier, Erdbewohner, Venusier, Marsmenschen, Merkurier. Da die Venus vor fünf- bis zehntausend Jahren ein wenig mehr Volumen als die Erde hatte, waren die Venusier also etwas größer als die Erdbewohner, doch kaum größer als zwei Meter. Seltsamerweise stimmen die My-

thologien mit den wissenschaftlichen Gesetzen überein: Die Titanen, deren Größe mit der von Gebirgen verglichen wird, sind Kinder von Uranos dem Himmel (d. h. wahrscheinlich Kinder Jupiters, denn Jupiter ist der größte der Planeten), die Zyklopen sind Söhne Saturns, während die Hekatoncheiren, hunderthändige Riesen, Söhne des Uranus sind.
Nach dieser Hypothese dürften die Heroen und Halbgötter des Altertums Nachkommen der Venusier und der Armenierinnen sein.

Ist der Mensch ein Universalwesen?

Ein wichtiges biologisches Problem taucht auf: Konnten Männer von einem anderen Planeten überhaupt mit den Erdbewohnerinnen Kinder haben? Hätte eine solche Verbindung nicht unfruchtbar bleiben müssen?
Sie war es jedenfalls nicht, und man könnte eine Menge befriedigender Erklärungen für den erfolgreichen Zeugungsakt anführen.
Die wissenschaftlichen Kenntnisse der Extraterrestrischen von Hyperborea ermöglichten ihnen vielleicht durchzuführen, was für uns noch eine beträchtliche Schwierigkeit darstellt; da Frauen mit Tieren angeblich mißgestaltete Kinder schon gehabt haben sollen, besteht *a priori* kein Grund, warum sie nicht auch mit einem Mann von einem anderen Planeten Kinder zeugen könnten; schließlich gibt es auch keinen absoluten Grund, warum die Flora, die Fauna und die Menschen auf den bewohnten Planeten nicht fast identisch sein sollten.
Für den nordamerikanischen Indianerstamm der Pani (Pawnee) ist der Morgenstern (Venus) nach der Sonne die wichtigste der himmlischen Mächte. Ihm hat der »Große Geist« das *Geschenk des Lebens* anvertraut, mit dessen Verteilung auf der Erde er beauftragt ist. Wie in den Überlieferungen des Westens, unternimmt der Morgenstern einen großen kosmischen Krieg (gegen »sieben ungeheuer große, scheußliche Vögel«).
Bei der Erschaffung der Welt, so behaupten die Pani von Nebraska noch heute, habe Tirawa, der Große Häuptling, den Göttern ihre Rollen zugeteilt. Zur Venus, dem leuchtenden Stern, sprach er:

Du sollst im Westen bleiben und man wird dich die Mutter aller Dinge heißen, denn durch dich werden alle Wesen geschaffen werden ... Ich will dir die Wolken, die Winde, die Blitze, den Donner senden, und wenn du sie empfangen hast, sollst du sie in der Nähe des Himmelsgartens unterbringen. Dort sollen sie zu menschlichen Wesen werden (zitiert nach Max Fauconnet, *Mythologie Générale,* Ed. Larousse).

Die amerikanischen Überlieferungen, die nie einer Verstümmelung zum Opfer fielen, betonen in dieser Hinsicht eindeutig: Alle Menschen der Schöpfung wurden durch den Planeten Venus empfangen. Sie dürften folglich alle gleicher Abkunft sein und miteinander Kinder zeugen können.
Wie soll man sich übrigens erklären, wenn nicht durch eine einst allgemein bekannte Grundwahrheit, daß sämtliche Überlieferungen der Erde gerade der Venus und nie den anderen Planeten eine so entscheidende Rolle zuweisen?
Der Mensch ist in diesem Fall vielleicht als Universalwesen anzusehen; die Erdbewohner leiten möglicherweise ihren Ursprung von demselben Geschlecht wie die *space people* des Sonnensystems her, bedingt durch die aufeinanderfolgenden Auswanderungen von Planet zu Planet, deren Verlauf wir im Rahmen der Theorien des Schweizer Physikers Louis Jacot zu deuten versuchten.

Das Hauptquartier der Hyperboreer

Die Kosmonauten der anderen Sonderkommandos knüpften in den Gebieten, wo sie sich einquartierten, mit den dortigen Frauen zwangsläufig sexuelle Beziehungen an und zeugten ebenfalls höherstehende Nachkommen: »idolos« bei den alten Peruanern, Feen (höhere weibliche Wesen) in Nordeuropa, mythologische Heroen auf den anderen Kontinenten.
Das Hauptquartier aller Kommandos lag in Hyperborea (Thule oder Nordamerika), *zwischen Nord und West, da wo die Engel Schnüre empfangen hatten, um den Ort für die Auserwählten und Gerechten zu messen* (Buch Henoch, Kapitel 70, zwölfter Abschnitt Vers 3), dort, wo auch Henoch, der armenische Kosmonaut, über die Ausführung seines Auftrags Bericht erstattete.

Überall brachten die Hyperboreer den Menschen Bruchstücke ihres Wissens bei, aber die noch wenig entwickelten Völker der Erde vermochten in wenigen Generationen natürlich nicht den großen Sprung zu tun, der sie auf das geistige Niveau ihrer Lehrmeister hätte führen können.

Außerdem waren diese ihre Förderer von der Heimat getrennt, vielleicht waren sie keine hauptberuflichen Wissenschaftler und verfügten weder über Bibliotheken noch über Laboratorien noch über die Mittel, wie sie zur Verbreitung wissenschaftlicher Kenntnisse erforderlich sind.

Stellen wir uns einmal das Schicksal vor, das mitten im 20. Jahrhundert Atomwissenschaftler erwarten würde, die mit dem Fallschirm im brasilianischen Urwald gelandet und von allen Kontakten mit der Zivilisation abgeschnitten sind: Sie wären in der Wildnis ebenso machtlos wie Robinson Crusoe auf seiner Insel.

So erging es auch den Venusiern; nach dem Buch Henoch hat es den Anschein, daß sie sich von der Fremde teilweise »absorbieren« ließen; nachdem sich die einzelnen Kommandos auf ihrem jeweiligen Kontinent niedergelassen hatten, verspürten sie begreiflicherweise kein besonderes Verlangen, auf den gefährdeten Planeten zurückzukehren.

Waren die Hyperboreer gewissenhafter? Sandten sie ein Kurierraumschiff zur Venus zurück? Hatten sie sogar die Möglichkeit, die Rückreise zu wagen? Diese Punkte werden stets ein unerforschliches Geheimnis bleiben.

Wie dem auch sei, die Extraterrestrischen blieben gezwungenermaßen oder durch Vorurteil auf der Erde und gründeten zwei Hauptkulturen: die Kultur von Atlantis, dessen großer Kontinent damals aus den Fluten des Atlantischen Ozeans emporragte und sich in Amerika bis nach Tiahuanaco im Südwesten erstreckte, und die Kultur von Mu im Stillen Ozean, der damals bis in die Wüste Gobi und zum Teil bis nach Indien reichte.

Schließlich ließen sich weniger wichtige Gruppen in Ägypten, in Griechenland und in Armenien nieder.

Wenige Jahrtausende später waren Hyperborea, Atlantis und Mu auf dem Höhepunkt ihrer Entwicklung angelangt; sie hatten das wissenschaftliche Erbe ihres Heimatlandes wiederhergestellt und besaßen erneut das Geheimnis der Kernenergie.

Venus mußte während dieser Zeit die Schrecken des Untergangs erleben samt ihren ebenfalls zum Untergang verurteilten Bewohnern, die aber auf Grund zunehmender Entartung ohnehin nicht imstande gewesen sein dürften, das Wettrennen im Kosmos fortzusetzen.

Chaos nach der Sintflut

Aus den Überlieferungen wissen wir, daß in allen Breitengraden Tausende von Männern und Frauen, die sich auf hohe Berge geflüchtet hatten, die mutmaßliche Atomkatastrophe und die Sintflut überleben konnten. Die ägyptischen Papyri dagegen berichten, daß die Menschheit ausgelöscht wurde und daß Überlebende selten waren, was für die Nilebenen und die Wüste, wo die Vorfahren der Hebräer einen besonders hohen Tribut entrichten mußten, durchaus zutraf. Die langen Geschlechtsregister, die sie in der Bibel aufstellten, um sich Vorfahren zu verschaffen, sind einfach *zu* lang, *zu* umfangreich, *zu* sehr darauf aus, etwas beweisen zu wollen, um uns zu überzeugen. Das unglaubliche Abenteuer Noahs in seiner Arche wird durch die Bibel der ägyptischen Gnostiker widerlegt und kann außerdem über einen Punkt von großer Wichtigkeit nur in sehr naiver Weise hinwegtäuschen: Die Welt wurde in Wirklichkeit nicht *völlig* vernichtet, sondern nur *ein wesentlicher Teil,* und die Wiederbevölkerung geschah nach Kräften.
Von wem stammen die Hebräer ab? Waren sie etwa die Stammväter der Menschheit zu einer Zeit lange vor den biblischen Geschehnissen? Das ist durchaus möglich, denn ihr Ursprung ist von einem Geheimnis umgeben.
Auf den ersten Blick, heißt es im »Grand Dictionnaire universel du XIXe siècle«, *könnte man meinen, daß kein anderes Volk so vollständige Kenntnisse über seine Herkunft besitzt; doch wenn man die eigenartige Vermengung von theologischen Elementen und Wundertaten berücksichtigt, die man in seiner Geschichte findet, wird man eher zu der Annahme geneigt sein, daß nur wenige Völker des Altertums eine Geschichte haben, die so viele Ungewißheiten und Unklarheiten aufweist.*
Die sehr bemerkenswerten geistigen Fähigkeiten der Hebräer verleihen ihnen eine gewisse Überlegenheit über die anderen Menschen und deshalb könnte man vermuten, daß sie die unmittel-

baren Nachkommen der Extraterrestrischen sind, zumal da letztere sie aller Wahrscheinlichkeit nach mit der Fortführung ihrer Mission beauftragten.

Diese Hypothese wird durch die gesamte biblische Geschichte bestätigt: Die »Wetterwolken« (Himmelswagen oder himmlische Flugmaschinen) bringen die Förderer und Lehrer zum Volke Israel, damit diese ihm das Gesetz diktieren, es unterweisen und in die Wüste führen und die Wasser des Roten Meeres durchqueren lassen ...

Das Wirken der Hyperboreer läßt sich bei den meisten der im Alten Testament berichteten Geschehnisse nachweisen; wir haben festgestellt, daß viele wichtige Persönlichkeiten der Bibel durch hebräische Frauen von Vätern empfangen wurden, die »Engel« waren, d. h. Männer, die vom Himmel kamen.

Doch für die Hebräer bot die Abstammung mütterlicherseits keine Garantie dafür, daß die Reinheit der Rasse gewahrt blieb, da die Frau im antiken Sozialstaat nur eine sehr untergeordnete Rolle spielte.

Hebräer gegen Hyperboreer

Die durch einen »Engel«vater gezeugten Kinder betrachteten die Hebräer, die aus ihrer Abneigung gegen das Eindringen der Extraterrestrischen in ihr Privatleben nie ein Hehl machten, nicht als blutsverwandt.

Auch wollten sie die Ehre, die ersten Lehrer der Menschheit gewesen zu sein, fraglos ihrer eigenen Rasse zuschreiben, obwohl sie im Laufe der Jahrhunderte den Sinn ihrer Mission und die ursprüngliche Wahrheit vergessen hatten.

Zu diesem Zweck beanspruchten sie alle Heroen oder Halbgötter der Primhistorie für sich; Henoch, Noah, Moses, Melchisedek u. a. wurden auf diese Weise reinblütige Hebräer, und die eingebürgerten »Engel« wurden der durch die Überlieferung fest verankerten religiös gebundenen und einfältigen Vorstellungswelt einverleibt.

Diese verborgene Aneignungsabsicht, die der »Säuberung« der alten Texte zugrunde lag, erklärt auch, warum die Bibel es vermeidet, vom Kosmos und von den Planeten zu sprechen: weil man

sich nämlich vor dem, was sich am wirklichen Himmel befindet, *von vornherein* zu hüten habe!
Andererseits enthüllt uns die Bibel im Detail, was *vor* der Ankunft der »Engel« geschah, doch fehlt jegliche Dokumentation über das Allerwichtigste, nämlich das, was *nachher* geschah, d. h. zwischen jener übernatürlichen Landung und der Sintflut. Seltsam!
Als etwa 150 n. Chr. die Christen die Evangelien schrieben, erfaßten sie vielleicht nicht, welche Bewandtnis es mit dem tieferen Sinn der Klugheit der Hebräer hatte, doch durch die Gabe eines ungewöhnlichen Vorherwissens gelang es ihnen, sich der unbekannten Vergangenheit wieder zu bemächtigen.
Jesus wurde von Maria geboren und stammte von einem den Menschen auf der Erde unbekannten Vater (Gott): Die Überlieferung eines Heilsbringers setzte sich zwar insgeheim fort, aber die besorgten Juden weigerten sich, diesen Messias anzuerkennen, ähnelte seine Geburt doch ein wenig zu auffällig jenen Wundergeburten, die geheimzuhalten sie solche Mühe gehabt hatten!
Von ihrem Standpunkt aus war Jesus nicht ihres Blutes – er war kein Jude. (Das genaue oder vorgestellte Bild, das uns von Jesus überliefert ist, zeigt ihn »groß und blond« mit einem eher nordischen als hebräischen Einschlag. Auch Noah wies ähnliche Merkmale auf: blonde Haare und schneeweiße Haut.)
Im großen und ganzen bleibt von dieser an Unklarheiten und Wundern so reichen frühgeschichtlichen Zeit nichts als die wichtige Tatsache, daß zwischen den hyperboreischen Kulturbringern und den Hebräern ein großes Tauziehen um die Frage stattfand, aus welchen von beiden am Ende die höherstehenden Vorfahren hervorgehen würden.
Da es die Hebräer als Volk erst unter der Herrschaft von Moses gab, kann man den Hyperboreern nicht gut das Verdienst absprechen, die ersten Kulturstifter gewesen zu sein.
Bei unserem Versuch, die Frühgeschichte noch einmal zum Leben zu erwecken, gibt es allerdings einen schwer zu erklärenden Punkt, nämlich wie der Niedergang der Kulturen von Atlantis und Mu mit der Tatsache in Übereinstimmung zu bringen ist, daß noch lange nach der Sintflut »Wetterwolken« und Flugmaschinen eine wenn auch bescheidene, aber in der postdiluvialen Geschichte wirksame Rolle spielen konnten.

Dieses Problem ist gleichwohl erregend, falls die Hyperboreer zur Zeit der Sintflut noch Raumfahrzeuge besaßen; trotz der zuvor erfolgten atomaren Zerstörungen haben sie offenbar solche benutzt, um ihre Elite in Sicherheit zu bringen.
Es muß sich also um eine ähnliche, wenn nicht sogar gleiche Operation »Überleben« gehandelt haben, wie sie heute in den meisten Kulturstaaten des 20. Jahrhunderts für den Fall eines Atomkrieges vorgesehen ist. (Seit 1964 werden in Großbritannien unter dem Namen »Operation Survival« Übungen mit dem Ziel abgehalten, im Falle eines Atomkriegs 15 000 bevorzugte Personen zu retten. Die ersten Manöver fanden unter der Leitung von Captain Rusby, dem Oberbefehlshaber des Royal Observer Corps statt, und zwar im Atombunker von Maidstone, Kent.) In diesem Fall muß man wenigstens drei Hypothesen in Betracht ziehen:

1. *Die Hyperboreer hatten mit Hilfe wissenschaftlicher Methoden, die unseren heutigen Astronomen bekannt sind, die kosmische Katastrophe vorausgesehen und bestimmte Vorsichtsmaßnahmen getroffen, um ihre Kenntnisse, ihre Elite zu retten und einen neuen Start zu gewährleisten.*
Wir können hier gewissermaßen von einer »Operation Noah« sprechen.

2. *Die Hyperboreer hatten die Raumfahrzeuge der Operation Noah während der wenigen Stunden oder Tage akuter Gefahr, d. h. während des Vorbeiziehens der Venus an der Erde, während des Stein-, Feuer- und Schlammregens usw. in den Kosmos entsandt. Vielleicht hatten sie auf einem Planeten einen provisorischen Zufluchtsort eingerichtet ... vielleicht auf Lilith, unserem zweiten Trabanten, den einst die Kabbalisten beobachtet hatten, oder auch auf jener (sehr fragwürdigen) Gegenerde (Antichthon), deren Stellung sich die Pythagoräer hinter der Sonne dachten, genau auf der Achse Sonne-Erde, wobei der eine oder andere Satellit das Eden sein muß, in das Melchisedek gebracht wurde. (Wir sind auf der Suche nach einer Lösung für dieses Eden, jenem ursprünglichen Paradies auf Erden, das aber in Wirklichkeit anderswo als auf der Erde existiert haben mag, möglicherweise, bedingt durch eine ganz natürliche Empfindsamkeit, auf der Venus.*

Das Heimatland, wie sehr es auch in Mitleidenschaft gezogen ist, nimmt für seine Bewohner nach jahrhundertelanger Abwesenheit einen einzigartigen Nimbus an!)

3. Die Hyperboreer besaßen Zufluchtsorte auf der Erde, wo sie sowohl vor den Auswirkungen der kosmischen Katastrophe als auch vor denen der Sintflut sicher waren.

Bei der letzten und wahrscheinlichsten Hypothese denkt man unwillkürlich an jene Einweihungszentren, deren Existenz in Überlieferungen oder vielleicht auch nur in Legenden erwähnt wird: die wasserdichte Stadt unter den ägyptischen Pyramiden, in der »hohe Persönlichkeiten des Westens« sich in Sicherheit gebracht hatten, und das unterirdische Reich Agharti in Tibet unter dem mächtigen Himalaja, *der sich ebenfalls pyramidenförmig auftürmt*. Diese Hypothese ist schlechthin faszinierend: Die ägyptischen Pyramiden könnten gleichsam ewige Markierungspunkte sein, die durch die Sandmassen nicht zugeweht werden und deren Aufgabe es ist, die Menschen zukünftiger Generationen darauf hinzuweisen, daß dort die Geheimnisse »von Anfang, Mitte und Ende« verborgen ruhen ... sozusagen die Stelen des Hermes Trismegistos.
Sollten die Menschen sich entschließen, ein Bauwerk zu errichten, das dereinst vom Stand der Wissenschaft im 20. Jahrhundert Zeugnis ablegen soll, ist es unumgänglich, zum Nachweis der Existenz und des Standortes Markierungszeichen zu verwenden, die sich auch in Jahrtausenden nicht verändern, etwa in Form einer weiteren Pyramide oder durch einen spezifischen radioaktiven Niederschlag, dessen Strahlung sich in der Tat über mehrere Jahrtausende hinweg nachweisen ließe.
Leben nach den orientalischen Überlieferungen in Agharti nicht die Weisen aller Zeiten und die »Herren der Welt«?
Gewiß gab es auch andere Zufluchtsorte, die mit Atlantis und Mu untergingen oder wie Tiahuanaco vernichtet wurden (die unterirdische Stadt, deren Zugänge im 19. Jahrhundert von dem französischen Geologen und Paläontologen Charles d'Orbigny nachgewiesen wurden).
Auf jeden Fall steht fest, daß die naive und rührende »Operation Survival«, die Noah mit seiner Arche unternahm, auf reiner Legende basiert. Aber sie ist keine Lüge, lediglich eine mythologisierte Episode, Stoff einer Fabel.

Der Extraplanetarier Noah und die schönen Armenierinnen waren leider nicht der Adam und die Eva der neuen Zeit, sondern Überlebende unter Tausenden anderer Überlebender.
Die »Operation Noah« war der Schwanengesang der Hyperboreer: Ihr Kontinent versank, ihre Eingeweihten wurden dezimiert, zerstreut und mußten sich mit der Rolle von Zeugen begnügen; ihre durch einen unsinnigen Atomkrieg bereits geschwächte Kultur ging mitsamt den Laboratorien, den Raumfahrzeugen, den technischen Erfindungen zugrunde.
Das wenige, das nach der Sintflut übrigblieb, reichte nicht aus, damit die alten »Herren der Welt« sich in den Vordergrund spielen konnten, doch darf man annehmen, daß sie mit ihren letzten benutzbaren Raumschiffen versuchten, von ihren unterirdischen Verstecken aus einige wichtige Ereignisse zu beeinflussen und zu lenken. In dieser Rekonstruktion der Vergangenheit haben wir die Unwahrscheinlichkeiten überlieferter Berichte durch rational mögliche, wenn nicht sogar wahrscheinliche Erklärungen ersetzt.
Sehr viele Punkte bleiben noch ungeklärt, und je mehr Spuren durch die Zeit getilgt werden, desto schwieriger, ja gefährlicher dürfte es sein, den gordischen Knoten einer durch mächtige Verschwörungen im Laufe von Jahrhunderten geduldig und geschickt angezettelten Intrige zu lösen, einer Intrige, deren Fäden, könnten wir sie verfolgen, uns zu der einzigen Wahrheit der Urzeit führen würden: Die Einweihung der Menschen war das Werk der »vom Himmel herabgestiegenen Engel«, d. h. der Kosmonauten von Hyperborea.

X. GOTTES EIFERSUCHT AUF DAS AUSERWÄHLTE VOLK

Ob Kettenglied in der Evolution des Tierreichs oder Produkt einer Urschöpfung, der Mensch muß zwangsläufig in mehreren Exemplaren »aufgelegt« worden sein, in mehreren Prototypen, die sich stark voneinander unterschieden und sich keineswegs alle nach denselben Regeln entwickelten.

Darüber hinaus war unsere Erde im Laufe ihres Bestehens wahrscheinlich dem Bombardement natürlicher oder künstlich erzeugter radioaktiver Teilchen ausgesetzt, die sprunghafte Mutationen verursachten. (Die sogenannten Atommächte versenken ihren Atommüll *heimlich* ins Meer. Es ist nahezu unvermeidbar, daß in den verseuchten Meeresgebieten Monstren entstehen. Auch die auf die Erde wirkende Radioaktivität führt zu sprunghaften Mutationen und zu einer Erhöhung der Mißgeburtenquote, doch diese Tatsache wird natürlich geheimgehalten.)

In einigen Gebieten der Erde verschwanden ganze Arten – zum Beispiel das Pferd in Amerika –, andere Arten wiederum bildeten regelwidrige Merkmale aus.

Eine dem Einfluß von Strahlung ausgesetzte Spezies konnte eine plötzliche und außerordentliche Entfaltung der geistigen Fähigkeiten aufweisen; ob auch der Mensch das Produkt einer solchen positiven, erfreulichen Mutation ist?

Ein Grund spricht zugunsten dieser These: die nur zögernd fortschreitende und zufallsbedingte Fortpflanzung der Menschen im Gegensatz zu dem, was bei den anderen Lebewesen geschah. Bekanntlich gehört zu den ersten Auswirkungen von Strahlenschäden die weitgehende Beeinträchtigung der Zeugungsfähigkeit.

Falls es den ersten Mann – Adam – bzw. die erste Frau – Eva – nur in einem einzigen Urexemplar gab, mußte der eine oder andere der beiden ersten Menschen zwecks Sicherung ihres Fortbestandes entweder zu den Tieren, von denen sie stammten, oder zu Tieren einer anderen Art geschlechtliche Beziehungen unterhalten haben. Man darf annehmen, daß das erste menschliche Wesen ein Zwitter war. Diese These ist übrigens nahezu klassisch.

Wenn es mehrere menschliche Prototypen gab, was sehr wahrscheinlich ist, waren sie alle zwangsläufig unähnlich. Jedenfalls stammten von dem einzigen Exemplar oder von den unterschiedlichen Prototypen auf ganz natürliche Weise mißgestaltete Wesen und Ungeheuer ab. Es ist nun interessant zu untersuchen, ob diese Ungeheuer in direktem Zusammenhang mit denen der Mythologie und folglich mit den Heroen und Halbgöttern standen, die in der Frühgeschichte der Menschheit eine rätselhafte Rolle spielten.

Für die Biologen bleibt die Paarung zwischen Tieren verschiedener Arten, wenn sie auch faktisch möglich ist, hinsichtlich des Ergebnisses unfruchtbar.

Diese Theorie wird indessen von einigen Seiten bezweifelt, um so mehr, als sie einer wissenschaftlichen Nachprüfung nicht standhält. 1965 gelang Professor Henry Harris und Dr. J. F. Watkins von der Universität Oxford die Vereinigung von menschlichen Zellen mit denen von Mäusen; das Resultat dieses Kreuzungsversuchs waren hybride Zellen.

Auch andere Paarungen bzw. Befruchtungen zwischen verschiedenen Arten und zwischen verschiedenen Ordnungen hatten Erfolg. So ist die Zellhybridation zwischen Säugetieren und Fischen und vielleicht auch zwischen Vögeln und Pflanzen möglich. Eine solche Zellvereinigung heißt *Heterokaryon.*

Wohl sind zahlreiche Experimente mit niederen Tieren, z. B. zwischen Mäusen, Katzen, Meerschweinchen u. a., angestellt worden, aber offenbar noch nie zwischen Tieren und Menschen.

Es ist keineswegs ausgeschlossen, daß eine Frau von einem männlichen Tier Kinder haben kann, wie es der Fall der Thérèse X. in Vichy zu beweisen scheint.

Das junge Mädchen – es war sechzehn Jahre alt – lebte mit seinem Vater und einem kleinen Affen in einem Wohnwagen, der auf einem brachliegenden Gelände stand. Eines Tages merkte Thérèse, daß sie schwanger war. Die Polizei, die dahinter einen Fall von Blutschande witterte, stellte eine diskrete Untersuchung an. Der Vater des jungen Mädchens, ein sehr beschränkter, aber streng christlicher Mann, schied als Schwängerer alsbald aus, zumal da er allen Ernstes glaubte, sein bescheidener Wohnwagen solle durch Eingreifen des Heiligen Geistes genau wie weiland in Bethlehem (und warum eigentlich nicht?) durch eine Wundergeburt beehrt werden.

Schließlich kam das Mädchen ganz normal nieder – aber mit einer

Mißgeburt, die halb Affe, halb Mensch war. Das Wesen war nicht nur lebendig, sondern erwies sich auch als völlig lebensfähig. Thérèse gestand nun ihr sträfliches Verhältnis zu dem Affen, so daß das Produkt des ungleichen Paares einige Tage nach seiner Geburt durch eine Einspritzung getötet wurde.

Dr. T . . . aus Vichy untersuchte die Mißgeburt; sein wissenschaftlicher Bericht und das Ergebnis der gerichtlichen Ermittlungen werden im Stadtarchiv aufbewahrt.

Das Problem der tierischen Hybridation dürfte somit erneut in Frage gestellt sein; andererseits trifft das, was für die Tiere im allgemeinen gilt, vielleicht nicht auf den Menschen im besonderen zu. Er genießt zweifellos ein außergewöhnliches Privileg, das sich in seinem psychischen Gefüge, in seiner Intelligenz und möglicherweise seinen spezifischen Anlagen zur Fortpflanzung äußert.

Könnte man sich nicht in Gedanken mit der Tatsache vertraut machen, daß die von einem anderen Planeten gekommenen *Männer*, die mit den Erdbewohnerinnen Kinder zeugten, vielleicht nicht so wie wir beschaffen waren? Es ist obendrein gar nicht so unmöglich, daß sie auf Grund ihrer wissenschaftlichen Kenntnisse Zeugungsvorgänge zwischen Mensch und Tier, zumindest im Versuchsstadium, durchführen konnten.

Wenn unsere heutigen Kosmonauten eines Tages auf einem Planeten landen sollten, wo die normalen Lebensbedingungen mit erheblichen Schwierigkeiten verbunden sind, wäre es dann nicht denkbar, daß sie auf dem Wege künstlicher Befruchtung versuchen würden, auf diesem Planeten eine hybride Spezies Mensch, halb irdisch, halb autochthon, zu schaffen?

Auf jeden Fall wird die Wissenschaft der Zukunft auch das meistern, was im Augenblick noch eine scheinbar unüberwindliche Schwierigkeit darstellt, und für das Problem der mythologischen Ungeheuer bietet sich vielleicht auf Grund der geheimnisvollen Wissenschaft der Kosmonauten von Hyperborea eine durchaus akzeptable Lösung an.

Die Andenüberlieferungen behaupten, daß die Menschheit aus der Verbindung einer venusischen Kosmonautin, Orejona, und einem männlichen Tapir als Vater hervorgegangen sei; der spanische Biologe García Beltran ist geneigt, dieser Behauptung eine gewisse Bedeutung einzuräumen.

Die Genesis nach dem Buch Henoch

Der Beischlaf zwischen Frauen und Tieren nimmt in den Überlieferungen, besonders in Ägypten und Griechenland, einen wichtigen Platz ein.
Die schöne Pasiphae war in unbezähmbarer Liebe zu einem weißen Stier entbrannt, durch den sie Mutter des Minotauros wurde.
Die Propoetiden gaben sich jedem Beliebigen hin und scheuten sich nicht, die Tiere brünstig zu machen, wie es – der Sage nach – die schönen Armenierinnen und Lydierinnen getan haben sollen, die sich dem äußerst zügellosen Kult der Göttin Anaitis (die Anāhita der Orientalen) widmeten.
In der dem Magdalénien zuzuordnenden Höhle von Lussac-les-Châteaux (Vienne) wurden Kieselsteine gefunden, auf denen Menschen dargestellt sind, deren Kopf eine ausgeprägte Ähnlichkeit mit dem eines Hundes aufweist.
Auch muß man in diesem Zusammenhang dem Kapitel 85 (siebzehnter Abschnitt) des Buches Henoch eine besondere Aufmerksamkeit widmen, wo der Verfasser im Anschluß an eine Vision in Vers 3 sehr merkwürdige Zeugungsszenen beschreibt:
Und siehe, ein Stier kam hervor aus der Erde, und jener Stier war weiß; und nach ihm kam eine Färse hervor, und mit ihr kamen hervor zwei junge Kälber, von denen das eine schwarz und das andere rot war.
Der weiße Stier (Farbe der Gerechtigkeit) bezeichnet Adam; die Färse ist Eva; das schwarze Kalb ist Kain, das rote Abel.
Kapitel 86: Henoch registriert die Vermehrung der Stiere und der Färsen und fährt in Vers 4 fort:
Ich blickte sie an und wunderte mich über diese Dinge und siehe, die Stiere begannen in Brunst zu geraten und auf die Färsen zu steigen; und diese wurden alle trächtig und gebaren Elefanten, Kamele und Esel.
Außerdem findet man die Erzählung von einer Schlacht zwischen Elefanten, Stieren und anderen Tieren und von der Errichtung des Turmes zu Babel mit der nachfolgenden großen Verwirrung auf der Erde bis zu Noah und der Sintflut.
Diese von der biblischen Schöpfungsgeschichte stark abweichende Genesis könnte in Verbindung mit den Mythologien zu der Überzeugung führen, daß es zwischen den Stieren und den Menschen

eine geheimnisvolle Wechselbeziehung gab. Welche Bedeutung man den Stieren und den Färsen auch beilegt (menschliche Wesen oder wirkliche Tiere), Henoch gibt genau an, daß die anderen Tiere von ihnen geboren wurden und zur Mutter entweder eine Färse oder, was wahrscheinlicher ist, eine Frau hatten.

Eine von Pater Charlevoix berichtete Überlieferung der nordamerikanischen Indianerstämme versichert, daß Gott, nachdem alle Menschen durch eine große Katastrophe vernichtet worden seien, die Tiere in Menschen verwandelt habe, um die Erde wiederzubevölkern. Freilich erscheinen uns diese Berichte nicht besonders glaubhaft, und doch ist es merkwürdig, daß die alten Völker Zeugungsakte zwischen Lebewesen unterschiedlicher Arten für durchaus möglich hielten.

Oannes, Kulturbringer und Fabelwesen, halb Mensch, halb Fisch

Man weiß nicht, ob die Chaldäer von derselben Rasse wie die Hebräer abstammten, was wenig wahrscheinlich ist; aber soviel ist sicher: Ihre Überlieferungen lassen vermuten, daß ein seltsames Wesen, weder Mensch noch Tier, ihr höherstehender Stammvater ist: *Oannes*, gleichzeitig Gott und Kulturbringer der Bewohner Babyloniens (Oannes, Oan = Ogen, Okean, Okeanos, Oceanus. Er ist der scharfsinnige und eingeweihte Janus der Römer und auch der Prometheus der Griechen.)

Man stellte Oannes als Zwitterwesen, halb Mensch, halb Fisch – nach anderen auch halb Frosch – dar, das aus dem »Erythräischen Meer« (Persischer Golf und Rotes Meer) aufgetaucht war. Oannes besaß zwei Köpfe, einen Menschenkopf und einen Fischkopf, Beine, die sich seinem Schwanz anpaßten, und war mit menschlicher Stimme begabt.

Jeden Morgen stieg er aus dem Meer empor, um zu den Menschen zu gehen und sie die Wissenschaften, die Künste, die Schrift und den Ackerbau zu lehren.

In Altsyrisch bedeutet Oannes *Fremdling*, was uns nur sehr unvollkommen Aufschluß gibt über diesen großen eingeweihten Gott.

War es die Kleidung des Oannes, die ihm Ähnlichkeit mit Fischen verlieh, oder war er, kraft eines unfaßlichen Wunders, das Produkt einer Kreuzung zwischen Mensch und Tier? (Am 1. November 1964 brachte in Courthezon [Vaucluse] eine Hündin sieben Junge zur Welt, von denen sechs sehr stark Fischen ähnelten: Sie wiesen ein längliches Maul, keine Ohren, mit Schwimmhäuten versehene Pfoten sowie einen spindelförmig verjüngten Leib auf, der in einen »Fischschwanz« auslief. Die Haut selber schimmerte wie Schuppen. Liegt hier der Beweis für eine Kreuzung zwischen verschiedenen Arten oder für eine phantastische Mutation vor? Jedenfalls bleibt die Tatsache als solche bestehen, auch wenn sie sich nicht erklären läßt.)

Logische Überlegungen lassen uns in diesem außergewöhnlichen Wesen Oannes, falls es existiert hat, vielmehr den Repräsentanten eines extraterrestrischen Volkes erblicken, der in einem unterseebootartigen Raumschiff auf die Erde kam, das nach der Landung auch als Unterwasserwohnung verwendet werden konnte.

Auf jeden Fall zeigten sich die alten Völker über die anomale körperliche Beschaffenheit solcher Wesen durchaus nicht entsetzt, als ob Mißbildungen keine Ausnahmen, sondern ein ziemlich alltägliches Phänomen gewesen wären.

Aus welcher Ferne diese Überlieferungen, diese Legenden auch zu uns gelangen mögen, sie bilden oft das wesentliche Material für das Verständnis der unbekannten Geschichte des Menschen, auch wenn sie in scheinbarem Gegensatz zu den wissenschaftlichen Gesetzen einer Weltevolution stehen, die viel abenteuerlicher ist, als man glaubt.

Wenn nämlich die Welt mehrere Male vernichtet wurde, wenn Sintfluten die Menschheit versinken ließen, wie hätte die Evolution ohne tiefgreifende Veränderungen fortgesetzt werden können? Veränderungen, die man übrigens im Überfluß in allen Bereichen findet!

Die Ungeheuer, die Fabeltiere, die Menschen von ungewöhnlichem Körperwuchs dürften einen logischen, vernunftgemäßen Platz nur auf dem Wege der Materie, der Intelligenz, des psychischen Gefüges zum letzten gegenwärtigen Glied der Kette, dem Menschen, finden können.

Ist es so unsinnig anzunehmen, daß bei der Erschaffung der ersten Menschen einige intelligenzbegabte und vielleicht aus der Art geschlagene Mutanten dem *Homo sapiens* einen unversöhnlichen Kampf ansagten, dessen Einsatz die Herrschaft über die Erde war?

Die Fabeltiere

In den Überlieferungen aller Länder wird berichtet, daß Riesen oder Ungeheuer, die manchmal zur Hälfte Mensch waren, manchmal aber auch nur in Tiergestalt auftraten, von jungen Männern oder jungen Mädchen Lösegeld forderten und bei Ablehnung ihres Verlangens die Bevölkerung heimsuchten.

Man darf sich fragen, wieweit solche Ungeheuer wie der Minotaurus, die Sphinx, Riesen, Drachen oder höllische Geschöpfe die Erinnerung an eine uralte Menschheitsgeißel wachzuhalten vermochten.

Im Labyrinth des Todes trugen die gewöhnlichen Menschen am Ende den Sieg über die Fabeltiere davon, die Evolution des Menschen konnte ungehindert ihren Fortgang nehmen, und die Erde bevölkerte sich nach einem natürlichen Rhythmus.

Waren die Fabeltiere der Alten Symbole, gefürchtete Mutanten, wirkliche Tiere oder tödlicher Staub?

Hinter dem Schleier der Fabel und der Legende verbirgt sich eine Wahrheit, die aufzudecken wir uns scheuen.

Ein Mensch vermag eine Erinnerung lediglich über einen Zeitraum von etwa fünfzig Jahren genau im Gedächtnis zu behalten; darüber hinaus beginnen die Fakten Gestalt zu verlieren und gehen allmählich in Legende über.

Die Napoleonischen Kriege wären längst zu Heldenepen geworden, wenn Chronisten sie nicht schriftlich festgehalten hätten.

Die Erinnerung an die halb menschlichen Ungeheuer ist folglich in den Bereich des Wunders eingetreten, aus welchem das Bröckchen der ursprünglichen Wahrheit herauszulösen uns obliegt.

Das fürchterliche Tier, das um 1765 in den Wäldern des Gévaudan sein Unwesen trieb und halb Frankreich in Aufregung versetzte, war nicht einmal ein gewöhnlicher Wolf, sondern nur eine große Katze oder ein Luchs!

Die titanenhafte Schlacht, die Roland den Sarazenen im Tal von Roncesvalles lieferte, war allerhöchstens ein bescheidenes Geplänkel.

Im allgemeinen werden die unbedeutenden Tatsachen der Vergangenheit maßlos aufgebauscht; doch sind sie besonders wichtig, kann es vorkommen, daß sie im Verhältnis bagatellisiert werden.

So war der Krieg der Titanen gegen Zeus, der den Olymp erschütterte und die Götter zittern ließ, wahrscheinlich eine weltweite Katastrophe, bei der ein großer Teil der Menschheit umkam.

Welche Bedeutung zwischen diesen Extremen soll man den Monstren und Fabelwesen der Antike beimessen? Und vor allem den Zyklopen, Stiermenschen, Titanen, Gorgonen, Faunen, Engeln, den Ogern und Hydren, dem Leviathan und dem Behemoth der Mythologien und der Überlieferungen?

Velikovsky hat nachgewiesen – und niemand beabsichtigte ihn zu widerlegen –, daß die Sintflut etwa um das Jahr 1500 v. Chr. anzusetzen ist und daß eine kosmische Katastrophe, die seiner Meinung nach durch das Vorbeiziehen eines Kometen verursacht wurde, die Erde 1500 Jahre vor unserer Zeitrechnung bis in ihre Grundfesten erschütterte.

Nach der Vorstellungswelt des Aristoteles wurde unser Sonnensystem regelmäßig gestört und wieder an die richtige Stelle zurückversetzt, und zwar im Laufe des »Hohen Jahres«, das aus einem großen Winter, dem sogenannten κατακλυσμός (= Überschwemmung, Vernichtung), und einem großen, ἐκπύρωσις (= Entzündung, Brand) genannten Sommer bestand, was sich mit der Theorie Velikovskys von einer Weltsintflut und einem Weltbrand deckt.

Sollten die von der letzten Sintflut herstammenden Ungeheuer als Folge von Strahlenwirkungen entstanden sein, die durch das Vorbeiziehen eines Kometen verursacht wurden?

Da die Bibel der Vermehrung von ungewöhnlichen Tieren keine Bedeutung beimißt, glauben wir das Auftauchen solcher Wesen vor die Sintflut zurückverlegen zu müssen, d. h. auf eine unbestimmte Zeit (man nannte 9000 Jahre), in der nach unseren Hypothesen die Erde in Amerika und in der Wüste Gobi durch atomare Einwirkung vernichtet wurde.

Danach könnten die wenigen strahlengeschädigten Überlebenden der Katastrophe Ungeheuer und Fabeltiere gezeugt und ihnen später das Recht zu überleben streitig gemacht haben. Mußten sie vielleicht, falls ihre Zahl nur gering war, zur Fortpflanzung ihres Stammes geschlechtliche Beziehungen zu Tieren unterhalten?

Oder sind die Monstren noch älter? Stammen sie aus jenen primhistorischen Zeiten, in denen der Mensch durch außergewöhnliche

Mutationen entstand? Das ist kaum anzunehmen, da im Gedächtnis der Menschheit auch nicht die geringste Spur einer Erinnerung daran bewahrt ist.
Sofern wir nicht nach dem Muster der klassischen Exegeten zugrunde gehen, die aus der Erde den Mittelpunkt der Welt machen, können wir immerhin eine bessere Erklärung versuchen.

Die Riesen

Warum verfolgen wir nicht die Möglichkeit weiter, daß die Erde eine Art von kombiniertem zoologischem und botanischem Garten war, der von extraplanetarischen Menschen angelegt wurde?
Wie sich dann eins ins andere fügt, wie sich alles aufklärt und in eine logische Folge einordnen läßt: Stoßtrupps aus Männern, die von einem anderen Planeten stammen, landen auf der Erde und bringen kulturelle Errungenschaften, Samen unbekannter Pflanzen und Exemplare von Tierarten mit, die sie an das Klima zu gewöhnen hoffen.

Natürlich stoßen sie auch auf Erdbewohner, die sie entweder zu kolonisieren oder sich anzupassen suchen, freilich nicht ohne Wagnisse und Gefahren, nicht ohne den Blutzehnt zu entrichten, denn diese Kosmonauten sind uns in biologischer Hinsicht nicht gleich.
Aus ihrer Verbindung mit den Frauen der Menschen entspringen folglich Kinder, die größer sind, als es normalerweise auf der Erde üblich ist, d. h. – wenn man den Übertreibungen im Laufe der Zeit Rechnung trägt – Riesen.
Die Existenz solcher Riesen vor der sogenannten Sintflut wird durch sämtliche Völker des Altertums bestätigt. Erst 1964 fand man in einer Höhle von Algetka in der Nähe von Manglis (UdSSR) Skelette von Menschen, die 2,80 bis 3 m groß waren.
Nach einer in einer Handschrift des Vatikans niedergelegten Überlieferung der Cholula-Indianer *war das Land Anahuac vor der großen Überschwemmung, die 4008 Jahre nach der Erschaffung der Welt stattfand, von Riesen bewohnt; alle diejenigen, die nicht umkamen, wurden in Fische verwandelt ...*
In Ägypten *führten die Riesen Krieg gegen die Menschen und wanderten aus, indem sie Tiergestalt annahmen.*

Die jüdischen Rabbiner haben sich bemüht, darzulegen, daß der erste Mensch mehrere hundert Fuß groß gewesen sein muß. Die Bibel erwähnt die Riesen ausführlich, insbesondere den letzten von ihnen, den König von Basan namens Og, der im Kampf gegen Moses fiel. Dieser halb legendäre Og muß Nachkommen gehabt haben, weil die Hebräer noch lange Kriege gegen sie zu bestehen hatten.

Die alten Thailänder behaupteten, die Menschen der ersten Zeit hätten einen riesenhaften Körperbau besessen, und die Nordländer vertreten unter Bezugnahme auf die Überlieferungen der Hyperboreer die Ansicht, daß die ersten Wesen der Schöpfung die Größe von Bergen gehabt hätten.

Im Hinblick auf die Übertreibung, in diesem Fall die »Vergrößerung« von Fakten, die in Legenden, im Bereich der Phantasie und bei der Schilderung zeitlicher Abläufe etwas Gewohnheitsmäßiges hat, darf man annehmen, daß die Riesen der Antike kaum größer als zwei Meter waren.

Die merkwürdigen Riesen des Nicolas Henrion

Ein Numismatiker und Geschichtsforscher des 17. Jahrhunderts, Nicolas Henrion, stellte darüber eine interessante, aber jeder ernsthaften Grundlage entbehrende Untersuchung an, die wir hier um ihrer pittoresken Verschrobenheit wiedergeben.

Nach einem gewissen Verminderungsgesetz bestimmte Henrion mit – wie er behauptete – peinlicher Genauigkeit, in welchem Verhältnis sich die Größe der Menschen seit ihrer Erschaffung geändert habe. Daraus geht hervor, daß Adam 123 Fuß 9 Zoll (das sind fast 49 Meter!), Noah 103 Fuß, Abraham 27, Moses 13, Herakles 10, Alexander 6, Cäsar 5 Fuß usw. groß gewesen sein mußten.

Die Riesen von Hyperborea

In der griechischen Mythologie findet sich ein Hinweis, der die These von extraplanetarischen Menschen, die größer und intelligenter als die Menschen auf der Erde waren, bestätigen dürfte. Die

Riesen waren unbesiegbar, und selbst die Götter vermochten sie nur mit Hilfe der Sterblichen zu bezwingen. Dieser Sachverhalt könnte sich, wenn man der Übertreibung Rechnung trägt, sehr gut auf Wesen beziehen, die auf einer höheren Kulturstufe standen als die Erdbewohner und daher unverwundbar zu sein schienen.
Zur Erhärtung dieser These möchten wir noch einmal daran erinnern, daß die Nordländer die Heimat der Riesen in die Gegend von Thule verlegen, wo, wie man annimmt, die ersten von einem anderen Planeten gekommenen Wesen gelandet sein mußten, weil nach keltischer und skandinavischer Überlieferung die Hyperboreer das Geschlecht der höherstehenden Menschen bildeten, die samt ihrem Kontinent bei der großen Atomkatastrophe in Amerika und Asien untergingen.
Die Riesen von Hyperborea dürften heute ihre Nachkommen in den »sumotori« (Sumo-Kämpfer) haben, die sich in Japan großer Popularität erfreuen und in der Rangordnung den Platz unmittelbar hinter den Göttern und dem Kaiser einnehmen.
Ihre Körperkräfte sind erstaunlich; ihr Gewicht kann 200 kg und ihre Größe 2,40 m erreichen.
Anfangs, schreibt der Historiker Pierre Darcourt in der Zeitschrift »Le Monde et la Vie« Nr. 141 vom Februar 1965, *rekrutierten sich die Sumotori aus den hellhäutigen Ainu von riesiger Körpergröße.*
Die Ainu sind Weiße, Urkaukasier, die wahrscheinlich quer durch Sibirien ausgewandert sind. Ihr Gott »Kamu« vereinigte in sich die Sonne, den Wind, das Meer und den Bären.
Diese stark behaarten, schweren und kraftstrotzenden Bergbewohner der Insel Hokkaido tranken nicht nur heißen Alkohol, sondern waren auch furchtbare Kämpfer ...
Die anderen Japaner, deren Haut kupferfarbig ist, dürften von den polynesischen Inselgruppen, vom Malaiischen Archipel und aus China stammen. Dank ihrer Wissenschaft und ihren vervollkommneten Waffen hatten sie die Riesen besiegt.
Die Sieger, fährt Pierre Darcourt fort, *hatten die schönen weißen Frauen (ihrer Gegner) nach Süden entführt, und aus ihrer Vermischung entsprangen asiatische Riesen, welche die ersten Leibwächter des Kaisers wurden.*
Nach dieser These könnte Nordjapan mit seinen hyperboreischen Ureinwohnern als der äußerste Westen der Erde angesehen wer-

den oder vielleicht auch als kleine Insel, die vom ehemaligen Land Mu übrigblieb, dessen Bewohner die gleiche außerirdische Abstammung aufwiesen wie die Hyperboreer.
Es handelt sich hier natürlich nur um einen gewissen Anhaltspunkt, der aber zu einer Menge anderer Anhaltspunkte hinzukommt und für unsere Hypothese von höherstehenden Vorfahren spricht, die einst von der Venus oder einem Fixstern kamen.
Von diesen extraplanetarischen Hyperboreern dürften in erster Linie die »riesigen (oder nach der Lutherschen Übersetzung: gewaltigen) und berühmten Männer« abstammen, die in der Bibel erwähnt werden, und schließlich, durch Entartung, durch widernatürliche Paarungen (die mißratenen Himmelssöhne der Genesis) oder durch Strahleneinwirkung, die halb menschlichen Ungeheuer der Legende sowie die Riesen in Tiergestalt, die »nach Ägypten auswanderten«.
Sofern man nicht die Existenz von Riesen und Ungeheuern im Altertum schlechthin abstreitet – und dann muß man die Bibel, die Apokryphen und sämtliche Überlieferungen widerlegen –, können wir uns keine andere rationale Erklärung vorstellen, die dieser Interpretation entgegenzusetzen wäre.

Die Riesen der Bibel

Die Riesen nach dem Zeugnis der Bibel waren sehr wohl höherstehende Wesen, da sie die Elite der Völker zeugten: Könige, Heroen, Eingeweihte.
Im ersten Buch Mose, Kapitel 6, Vers 4 wird berichtet:
Es waren auch zu den Zeiten Riesen (Luther: Tyrannen) *auf Erden; denn da die Kinder Gottes zu den Töchtern der Menschen eingingen und sie ihnen Kinder gebaren, wurden daraus gewaltige und berühmte Männer in der Welt.*
Hier haben wir also eine Erklärung für die Riesen, die man lediglich auf das Tierreich anzuwenden braucht, um das Rätsel zu lösen. Trieben diese »Kinder Gottes«, die auf die Erde gekommen waren, um die Töchter der Menschen zu entführen oder ihre Frauen zu vergewaltigen, nicht in erster Linie Unzucht mit gewissen Tieren? Noch heute kommen derartige anomale Praktiken bei Personen mit krankhaft gesteigertem Sexualtrieb häufig vor. Um wieviel

mehr mußten sie bei Wesen in Erscheinung treten, die lange Zeit auf die Erfüllung ihrer Liebe verzichtet hatten!
Die Kosmonauten konnten sehr wohl mißgestaltete Kinder erzeugen, die halb Mensch, halb Pferd oder halb Mensch, halb Stier waren ... Übrigens mußten die Tiere, die auf der Erde ausgesetzt worden waren, vor ihrem Verschwinden oder ihrer Akklimatisation infolge gestörter natürlicher Kreuzungen oder ungewöhnlicher Paarungen Zwischenstufen durchlaufen, aus denen sich körperliche Mißbildungen zwangsläufig ergaben.
Auf diese Weise erklären sich vielleicht mit einem Schlage die menschlichen Riesen, die Pferdmenschen (die Zentauren), die Stiermenschen (der Minotauros), die bocksbeinigen Faune, die frauenköpfigen Sphinxe, die Gorgonen, die Sirenen u. a. m.

Ungeheuer gegen Menschen

Beabsichtigten die durch die Legende entstellten Wesen – Minotaurus war gewiß nur ein Riese mit einem Stierkopf – oder die Mutanten – um die These von der Strahlenwirkung wieder aufzugreifen –, in der Gesellschaft eine Rolle zu spielen?
Wahrscheinlich, wobei sie in den »normalen« Lebewesen auf Gegner stießen, die entschlossen waren, ihre Vorrechte und ihre Rasse zu verteidigen.
Dies war der Anlaß zu einer Art von Bruderkrieg, der lange Jahre hindurch Trauer und Elend über die Menschheit brachte.
Während für die Riesen und Ungeheuer ihre Stärke und Brutalität sprachen, unterstützt von einer beschränkten Intelligenz, stand auf seiten der Menschen weniger die körperliche Kraft, dafür aber ein um so schärferer Verstand, und außerdem waren sie in der Überzahl.
Die »mythologischen Tiere« richteten unter den jungen Menschen ein fürchterliches Gemetzel an, das durch die Erinnerung an die dargebrachten Opfer, an den entrichteten Blutzoll ausgelöst wurde, aber schließlich siegten die *Heroen* – und darunter verstehe man die »Riesen«, d. h. die Söhne der Extraplanetarischen und der Menschentöchter – über die Tyrannei der mißgestalteten Wesen.
So dürfen wir vielleicht auch annehmen, daß die siegreichen Menschen zur unauslöschlichen Erinnerung an die große Schlacht in

uralten Zeiten die sechzehnhundert rätselhaften Zwitterwesen im Tempel von Karnak und westlich von den Pyramiden, den Zeugen ihrer Kenntnisse, die Kolossalstatue des besiegten Erbfeindes: die Sphinx von Gizeh errichteten.
Welch ein herrliches Heldenepos für die alten Dichtersänger, die in ihrer Begeisterung die tatsächlichen Ereignisse völlig umgestalteten!
Die siegreichen Heroen wurden bestimmt zu Halbgöttern befördert, aber die Wahrheit blieb auch in mythologisierter Form weiterhin klar erkennbar.

Ermahnung des eifersüchtigen Gottes

Die Bibel liefert uns zu diesem Thema hochinteressante Angaben. Im zweiten Buch Mose (Kapitel 34) gibt der Herr, der sich selber einen *eifersüchtigen Gott* nennt, den Hebräern seine Empfehlungen.

15. *Daß du nicht einen Bund mit den Einwohnern des Landes machest ...*

16. *Daß du nicht deinen Söhnen ihre Töchter zu Weibern nehmest ...*

24. *Wenn ich die Heiden vor deinem Angesicht ausstoßen und die Grenzen deines Landes erweitern werde ...*

Hier soll natürlich der Bund des Herrn mit den Stämmen Israels dargelegt werden, doch ein wenig später, im dritten Buch Mose (Kapitel 18) gibt Gott einen seltsamen Grund an, der aus den Hebräern das »Auserwählte Volk« macht:

22. *Ihr sollt nicht bei Knaben liegen wie beim Weibe; denn es ist ein Greuel.*

23. *Ihr sollt auch bei keinem Tier liegen, daß ihr mit ihm verunreinigt werdet. Und kein Weib soll mit einem Tier zu schaffen haben; denn es ist ein Greuel.*

24. *Ihr sollt euch in keinem dieser Greuel verunreinigen; denn in diesem allem haben sich die Heiden verunreinigt, die ich vor euch her ausstoßen will.*

Hier ist unumwunden ausgedrückt, was für die Evolution der Menschheit von größter Bedeutung ist: Es gab nach der Sintflut eine Zeit, in der es für Männer und Frauen *allgemein üblich* war, sexuelle Beziehungen zu Tieren zu unterhalten.
Entstanden aus diesen Verbindungen Ungeheuer und Zwitterwesen? Die Bibel schweigt sich darüber aus, aber die griechische Mythologie bestätigt die Tatsache.

Das Geheimnis des Auserwählten Volkes

Lediglich als Arbeitshypothese ist es interessant, eigenartige Wechselbeziehungen aufzuzeigen, die unwillkürlich zu einem für das Menschengeschlecht stellvertretenden charakteristischen Volk führen.
Die Chaldäer hatten Oannes, den Kulturbringer, halb Fisch, halb Mensch; die Ägypter rühmten sich, daß unter ihren Vorfahren Götter mit Schakal-, Geier-, Ibis-, Katzen- und Stierköpfen gewesen seien; die Griechen hatten gegen eine tierische Vaterschaft durchaus nichts einzuwenden; nur die Hebräer erscheinen von allen Kulturvölkern des Altertums als die einzigen, die frei von jeder »Verunreinigung« sind, an denen kein Makel haftet.
Darüber hinaus will ihr Gott ihnen die Herrschaft über die Erde geben, weil sie – neben verschiedenen anderen Gründen – nicht »diese Greuel« getan haben.
Ohne oberflächliche Rückschlüsse ziehen zu wollen, ist es trotzdem interessant, zwischen all diesen Zufälligkeiten einen Vergleich anzustellen.
Wenn das Problem der mythologischen Ungeheuer auch bestehen bleibt, ergibt sich aus einem solchen Vergleich, daß die Hebräer als Nachkommen einer unbekannten, aber reinen Rasse erscheinen, deren Ursprung man als spezifisch irdisch annehmen darf.
Liegt hierin das Geheimnis des Auserwählten Volkes begründet?
Bezeigten die Hebräer nicht stets eine große Abneigung dagegen, sich mit Außerirdischen wie auch mit Völkern und Rassen zu vermischen, die ihnen als unrein galten?
Welcher dunkle Atavismus oder welcher esoterische Grund treibt die Juden ebenso wie die Zigeuner und die Nordländer zu der Annahme, daß sie ein »außenstehendes« Volk bilden?

Unter diesem Aspekt lohnt es sich, in ihrer Geschichte den entlegensten und merkwürdigsten Zusammenhängen nachzuspüren, die man bis auf Moses zurückführen kann, dessen geoffenbarte Mission es war, den Hebräern eine Seele, einen Gott, eine Heimat und das soziale Gefüge eines Volkes zu geben.
Nun, der große Patriarch, der Vater des Auserwählten Volkes, war kein Jude, wie wir es oben unter Hinweis auf eine Studie Sigmund Freuds bereits dargelegt haben.
Durch ungemein überzeugende Argumente zahlreicher Historiker wie Flavius Josephus, A. S. Yahuda, Eduard Meyer, Otto Rank, James Henry Breasted u. a. sollte eben diese These einen gewaltigen Auftrieb erfahren.

Echnaton – ein monotheistischer Pharao

Das Geheimnis nimmt seinen Ausgang in Ägypten, dreizehneinhalb Jahrhunderte vor unserer Zeitrechnung, gegen Ende der 18. Dynastie. Zu dieser Zeit verkündete König Amenophis (Amenhotep) IV. eine Religionsreform und führte als offizielle Religion die Verehrung des Aton als einziger Gottheit ein.
Voller Eifer für seinen neuen Gott änderte der Reformer vom sechsten Jahre seiner Herrschaft an seinen Namen Amenhotep (»Amon ist zufrieden«) in Echnaton (»Es gefällt dem Aton«) und beeilte sich, Theben zu verlassen, um sich in Mittelägypten eine neue Hauptstadt und Residenz erbauen zu lassen: Echet-Aton (»Lichtberg des Aton«), das heutige Tell el-Amarna.
Der König, der Oberpriester des Kults war, hielt Gottesdienst im Schloß des Obelisken ab und verfaßte selber Hymnen, die an der Identität des Schöpfers keinen Zweifel lassen:
O du einziger Gott, neben dem kein anderer ist ...
Genau wie bei der Religion, der sich später die Hebräer anschlossen, war es verboten, Bildnisse Atons zu schnitzen oder zu zeichnen, den man jedoch in Form einer roten Sonnenscheibe darstellen durfte, deren Strahlen in menschlichen Händen endigten.
Die anderen Götter wurden abgeschafft, ihre Statuen zerschlagen, ihre Reliefs verstümmelt. Ja, der Eifer des Königs ging so weit, daß er aus den alten Denkmälern das Wort »Gott« ausmerzen ließ, wenn es in der Mehrzahl gebraucht war.

Da die neue Religion jede Vorstellung von der Hölle verwarf, untersagte sie auch Magie und Hexenkünste, so daß man ihre wesentlichen Gebote sehr genau der Bibel entnehmen könnte:
5. Buch Mose, Kapitel 5, Vers 7 und 8:
Du sollst keine anderen Götter haben neben mir.
Du sollst dir kein Bildnis machen, keinerlei Gleichnis von allem, was oben im Himmel ist . . .
2. Buch Mose, Kapitel 22:
Ihr sollt diejenigen, die Zaubermittel gebrauchen, nicht zulassen, sondern sollt ihnen das Leben nehmen (Luther: Die Zauberinnen sollst du nicht leben lassen).
Das wichtigste Gebot deckt sich übrigens sehr genau mit dem der Kirche:

Gott allein sollst du ehren
und von ganzem Herzen lieben.

Auf diese engen und sehr wichtigen Beziehungen zwischen der Aton-Religion und der späteren Religion der Hebräer muß mit Nachdruck hingewiesen werden.
Seit Jahrtausenden ihrem angestammten Glauben unerschütterlich verhaftet, plünderten zwar einige Ägypter aus Habgier die Amon-Tempel, aber im großen und ganzen fügten sie sich dem Aton-Kult nur unter Zwang und beeilten sich, wieder ihre alten Götter zu verehren, als Echnaton etwa um 1358 v. Chr. starb.

Nofretete und Moses

Vermutlich lebte Moses am Hofe des Pharao – vielleicht gehörte er zur königlichen Familie – und bekehrte sich zur Aton-Religion. Außer für seinen einzigen Gott empfand Echnaton eine – sehr berechtigte – Verehrung für seine schöne Gemahlin Nofretete (»Die Schöne kommt«), die, wie man annimmt, aus Syrien stammte. Legte Nofretete den Keim der monotheistischen Religion? Der französische Schriftsteller und Ägyptologe Jean-Louis Bernard vertritt in seinem Buch *L'Egypte et la Genése du Surhomme* diese Meinung, erwähnt aber, daß schon der Vater Echnatons, König Amenhotep III., sich in gewisser Weise zu dem Gott Aton hingezogen fühlte, da er die Lustbarke, in der er seine Gattin Teje auf den See mitnahm, »Glanz des Aton« genannt hatte.

Nofretete strahlt nicht, sie fasziniert, schreibt Jean-Louis Bernard. *Sie ist edel, hochgemut, geistreich, aber stolz und eigensinnig. Ihre Weiblichkeit hat etwas Überschwengliches, Unversöhnliches, Abwegiges.*
Dem Aton-Kult liegen also drei Hauptpersonen zugrunde: Nofretete, die Ratgeberin; Echnaton, der unglückliche Prinz, und Moses, der Realisator, der Verwirklicher, der zum Befreier und Gesetzgeber des jüdischen Volkes werden sollte, indem er ihm eine fix und fertige neue Religion beibrachte.
Erträumte sich Moses die Nachfolge Echnatons, oder war er sein Propagandachef, der mit der Verbreitung der Religion des Aton, des einzigen Gottes, beauftragt war?
Jedenfalls mußte er sehr schnell begriffen haben, daß er seiner Mission bei den Ägyptern nicht zum Erfolg würde verhelfen können, und so wählte er – wie alle Reformatoren – das niedrige Volk, die armen Leute, die Unglücklichsten der Unglücklichen, die Unterdrückten, um seiner Lehre Geltung zu verschaffen.
Die von den vornehmen Ägyptern ausgebeuteten und verachteten Hebräer boten Moses ein ideales Betätigungsfeld, das er nach Kräften ausnutzte; er machte sich sofort zu ihrem Oberhaupt und führte sie – ohne daß sie sich im mindesten beunruhigt hätten – in ein Land, das gastfreundlicher war als das Niltal.

Eine ägyptische Religion und ein ägyptischer Anführer

Dieser Auszug aus Ägypten in die Wüste, von dem nach der Bibel etwa eine Million Menschen betroffen waren, dürfte sich nach den Berechnungen Freuds zwischen 1358 und 1350, d. h. nach dem Tode Echnatons und etwa hundert Jahre vor den von der Kirche angenommenen Daten, abgespielt haben. (Die Zahl von einer Million Menschen entbehrt jeder Grundlage. Eine Million Hebräer hätten in der Wüste nicht existieren und auch nicht das »Rote Meer« zwischen zwei Gezeiten überqueren können. Die Zahl der Emigranten kann man nicht einmal schätzungsweise angeben. Vielleicht waren es einige hundert, höchstens aber einige tausend.)
Unter großen Schwierigkeiten gelang es Moses mit seiner unkultivierten Horde schließlich, den Gott Adonai durch Jahwe zu ersetzen. Der Vorgang fand ohne Zweifel in der quellen- und brunnen-

reichen Oase von Meribat-Qadeš und nicht auf dem Berge Sinai statt.

Den Hebräern wurde also eine ägyptische Religion von einem ägyptischen Religionsstifter beigebracht! Aber auch das »Zeichen des Bundes« zwischen Israel und Gott, die Beschneidung, ist eine typisch ägyptische Sitte. Man sieht auf Reliefdarstellungen den Ablauf des Beschneidungsritus eingraviert, und die Archäologen stießen wiederholt auf Mumien, die ganz offensichtlich die Spuren des Eingriffs tragen, auf den die Ägypter übrigens sehr stolz waren.

Herodot schreibt über die Ägypter: *Sie übten die Beschneidung aus, die sie zuerst, und zwar aus Reinlichkeitsgründen, eingeführt haben. Des weiteren hatten sie einen Abscheu vor den Schweinen, der gewiß damit zusammenhängt, daß Set als ein schwarzes Schwein den Horus verwundet hatte ... In hochmütiger Beschränktheit hielten sie sich für das edelste, das reinste und das Gott am nächsten stehende Volk.*

Alle diese Feststellungen schmälern den Charakter und die Eigenständigkeit der Hebräer in keiner Weise, doch liegt es klar auf der Hand, daß sie die Grundlagen ihrer Religion und selbst ihre Gesetze dem ägyptischen Volk verdanken, von dem sie darüber hinaus Vorschriften zur Gesundheitspflege und abergläubische Gebräuche übernahmen.

Israel wurde zu einem echten Volk, als sich die Vereinigung des ägyptischen Stammes und der Wüstenstämme vollzog; die mosaische Religion nahm ihre endgültige Form etwa um 550 v. Chr. an, als die Rabbiner den alttestamentlichen Teil der Heiligen Schrift bearbeiteten.

Moses war seit achthundert Jahren tot – von den Hebräern ermordet, wie einige Historiker behaupten –, als seine Worte und seine Geschichte niedergeschrieben wurden. Man kann sich denken, mit welcher Genauigkeit!

Natürlich ruft diese Exegese in uns ein peinliches Gefühl hervor, da sie eine Legende zu zerstören trachtet, an der wir in der Kindheit unsere Freude hatten und noch heute mit aufrichtiger Liebe hängen. Aber die Geschichte besteht nicht aus sentimentalen Zugeständnissen, und wir fühlen uns verpflichtet, auszusprechen, was wir als eine Wahrheit erkannt zu haben glauben.

Übrigens eine mutmaßliche Wahrheit, die den authentischen Fak-

ten mehr oder weniger nahekommt, aber auch durch beträchtliche Unsicherheitsfaktoren verfälscht und entstellt ist.
Dennoch mußten wir, um unsere Suche fortsetzen zu können, diese Bastion erstürmen, wie wir auch – hier freilich mit weitaus geringeren Bedenken – die irrigen Thesen der Prähistoriker zu stürzen gezwungen waren.

Der Tod der Götter Ägyptens

Ägypten mit seinen wunderbaren Tempeln, seinen unzähligen kuhköpfigen, wolfsköpfigen, hundeköpfigen, stierköpfigen Gottheiten, seinen ketzerischen Pharaonen ließ die Fackel der Kultur sinken, als die anspruchlosen hebräischen Hirten sich ihrer bemächtigten.
Die in der Gegend des Mittelmeers bis dahin sehr große Bevölkerungsdichte war erheblich zurückgegangen, und die Wüste griff unaufhaltsam auf das Kulturland über und begrub die alten Städte unter sich.
Abydos, Theben, Memphis waren nur mehr der Schatten ihres einstigen Glanzes.
Sich das Antlitz der Erde zu jener Zeit vorzustellen, gelingt nur sehr schwer, aber will man der Heiligen Schrift Glauben schenken, hatte die Sintflut für die Menschheit katastrophale Auswirkungen.
Während dieses allgemeinen Niedergangs und während die alten Kulturen auf geheimnisvolle Weise immer mehr verfielen, war sich allein das jüdische Volk der tödlichen Gefahr bewußt.
Ob Ägypter oder Hebräer, ob wirkliche oder legendäre Persönlichkeit, ein großer Eingeweihter namens Moses hatte das unermeßliche Verdienst, ein Volk gerettet und es auf ein großartiges Schicksal vorbereitet zu haben.
Die Bibel berichtet von dem Ereignis, das zur Entstehung des Auserwählten Volkes führte, in exoterischer Weise.
Sollte der Welt die Herrschaft einer bevorzugten Rasse aufgezwungen werden?
Vielfach hat man sich diese Anschauung zu eigen gemacht: ein furchtbarer Irrtum, aus dem Grauen und Trauer erwuchsen, die die Geschichte überschatten sollten, ohne daß es jemandem zur Ehre und zum Nutzen gereichte.

Es ist kein Zweifel daran, die Juden haben eine besonders hohe Meinung von sich, halten sich für vornehmer, höherstehend, den anderen überlegen, schreibt Sigmund Freud in seiner Studie *Der Mann Moses und die monotheistische Religion* (Sigmund Freud, *Gesammelte Werke,* Bd. XVI, S. 212, S. Fischer Verlag). Genau dies waren auch die Gedanken der Völker im alten Ägypten!

Freud fährt fort: ... *Dabei beseelt sie eine besondere Zuversicht im Leben, wie sie durch den geheimen Besitz eines kostbaren Gutes verliehen wird, eine Art von Optimismus ... Die Juden halten sich wirklich für das von Gott Auserwählte Volk, glauben ihm besonders nahezustehen, und dies macht sie stolz und zuversichtlich.*

Der Verlauf der Weltgeschichte, fügt Freud hinzu, schien dann diese Anmaßung zu rechtfertigen, denn der Messias der Katholiken und der meisten Völker weißer Rasse kam wiederum aus dem Volke der Juden.

Könnte man nicht einwenden, daß sie den Erlöser nicht anerkannten? Freilich, da er der »Sohn eines unbekannten Vaters« war, aber wenn die Juden ihn anerkannt hätten, steht fest, daß Jesus keine Karriere gemacht und daß das Christentum nie existiert hätte.

Unserer Meinung nach deckt sich der tiefe Sinn der Begriffe »auserwähltes Volk« und »Mission« keineswegs mit persönlicher Überheblichkeit.

Die Mission und das Auserwählte Volk

Da die Sintflut das Menschengeschlecht dezimiert und vielleicht seine Fortpflanzungsfähigkeit in Mitleidenschaft gezogen hatte, war es notwendig geworden, mit einer ausgewählten Rasse, ausgehend von den Hebräern und Extraplanetariern, die Wiederbevölkerung sicherzustellen. (In seinem Buch *Les Extraterrestres* schreibt Paul Thomas über die Mission der Juden: *Es war wohl eine Mutation, die die »jahwischen« Wesen unter den Menschen offenbar nach einem Plan hervorzurufen suchten, dessen Ausführung bereits zur Zeit Abrahams von Ur in die Wege geleitet worden war.*

Zweitausend Jahre waren daran gewendet worden, die zur Erzeugung von Menschen erforderlichen Vorbedingungen zu erfüllen, zweitausend Jahre strenger Auslese, vorgeschriebener Eheschließung nach den Erfordernissen einer peinlich genauen Genetik ... Der Verfasser ist hier der Lösung des Problems oder vielmehr der Entschleierung des Geheimnisses sehr nahe gekommen.)

Die Extraplanetarier hatten wohl für Nachkommen gesorgt, und zwar zunächst in Armenien und im Kaukasus (wo der weiße Mensch ihren Typus am vollkommensten bewahrt hat), aber mit dem Wüstenvolk wollten sie zweifellos eine Rasse von Mutanten oder von höherstehenden Menschen schaffen, die – ohne Gefahr zu entarten – fähig waren, die wissenschaftlichen Kenntnisse und die subtilsten Geheimnisse der außerplanetarischen Wesen der irdischen Nachwelt zu überliefern.

Die Juden vereitelten diese Pläne leider, indem sie ihre Vorrangstellung mißbrauchten, oder sie verloren den geheimen Sinn ihres Privilegs und bewahrten nur eine oberflächliche Vorstellung davon.

Nach dem Propheten Hosea ging die Mission unter der Herrschaft »Jerobeams, des Sohnes des Joas, des Königs in Israel« zu Ende (800 bis 900 v. Chr.).

Kapitel 1. Der Herr spricht zu Hosea:

Gehe hin und nimm dir zur Frau ein Hurenweib und zeuge mit ihr Hurenkinder, denn das Land Israel läuft vom Herrn der Hurerei nach.

Kapitel 4, Vers 12-13:

... *Der Hurerei-Geist hat das Volk Israel verführt ... Darum werden eure Töchter (spricht der Herr) auch zu Huren und eure Bräute zu Ehebrecherinnen werden.*

Vers 14:

Und ich will eure Töchter nicht strafen darum, daß sie zu Huren werden, und nicht eure Frauen darum, daß sie zu Ehebrecherinnen werden, weil ihr selber mit Buhlerinnen lebt und mit den Bübinnen opfert.

Aber der Herr verlangt, *»daß doch nur Juda nicht auch in Sünde falle«.*

Dies dürfte die Erklärung für das Auserwählte Volk sein und auch für das wunderbare Geheimnis der Kabbala, aus welcher unvollständig eingeweihte Juden nach dem Aufkommen des Christen-

tums mit einem Gefühl der Enttäuschung die Kenntnis ihres Geschlechtsregisters schöpften.
Vielleicht hielten sie sich nur für ein durch Kreuzung verbessertes Produkt und hegten Zweifel an ihrer Reinrassigkeit; um sich den Ruhm der Ersteingeweihten anzueignen, beschlossen sie, aus ihrer Vergangenheit ein unerforschbares Geheimnis zu machen.
So wurde der *Maasseh merkabah* der Kabbala zu einem Staatsgeheimnis, das nur noch den eingeweihten Rabbinern von hohen Graden heimlich zugeflüstert wurde. Der Plan und das Werk der Extraplanetarischen gerieten in Vergessenheit, zumal da die Juden alles daransetzten, die Spuren zu tilgen, indem sie die fremden Kulturstifter und Patriarchen aus den Zeiten des ersten und zweiten Buches Mose als ihrer eigenen Rasse zugehörig erklärten.
Diese Verschwörung größten Ausmaßes ließ eine furchtbare Finsternis hereinbrechen, in welcher die wahre Geschichte der Menschheit sich verlor.

[illegible]

[illegible]

[illegible]

[illegible]

Alexander [illegible]

[illegible]

[illegible]

[illegible]

[illegible]

[illegible]

[illegible]

[illegible]

[illegible]

[illegible]

[illegible]

[illegible]

[illegible]

XI. APOKRYPHEN UND PHANTASTISCHE GESCHICHTEN

Wir weichen durchaus nicht von unserem Thema ab, wenn wir aus den Apokryphen und den alten Schriften Anekdoten schöpfen, von denen bestimmte Einzelheiten, selbst wenn sie in den Bereich der Legende zu verweisen sind, den Exegeten einen Hinweis liefern können.

Das Paradies liegt im Nordwesten

In einem aus dem Äthiopischen übersetzten Apokryphon *Der Kampf Adams und Evas* berichtet der Verfasser, daß die Nachkommen Adams sich in zwei Linien aufgespalten hätten: die Kainiten und die Sethiten.

Die ersteren, die von Kain abstammten, gaben sich dem Satan hin, den Freuden des Fleisches und der Unmoral; sie lebten in einem fruchtbaren, aber vom Garten weit entfernten Land.

Die Sethiten dagegen, die Nachkommen Seths, waren dem Gesetz treu geblieben und bewohnten die Gebirge nahe dem Paradies, aber sie zögerten nicht, sich mit den Kindern Kains zu vermischen, *sie befleckten sich mit ihrer Unkeuschheit und zeugten mit ihnen Kinder, die* gariâni, *d. h.* Riesen, *genannt wurden, denn es waren sehr starke Menschen von gewaltigem Körperwuchs, und sie hatten nicht ihresgleichen.*

Dieser Bericht gibt uns keinen Hinweis auf die geographische Lage Edens, aber die alten Chroniken – Hymnen Ephraims des Syrers über das Wahre Paradies und vor allem die *Christliche Topographie* des *Kosmas indikopleustes* – verlegen es gern an die äußersten Grenzen im Westen auf den höchsten Berg der Erde.

Die Alten hielten die Erde für eine flache Scheibe – einige nannten sie kreisförmig, andere wieder rechteckig –, die von hohen Mauern umgeben war, über denen sich die Himmelskuppel wölbte.

In der Weltbeschreibung des Kosmas befindet sich am Nordpol ein hohes Gebirge, um das sich die Sonne, der Mond und die Sterne

drehen. Sonnenfinsternisse und Mondphasen entstehen, wenn das Gebirge zwischen die Sonne bzw. den Mond und die Erde tritt.
In der Volksüberlieferung wird dieses hohe Gebirge, zu dem sich Henoch im Auftrag begab, als irdisches Paradies oder Eden bezeichnet und liegt folglich »am Nordpol«, zwischen »Nord und West«, was dem vermutlichen Ort Thules und Hyperboreas entspricht. Selbst bei den Chinesen ist der Nordpol der Mittelpunkt des Wissens. Der »Palast des Großen Lichtes« in Peking wurde unter dem Zeichen der Gestirne des Nordens und der Großen Bärin erbaut.
Es wird ferner berichtet, daß *der Herr, voller Mitleid und Barmherzigkeit, der in seiner unendlichen Weisheit alle Dinge zum besten kehrt, wünschte, Adam solle im Westen des Gartens wohnen, nachdem er aus ihm vertrieben worden war, denn das Land, das sich auf dieser Seite erstreckt, ist sehr ausgedehnt.*

Der Schatz Adams

Im *Kampf Adams* wird sodann eine merkwürdige Geschichte erzählt, in welcher der Herr Adam befiehlt, in einer Felshöhle unter dem Garten zu wohnen.
Warum in einer Höhle? Weil unser Stammvater dorthin seinen Schatz bringen soll, d. h. kostbare, aus dem Garten Eden stammende Gegenstände, die ihm die Engel vor dem Sündenfall geschenkt hatten.
Zahlreiche orientalische Schriften bestätigen, daß Adam in dieser Höhle begraben wurde, denn Gott hatte ihn nicht verflucht, und von allen Patriarchen blieb er der verehrungswürdigste und allerheiligste.
Als Noah die Arche gebaut hatte, trug er den Leichnam unseres Stammvaters hinein:
Methusalem sprach zu Noah . . . mein Sohn, da es mit dir zu Ende geht, empfiehl deinem Erstgeborenen Sem, Melchisedek mitzunehmen, den Sohn Kainans und den Enkel Arpachsads, denn er ist der Priester des Allerhöchsten Gottes, und sie werden gemeinsam aus der Arche den Leichnam unseres Vaters Adam herausziehen, und sie werden ihn forttragen und werden ihn unter der Erde begraben, und Melchisedek soll auf diesem Berg vor dem

Leichnam unseres Vaters Adam bleiben und dort den Gottesdienst abhalten bis in alle Ewigkeit.

Hier tritt plötzlich ein völlig neuer Gedanke zutage: Von all den Wesen, die auf die Erde gekommen sind, einschließlich den Propheten und Messiasgestalten, ist Adam die allerwichtigste Persönlichkeit!

Melchisedek selber, der große Herr der Gerechtigkeit, der Große Priester des höchsten Gottes, wird zum Gottesdienst bis an die Grenzen der Zeit bestimmt.

Wer also war dieser Adam? Ob wir uns nicht über sein wahres Wesen getäuscht haben, indem wir der biblischen Schöpfungsgeschichte zuviel Glauben schenkten?

In der Tat ist die gesamte Frühgeschichte lediglich eine Zusammenfassung halbmythischer Ereignisse in einer chronologischen Reihenfolge, *die man bisher für genau hielt*, die aber auch sehr gut umgekehrt werden kann.

Wer waren sie?

Adam, Henoch, Melchisedek, Moses, kurz die meisten der biblischen Helden bis zu Jesus hin, wurden einige Jahrtausende nach ihrem Tode dargestellt, abgebildet, charakterisiert; nach einigen Historikern ist Adam ein Mythos, Henoch entweder ein Sohn Kains oder der Vater Methusalems oder – und das ist unsere Meinung – ein geheimnisvoller Mittler zwischen den Hyperboreern und den Kosmonauten Armeniens. Melchisedek verbirgt sich hinter einem fast undurchdringlichen Geheimnis, und Moses ist wahrscheinlich ein hoher ägyptischer Würdenträger, Pharao oder Priester.

Um die Unsicherheit der antiken Angaben besser zu begreifen, genügt die Absicht, große historische Persönlichkeiten zu identifizieren.

Wer war Jesus? Der Sohn Gottes, werden die Christen sagen; aber die meisten Völker der Erde bestreiten seine wirkliche Existenz.

Wer waren die ersten fränkischen Könige im 5. Jahrhundert *nach* Christus? Wir wissen nur vage Einzelheiten über sie, und die Merowinger, von denen wir Hunderte von Sarkophagen besitzen, sind uns nahezu unbekannt.

Hatte Karl der Große, der mächtige Kaiser des Abendlandes, glatte Wangen oder trug er einen Bart? Wer war Jeanne d'Arc? Natürlich haben wir unsere Jungfrau so ins Herz geschlossen, daß wir uns unter keinem Vorwand damit abfinden würden, ihre goldene Legende zu zerstören, aber in Wirklichkeit ist ihre Geschichte höchst seltsam.
Zweifellos wollte Jeanne ihre heidnische Andacht am Feenbaum von Bourlemont verrichten, als sie ihre »Stimmen« hörte.
Sie war eine »Abgesandte Gottes«, erkannte auf magische Weise König Karl VII. in Chinon, wählte sich jedoch unter allen als Waffengefährten einen Hexenmeister, der zahlreiche Kinder dem Teufel opferte: den ehemaligen Marschall von Frankreich Gilles de Rais, der 1440 in Nantes als Ketzer, Anhänger der schwarzen Magie und Mörder zum Feuertode verurteilt wurde.
Jeanne soll eine Zauberin gewesen sein? Ja, vielleicht eine reizende weiße Hexe, die mit dem magischen Schwert, das bei Sainte-Catherine-de-Fierbois (Indre-et-Loire) unter ungewöhnlichen Umständen ausgegraben worden war, »den Engländer aus Frankreich trieb«. Und Jeanne vollendete ihre wunderbare Mission, während sie die ganze Zeit über eine wirksame Reliquie bei sich trug, die Karl VII. eigens aus der Abtei von Charroux im Departement Vienne hatte kommen lassen: den Bellator genannten größten bekannten Splitter vom wahren Kreuz.
Aber was nützt das wahre Kreuz, wenn Christus eine Fiktion ist? Und was gilt die Hinrichtung der Jungfrau von Orléans auf dem Scheiterhaufen in Rouen, wenn bekannt ist, daß fünf Jahre später ihr eigener Bruder Jean de Lys – die Tatsache wird durch alte Urkunden des Departements Loiret bezeugt – in Orléans die Nachricht verbreitete, Jeanne sei immer noch am Leben! So lebendig, fügen die Historiker hinzu, daß sie in Fleisch und Blut wiedererschien und von ihren Angehörigen und auch von dem tapferen La Hire, dem Anführer ihres Heeres, erkannt wurde!
Wir stellen nun noch einmal die Frage: Wer waren Adam, Henoch, Moses, Melchisedek, Jesus?
Bei näherer Überlegung könnte man die Geschichte von dem aus dem Paradies vertriebenen Adam als die Ankunft eines Wesens aus einer anderen Welt auf dem Planeten Erde interpretieren, eines Wesens, das wegen einer Verfehlung oder wegen anderer, uns unbekannter Gründe verbannt worden war.

War Adam ein Robinson des Weltraums, ein einzelgängerischer Kosmonaut, ein Himmelsabenteurer oder der Kommandochef Hyperboreas?
Die letzte Hypothese würde in gewisser Weise in Anlehnung und Bestätigung des apokryphen Textes vom Kampf Adams die ungewöhnlichen Ehrenbezeigungen erklären, die Noah und Melchisedek während und nach der Sintflut Adams sterblicher Hülle erwiesen.
In diesem Sinne waren die von den Engeln gebrachten Schätze in der Höhle Adams vielleicht Gegenstände, die keinen großen Eigenwert besaßen, aber dafür von einem anderen Planeten stammten.
Es ist unbestreitbar, daß der Bericht in dem Apokryphon verfälscht ist, besonders in dem Punkte, der uns weismachen will, daß »Adam und Seth in der Schatzhöhle das Gold, den Weihrauch und die Myrrhe verbargen, die später die drei Weisen in Bethlehem dem Heiland darbringen sollten«, wobei die Christen selbstverständlich diese Höhle an den Fuß des Hügels Golgatha verlegten.
Ein solcher Betrug, all die verschiedenen Versionen und unterschiedlichen Interpretationen, die wir in lockerer Folge vortragen, verfolgen kein anderes Ziel, als noch einmal ausdrücklich auf die große Unsicherheit der Dokumente hinzuweisen, die sich auf unsere Entstehungsgeschichte beziehen.

Ein Brief von Jesus Christus

Ist der Brief glaubhaft, den Jesus Christus auf eine Botschaft des Königs Abgar von Edessa in Armenien geschrieben haben soll?
Dieser König, so wird uns von Eusebios, dem Kirchenschriftsteller und Bischof von Caesarea, in seiner berühmten und wertvollen *Kirchengeschichte* sowie zahlreichen anderen alten Autoren mitgeteilt, litt furchtbar an der Gicht (nach anderer Meinung am Aussatz) und beschloß, als er Jesus wegen seiner Wundertaten rühmen hörte, sich ihm anzuvertrauen und ihn an seinen Hof einzuladen. Edessa, das heutige Urfa in der Türkei, war eine Stadt im oberen Mesopotamien zwischen Tigris und Euphrat, d. h. ziemlich weit von Judäa entfernt, wo der »Sohn Gottes« mit seinen Jüngern umherzog. Kurz, Jesus lehnte die Einladung ab, antwortete aber, indem er an Abgar den folgenden talismanischen Brief sandte

(Eusebios, *Kirchengeschichte, I, 13–1,* ferner bei Nikephoros, *Kirchengeschichte,* 1 II, Kap. 7, bei Prokopios u. a.):
Ihr seid selig, Abgar, darum daß Ihr an mich geglaubt habt und habt mich doch nicht gesehen.
Denn es ist von mir geschrieben, daß die, die mich gesehen haben, nicht an mich glauben, auf daß die, die mich nicht gesehen haben, glauben und gerettet werden. In dem, daß Ihr von mir erbittet, Euch aufzusuchen, muß ich vollenden, um dessentwillen ich gesandt worden bin, und alsbald zurückkehren zu dem, der mich gesandt hat. Wenn ich zu ihm heimgekehrt bin, will ich einen meiner Jünger entsenden, der Euch heilen und Euch und all den Eurigen das Leben geben wird.
König Abgar wurde – so scheint es – von seiner Krankheit geheilt, was immerhin sehr bemerkenswert ist.
Man hat hinzugefügt, schreibt Prokopios, *daß Edessa nie von den Barbaren eingenommen werden konnte,* aber dieses zweite Wunder erfüllte sich nicht, obwohl die Einwohner den Brief Christi an die Stadttore geheftet hatten, damit er, wie sie hofften, alle anderen Befestigungen ersetzen sollte.
Das Original des Sendschreibens, schreibt der griechische Historiker Georgios Kedrenos (12. Jahrhundert), wurde in Konstantinopel unter der Regierung Kaiser Michaels IV., des Paphlagoniers, um das Jahr 1035 verehrt.
Eine in der Bibliothek von Leyden aufbewahrte arabische Handschrift gibt eine andere Version des Christusbriefes. Der allgemeine Inhalt ist der gleiche, doch der Stil und die Einzelheiten sind erheblich verändert:
Brief Unseres Herrn Jesu Christi an Abgar, den König von Edessa: Ich, Jesus Christus, Sohn des lebendigen und ewigen Gottes, an Abgar, König in der Stadt Edessa. Friede sei mit dir, ich aber sage dir: Du bist glücklich und selig ist deine Stadt, die da heißt Edessa, darum daß du an mich glaubst und mich doch nicht gesehen hast.
Du bist für alle Zeiten glücklich so wie dein Volk; Friede und Barmherzigkeit werden in deiner Stadt zunehmen und ein aufrichtiger Glaube an mich wird in ihr sein Licht verbreiten, und die Weisheit wird sein an ihren Plätzen.
Ich, Jesus Christus, König des Himmels, bin auf die Erde gekommen, auf daß Adam und Eva und ihr Geschlecht gerettet würden.
Und er sandte ihm sieben in griechischer Sprache verfaßte Sätze:

1. *Ich unterwerfe mich freiwillig den Schmerzen der Leidenszeit und dem Kreuz.*

2. *Ich bin nicht einfach ein Mensch, sondern ein vollkommener Gott und ein vollkommener Mensch.*

3. *Ich wurde zu den Seraphim aufgehoben.*

4. *Ich bin ewig, und es gibt keinen anderen Gott neben mir.*

5. *Ich bin der Heiland der Menschen geworden.*

6. *Um meiner Liebe zu den Menschen willen.*

7. *Ich lebe in alle Zeit, immer und ewiglich.*

Der Herr (fährt der Verfasser der Leydener Handschrift fort) *sandte diesen Brief, und er sandte ihn, indem er sprach:*
Ich habe befohlen, daß du geheilt und von deinen Krankheiten und deinen Leiden und deinen Gebrechen befreit wurdest und daß dir deine Sünden vergeben werden. Und an jedem Ort, da du diesen Brief befestigst, wird die Macht der feindlichen Heere dir nichts anhaben und dich nicht stürzen können, und die Stadt soll um deinetwillen in alle Ewigkeit gesegnet sein.
Dies sind die sieben Sätze, die Unser Herr Jesus Christus an Abgar, den König von Edessa, sandte zum Zeichen seiner Göttlichkeit und seines Menschseins und dessen, wie er ein vollkommener Gott und ein vollkommener Mensch ist. Ihm sei auf ewig Lob.
Die Orthographie des königlichen Namens ist bereits verändert, und es hat den Anschein, daß zwei oder drei weitere Abschriften nicht mehr viel von dem ursprünglichen Text übrigließen. In demselben Zusammenhang sei darauf hingewiesen, daß die Bibel uns durch 1200 bis 1800 Abschriften bekannt ist und das Original natürlich verlorenging oder beschlagnahmt wurde.
Der Brief Jesu an Abgar wurde erst im 4. Jahrhundert gefunden, d. h. drei Jahrhunderte nach Christus. Die Kirche ordnet den Brief den Apokryphen zu, und der heilige Hieronymus glaubte nicht an seine Echtheit.
Dennoch stellt er das einzige fast historische Dokument dar, durch das die Existenz Christi möglicherweise bestätigt wird.
Wohl ist im Papyrus Egerton, der aus der Zeit des Messias

stammt, das Wort *Christos* zu lesen, doch ohne einen Hinweis auf die Person Christi; außerdem kann das griechische Wort Χριστός, das »der Gesalbte« bedeutet, auf eine beliebige geheiligte Persönlichkeit Anwendung finden.
Mehrere Überlieferungen behaupten, daß der von Abgar zu Jesus geschickte Bote der Maler Ananias gewesen sei, der, als er Jesus nicht dazu bewegen konnte, nach Edessa zu kommen, wenigstens sein Bild mitbringen wollte.
Er versuchte also, ein Bildnis Jesu anzufertigen, während dieser inmitten seiner Jünger redete, doch gelang ihm sein Vorhaben nicht, *entweder weil sein Modell sich bewegte oder wegen der Strahlen, die von seiner Gestalt ausgingen. Nachdem Jesus von dem Anliegen dieses Mannes unterrichtet worden war, verlangte er nach Wasser, wusch sich darin das Gesicht und trocknete sich mit einem Leinentuch ab, das er Ananias übergab.*
Nach Johannes von Damaskus und Kedrenus, die diese Legende berichten, war das Bildnis des Gottmenschen auf dem Gewebe abgedruckt. In einer Abhandlung gibt der byzantinische Kaiser Konstantin VII. Porphyrogennetos an, daß die Macht dieses Wunderbildnisses die Perser gezwungen habe, die Belagerung von Edessa aufzuheben, jedoch ließ Kaiser Romanos I. Lakapenos sich das Bildnis aushändigen, indem er den Mohammedanern, die die Herren in der Stadt geworden waren, große Vorteile einräumte.
Das Bildnis wurde am 16. August 944 nach Konstantinopel gebracht und von den Christen hoch verehrt.

Der Tempelschatz

Die Handschriften vom Toten Meer bieten, obwohl ihre Abfassung kaum vor der christlichen Ära anzusetzen ist, keine bessere Echtheitsgarantie.
Natürlich wollen wir die Verfasser dieser Dokumente nicht bezichtigen, uns absichtlich irregeführt zu haben, aber man muß berücksichtigen, daß vor zweitausend Jahren die geschichtliche Wahrheit im Bewußtsein der Völker des Orients bei weitem nicht den gleichen Maßstab wissenschaftlicher Strenge aufwies, den wir heute anlegen, wenigstens im Prinzip.
Zum Beispiel würde man gern erfahren, inwieweit man den Schät-

zen Glauben schenken kann, von denen in Dokumenten die Rede ist, die man im März 1952 in der Höhle Nr. 3 von Qumran entdeckte.
In dieser Höhle fand man mitten unter den Scherben irdener Gefäße drei zusammengerollte Kupferbleche in der Größe von 0,80 x 0,30 m, die durch Oxydationswirkung fest miteinander verbunden waren. Professor H. W. Baker von der Universität Manchester unterzog sich einer langwierigen und mühevollen Arbeit, als er den Versuch unternahm, den Fund gewissermaßen in Scheiben zu schneiden; schließlich gelang es ihm, und der Text trat zutage.
Es war das erste Mal, daß man im Heiligen Land eine in Metall geritzte Botschaft fand, und man war daher von ihrer hervorragenden Bedeutung überzeugt.
Vielleicht ist die Rolle aus getriebenem Kupfer wirklich bedeutsam, denn von ihrem Text wurde bisher lediglich das folgende kurze Bruchstück veröffentlicht:
In der Zisterne, die sich am unteren Ende der dicken Mauer auf der Ostseite befindet, ist eine Stelle im Felsen ausgehöhlt. Darin sind 600 Barren Silber enthalten. Ganz in der Nähe, am südlichen Winkel der Säulenhalle, vor dem Grabmal des Sadoq und unter dem Pfeiler der Exedra: ein Weihrauchkästchen aus Zedernholz und ein Weihrauchkästchen aus Akazienholz. In der Grube, ganz in der Nähe, nahe dem Grabmal, befindet sich in einer nach Norden offenen Höhle eine Abschrift dieser Rolle mit genauen Erläuterungen, Maßen und Hinweisen.
Es handelte sich also um einen Schatz, wahrscheinlich um den des Jerusalemer Tempels, der bekanntlich im Jahre 70 von den Römern unter Titus geplündert wurde.
Aus diesem Grunde und vielleicht auch noch aus anderen Gründen, die nicht bekannt werden sollten, wurde der Text auf den Kupferblechen als das Werk eines Phantasten oder als das Ritual einer Sekte erklärt, dessen Angaben nicht im wörtlichen Sinne interpretiert werden dürften.
Etwas später wußte man, wenn auch nicht sehr genau, daß auf den Kupferplatten das Versteck von 60 Gold- und Silberschätzen verzeichnet war, die etwa 200 Tonnen Edelmetall entsprachen und ein Vermögen von 100 Millionen Dollar darstellten.
Wo steckte hier die Lüge?

In den, wie man vermutet, essenischen Texten oder in der Übersetzung, die man von ihnen anfertigte? Der Schleier des Geheimnisses bleibt ungelüftet.

XII. DIE ANDERE WELT DES GRALS

Im Laufe ihrer langsamen Wiedererstehung schwankte die durch die Schrecken der Sintflut aus den Fugen geratene Menschheit zwischen unterschiedlichen Gesellschaftssystemen hin und her.

Die Bevölkerungsziffer der Erde, die einst einige zehn Millionen Menschen betragen hatte, sank auf einen unbekannten, aber sehr niedrigen Wert, und man darf annehmen, daß drei oder vier Generationen erforderlich waren, um die Erde hinreichend wiederzubevölkern.

Um das durch die Katastrophe besonders heimgesuchte Epizentrum von Atlantis gab es nur noch vereinzelte Überlebende, und bestimmte Tierarten waren völlig vernichtet. Gefangene ihrer kontinentalen Isoliertheit, ohne Kontakte zu der übrigen Menschheit, entwickelten sich die Amerindianer – die alten Atlantisbewohner – wie in einem geschlossenen Gefäß.

Das Land Mu auf der anderen Hälfte der Erdkugel war zum großen Teil untergegangen, aber der Archipel von Gobi lag erhöht, und ein neuer und jungfräulicher Kontinent tauchte aus dem Ozean empor: Australien. (Nach den Überlieferungen soll die Wüste Gobi in sehr ferner Zeit ein von Inseln durchsetztes Meer gewesen sein.)

Im Norden waren die Kelten und die Nordländer weniger betroffen als die anderen Völker, aber ihre Kultur war wenig fortgeschritten, und ihre Entwicklung wurde durch zwei natürliche Gründe gehemmt: Sie wohnten nicht auf einer für die Entwicklung günstigen Bruchlinie der Erdrinde, und zum anderen begannen sie von neuem ein Goldenes Zeitalter und ruhten sich auf ihren ungemein fruchtbaren Gebieten aus.

Auf Grund ihrer kulturellen Stagnation strebten sie auch nicht nach einer großartigen Zukunft, sondern bewahrten die unverfälschte Überlieferung von Hyperborea so getreu wie nur möglich. Erst im Abendland und im Vorderen Osten sollte sich die schöpferische Kraft in besonderem Glanz entfalten und manifestieren, wobei an oberster Stelle den Griechen als den Vorkämpfern des Rationalismus und den Hebräern als den Erben der ägyptischen Magie die höchste Anerkennung gebührt.

Zwischen diesen beiden Tendenzen entschied sich die Welt der

Antike für einen Kompromiß und damit unbedingt für die beste Lösung.

Griechen, Inder, Kelten, Inka und Maya bezogen den gesamten Kosmos in ihre Entstehungsgeschichte mit ein und bildeten so ihren Geist im Sinne einer Weltevolution.

Die Hebräer dagegen und später die christlichen Völker des Abendlandes zwängten das Universum in das Gebiet des Vorderen Orients und verbannten die Sonne, Venus, Jupiter, Mars aus ihrem Weltbild. Dies war ihr großer Fehler, ihre Unterlassungssünde.

Da sie auf lange Sicht planten, verstanden es die Hebräer, durch tausend Gefahren hindurch ihrer Politik treu zu bleiben, so daß ihr Einfluß bis in die ersten Jahrhunderte vor unserer Zeitrechnung erheblich war.

Die Griechen ihrerseits entwickelten eine besonders glänzende Kultur, dennoch waren sie wie die Ägypter nicht imstande, ihren pittoresken und vielgestaltigen Göttern Geltung zu verschaffen. Der tiefere, wahrere Monotheismus des Moses durchdrang die Völker gründlich; da aber Jehova sich den Nichtjuden versagte, war es Jesus, der sich dem Abendland widmete, sofern sich nicht das Abendland Jesus hingab.

Welches große Geheimnis lag dem steilen Aufstieg des Christentums zugrunde?

In anderthalb Jahrhunderten, vom Jahre 1 bis zum Jahre 150, reformierten die Christen durch eine Verschwörung von Eingeweihten – angeblich der Söhne des Weltgeheimnisses – die durch Schuld der Juden in soziales Chaos gestürzte Gesellschaft, jener Juden, die offenbar gegen ihren Auftrag verstießen, indem sie sich in einem egoistischen Rassedünkel abkapselten.

Daher war der zu den höherstehenden Vorfahren führende Weg unterbrochen, und das Volk Israel blieb der alleinige Besitzer des Geheimnisses. Bei den romanischen Völkern, den Kelten und den Skandinaviern dagegen blieb von der ursprünglichen Wahrheit ein schwacher, fast nicht wahrnehmbarer, aber unauslöschlicher Funke übrig, an dem sich im Mittelalter die Fackel des Christentums entzünden sollte.

Während die rückläufige, involutive Tendenz des Judentums sich auf den Vorderen Orient beschränkte, strebte das wie durch Zauberhand sich dynamisch entfaltende und um eine kontinuierliche

Weiterentwicklung bemühte Christentum nach dem geheimnisumwitterten und den Menschen noch völlig unbekannten Abendland.

Der Auftrag der Hyperboreer

Eine solche Verlagerung des ursprünglichen Zentrums hatten Eingeweihte bereits vorausgesehen und im Laufe der hebräischen und der griechischen Ära auf dem Wege über die Geheimgesellschaften versucht, aber lediglich die Christen verstanden es, dieser Bewegung eine Bedeutung und ein Vorbild zu geben. Es war die geheime Mission der Ritterorden, deren Sinnbild, wie sich übrigens aus ihrem Namen leicht ableiten läßt, das Pferd war.

In den amerikanischen Steppengebieten, über die es vor 10 000 Jahren in freier Wildbahn hinweggaloppierte, hatte das Pferd einen hohen Symbolwert erlangt, da es das Totem der Atlantiden darstellte und als Poseidon, der Pferdegott des Meeres, verehrt wurde.

Nach der großen Katastrophe schien das Symbol zusammen mit den Kenntnissen der Atlantisbewohner untergegangen zu sein, doch die Eingeweihten der Geheimzentralen hatten es nicht vergessen und riefen es mit den Ritterorden wieder ins Leben. Das Pferd genießt übrigens heutzutage wie vor 10 000 Jahren besonderes Ansehen in denjenigen Ländern, in denen einst die Stroßtrupps der Extraterrestrischen gelandet waren: Amerika, die Wüste Gobi und das Gebiet von Armenien-Kaukasien. (Das armenische Pferd liefert die beste westasiatische Rasse, während die beste ostasiatische Rasse in der Mongolei gezüchtet wird.)

Der berühmteste und zugleich esoterischste Orden, die Ritter der Tafelrunde und des Grals, gibt uns in wunderbarer Weise Aufschluß über eine verschwundene Welt, wonach schon lange vor Christoph Kolumbus Menschen in die beiden Teile Amerikas gekommen sein müssen. In diesem Zusammenhang verstehen wir übrigens unter der Entdeckung Amerikas die Erkundung dieses Kontinents mit weltweiter Resonanz.

Die so häufig umstrittene, so häufig analysierte, aber auch verfälschte Suche nach dem Gral konnte endgültig erst im Lichte der primhistorischen Vergangenheit verstanden werden.

Religionsgemeinschaften hatten ein Interesse daran, die Nachforschungen zu hintertreiben und für sich zu beanspruchen, um sie besser kontrollieren zu können. Doch war der geheimnisvolle atavistische Ruf so mächtig, daß der tief im Unterbewußten verankerte Sinn bestehenblieb und alle Verfälschungen überdauerte. Im verborgenen leiteten Eingeweihte die Suche nach dem Gral, deren Ziel es war, die Rasse der höherstehenden Vorfahren zu erhalten und zum Gipfel unumschränkter Macht emporzuführen.

Die Gralssage

Der Gral war in der mittelalterlichen Vorstellungswelt und Dichtung sowohl die Schüssel, aus welcher Jesus beim letzten Abendmahl mit seinen Jüngern aß, als auch der smaragdene Kelch, in dem Joseph von Arimathia das Blut des Gekreuzigten aufgefangen haben soll. Die Verfasser der Gralssage schreiben dem Gefäß, je nach ihrer religiösen Anschauung, noch andere Bedeutungen zu: So sei darunter eine im Abendland umgestaltete orientalische Sage zu verstehen, der Stein der Weisen, das Urbild übernatürlichen Wissens, das Symbol des Weltrittertums, die Gnade oder Tugend Gottes, die Gegenwart des lebendigen und unsterblichen Gottes, der Zauberkessel der Kelten und des Königs Artus usw.
Der Gral tritt in Wales seit dem 11. Jahrhundert in der Artusdichtung auf und etwa gegen 1135 in Frankreich mit Chrestien de Troyes' *Perceval ou Contes de Graal.*
Der mittelhochdeutsche Epiker Wolfram von Eschenbach fügt die Gralsepisode in seine Versromane *Parzival, Willehalm* und *Titurel* ein und bezieht dabei seinen dokumentarischen Stoff von dem angevinischen Dichter Kyôt (Guiot), der ihn nach eigener Aussage wiederum von einem arabischen Geisterbeschwörer aus Toledo erhalten haben will.
Eine durch geheimere Kanäle auf uns gekommene Überlieferung bringt den Mythos mit der arabischen Epik und dem Gedanken einer friedlichen Vorherrschaft über den Orient und den Okzident durch Vermittlung der Ritterorden in Verbindung.
Im Werke Wolfram von Eschenbachs sind es die Templeisen (Tempelherren), die den wunderbaren Gral bewachen, wenigstens nach den Angaben des Eremiten Trevrizent im *Parzival:*

. . . Mir ist wohl bekannt,
Es wohnt gar manche tapfre Hand
Auf Munsalväsche bei dem Gral,
Und rastlos ziehn durch Berg und Tal
Sie, die Templeisen, in die Weite . . .
Doch soll ich Kunde geben,
Wovon die Helden leben,
So sag' ich Euch; sie speist ein Stein
Von einer Art so hehr und rein,
Die man, wenn Ihr sie noch nicht kennt,
Lapis electrix *benennt.* (Nach Wilhelm Hertz)

Nach einer Legende war der Gral eine Schale, die aus einem von der Stirn Luzifers herabgefallenen Smaragd geschnitten war. Das gestattet den Traditionalisten, zwischen diesem Smaragd, diesem Stein bzw. dem von den Alchimisten gesuchten, konkret gemeinten Stein der Weisen und all den Steinen, denen eine geheimnisvolle Kraft innewohnt, einen Vergleich anzustellen.

Die allgemeine Bedeutung des Grals beruht im großen und ganzen auf einer magischen Funktion, die der des Kessels des keltischen Gottes Dagdae analog ist, nämlich: allen Menschen der Erde unerschöpfliche Speise zu spenden.

Seine esoterische Bedeutung ist viel subtiler, denn die vom Gral gespendete Nahrung ist einmal die Kenntnis der verborgenen Geheimnisse (Einweihung) und zum anderen ein elektrisches Potential, eine Art Magnetismus, die zweifellos der durch Erdströme hervorgerufenen Strahlung entsprechen.

Der Gral selber ist die Schale, der Kelch, die Gebärmutter, aus der die Menschheit hervorgeht, und die Suche nach ihm ist in Wirklichkeit körperlich aufzufassen und versinnbildlicht die Rückkehr zu den Quellen, in die Heimat der großen Vorfahren.

In der keltischen Mythologie besitzt die nächstliegende der Urwahrheiten, der »Zauberkessel« oder Heilige Gral, so wunderbare Tugenden, daß die Götter ihn aus Neid zu stehlen versuchen.

König Artus gelang die Eroberung des Grals in einem »jenseits des Meeres« nach Westen gelegenen Land, wo die Hyperboreer gewohnt hatten, die von den Kelten, gemäß unserer Interpretation des Steines von Corbridge (England), als »Engel« dargestellt wurden, deren Kopf mit einem strahlenden Lichtkranz umgeben war.

Die Templer statteten ihre Standarte, den *Beaucéant*, mit magischen, dem Gral zugeschriebenen Eigenschaften aus: Wer sie am Tage gesehen hatte, war sicher, im Kampf nicht zu fallen; wer die Fahne einmal in der Woche gesehen hatte, konnte zwar verwundet werden, aber nicht tödlich.
Diese Wechselbeziehung gibt Aufschluß über die geheime Mission der Ritter von der Tafelrunde und der Templer, die wir als Hüter und Bewahrer des Geheimnisses und als die Elite ansehen können, die damit beauftragt war, aus dem Lande der höherstehenden Vorfahren Kraft, Macht und Wissen zu schöpfen.
In der Volkssage vollbrachten die Ritter der Tafelrunde eine Reihe kühner Taten, deren Helden Lancelot vom See, sein Sohn Galaad, Perceval, Artus, Gauvain u. a. waren.
Alle hatten den Ehrgeiz, aus dem Schloß des Fischerkönigs den Gral zu holen, dessen leerer Platz an der Tafelrunde des Königs Artus den Blick und das Gefühl der tapferen Ritter beleidigte.
Das Schloß des übel verwundeten Fischerkönigs befand sich in einer »Anderen Welt«, die gleichzeitig wirklich und unwirklich war, aber einen »offenen Zugang« besaß, den man im Westen, jenseits des Ozeans, finden konnte.

Die Andere Welt des Grals

Außer dem Gral mußten die Ritter der Tafelrunde von ihrer Suche wundertätige Gegenstände mitbringen, deren immer größer werdende Zahl die Chronisten schließlich verwirrte.
Das Land der Anderen Welt liegt in der gemeinfaßlichsten Überlieferung unter der Erde oder an der Seite schroffer und die Flüsse beherrschender Steilküsten.
Man gelangt dorthin durch unterirdische Gänge, die unter den von Elfen bewohnten Hügeln angelegt sind; zuvor muß man jedoch bestimmte Initiationsriten vollziehen.
Diese volkstümliche Version wurde von den nordfranzösischen Minnesängern, den Trouvères, ersonnen und den naiven Vorstellungen der damaligen Zeit angepaßt.
In ihr sind bestimmte Wahrheiten bis fast zur Unkenntlichkeit verstümmelt, von denen sich jedoch in den altkeltischen Überlieferungen eine viel deutlichere Spur wiederfindet.

In der irischen Fassung liegt die Andre Welt »jenseits der Meere und der Inseln, auf denen die Seligen wohnen, und weiter noch als die dichten Nebel«, die den Zutritt zu ihr verwehren.
Wie die sagenhafte Insel Antiglia (Antillia) und die Brendansinseln entzieht sich die Andere Welt dem unwürdigen Kundschafter in dem Maße, wie er sich ihr zu nähern bestrebt ist, und verschwindet sogar aus seiner Sicht; dennoch existiert sie mit ihrem Wunderschloß, in dem die Königin-Göttin Riannon und König Bran wohnen, der nach gefahrvoller Durchquerung des großen Westmeeres in das Land der Anderen Welt gelangt war.
Wer an der Tafel des Königs sitzt und die wunderbaren Vögel der Königin singen hört, verliert den Zeitsinn, was mit anderen Worten heißt, daß sich für den eingeweihten, zum Schloß zugelassenen Ritter die Welt und die Dimensionsbegriffe verändern.
In diesem Land leben Feen, Geister mit seltsamen Fähigkeiten, Wesen, die erscheinen und wieder verschwinden, sich verwandeln, denken, sich an andere Orte begeben können, und zwar auf eine Art und Weise, die für die den bekannten physikalischen Gegebenheiten, wie Schwerkraft, Undurchsichtigkeit, Wahrnehmung von Tönen, Farben usw., unterliegenden Menschen der normalen dreidimensionalen Welt völlig unbegreiflich ist. Es ist das auf den Westinseln gelegene Zauberland der Tuatha Dē Dānann göttlichen Geschlechts, die einst ihren magischen Kessel und den Losstein nach Irland brachten.
In diesem keltischen Elysium, das mit dem von Diodoros Siculus beschriebenen Zauberland Hyperborea übereinstimmen dürfte, liegt die Apfelinsel Avalon, auf der der Baum mit den wunderbaren Äpfeln wächst, die den Besitzer gegen den Tod schützen. Dieses Paradies, in dem man die Frucht vom Baum der Erkenntnis – die goldenen Äpfel – pflücken darf, ohne in Sünde zu fallen, steht offenbar im Gegensatz zum irdischen Paradies der Bibel, in welchem Erkenntnis gefährlich ist. Handelt es sich vielleicht um das biblische Anti-Paradies?
Wie in dem auf dem amerikanischen Kontinent vermuteten Tir nan Og (Land der Jugend) der irischen Überlieferungen dauern Jahrhunderte lediglich Minuten, die Wiesen stehen zu allen Jahreszeiten in voller Blüte, die Flüsse führen Met mit sich, und die Einwohner erfreuen sich des Vorrechts ewiger Jugend. Festessen und Schlachten bilden den Lieblingszeitvertreib der Krieger, die gött-

liche Getränke schlürfen und sich an schmackhaften Gerichten und riesigen Früchten aus Füllhörnern und überquellenden Schalen laben.
Die Gefährtinnen der Helden sind Frauen von überragender Schönheit, die im übrigen die Gabe des Vorherwissens besitzen. Immer wieder stößt man auf Parallelen zu Hyperborea, wo die Frauen, wie die Überlieferung versichert, außergewöhnlich schön und intelligent waren.
Dennoch finden in diesem, jenseits des Atlantik gelegenen Land, genau wie in unserer sichtbaren Welt Kriege statt, und es ist keineswegs das Paradies – oder ist es nicht mehr –, da Schicksalsschläge in Form eines Zaubers den guten König Bran treffen.
Ein Auftrag der Gralsritter lautet übrigens, den auf dem König lastenden Zauber zu lösen.
Eine solche Vorstellung und fraglos auch die Erinnerung an eine ferne, unerreichbare, einst wirkliche Andere Welt war im Bewußtsein des Abendlandes von alters her fest verwurzelt. Cäsar berichtet (*De Bello Gallico*, Buch VI, 18), daß sämtliche Gallier sich rühmen, von einem gemeinsamen Gott Dis Pater (Teutates) abzustammen. Er ist der König der Anderen Welt, aus der die Seelen kommen, wo sie wieder fleischliche Gestalt annehmen und wohin sie in stetigem, doch genau festgelegtem Wechsel als unveränderliches geistiges Kapital zurückkehren. Das lehrten auch die Druiden in ihren Einweihungsgesängen (dru [daru] = stark, intensiv, sehr; uid [vid] = wissen, erkennen, also intensiv erkennend, sehr gelehrt).

Florida oder Hyperborea

Die Angaben und Beschreibungen, die sich auf das Land der Gralssuche beziehen, ermöglichen uns eine annähernde geographische Bestimmung.
Wir können es an die Stelle verlegen, an die sich Henoch begab, als er mit den außerplanetarischen Wesen Kontakt aufnehmen wollte, also nach Hyperborea, »zwischen Nord und West«.
Seit der Zeit Henochs hat sich jedoch der Nordpol nach Westen verlagert, was uns, wenn wir die Spitze geraderichten, genau nach Florida führt, wo die Landmassen allmählich, d. h. ohne steiles

Gefälle, ins Meer eintauchen, so als setzten sie unter Wasser ihren alten Kontinentalsockel fort.

Florida, das Goldene Horn der Neuen Welt, gleichzeitig Symbol des Überflusses und Relikt des versunkenen Kontinents, das sich auf siebenhundert Kilometer Küstenlänge zwischen den Atlantik und den Golf von Mexiko schiebt, mit seinen Untiefen, in denen – welch seltsame Vorherbestimmung der Örtlichkeiten – nicht nur die herrlichen Schätze der spanischen Armaden ruhen, sondern auch das Gold der Inka und Azteken! Die Geschichte der versunkenen, eingemauerten und vergrabenen Schätze ist übrigens in dem vom Internationalen Club der Schatzsucher unter dem Titel *Trésors du Monde* (Schätze der Welt) herausgegebenen Buch aufgezeichnet.

Florida, das mit seinen riesigen Sumpfgebieten, den *Everglades,* weder ganz Festland noch ganz Meer ist, soll das günstigste Klima der Erde haben.

Dort herrscht ewiger Sommer, die Natur ist ewig jung (Tir nan Og = Land der Jugend in der keltischen Mythologie), dort reifen wie in Armenien, veredelt durch kundige Obstbaumzüchter der primhistorischen Zeit, die köstlichsten Früchte, dort gedeihen Äpfel, die größer sind als anderswo.

Nach der griechischen Überlieferung wurde Herakles also völlig zu Recht über den Okeanosfluß gesandt, um die wirklichen oder unwirklichen goldenen Äpfel der Erkenntnis zu pflücken!

Die Durchschnittstemperatur liegt in Florida bei etwa 22,78°C, und nirgendwo in diesem Staat beträgt die Differenz zwischen Sommer- und Wintertemperaturen mehr als 3,9°C, so daß die goldenen Äpfel (d. h. Orangen), die Zitronen, Limonen, Ananasfrüchte, Oliven, Weintrauben, Birnen, Kirschen dort von besonderem Wohlgeschmack sind.

Dort ist der Garten der Hesperiden zu suchen, die Ferne Welt des Gilgamesch, das Grüne Land der Ägypter, das Paradies des Amitābha und das Hyperborea der nordischen Völker.

Florida ist das Land der Karsttrichter und Flußschwinden (engl. *sinks),* die im Kalkstein durch die erodierende Wirkung unterirdischer Wasserläufe entstanden. Breite Flüsse stürzen sich durch riesige Bodensenken ins Erdinnere, wo sie verschwinden, aufgefangen durch ein wunderbares Netz von Kanälen, Gesteinsspalten und Höhlen, die eine geheimnisvolle, unsichtbare Welt bilden.

Für die Waliser, für die Iren aus dem Land des Königs Artus war Florida sehr wohl die Andere Welt, wie sie von kühnen keltischen, norwegischen, baskischen Seefahrern geschildert wurde, die lange vor Christoph Kolumbus Amerika entdeckt und von ihrer Irrfahrt erzählt hatten, wobei sie freilich mit Übertreibungen nicht gespart haben dürften.

So entstand das Bild eines Amerika, das zwar zur Hälfte noch der Sage angehörte, das aber tatsächlich an den Grenzen der abendländisch-westlichen Welt lag, jenseits des Okeanostromes, hinter den Glücklichen Inseln (= Kanarischen Inseln) und den St.-Brendans-Inseln, wo im Jahre 570 der irische Bischof gelandet war, den die Überlieferung später mit König Bran verwechselte.

In dieser amerikanischen Anderen Welt, zu der man erst nach langen Irrfahrten durch das nebelreiche Gebiet der Neufundlandinseln gelangte – ein Gebiet, durchaus geeignet, die Phantasie zum Ersinnen unwirklicher Geschichten anzuregen –, findet man, gleichsam nach einer Reihe von Initiationszeremonien, das »Land, welches das beste Klima der Erde besitzt, in dem die Wunderäpfel gedeihen, wo ewiger Sommer voller Blumen und Wohlgerüche herrscht«, und sogar das unterirdische Reich, das die alten Entdecker so sehr beeindrucken mußte.

Hier liegt also die physische, die geographisch lokalisierbare Andere Welt ... Aber noch bleibt das Geheimnis der Dualität, der Realität und der Irrealität des Reiches zu klären, in dem König Bran herrscht und wo der Zeitbegriff nicht existiert.

Man kann sich die Verwirrung unserer Ahnen angesichts dieses für sie unlösbaren Problems leicht vorstellen, das selbst heute nur durch die Hypothese von den Parallelwelten und durch die Enthüllung der Geschichte unserer höherstehenden Vorfahren gelöst werden kann.

Der Ruf Amerikas

Möglicherweise lag Hyperborea in primhistorischer Zeit weiter nördlich und Florida ist nur das virtuelle Bild der antiken Realität, doch die Lösung des Problems dürfte im Gesamtkomplex »Amerika« zu finden sein, wo das Land der Gralssuche lag.

Wie sollte man sonst den einzigartigen Sinn all jener Strömungen erklären, welche Scharen von Eingeweihten, Heroen, Rittern und kühnen Entdeckern nach Westen zogen?

Und werden nicht noch heute Abenteurer und wirrköpfige Erobererernaturen von Amerika, von New York angezogen, wo sie ihr Glück zu machen hoffen?

Es ist, als habe sich über Jahrtausende hinweg, dem Verfall der ursprünglichen Wahrheit zum Trotz, die atavistische Erinnerung an die notwendige Reise zu einer Anderen Welt erhalten.

Doch die Entdeckung der greifbaren Realität war nur das erste Stadium der Gralssuche und konnte lediglich einen trügerischen materiellen Gewinn einbringen.

Die Ritter der Tafelrunde erreichten diese sinnlich wahrnehmbare Welt in Wirklichkeit nie, aber vielleicht hatten sie zu ihr durch die geheimnisvollen »unterirdischen Kanäle« (= Einweihung) Zutritt, die von unserer irdischen dreidimensionalen Welt zu den Parallelwelten führen.

Diese Hypothese wird durch gewisse Anhaltspunkte wie die übersinnliche Dualität der gleichzeitig reellen und dennoch nicht wahrnehmbaren Anderen Welt und durch die Aufhebung des Zeitsinnes bestätigt, welche eintritt, wenn man die Wundervögel singen hört.

Darüber hinaus gelangt man, wie bei den Parallelwelten, in die Andere Welt nach Angabe der Texte durch »eine offene Tür«, d. h. durch eine Art Schleuse oder Sieb, das der Reisende unter bestimmten Bedingungen passieren darf.

Man hat der Gralssuche einen ausschließlich einweihenden Sinn unterschieben wollen, doch unserer Ansicht nach ist dies nicht statthaft, da die Texte ausdrücklich besagen: *Das Land der Anderen Welt existiert und existiert nicht* ... und auch: *Es existiert tatsächlich jenseits der Meere, im Westen.*

Jedenfalls weisen diese Inseln, diese Nebelschwaden, diese Äpfel, dieses Land der Glückseligkeit eine zu genaue Übereinstimmung mit den Vereinigten Staaten auf, um auf einem Zufall zu beruhen. Freilich vermischt sich in dieser »Aventiure« Symbolisches mit Realem, und zwar um so mehr, als die Gralshistoriker im allgemeinen außerstande waren, sich höherstehende Vorfahren, eine untergegangene Welt und selbst einen westlichen Kontinent vorzustellen.

Der Schriftsteller Gustav Meyrink hat in seinem Roman *Der Engel*

vom westlichen Fenster in der Suche nach dem Stein der Weisen das *Mysterium Conjunctionis* zu sehen geglaubt, welches die »chymische Hochzeit« des Eingeweihten mit der Dame Philosophie oder der Königin des Landes jenseits der Meere bedeutet. Für ihn bedeutet es ferner das Geheimnis der Stoffverwandlung, der Verschmelzung von + und –, der Vermählung zwischen dem männlichen und dem weiblichen Prinzip, d. h. die Reintegration Adams in die Ur-Eva oder die verborgene Eva, die ein Zwitter war.
Diese Theorie macht aus den Vereinigten Staaten das uranfängliche Land, in dem der erste Mensch entstand. In diesem Sinne dürfte die Gralssuche, die Suche nach dem Stein der Weisen als Rückkehr zu den Quellen aufzufassen sein, doch läßt sich die These, daß in den Vereinigten Staaten die Wiege der Menschheit gestanden habe, wissenschaftlich nur schwer aufrechterhalten. Wir unsererseits sehen in Amerika lediglich das Ursprungsland *einer* primhistorischen Kultur.
Vom Standpunkt der rationalistischen Wissenschaft aus kann die Reise oder der Eintritt in die Andere Welt nur durch einen körperlich existierenden Menschen von normaler Konstitution erfolgen; zweifellos muß er sich aber einer Art von Verwandlung unterziehen, die ihm – beispielsweise – den Übergang in einen äußerst verdünnten oder feinen stofflichen Zustand ermöglicht und ihm auf diese Weise die Endosmose durch die trennende Scheidewand bzw. das Sieb erleichtert.
Es dürfte sich in diesem Fall um Substanzumwandlung und Eindringen in die Ausläufer oder Grenzbereiche einer fünf- oder sechsdimensionalen Welt handeln, so wie sie Professor M. E. Falinski streng mathematisch ableitet.

Theorie der Parallelwelten

Wir können die von M. E. Falinski in einer kleinen Schrift mit dem Titel *Pangeometrische Parapsychologie* aufgestellte These nur in sehr gedrängter Form darlegen.
Bei der Schöpfung wurde nicht zugunsten der besten unter allen möglichen Welten entschieden (Theorie von Leibniz), sondern zugunsten aller rational möglichen Welten.
Es müßte also eine unendliche Anzahl von Weltsystemen geben,

in denen alles möglich wäre, sogar die Märchen vom Däumling, vom Weihnachtsmann und vom Blauvogel: die Parallelwelten.

Die theoretische Wirklichkeit der Parallelwelten läßt sich mathematisch durch eine Reihe von Gleichungen beweisen, die aus der Gaußschen Hypergeometrie, der Lobatschewskischen Pangeometrie, der nichteuklidischen Geometrie Riemanns und der transfiniten Mengenlehre Cantors abgeleitet sind.

Kurz, es handelt sich um den Beweis, daß es durch einen Punkt außerhalb einer Geraden unendlich viele Parallelen zu dieser Geraden geben kann (d. h. im Gegensatz zum Postulat Euklids).

Daraus ergibt sich die Existenz von Welten, die der unsrigen parallel sind, aber mit ihr keineswegs übereinstimmen, da sie zeitlich und räumlich verschoben sind (Vorsprung oder Verzögerung gegenüber den Ereignissen in unserer normalerweise bekannten Welt).

Diese Welten vermögen sich gegenseitig zu durchdringen, weil in ihrem stofflichen Aufbau der leere Raum – wie beim Atom – gegenüber dem materieerfüllten Raum vorherrscht.

Es gibt zwischen verschiedenen Welten keine Kraftfelder, welche die gegenseitige Durchdringung von Gegenständen verhindern, so daß die Reise in die Zeit und das Hindurchgehen durch Mauern dort von jedem Wesen ausführbar sind, dem es gelingt, von der einen in die andere Welt hinüberzuwechseln.

Solche Kraftfelder spielen nur für die inneren Elemente und innerhalb derselben Welt eine Rolle.

Die Tatsache, daß zwischen zeitlichen Abläufen auf Parallelwelten keine Übereinstimmung besteht, ist gleichsam das »Sieb«, durch das ein mit supernormalem Wahrnehmungsvermögen begabtes Individuum hindurchgehen kann, um die Vergangenheit oder die Zukunft zu erforschen (zu sehen und zu hören).

Aus okkultistischer Sicht käme das Hindurchgehen durch den »Mund des Spalts« einer bewußten Erforschung in Astralleibgestalt, einem Eindringen in eine Parallelwelt gleich, das den Mechanismus des Hellsehens und der Vorahnung erklären würde.

Derjenige, der eine Reise in die Andere Welt des Grals unternähme, wäre folglich gehalten, eine Verbindung zwischen dem Supernormalen und einer Wissenschaft herzustellen, die zwar heute noch unbekannt ist, sich jedoch eines Tages im Laboratorium experimentell erhärten lassen wird.

Diese Theorie beunruhigt die Kernphysiker keinesfalls, für die das Verhalten der aus der Anderen Welt des Kosmos stammenden Partikel ein tiefes Geheimnis darstellt ebenso wie der Gedanke an Überlichtgeschwindigkeiten, an hohle oder gekrümmte Welten und selbst der Begriff der Raumzeit.
Die von den Chronisten des 11. Jahrhunderts beschriebene, noch viel geheimnisvollere Andere Welt des Grals deutet auf das Fortbestehen einer ursprünglich sehr präzise formulierten, im späteren Verlauf aber immer mehr in Verfall geratenen wissenschaftlichen Erkenntnis hin.
Der Vereinigungsprozeß tritt vielleicht in verhüllter Form bei den Prüfungen in Erscheinung, die die Ritter der Tafelrunde bestehen mußten.

Die Prüfungen

Die Suche nach wundertätigen Gegenständen hing von Befragungen und Prüfungen ab und war mit Gefahren verbunden; dafür brachten diese Gegenstände ihrem Besitzer Glück, ein reines Gewissen, Unverwundbarkeit und Ehre.
Es gab sie in riesiger Zahl, die mit den Auffassungen, Hinzufügungen und Umarbeitungen phantasiebegabter Schriftsteller im Laufe der Jahrhunderte ständig zunahm. Im wesentlichen stieß man jedoch stets auf die folgenden mit Wunderkräften ausgestatteten Dinge:
die Wunderschale,
den Stein der Oberherrschaft,
den Wunderkorb,
das Trinkhorn,
das Schwert,
die Lanze,
den unerschöpflichen Napf,
den Kessel des Überflusses.
Es waren also hauptsächlich acht Gegenstände, wobei die 8 sowohl die Ziffer der Tempelherren ist als auch – in Form des Zeichens ∞ – das Symbol der Weltherrschaft darstellt.
Als einwandfrei erwiesen gilt, daß jedem dieser Wunderdinge ein Symbolwert anhaftete, doch hat es den Anschein, daß die Okkul-

tisten in übertriebenem Maße mit ihrer esoterischen und vor allem alchimistischen Bedeutung spekulierten.
Gleichwohl führt die Tatsache, daß die Tempelherren den Auftrag der Ritter der Tafelrunde fortsetzten, zu der Überlegung, daß der Okkultismus und in erster Linie die Alchimie an diesem Geheimnis faktisch nicht unbeteiligt waren.
Die ersten beiden Gegenstände: die Schale und der Stein – ganz abgesehen von dem Horn, dem Schwert und der Lanze als Symbolen transzendenter Männlichkeit – können mit dem Großen Werk, dem Stein der Weisen, den Zeichen – und +, der verborgenen Eva in Verbindung gebracht werden, aber auch mit dem Smaragd und dem schwarzen Stein, die Luzifer vom Planeten Venus mitgebracht haben soll.
Dieses Thema ließe sich ad infinitum ausschmücken.
Die Fragen, die nach dem Ritus denjenigen, die sich um die Gralssuche beworben hatten, gestellt werden mußten, waren folgendermaßen formuliert:

1. Wem dient der Gral?

2. Wozu dient der Gral?

3. Warum blutet die Lanze?

In diesen Fragen kommt noch die christliche Bedeutung zum Ausdruck, die die Chronisten seit dem 12. Jahrhundert dem Gral zuschrieben.
Wem dient der Gral bedeutet: In wessen Dienst steht der Gral? Antwort: Im Dienste des verwundeten Königs.
Wozu dient der Gral: als göttliche Speise und wirksame Kraft. Die dritte Frage bezieht sich offenbar auf den hinterhältigen Anschlag, der den König der Anderen Welt verwundete, und im weiteren Sinne auf die Wunde Christi.
Die Zahl der Prüfungen war Legion, doch einige hatten allgemeine Gesetzeskraft:
Die Nacht in einer Kapelle bei dem rings von Kerzen erhellten Leichnam eines Ritters zubringen. Apokalyptische Nacht mit Donner, Blitzen und Gespenstererscheinungen.
Probe des sich drehenden Bettes (oder Schloßprobe), wobei der Bewerber ein wahres Bombardement mörderischer Wurfgeschosse aushalten muß.

Das tödliche Enthauptungsspiel, eine Art Duell, wobei der Sieger dem Besiegten den Kopf abschlägt.
Mehrtägiges Ausharren oder Fasten im Zauberwald.
Wenn der Neuling aus allen Prüfungen als Sieger hervorging, empfing er *seinen Namen, hatte Anspruch auf seine Ahnen,* auf seine Ehre und die in ihm reinkarnierte Seele.
Diese Prüfungen haben einen durchaus einweihenden Charakter und finden ihr Gegenstück in den Aufnahmeriten sämtlicher alten und neuzeitlichen Ritterorden und auch der Freimaurerei.
Ob verhüllt oder klar formuliert, ihre Aufgabe war es, eine Elite auf eine politische Mission vorzubereiten, die seit dem 11. Jahrhundert auf die Eroberung der Welt durch die Völker der weißen Rasse, die direkten Nachkommen der höherstehenden Vorfahren von Hyperborea, gerichtet war.
Zu Beginn des Mittelalters wandelte sich die Suche nach dem Gral in eine Geheimbewegung um, die noch in unseren Tagen auf eine höchst unerwartete Weise aktiv ist.

Das Weltreich

Die später absichtlich hinzugefügte christliche Verbrämung regte trotz Entstellung des ursprünglichen Sinnes der Gralssuche die Artussage an, die unserer Meinung nach jedoch nur zur Verschleierung okkulter und politischer Pläne diente, die nicht dem christlichen Glauben, sondern einer Weltreligion verhaftet waren und den Hegemonialansprüchen einer mächtigen Verschwörung von Rittern entsprachen, deren geistiges Reich sich von Jerusalem bis ins ferne Thule erstreckte.
Im 13. Jahrhundert wurde diese These, die den der unsichtbaren Geschichte der Menschheit meist gleichgültig gegenüberstehenden Historikern entging, durch einen eingeweihten Kaiser von besonders hohen Graden veranschaulicht: Friedrich II. von Hohenstaufen.

XIII. DAS SCHLOSS DER HERRN DER WELT

Seit der Zeit, da die Menschen die Grenzen der Erde zu kennen glaubten, gab es Könige, die sich ihre Eroberung zum Ziel setzten und von einer Vorherrschaft über alle Kontinente träumten.
Bis ins vorige Jahrhundert galt die Erde der Menschen innerhalb des allgemein anerkannten kosmogonischen Systems als der Nabel der Welt, wenn nicht sogar als Universum in seiner Gesamtkonzeption, so daß das Hegemoniestreben in einem schlechthin superlativischen Begriff zum Ausdruck kam: Herr der Welt, Herr des Universums.
Manche Historiker sind sich darin einig, sowohl dieses Bewußtsein als auch diesen Titel Herrschern wie Karl dem Großen, Friedrich II. von Hohenstaufen, Karl V. und Napoleon zuzuschreiben.
Man würde natürlich noch viele andere Monarchen und selbst einfache Bürger finden, die in ihrem Größenwahn von der Weltherrschaft träumten. Wenn es auch umstritten sein mag, Karl den Großen, Napoleon und vielleicht Karl V. in die Schar der Welteroberer einzureihen, so hat man jedenfalls gute Gründe anzunehmen, daß Friedrich II. von Hohenstaufen sich zeit seines Lebens mit diesem trügerischen Gedanken trug.

Der intelligenteste aller Könige

Als Kaiser von Deutschland, König der Römer, König von Sizilien und König von Jerusalem war Friedrich II. von Hohenstaufen zu Beginn des 13. Jahrhunderts, also im Hochmittelalter, ein mit Zauberkräften ausgestatteter Herrscher, eine Art legendärer Gestalt, ein Souverän, der von seinem Volk bisweilen mit König Artus verwechselt wurde.
In Wirklichkeit hatte der sehr christlich gesinnte Gebieter über die Ritter der Tafelrunde wohl kaum Anschauungen, die mit denen Friedrichs II., des unerbittlichen Feindes der Päpste und der Religion übereinstimmten, der behauptet hatte: »Moses, Jesus und Mohammed sind Betrüger!«
Im Jahre 1230, im Jahrhundert Ludwigs des Heiligen und der Kreuzzüge, rief ein solches öffentliches Bekenntnis im christlichen

Abendland eine starke Unruhe und Besorgnis hervor, wurde aber andererseits von den Volksmassen, die dem apostolischen römisch-katholischen Glauben weniger zugetan waren, als man vermutete, mit Sympathie aufgenommen.
Die Historiker sind verschiedener Ansicht über Friedrichs Charakter, doch die Tatsachen lassen sich nicht von der Hand weisen: Der große Kaiser widmete sich ganz eindeutig dem Kampf gegen die Päpste, machte Anstrengungen, sie aus Italien zu vertreiben und sie unnachsichtig zu verfolgen, wofür er mehrfach mit dem Kirchenbann belegt und exkommuniziert wurde, was ihn allerdings nicht daran hinderte, manchmal – wenn die Gefahr zu groß wurde – reumütig in den Schoß der Kirche zurückzukehren!
Aber wenn es jemals einen Ungläubigen gab, so war er es!
Der italienische Mönch und Geschichtsschreiber Salimbene de Adam nennt ihn den Antichrist, und Dante verheißt ihm einen Platz *im sechsten Kreis der Hölle, in den brennenden Gräbern, in denen die Erzketzer und ihre Anhänger schmachten.*
Von deutscher Abstammung, aber in romanischem Geiste erzogen, war Friedrich II. von Hohenstaufen sicherlich der gebildetste, intelligenteste und unabhängigste Herrscher, den die Geschichte kennt. Er sprach italienisch, griechisch, arabisch, deutsch, lateinisch und französisch, er widmete sich mit einigem Talent der Medizin, archäologischen Ausgrabungen und dem Erforschen der Unterwasserfauna.
An seinem malerischen Hof in Palermo, dem Mittelpunkt aller geistigen Strömungen, war der Fischer Colas Pesce (Colas der Fisch) Professor der Unterwasserwissenschaften, der für seinen Herrscher und Freund aus der Tiefe des Meeres Korallen, Muscheln und Schätze heraufholte. Wenn ein Fischer sich als Freund des Kaisers bezeichnete, so waren seine Lehrmeister und Berater Okkultisten.

Studium der Kabbala, der Alchimie und der »Prophezeiungen Merlins«

Dieser Cäsar, berichtet Saba Malespina, *der der wirkliche Herrscher der Welt war und dessen Ruhm sich über den ganzen Erdkreis verbreitet hatte, begann in dem festen Glauben, daß er durch Ausübung und Anwendung der Mathematik den Göttern gleich würde, den Urgrund der Dinge auszuloten und die Geheimnisse des Himmels zu erforschen ...* Und hier offenbart sich nach unserem Dafürhalten die Persönlichkeit des Kaisers als die eines großen Geistes, der seiner Zeit weit voraus ist und davon träumt, durch Wissenschaft und Magie der Herr der Welt zu werden.

Er umgibt sich mit Wahrsagern, Nekromanten, Alchimisten, Goldmachern, Astrologen und Kabbalisten, die ihn unterweisen und einweihen.

Friedrich vertieft sich in die Legenden von König Artus und den Rittern der Tafelrunde, studiert die Goldene Zahl mit dem Mathematiker Leonardo Fibonacci aus Pisa, er steht in Briefwechsel mit Juda Cohen, dem berühmten jüdischen Gelehrten aus Toledo, und zieht die angesehensten Okkultisten seiner Zeit zu Rate: Ezzelino de Romano, Guido Bonatti, Riprandino di Verona, den Maestro Saliano; vor allem aber läßt er aus Bagdad den sarazenischen Magier Paulus und aus England Michel Scot kommen, den Zauberer und Magister »der teuflischen Künste«.

Sein persönlicher Berater ist Theodoros, ein griechischer Gelehrter, der sich auf alle Künste versteht und mancherlei seltsame Hexen- und Liebestränke, zauberkräftige Bonbons und einen »Veilchenzucker« zu bereiten weiß, dessen wunderbare Eigenschaften denen des Lebenselixiers gleichen.

Steht Friedrich wirklich unter einem Zauber? Das ist durchaus möglich, sind doch diejenigen, die ihn in seinen Welteroberungsplänen bestärken, kundige Magier und hochverdiente Gelehrte.

Der auf phantastische Legenden versessene Kaiser begeistert sich für den Zauberer Merlin, den Beschützer des Königs Artus und inspirierten Propheten, dessen Ruf im Abendland des Mittelalters so groß war, daß die Geschicke Europas eine Umwälzung erfuhren.

Insbesondere auf Grund seiner Weissagungen war es zwei Jahrhunderte später für Jeanne d'Arc ein leichtes, ihre Mission zu erfüllen. Das »Buch Merlins« hatte nämlich angekündigt, »daß die zwölf Tierkreiszeichen miteinander Krieg führen würden und daß dann *die Jungfrau sich auf den Rücken des Schützen niederlassen würde«.* (Interessanterweise hat jede Prophezeiung Aussichten, in Erfüllung zu gehen, denn es findet sich zu gegebener Zeit immer ein Schwärmer, der die Verantwortung dafür auf sich nimmt. Sollte heute ein Magier Europa für das Jahr 2000 oder 2004 einen

Retter oder Heiland weissagen, so würden sich die weißen Völker unweigerlich dieser Botschaft bemächtigen und der angekündigte »Retter« würde zum prophezeiten Zeitpunkt erscheinen.)
Die Einbildungskraft des Volkes mußte in den Weissagungen Merlins die Ankündigung einer Jungfrau sehen (daher der Beiname der Jeanne d'Arc: Jungfrau von Orléans), die Frankreich retten würde, und man darf vermuten, daß Friedrich II. von Hohenstaufen im 13. Jahrhundert die im Buche Merlins mit folgenden Worten vorausgesagte Nachfolge König Artus' antrat: *Möge Gott ihm einen ebenbürtigen Nachfolger geben, ich wünsche mir keinen besseren!*

Die Pactio Secreta

Durch seine germanische Herkunft auf natürliche Weise zum Großartigen neigend, hatte der Kaiser 1228 in Saint-Jean-d'Acre (Akka), obwohl er vom Papst exkommuniziert worden war, an der Tafelrunde der Eliteorden des Weltrittertums, also der Templer, Spitalbrüder, Deutschherren, der sarazenischen Fâtas, der Bātinīja (Assassinen oder Assaniten), der spanischen Rabiter usw. den Vorsitz geführt, die alle durch die *Pactio Secreta* (Geheimpakt) übereingekommen waren, auf einer dem Großmeister der vereinigten Orden unterworfenen Erde die Weltreligion zu stiften.
Auf diese Weise wird auch die Verbindung des Rittertums mit den einweihenden Geheimorden verständlich, auf die der Schriftsteller René Briat hinweist:
Die Tempelherren galten als die Hüter und Fortsetzer eines »Geheimnisses« von überragender Bedeutung, das keinem Außenstehenden oder Uneingeweihten – und wäre er der König von Frankreich – mitgeteilt werden durfte.
Handelte es sich um den Gral, das Symbol der Erkenntnis, den ersten Schritt zur Weltherrschaft?
Es hat in der Tat den Anschein, daß das höchste Ziel, das der Orden durch seine Tätigkeit anstrebte, das Wiederaufleben der Reichsidee, d. h. eines islamischen Ostreiches und eines christlichen Westreiches, des Abendlandes, war, gleichsam also eine Föderation autonomer Staaten, die der Führung zweier Ober-

häupter unterstellt waren, und zwar einem geistlichen, dem Papst, und einem weltlich-politischen, dem Imperator, wobei die beiden Führer gewählt und voneinander unabhängig waren.
Über dem Kaiser und dem obersten Kirchenfürsten gab es eine höchste, geheimnisvolle Macht.
Wer war dieser höchste und geheimnisvolle Gebieter? War er ein Bewohner der Erde? Ein außerirdisches Wesen? Einige wenige Eingeweihte könnten bestimmt zur Lösung dieses Rätsels beitragen.

Der Schatz mit den sieben Zeichen

Die Verschwörung der Ritterorden und die *Pactio Secreta* haben stets die Neugier der Historiker erregt, ohne daß es ihnen darum gelungen wäre, hinter dieses Geheimnis zu kommen. Vielleicht kann jedoch eine Zufallsentdeckung ein wenig Licht in das Dunkel bringen.
Im Jahre 1952 grub eine Bewohnerin des Departements Seine-et-Marne auf einem Besitztum bei Rampillon ein Kästchen aus, das einen kleinen, aus Perlen gefertigten Beutel, ein Skarabäussiegel sowie eine rote, reich mit Swastikaschnitzereien verzierte Elfenbeindose enthielt. Im Innern dieser Dose befanden sich ein Eichmaß für das Abwägen von Gold und silberne Münzen, die stark nachgedunkelt waren, als seien sie lange in Umlauf gewesen, und von denen einige aus dem 15. Jahrhundert stammten.
In der Nähe dieses Schatzkästchens fand man zwei kupferne Schatullen mit sieben Plättchen, von denen die größten die Fläche einer Kinderhand bedecken.
In diese Plättchen waren kabbalistische, templerische, freimaurerische, hebräische, arabische, rosenkreuzerische und andere Zeichen eingeritzt, die allerdings schwierig zu entziffern sind.
Wer diese Zeichen auf ihrem nichtidentifizierbaren Material mit ihrer Patina, ihren ungewohnten Formen von Zahnrädern, Achtecken oder Rechtecken und ihren geheimnisvollen Gravuren sieht, in denen bisweilen eine Rose wie ein beruhigendes Lächeln aufblüht, kann nicht umhin, einmal an die Tempelherren zu denken, deren Wahllehen Rampillon und Provins waren, zum anderen an

die Rosenkreuzer und schließlich an eine übergeordnete Geheimgesellschaft, in der Christen, Juden und Muselmanen brüderlich verkehrten.

Für jeden, der am Gral, am Ritterorden und am Schloß des Herrn der Welt, Castel del Monte, interessiert ist, liegen die Beziehungen zwischen den Symbolen dieser Gegenstände und der Bauart des italienischen Schlosses klar auf der Hand.

Darüber hinaus stimmt die achteckige Platte, welche die Schlüsselzeichen trägt, sehr genau mit dem Grundriß von Castel de Monte überein.

Man vermutet, daß diese Platten die Zeichen der Zugehörigkeit zu einem hermetischen Orden darstellen, der sich speziell mit Alchimie beschäftigte.

War der französische Kaufmann und – der Überlieferung nach – Goldmacher Jacques Cœur Mitglied dieser Sekte?

Man ist geneigt, die Frage zu bejahen, zumal dann, wenn man mit jenem hermetischen Orden auch die ungewöhnlichen »Flieger« (Voadores) König Joãos II. von Portugal in Verbindung bringt, die durch einen Geheimbefehl des Monarchen gezwungen wurden, aus dem Dienst am Hofe auszuscheiden und nach den Azoren oder nach Madeira gleichsam vorzeitig in Pension zu gehen, nachdem sie schon zehn Jahre vor Christoph Kolumbus und vor der »Entdeckung« Amerikas aus den Gruben Brasiliens Gold gefördert hatten.

Aber erst die Swastiken auf der roten Dose von Rampillon schaffen, wie wir später sehen werden, eine Beziehung zu dem bestürzenden Wiederaufleben eines geheimnisvollen Ritterordens in jüngster Zeit.

Jedenfalls wurde Friedrich II. von Hohenstaufen im Jahre 1240 in die Pactio Secreta, die geheime Verschwörung der Ritter, aufgenommen; sein Schloß Castel del Monte, dessen Bedeutung bis heute keiner verstanden hatte, liefert den deutlichen Beweis für die Realität seiner Weltherrschaftspläne.

War Friedrich in Saint-Jean-d'Acre (Akka) zum Imperator gewählt worden?
Er glaubte fest daran, aber vielleicht täuschte er sich. Auf jeden Fall dürfte das Heiligtum, das er sich in Süditalien auf halbem Wege zwischen dem Heiligen Land im Osten und dem Mutterland im Westen, aber auch in der Mitte zwischen Jerusalem, der Insel Avalon und Santiago de Compostela erbauen ließ, ein Schloß der Tempelherren und Alchimisten gewesen sein, das durch die Goldene Zahl der Windrose, durch die 8 beherrscht wurde, das Symbol für das vertikale Unendliche, das horizontale Unendliche und das Symbol für die Weltherrschaft!
Alles war nach Meinung des Kaisers in Ordnung, und alles schien ihm auch nach außen hin in Ordnung zu sein: sein gutes Einvernehmen mit den Deutschrittern, den Spitalbrüdern, den Tempelherren, den Sarazenen und den Juden. Was die Katholiken betraf, die seinem Vorhaben offenbar feindlich gegenüberstanden, machte er mit ihnen kurzen Prozeß: Der Papst wurde aus seiner Machtstellung verdrängt.

Ein achteckiges Schloß

Das in Apulien – 15 km südlich der Stadtgemeinde Andria – liegende Schloß Castel del Monte wurde im Mittelalter als ein »unvergleichliches Wunder« angesehen.
Sein Grundriß mit den vom Salomonischen Tempel übernommenen Hauptabmessungen (60 Ellen Länge, 30 Ellen Höhe, 20 Ellen Breite) besteht aus zwei konzentrischen Achtecken, die durch vom geometrischen Mittelpunkt ausgehende und bis zu jeder der acht Ecken reichende Wände voneinander getrennt sind und auf diese Weise 8 trapezförmige Räume bilden.
Jeder Winkel des Bauwerks ist mit einem achteckigen Turm versehen, der jeweils in die 2,65 m dicke Umfassungsmauer eingelassen ist.
Das Bauwerk besitzt nur einen einzigen Eingang, der, bezogen auf die Achse Jerusalem-Andria, nach Südosten weist und zu dem achteckigen Mittelhof, dem »Gemach des Meisters«, führt.

Dieser Hof war einst ein geräumiger bedachter Saal, in dem sich bei jeder Sonnenwende die Führer der acht großen Weltritterorden um den Imperator versammeln mußten.
In dem streng geometrischen Aufbau des unbewohnbaren Schlosses erkennt man nirgends Räumlichkeiten mit ausgesprochenem Gebrauchscharakter: Küchen, Nischen für Brennmaterial, Diensträume, Schlafzimmer, Damensalons, Vorratskammern usw.
Das erste Stockwerk wurde dem Erdgeschoß genau nachgebildet, und in der Mitte der beiden Achtecke sieht man noch die Zisterne, in die das Wasser von den geneigten und als Dach dienenden Terrassen floß.
Nach einer Überlieferung stand einst in Castel del Monte ein Tempel mit der Marmorstatue eines antiken Gottes, dessen Kopf von einem bronzenen Strahlenkranz umgeben war.
In das Metall waren die folgenden Worte eingeritzt: »An den Kalenden des Mai, wenn die Sonne aufgeht, werde ich einen Kopf aus Gold haben.«
Im Jahre 1073 löste ein Sarazene das Rätsel, indem er am 1. Mai an der Stelle, auf die der Kopf seinen Schatten warf, nachgrub und dort einen reichen Schatz fand, der zum Bau des ersten Schlosses diente. Wahrscheinlich ließ Friedrich II. den Bau von Castel del Monte auf den Ruinen des alten Schlosses am geweihten Tage der Sommersonnenwende des Jahres 1240 beginnen.
Über der Eingangstür befindet sich zwischen dem Wappen der Deutschritter und den Löwen des schwäbischen Herrscherhauses die Marmorskulptur eines von Strahlen umgebenen Kopfes: das Symbol des unbekannten Meisters – oder eine Erinnerung an das Götterhaupt, das dem Sarazenen einst die Stätte des Schatzes gewiesen hatte.

Michel Scot, der Goldmacher

In jenem 13. Jahrhundert, da das Rittertum und der Gralsmythos sich zu höchster Blüte entfalten, entspricht das achteckige Schloß einer Dreizahlmystik, die aus ihm einen alchimistischen Athanor (arabisch »at-tannûr« Backofen) macht, in dem mit zunehmender Bedeutung des Steins der Weisen das Geschick Europas und der anderen bekannten Kontinente reifen soll.

Der Kaiser hat einen geistlichen Lehrer: den Mönch Michel Scot, von dem man nicht recht weiß, ob er aus Irland, Italien oder Frankreich stammte, der aber zu seiner Zeit ein berühmter und unerreichter Magier war.
Jahrelang herrschte Scot, zunächst am deutschen Hofe, dann in Italien, als »seelischer Zwillingsbruder« Friedrichs II. kraft seiner Kenntnisse und seiner Magie über den, der Imperator werden wollte.
All dies gleicht mehr einer Sage, doch behaupteten seine Zeitgenossen, »daß es ihm einmal eingefallen sei, alle seine Freunde zu einem Festessen vor einem völlig leeren Tisch zu versammeln«. Auf ein Zeichen von ihm erschienen plötzlich die Speisen und Gerichte und legten sich von selber, als würden sie durch Geisterhände bewegt, den Gästen vor. Scot sagte, indem er auf die einzelnen Gerichte wies und sie bezeichnete:
Dieses hier kommt von der Tafel des Königs von England, das da von der Tafel des Königs von Frankreich!
Verfasser zahlreicher gelehrter Bücher, von denen Friedrich etliche eigens in Auftrag gegeben hatte, war der Magier vor allem ein Fachmann auf dem Gebiete der Metallumwandlung.
Wir besitzen von ihm die Abschrift einer Sammlung alchimistischer Abhandlungen mit dem Titel »De Sole et Luna« (*Theatrum Chimicum,* Band V, Straßburg 1659), in denen er in rätselhafter Sprache die Verwandlungsprozesse darlegt und beschreibt.
Scot hatte seinem Gönner lange im voraus angekündigt, daß er – Friedrich – in einem »der Blüte geweihten« Ort (Fiorentino) sterben würde.
Für sich selber hatte Scot außerdem die genauen Umstände seines Todes vorausgesagt. Er starb, als hätte ihn ein Fluch des Himmels auf exemplarische Weise strafen wollen: Während er 1291 in der Abteikirche von Holme Cultram (oder in der schottischen Abtei Melrose) ein Gebet verrichtete, wurde er von herabstürzendem Mauerwerk zerschmettert.
Ein Barde schrieb darüber:
... Es war während einer feierlichen und furchtbaren Nacht, als das Grab sich über ihm auftat. Eigenartige Klänge ertönten, und alle Kirchenbanner flatterten, ohne daß der geringste Windhauch zu spüren war. Sein allmächtiges Buch bleibt im Schoß der Erde, damit kein Sterblicher es je lesen kann.

In der Tat soll die magische Kraft Scots so groß gewesen sein, daß er, wie das Lied vom Letzten Spielmann versichert, imstande war, vom spanischen Salamanca aus durch die Macht seiner Beschwörungen die Glocken von Notre-Dame in Paris ertönen zu lassen.
Dante schrieb über ihn: *wahrhaftig magische Kunstgriffe! Der verstand sich auf sein Fach!*
Seine Bücher über Hexenkunst, sein Zauberbuch, mit dessen Hilfe er die Mächte der Hölle zu beschwören wußte, wurden mit ihm begraben.
Das Leben und Sterben dieses erstaunlichen Magiers war so merkwürdig, daß man es vom Los seines Herrn und Teufelsschülers, Friedrichs II. von Hohenstaufen, schwerlich zu scheiden vermag.

Rätselhafte Siglen

Um sowohl auf esoterischer als auch auf weltlicher Ebene regieren zu können, mußte Friedrich II. das Große Werk vollenden, d. h. er brauchte den Stein der Weisen und Gold.
Seit der Fertigstellung des Schlosses Castel del Monte, mit dessen Errichtung der französische Baumeister Philippe Chinard betraut war, liebte es der Kaiser, sich dort lange Tage und lange Nächte mit seinen Gelehrten, mit seinen Astrologen, Zauberern und Alchimisten einzuschließen.
Welcher Gott, welcher Dämon war es, dem ihr inbrünstiges Flehen galt? Lieferten ihnen Archive das Geheimnis der Verwandlung unedlen Metalls in Gold?
Keiner wird es je erfahren, es sei denn ein in der Dechiffrierung von Geheimschriften versierter Fachmann, der gleichzeitig ein Eingeweihter von hohen Graden sein muß, um die rätselhaften Siglen deuten zu können, die auf einer Reliefarbeit des Schlosses stehen.
Das Basrelief stellt eine Frau dar, die demütig vor einem von mehreren Waffenträgern begleiteten Oberhaupt oder Anführer erscheint. Darunter ist die folgende Inschrift eingeritzt:

$$D^{s}\,I\,D\,C^{a}\,D\,B^{10}\,C\,L\,P\,S\,H\,A^{2}$$

Hierin liegt das Geheimnis Friedrichs II. und des Zauberschlosses.

Nachdem der Kaiser große politische Mißerfolge und Schicksalsschläge erlitten hatte, wollte er sich 1250 nicht mehr in seinen Weihetempel zurückziehen, der ihm nur noch als lächerliches Zeichen seiner enttäuschten Hoffnungen erschien. Er entschloß sich, das Kastell Fiorentino bei Lucera zu bewohnen, wo er über neuen Bemühungen, die Weltherrschaft an sich zu reißen, »im Zeichen der Blüte« starb, wie es sein Magier prophezeit hatte.
Castel del Monte, das heute unter dem sengenden Himmel der apulischen »Murge« verlassen daliegt, beherbergt ein kleines Museum. Nur selten kommen Touristen hierher, um die strenglinig-schmucklose Architektur des Templerschlosses zu bewundern. Aber es geht das Gerücht, daß auch kundigere, schärfer blickende Besucher zum Schloß Wallfahrten unternehmen ...

Die Goldene Sonne und die Schwarze Sonne

Der Plan Friedrichs II., der sich mit dem intensiven Machtstreben eingeweihter Kreise seiner Zeit deckte, wurde von den Tempelherren fortgesetzt.
Die besorgte Christenheit setzte sich gegen sie brutal zur Wehr, und im Jahre 1307 vernichteten König Philipp IV., der Schöne, von Frankreich und der von ihm abhängige Papst Clemens V. den Orden, dem es jedoch delang, im verborgenen fortzubestehen.
Die Mission der Tempelritter DARF UNTER KEINEM VORWAND UNTERBROCHEN WERDEN, und so entstand einige Jahrhunderte später im Zeichen der Toleranz und der Universalreligion (-philosophie) die Freimaurerei.
Die erneuerte, verfeinerte *Pactio Secreta* rief die große sozialpolitische Bewegung ins Leben, die nach dem Katholizismus seit 1789 bis in unsere Zeit das Antlitz der Kulturwelt neu geformt hat. In der Esoterik hat dieser Plan einen symbolischen Namen: *die Goldene Sonne.*
Parallel dazu waren andere Ritterorden, insbesondere der Deutsche Ritterorden, seit dem Mittelalter im geheimen tätig, doch waren sie von rastlosem Machtstreben besessen und standen im Dienste einer immer mehr im Verfall begriffenen Wahrheit: der Schwarzen Sonne, deren Grundidee Friedrich II. von Hohenstaufen vielleicht im Castel del Monte konzipiert hatte.

Die Tätigkeit der Schwarzen Sonne setzt sich auf gefährlichen Irrwegen unter den deutschen Volkstumsgruppen fort, deren traditionsbewußte Anhänger fest davon überzeugt sind, daß es die Sendung der germanischen Rasse sei, die weiße Kultur zu retten.
In diesem Sinne beginnt auch die Gralssuche von neuem: die Suche nach dem Gral der Hyperboreer, nach dem Gral der weißen Rasse, die die Welt beherrschen will ... der alte Traum der Germanen, der heutzutage die geheimnisvolle *Thule-Gesellschaft* in ein wahnwitziges Abenteuer stürzt.

XIV. DIE THULE-GESELLSCHAFT

Der Ritterorden und die Geheimgesellschaften des Ritterordens bestanden seit eh und je aus einer Elite der weißen Rasse.
Kurz zusammengefaßt könnte die Definition des Rittertums folgendermaßen lauten: Institution zur Bewahrung und Erhöhung der weißen Menschen.
Das Bewußtsein, die eigene Rasse erhalten zu müssen, ist naturbedingt und in allen Erdteilen so stark entwickelt, daß seit Jahrhunderten, ja seit Jahrtausenden Geheimbünde zu diesem Zweck gegründet wurden:
Die Boxer in China für die gelbe Rasse, deren Fackelträger sie seit 1900 sind (sie nehmen eine extrem fremdenfeindliche Haltung ein aus Opposition gegen die Hung, deren mächtiger Geheimbund der europäischen Freimaurerei entspricht und mit ihr fast identisch ist); die schwarzen Moslems in Amerika für die schwarze Rasse; die Thule-Gesellschaft in Europa und Amerika für die weiße Rasse.
Nur die rote Rasse entgeht dem Gesetz, und zwar sicherlich deshalb, weil ihr das Vorhandensein menschlicher Wesen mit weißer, schwarzer und gelber Hautfarbe unbekannt war, zumal diese Fremden in Gegenden der Erde wohnten, die den Indianern ebenfalls nicht bekannt waren.
Dennoch entwickeln sich gegenwärtig auch bei den Ureinwohnern Perus und Mexikos Ansätze von Vereinigungen und Bünden, deren Aufgabe die Erhaltung ihres nationalen Erbes ist.
Bei allen Völkern arbeiten Sekten ohne Wissen der breiten Öffentlichkeit mit den sogenannten Geheimgesellschaften Hand in Hand, deren Existenz und deren exoterische Ziele natürlich bekannt sind

Das geheimnisvolle Hyperborea

Die Thule-Gesellschaft ist ein mächtiger Geheimbund, der seinen Einfluß auf alle von Weißen bewohnten Erdteile ausübt.
Der Name, der an das wirkliche oder sagenhafte Thule, d. h. an Hyperborea, den Ursprungsort der weißen Rasse, erinnert, ist ferner eng mit der Gralssuche und dem Rittertum verbunden.

Es bedarf wohl keines ausdrücklichen Hinweises, daß die aktiven Mitglieder der Gesellschaft ausschließlich Weiße sind, die danach trachten, sich zu alleinigen Vorkämpfern und Wahrern ihrer Rasse aufzuwerfen. Dennoch *soll die Thule-Gesellschaft politische Beziehungen zu den chinesischen Geheimbünden und möglicherweise auch zu den schwarzen Moslems unterhalten.* Diese Information wurde uns von einem früheren SS-Angehörigen und überzeugten Nationalsozialisten gegeben. Nach Ansicht unseres Informanten sollen die Chinesen, deren Rassebewußtsein noch viel stärker ausgeprägt ist als das der Europäer, ihr Thule in der Mongolei besitzen, während die Schwarzen das ihrige nach Simbabwe in Südrhodesien verlegen. Die Thule-Gesellschaft sei antisemitisch eingestellt, weil die Juden den Menschen (Adam) aus Kleinasien stammen lassen. Es ist Grund vorhanden, dieser Äußerung mit Vorsicht zu begegnen, denn sie steht in kategorischem Widerspruch zu den bekannten Tatsachen.

Die griechischen und römischen Geschichtsschreiber – Herodot, Diodoros Siculus, Plinius, Vergil – sprechen vom Kontinent Hyperborea als einer großen, im Nordmeer gelegenen Eisinsel, auf der durchsichtige Menschen gelebt haben sollen, aus denen die Überlieferung alsbald den Archetypus der weißen Rasse schuf.

Die durchsichtigen Hyperboreer wurden undurchsichtig, als sie sich mit den weißen Völkern des Abendlandes zu vermischen begannen; sie bewahrten jedoch eine verfeinerte Intelligenz, die der der anderen Menschen überlegen ist.

Ihre Hauptstadt Thule wurde von den Seefahrern des Mittelalters häufig nach Norwegen, ja sogar auf die Shetlandinseln verlegt. Von diesem Standpunkt aus betrachtet wäre Hyperborea nur eine Sage, wenn nicht deutlichere Hinweise seine Existenz als Kontinent oder Insel bestätigten.

In erster Linie geben uns geophysikalische Umwälzungen in primhistorischer Zeit die Gewißheit, daß die Verteilung der aus dem Meer ragenden Landmassen sich mehrere Male änderte.

Zu jener Zeit war Grönland (wo man unlängst bei archäologischen Ausgrabungen in der Nähe der von den Amerikanern Thule genannten modernen Stadt wertvolle Funde gemacht hat) nicht von Eis bedeckt und bestand aus drei Hauptinseln, wenn man den Karten des Piri Re'is Glauben schenken will, die nach der Untersuchung durch amerikanische Wissenschaftler aus unbekannten

Gründen in den USA leider beschlagnahmt wurden. Die Landkarten des Piri Re'is, eines ottomanischen Admirals, der im 16. Jahrhundert lebte, wurden 1957 im Topkapu-Palast von Istanbul entdeckt. Sie sollen nach sehr alten griechischen und portugiesischen Dokumenten angefertigt worden sein, die ihrerseits Landkarten wiedergeben, deren Entstehung vor der letzten Eiszeit anzusetzen ist und die daher etwa elftausend Jahre alt sein dürften. Wahrscheinlich tauchten zwei Kontinentalplateaus aus dem Meer empor, das eine – Atlantis – im Süden etwa bei den Azoren, das andere im Norden zwischen Grönland und der Südspitze Norwegens.

Bei dieser Vermutung könnte Hyperborea entweder in der Nähe von Island, einer für die Entfaltung von Kulturen günstigen erdbeben- und vulkanreichen Zone, oder vielleicht noch auf dem Gebiet der heutigen Vereinigten Staaten, auf Grönland oder dem Grünen Land der Mythologie gelegen haben.

Kelten, Wikinger und Germanen beschreiben in ihren Überlieferungen Hyperborea als ein wahres Paradies, das dem Land der Anderen Welt in der Gralssuche entspricht.

Soweit sich die Überlieferungen der weißen Menschen zurückverfolgen lassen, immer wieder stößt man dabei auf jenes mysteriöse Thule, das daher zum Schlüssel für das Verständnis der Geheimgesellschaften wird.

Mehr als alle anderen berufen sich die germanischen Völker auf Hyperborea, auf das sie ihren heidnischen Kult und ihre geheimen politischen Bestrebungen gründen. Dieser Mythos ist bei ihnen so tief verwurzelt, daß ihre Volksdichtung und Volksmusik zu einem wesentlichen Teil davon erfüllt sind.

Goethes Ballade *Der König von Thule* hat eine tief esoterische Bedeutung, die dem Ungeweihten freilich verschlossen bleibt:

Es war ein König in Thule
Gar treu bis an das Grab,
Dem sterbend seine Buhle
Einen goldnen Becher gab.

Es ging ihm nichts darüber,
Er leert' ihn jeden Schmaus;
Die Augen gingen ihm über,
So oft er trank daraus.

Und als er kam zu sterben,
Zählt' er seine Städt' im Reich,
Gönnt' alles seinen Erben,
Den Becher nicht zugleich.

Er saß beim Königsmahle,
Die Ritter um ihn her,
Auf hohem Vätersaale
Dort auf dem Schloß am Meer.

Dort stand der alte Zecher,
Trank letzte Lebensglut
Und warf den heil'gen Becher
Hinunter in die Flut.

Er sah ihn stürzen, trinken
Und sinken tief ins Meer.
Die Augen täten ihm sinken;
Trank nie einen Tropfen mehr.

Der Becher des Königs von Thule ist der Gral, ein zauberisches (magisches) Kleinod, welches die Erinnerung an das untergegangene Mutterland wachruft.
Wie Artus versammelt der König um sich als Tafelrunde die weißen Ritter, die nun ausziehen müssen, um den Becher zu suchen. Alles vermacht ihnen der König, nur nicht den Zauberbecher, der ins Verborgene eindringt.

Dort stand der alte Zecher,
Trank letzte Lebensglut
Und warf den heil'gen Becher
Hinunter in die Flut.

Das Los ist gefallen! Der Gral ist verschwunden ... Er ruht im Westmeer auf dem versunkenen Land Hyperborea, und die Ritter der Tafelrunde brauchen nur noch auf die Suche zu gehen, die in der historischen Chronologie dem gesamten Ritterwesen und schließlich der Thule-Gesellschaft vorausgeht.
Der esoterische Gral versinnbildlicht also die Gebärmutter, aus

der eine Menschheit von höherem Rang entsteht, und entspricht den »Spalten« der Erdrinde, d. h. er stellt den Urquell dar, aus dem man eine tellurisch-kosmische Strahlung empfängt, die Männlichkeit und vollkommene Macht über das Unbewußte der Massen verleiht.

Die Überlieferung verlegt nach Hyperborea den Ursprung der *männlichen* Einweihungen. Ein heimliches Einverständnis zwischen der Thule-Gesellschaft und den Chinesen wäre demnach nur ein scheinbarer Widerspruch, da sowohl für die Weißen als auch für die Chinesen die einweihende Suche nach Hyperborea führen würde. Die sehr alte Geheimgesellschaft der Hung (5. Jahrhundert) verehrte den großen weißen Buddha und glaubte an das *westliche Paradies.* Der Geheimbund der Boxer, der an ihre Stelle trat, fördert bei seinen Mitgliedern den Glauben an einen Gott der Magie, Tschen Wu, der auf dem Nordpol thront und imstande sein soll, die Macht der alten Götter auf seine Anhänger zu übertragen, damit diese ihre eigenen Heldentaten in der Gegenwart fortsetzen können (zitiert nach Lennhoff/Wilde, *Politische Geheimbünde,* Amalthea-Verlag, Wien, 1966).

Die Anschauungen der Kelten und der Chinesen laufen also an ein und demselben Punkt der Erde zusammen, wo Kräfte von hohem Potential gespeichert sein dürften. Bemerkenswert erscheint ferner, daß der »Palast des Lichtes« in Peking zum Nordpol hin ausgerichtet ist.

Man begreift nun das lebhafte Interesse, das die Gralsritter und die herrschaftslüsternen politischen Geheimbünde bezeigten, als es darum ging, als physische Realität, wenn nicht als psychisches Potential jenen energiegeladenen Gral aufzuspüren, aus dem Rassen und Völker frische Kräfte zu schöpfen vermögen.

Der Gral, Thule und bestimmte Mythen gehören zu ein und demselben Sagenkreis, hinter dessen Symbolik sich eine transzendente Urwahrheit verbirgt.

Das, was man oberflächlich als »Mythologie« zu bezeichnen pflegt, worunter man im allgemeinen – ebenso oberflächlich – die Lehre von den Fabeln und mehr oder weniger imaginär-phantastische Erzählungen versteht, ist für den aufmerksam wertenden Forscher nichts anderes als die Umsetzung und Umdeutung authentischer, mit Lokalkolorit verbrämter Ereignisse.

Das Paradies liegt im Westen

Wie sollte man sich andernfalls die Übereinstimmungen erklären, die unter dem Zeichen des Planeten Venus einerseits zwischen außerplanetarischen Wesen und Prometheus, dem Atlantiden, und andererseits zwischen der Anderen Welt der Gralssuche, den Überlieferungen der Andenbewohner, dem Sonnentor von Tiahuanaco in Bolivien, dem Garten der Hesperiden und den Vereinigten Staaten von Amerika bestehen?
Die goldenen Schlüssel zu diesem seltsamen Puzzlespiel finden wir in den Symbolen der griechischen Mythologie, der Überlieferung und der Geschichte: Herakles, Antaios, Atlas, der Garten der Hesperiden, der Gral, die Andere Welt und die moderne Thule-Gesellschaft sind es, in denen wir die Glieder jener Kette wiedererkennen, die uns mit den Ahnen, den Stammvätern der weißen Rasse verbindet.
Im Mutterland Hyperborea liegen, wie die Überlieferungen mit beunruhigender Einstimmigkeit versichern (die Bibel bildet die einzige Ausnahme), das wahre Paradies und die Gefilde der Seligen: das *Green Land* der Kelten und Skandinavier, das Grüne Land der ägyptischen Mythologie, das indische Paradies von Amitābha, dem großen Buddha des westlichen Himmels, die Hesperiden der Griechen, das Land der Anderen Welt der Assyro-Babylonier und Polynesier.
In der assyrisch-babylonischen Mythologie liegt das Land der »durch die Sintflut unsterblich gemachten« Großen Ahnen der Überlieferung nach im äußersten Westen der Erde, jenseits des riesigen Ozeans, den man unter Lebensgefahr durchqueren muß.

Gilgamesch

Der Held Gilgamesch sucht die Wohnung der Göttin Siduri Sabitu auf, »die da wohnt in des Meeres Abgeschiedenheit«, in einem wunderbaren Garten, wo sich der Baum mit den schönsten Äpfeln der Welt erhebt, um das Geheimnis der Unsterblichkeit zu erforschen. Gilgamesch, dessen Name *Der die Quelle entdeckt hat* oder *Der alles gesehen hat* bedeutet, erhält die folgende merkwürdige Antwort (10. Tafel):

Nicht gab es, Gilgamesch, je eine Übergangsstelle,
Und niemand, der seit vergangenen Zeiten herkommt, geht übers Meer.
Mühe schafft der Übergangsort, mühselig ist der Weg dahin,
Und dazwischen liegt das Gewässer des Todes, das unzugänglich ist!
Wo also, Gilgamesch, willst du das Meer überschreiten?
(Nach Albert Schott)

Trotzdem gelangt der Held dank einem bestimmten Zauber nach anderthalbmonatiger Fahrt auf dem Meere zum Paradies von Utnapischtim, dem, »der das Leben gefunden hat«.

Die Ähnlichkeit zwischen dieser Irrfahrt und der des griechischen Helden Herakles ist erstaunlich: der Garten mit den wunderbaren Äpfeln, die Reise nach Amerika, das »Sieb«, dessen man sich zu bedienen wissen muß, um den Bestimmungsort zu erreichen.

Das Omeyocan der alten Mexikaner, der Ort, wo die Götter und die Kinder vor ihrer Geburt wohnen, *ist identisch mit dem Paradies des Westens, während Tamoanchan, das Land der alten Götter und der vergangenen Generation, des reifen Maises, des Nebels und des Geheimnisses diejenige Gegend darstellt, wo die alten Völker aus einem Loch in der Erde hervorgegangen sind,* schreibt Jacques Soustelle in seinem Buch *La Pensée cosmologique chez les anciens Mexicains* (Das kosmologische Denken bei den alten Mexikanern).

Paradies des Westens ... vergangene Generationen ... Land des Nebels und des Erdlochs: Erinnert dieser Bericht, der beinahe dem Abenteuer des Gilgamesch – »der die Quelle entdeckt hat« – jenseits der Nebel von Neufundland gleicht, nicht an das einst von den alten Mexikanern bewohnte Florida, die Heimat der Urmenschen und Söhne Gaias, der Erde?

Im übrigen liefert die keltische und insbesondere die irische Heldendichtung derart genaue und ins einzelne gehende Angaben, daß man sich mit Recht fragen kann, ob das Hauptkulturzentrum im primhistorischen Amerika Tiahuanaco war, das durch die Reliefplastiken des Sonnentores in den Brennpunkt des Interesses rückte, oder womöglich ein im Staate Virginia oder Nevada der heutigen USA gelegenes Thule.

Die keltische Mythologie offenbart merkwürdige Einzelheiten über

den Stamm göttlicher Menschen, die im Besitz einer den Kelten unbekannten Wissenschaft waren und aus dem Land jenseits des Atlantiks kamen, um gegen die Riesen Irlands zu kämpfen.
Da in anderen Mythologien – der der Anden, der ägyptischen, hebräischen usw. – die vom Himmel stammenden »göttlichen Menschen« ebenfalls eine unbekannte Kultur mitbringen und genau wie in der irischen Überlieferung gegen Riesen kämpfen, haben diese Berichte wahrscheinlich eine gemeinsame Grundlage, die wiederum auf fraglos authentischen Ereignissen beruht.
Über die Herkunft der Menschen göttlicher Abstammung heißt es in der *Allgemeinen Mythologie* von G. Roth und Félix Guirand:
Schließlich kommen von den westlichen Inseln, wo sie Magie studierten, die Mitglieder der Tuatha Dē Dānann etwa im Jahre 2000 vor unserer Zeitrechnung nach Irland.
Sie bringen ihre Talismane mit: das Schwert Nuados, die Lanze Lugs, den Kessel Dagdaes und den Losstein Fâls, der schreit, wenn sich auf ihn der legitime König Irlands setzt.
Nach zahlreichen Kriegen beschließen die göttlichen Menschen, da sie in der Minderheit und vielleicht durch die geheimnisvolle Krankheit geschwächt sind, die auch an Prometheus zehrte, in das Jenseitige Land (d. h. jenseits des Ozeans) zurückzukehren, wobei sie als Ausgleich lediglich Kult- und Opferhandlungen zu ihrem Gedenken verlangen.
Sie verlassen die Insel Erin (Irland) und kehren in ihr Heimatland Mag Meld (»die Ebene der Freude«) oder Tir nan Og (»das Land der Jugend«) zurück.
Dort sind Jahrhunderte wie Minuten; diejenigen, die dort wohnen, altern nicht; die Wiesen sind mit ewig blühenden Blumen übersät ...
Etwas später heißt es im Buch von Roth und Guirand:
Diesem keltischen Eden (das an das Zauberland der Hyperboreer erinnert) entspricht in der britischen Mythologie die Apfelinsel Avalon, wo die verstorbenen Könige und Helden ruhen ...
Diese Berichte fügen sich genau in die These von den Vereinigten Staaten als Wiege der Menschheit ein, wobei Florida ebenso genau dem keltischen Mag Meld, dem Land Hyperborea und dem Garten der Hesperiden entspricht.

Der Garten der Hesperiden

Wie aus der griechischen Mythologie bekannt ist, mußte man, um zum Lande der goldenen Äpfel zu gelangen, Hindernisse überwinden, die den Charakter von Initiationszeremonien trugen und durch die Kämpfe mit Antaios symbolisiert wurden, jenem Halbgott und Riesen, der, sobald er müde wurde, seine Kräfte erneuerte, indem er die Erde, seine Mutter, mit dem Fuß berührte.
Es dürfte also interessant sein, etwas über die Genealogie dieses mit Zauberkraft ausgestatteten Kämpfers zu erfahren, den die Götter am Wege zum Land der goldenen Äpfel postiert hatten, damit er dem wackeren Herakles den Zutritt verwehren sollte.
Antaios ist der Sohn Gaias, der Erde, und Poseidons, des griechischen Gottes der Seefahrt und des Meeres und des obersten Gottes der Atlantiden, deren Hauptstadt Poseidonis hieß.
Aus welchen Gründen kämpft eigentlich Herakles mit Antaios? Weil der Held »die goldenen Äpfel holen will, die von den Hesperiden, den Töchtern des Atlas und der Hesperis, in einem sagenhaften Garten im äußersten Westen jenseits des Okeanosstromes bewacht wurden«.
Antaios, der wie Herakles vielleicht in Wirklichkeit gar nicht existierte, sondern lediglich ein Symbol war, hat die Aufgabe, den Reisenden, der zur Anderen Welt gelangen will, genau wie bei der Gralssuche* auf die Probe zu stellen.

* Gewisse Symbolisten und die Anhänger der Astrologie werden es befremdlich finden, daß wir die Mythologie wörtlich und buchstabengetreu zu erklären versuchen, während man in ihr eine glatte Überschneidung mit den Tierkreiszeichen zu erkennen glaubt. Daß es bisweilen Überschneidungen gibt und sogar ein bestimmter Einfluß vorliegt, wollen wir gern zugeben, aber wie abenteuerlich ein historischer Rekonstruktionsversuch auch sein darf, man kann ihn trotzdem nicht in seinen Einzelheiten auf die Schwankungen der Planeten übertragen!
In diesem Sinne wären das Rittertum, das Mittelalter, der Hundertjährige Krieg, die Wiederentdeckung Amerikas, die Revolution von 1789, Napoleon, der Sezessionskrieg, der Aufstieg des Kommunismus und die gegenwärtigen sozialen Konflikte lediglich irdische Projektionen des Getriebes der Gestirne. Es würde dann genügen, Astrologie zu studieren, um die Geschichte rekonstruieren und die Zukunft voraussagen zu können!
Es fehlt nicht an Autoren, die dergleichen taten, doch ihre komplizierten, langweiligen und für den Laien unverständlichen Erklärungen waren nie recht überzeugend.

Herakles, der eingeweihte Held, besteht die Probe natürlich und geht aus dem Kampf mit Antaios als Sieger hervor. Er setzt seinen Weg fort, tötet den Adler, der dem Atlantiden Prometheus die Leber abfraß (wir bleiben stets beim Thema), und erreicht schließlich den Garten der Hesperiden, nachdem er von Nereus, dem Sohn der Gaia und Gattin der Okeanostochter Doris (immer wieder der Ozeanmythos), das Mittel erfahren hatte, in das Land der Hesperiden zu gelangen.
Die goldenen Äpfel werden gepflückt und mitgenommen, aber letztlich von der klugen Athene an den Ort zurückgebracht, »wo sie vorher waren«. Ein recht merkwürdiger Abschluß für ein so beschwerliches Unternehmen!
Diese goldenen Äpfel sollen Orangen gewesen sein?
Jedenfalls behaupteten das reichlich naive Exegeten, obwohl es einleuchtet, daß Herakles nie so weit hätte zu reisen brauchen, um Früchte zu holen, die in Griechenland und in den meisten benachbarten Ländern von Natur aus wachsen!
Es handelte sich um *Äpfel,* um goldene, also überaus kostbare Äpfel, um nahe Verwandte des Apfels, den Eva im Paradies vom Baum der Erkenntnis pflückte*.

Andererseits ist es nur vernünftig und logisch, anzunehmen, daß sehr weit zurückliegende Ereignisse nicht über Jahrhunderte hinweg überliefert und sogar von Eingeweihten im Gedächtnis bewahrt werden können, und zwar — um einen Ausdruck der Thora wiederaufzugreifen — »ohne ein Iod daran zu ändern«. Selbst bei diesem Bemühen um eine wortgetreue Überlieferung erfahren die Texte schließlich eine tiefgreifende Entstellung, die oft bis zur völligen Unverständlichkeit reicht.
Der Leser möge sich einmal einen systematisch in astrologischen Symbolen verfaßten Bericht vorstellen und sich dabei vor Augen halten, daß man bei zehn zeitgenössischen Autoren, die auf diese Weise schrieben, zehn unterschiedliche Fassungen erhalten würde, über die sich zu einigen den zehn Autoren nie gelingen würde, da jeder von ihnen seine Methode, seinen Schlüssel, sein System — und seine vorgefaßte Meinung hat.

* Der Apfel, dessen Synthese der französische Maler Cézanne in seinem Gemälde zu schaffen glaubte, hat in der abendländischen Überlieferung eine sehr ins einzelne gehende esoterische Bedeutung.
Er symbolisiert gleichzeitig die Gebärmutter, die Liebe, die Frau und die Erkenntnis im Zeichen der Erotik (und nicht der Liebe, da die Liebe nur statische Schöpfung ist, während Erotik Erhöhung und Subtilität in der Schöpfung darstellt).
Entzweigeschnitten läßt der Apfel erstaunlicherweise die weiblichen Sexualorgane erkennen: in der Mitte die Vulva, welche die Ovarien oder schwarzen

Es waren ganz offensichtlich Äpfel der Erkenntnis, welche die kluge Athene an Ort und Stelle zurückbrachte, denn sie kannte ihre schreckenverbreitende Macht, aber es waren auch ganz normale Früchte, freilich von köstlichem Geschmack, wie sie in diesem Paradies Florida, dem sagenhaften Garten »an den äußersten Grenzen des Okeanosstromes«, gedeihen.

Herakles wurde bei seinem Auftrag im Garten der Hesperiden von dem Riesen Atlas unterstützt.

Wir weisen auf eine weitere Übereinstimmung mit diesem Atlas hin, der nach einigen Überlieferungen der Sohn des Okeanos und nach anderen, wie der Atlantide Prometheus, der Sohn des Titanen Iapetos und der Okeanide mit den schönen Füßen, Klymene, war*.

Kerne verbirgt; der untere, gesäßartig gerundete Teil hat das Aussehen des weiblichen Afters.

Es ist kein Zufall, daß von den katholischen Völkern der Wunsch ausging, der (in den Texten nicht genannte) Apfel — man würde eher an die Feige denken! — solle die verbotene Frucht vom Baum der Sünde sein, jene Frucht, die eine von sinnlicher Begierde gequälte Eva entwendet und einem im Vergleich zu ihr viel weniger intelligenten Adam angeboten hatte, dem wir die nun folgende prächtige »Entgleisung«, den Kreislauf von Geburt und Tod, und somit die Evolution wahrhaftig nicht verdanken. In diesem Sinne stellt Eva in viel höherem Maße als Adam das erste intelligenzbegabte Wesen der denkenden Menschheit dar.

Ebenfalls einen Apfel schenkt Paris als Liebesfrucht der Aphrodite gleich nach ihrer Geburt aus »weißem Schaum«, den das durch Kronos verstümmelte Zeugungsglied des Uranos in die große feuchte Gebärmutter, das Meer, ausschwitzt.

Die goldenen Äpfel der Hesperiden erklären den verborgenen Weg, der zur geistigen Erkenntnis führt, ausgehend von + und —, d. h. über die Erotik, welche die Bewegung und den Geist des Universums ausmacht.

Wir sind nicht der Meinung, daß Cézanne, zwar ein großartiger Maler von geometrischer Formensprache, aber auf dem Gebiet der Liebe, der Beziehungen zu Frauen und der Esoterik ein völliger Ignorant, die tiefe Bedeutung des Apfels zu ergründen vermochte.

Hat er nicht in seiner bürgerlichen Prüderie und aus mannigfaltigen Komplexen heraus seine *Badenden Mädchen* gemalt, indem er einer Korporalschaft von Dragonern zusah, die ein kurzes Bad im Fluß nahmen? Was hätte Renoir davon gehalten?

* Prometheus, der Sohn der Okeaniden »mit den schönen Füßen« (Orejona, die Eva in den Überlieferungen der Andenbewohner, besaß ebenfalls schöne Füße) hatte drei Brüder, darunter Atlas, der den Garten der Hesperiden an den Grenzen des Westlandes bewachte.

Atlas war von den Göttern dazu verurteilt worden, »vor den Hesperiden an den Grenzen der Erde aufrecht zu verharren«.
Noch immer sind wir im Atlantischen Ozean, in der Anderen Welt, und dort müssen wir auch noch verweilen, und zwar bei Hesperos, dem Sohn des Atlas und Vater der Hesperiden (unter denen man sowohl die Hüterinnen der goldenen Äpfel als auch den herrlichen Garten selber verstand).

Immer wieder die Venus

Die Genealogie des Hesperos läßt an dem von den Alten beabsichtigten Sinn keinen Zweifel: Er ist ein *Sohn des Planeten Venus* und des Atlantiden Atlas, und Bruder des Phosphoros (ein anderer bekannter Name Luzifers, der den Planeten Venus als Morgenstern darstellt). Kann man sich besser verständlich machen?
Für die Griechen war Hesperos manchmal sogar »das hellste der Gestirne, die am Himmelsgewölbe funkeln«.
Die Übereinstimmungen zwischen den Überlieferungen der Andenbewohner, der griechischen Mythologie und der der Tiahuanaco-Kultur zugeschriebenen Bedeutung sind zu zahlreich, zu genau, zu explizit, als daß wir darin nur das Walten des Zufalls erblicken.

Nach dem Aufstand der Titanen, »der den Himmel und die Erde erschütterte«, rächte sich Prometheus, »voll dumpfen Grolls gegen die Vertilger seines Geschlechts, indem er die Menschen zum Nachteil der Götter förderte«.
In einer Art Geheimsprache finden wir hier den griechischen Bericht vom Untergang der Insel Atlantis und von der Überlieferung des Wissens der Atlantiden an die Menschen unseres Kontinents durch Prometheus, den Einweiher und Kulturbringer der Ägypter, »den Vater des nachsintflutlichen Menschengeschlechts«. Das heißt aber, daß Prometheus mit dem venusischen Quetzalcoatl der Maya und dem menschenfreundlichen Luzifer der katholischen Mythologie völlig identisch ist.
Es erscheint uns sehr wichtig, darauf hinzuweisen, daß Prometheus durch seine Mutter und seinen Bruder Atlas in Beziehung zum Planeten Venus steht und daß Luzifer (lat. = lichtbringend) sogar den Namen des Planeten, des hellsten am Himmel, trägt.
Kukulkan, der altmexikanische Heros und Kulturstifter, ist ebenfalls mit Prometheus, Luzifer und besonders mit Quetzalcoatl identisch, dessen Verschwinden er nachahmte, indem er eines Tages nach Osten wanderte. Und sie alle hatten *weiße Haut*, was doch sehr merkwürdig ist!

Unbestreitbar spielen der Planet Venus, die Ankunft außerirdischer Wesen auf der Erde, das Land der Anderen Welt und Amerika (Tiahuanaco und Virginia) eine entscheidende Rolle in dem primhistorischen Bericht, den diese »Mythen« in unserem Interesse wieder lebendig werden zu lassen versuchen.

Da ist also das Land der Anderen Welt, in das seit Anbeginn der Menschheit die Helden und die weißen Ritter, getrieben von der Sehnsucht nach dem fernen Ziel, nach langer, beschwerlicher Fahrt gezogen kommen.

Dort finden sich die goldenen Äpfel der Erkenntnis, die uns unfehlbar, zwangsläufig zum Planeten Venus und zu den höherstehenden Vorfahren von Tiahuanaco-Virginia (Green Land) führen.

Dort, im Grünen Land, liegt die irdische Endstation der Pilgerfahrt zu den Quellen, dort ist der Gral, aus dem die Ritter eine echte geistige und körperliche Kraft schöpfen können.

Zur gleichen Zeit, da man die mystische Verkörperung (die Schale) suchte, forschte man im Mittelalter nach der Anderen Welt, die Christoph Kolumbus wiederentdeckte, ohne ihre wahre Identität auch nur zu vermuten, denn schließlich gab man ihr den Namen *Neue Welt*, und das traf eigentlich nur sehr bedingt zu. Christoph Kolumbus war kein Eingeweihter, doch seine unersättliche Goldgier, welche die Haupttriebfeder seiner abenteuerlichen Fahrt war, ließ ihn das virtuelle Bild der Wahrheit vorausahnen. Im übrigen wußte Kolumbus über Amerika sehr gut Bescheid; so war ihm bekannt, daß er dort anstelle goldener Äpfel gediegenes Gold finden würde, das die Portugiesen unter höchst geheimen Vorkehrungen seit etwa 1480 aus Brasilien holten. Möglicherweise waren es Templer oder andere Eingeweihte, die den Genuesen ermutigten und ihn in der Absicht unterstützten, die Zuverlässigkeit ihrer Angaben nachzuprüfen.

Der Gral indessen hatte eine gewisse Wirksamkeit und rechtfertigte bis in unsere Zeit seine Eigenschaft als Schale des Überflusses. Sind die Vereinigten Staaten nicht das reichste Land der Erde? Wird nicht die sich unerschöpflich aufs neue füllende Schale heute durch das magische Dollarzeichen symbolisiert?

Aber so ausgezeichnet ein Wein auch sein mag, er hat seine Bodenhefe, und die Ritter, die heute ausziehen, sind dem Gral zwar treu geblieben, verleihen ihm aber einen mehr exoterischen und weniger spirituellen Charakter: Sie haben sich vom Ursprung der Gralsschale abgekehrt und sind direkt nach Thule, dem Strahlungszentrum, gezogen.

Der Verfall des Geheimnisses

Um die Entstellung zu verstehen, die der Mythos von Hyperborea im 20. Jahrhundert durch die Thule-Gesellschaft erfährt, müssen wir dem tiefen Sinn der Gralssuche nachspüren.
An die Stelle des edlen Strebens, der geistigen Schwärmerei, der hohen politischen und sittlichen Sorge, wie sie den Rittern früherer Zeiten eigneten, setzten gewissenlose Abenteurer den auf Gewalt, Haß, Rassedünkel und dem Begriff des »Auserwählten Volkes« basierenden Satanstraum von der Weltherrschaft.
Einst hatten die Hebräer diesem verhängnisvollen Ehrgeiz gefrönt, und Josua, Feldherr Jehovas, war gewissermaßen der Vorläufer Attilas, Dschingis Khans und Hitlers.
Nach der Niederlage von 1918 gründeten einige in einen teuflischen Okkultismus eingeweihte und von maßlosem Rassedünkel berauschte Deutsche einen arischen Bund, dessen Wirken sich um so mehr im geheimen vollzog, als er in allen Breitengraden der Erde für ungesetzlich erklärt wurde.
Ziel der Gründer und Organisatoren war es, eine allen anderen Völkern überlegene Rasse – die Herrenrasse – zu schaffen, mit anderen Worten: ein bevorrechtetes Volk, dessen Mission die Unterdrückung und Beherrschung der übrigen Welt werden sollte.
Es fand sich ein talentierter Mann – Alfred Rosenberg –, der in seinem erfolgreichen Hauptwerk *Der Mythus des 20. Jahrhunderts* (München, 1930) die weltanschaulichen Grundlagen der arischen Herrenmenschen niederlegte.
Um die Welt zu beherrschen, behauptete er, *genügt es, reinen Blutes zu sein!*
Ströme von Blut und Berge von Leichen sollten in fünfzehn Jahren die neue Charta der weißen Herren illustrieren.
Aber eigentlich hatte Rosenberg nichts Neues erfunden. Im 19. Jahrhundert waren ähnliche Ideen von George Grant, Graf Gobineau, Houston Stewart Chamberlain und später von dem Deut-

schen Ludwig Wilser in seinem Buch *Ursprung und Vorgeschichte der Arier* geäußert worden. Auch der schweizerische Historiker und Sprachforscher Adolphe Pictet (1799–1875) hatte in einem Werk mit dem Titel *Migrations primitives des Aryas* (Urwanderungen der Arier) den Aufstieg der Herrenrasse verkündet:

Zu einer Epoche, die älter ist als jedes historische Zeugnis und sich in nebelhafter Vorzeit verliert, wuchs in der Urheimat allmählich eine Rasse heran, die von der Vorsehung dazu bestimmt war, eines Tages über die ganze Welt zu herrschen.

Eine Rasse, die auf Grund der Reinheit des Blutes und der geistigen Gaben vor allen anderen Rassen bevorzugt war.

Wieder einmal war Gott bei dieser Begebenheit als Verantwortlicher im Spiel, aber die Thule-Gesellschaft verbannte ihn aus ihrem Dogma, zweifellos weil es 3000 Jahre nach Josua immer schwieriger wurde, selbst fanatisierte Volksmassen zu der Annahme zu bewegen, daß der Herr einer Rasse den Vorzug gegeben und die Methoden der Massenvernichtung und des Völkermords gutgeheißen habe.

Das Wort *Arier* kommt vom altindischen »arya« und bedeutet »der Edle«, »der Erhabene« und im weiteren Sinne: Herr, Eigentümer. Die Urheimat der Arier dürfte die Hochebene des Irans sein, doch nach der Überlieferung war es die Gegend um den Nordpol, d. h. das Land der Hyperboreer, die durch eine Art von psychischer Magie – wir weisen auf die Theorien Alfred Rosenbergs hin – die Hauptwesenszüge und den transzendenten Charakter der großen Ahnen bewahrt haben sollen.

Im Jahre 1910 war die Thule-Gesellschaft von Professor Felix Niedner gegründet worden; seit 1919 gaben ihr bedeutende Eingeweihte wie Paul Rohrbach, Freiherr Roman von Ungern-Sternberg, Karl Haushofer, ein Schüler Gurdjews*, sowie der Schrift-

* Georg Iwanowitsch Gurdjew, im Kaukasus geboren (1868—1949), war ein Abenteurer und erleuchteter Okkultist zugleich. Wundertäter, Geheimagent oder einfacher Scharlatan, propagierte er in Europa und Amerika seltsame, unklare und wiederum faszinierende Lehren, durch die nicht wenige schwache Geister verwirrt wurden. Vielleicht besaß Gurdjew eine gewisse geniale Veranlagung, aber er war nie imstande, die Gedanken, die ihn bewegten, in seinen Büchern auszudrücken; daher gleichen seine Werke geistigen Verirrungen, die sich auf Grund ihrer Unlesbarkeit dem Verständnis entziehen. Dennoch hat Gurdjew einen nachhaltigen Einfluß auf bestimmte spiritualistische Sekten ausgeübt.

steller Dietrich Eckart neue Impulse und vor allem ein Erkennungszeichen: das Hakenkreuz, Symbol der Evolution, des Umlaufs der Gestirne um den Pol und der Erschaffung des Feuers bei den alten Indern. Das Hakenkreuz ist ein universales Sinnbild, das man bei allen Völkern findet. Es ist auf einer steinernen Lampe aus der Madeleine-Höhle und den Täfelchen von Glozel ebenso eingeritzt wie auf den Kieseln von Moulin Piat (Allier) und den prähistorischen Wallbauten aus dem Mississippigebiet und kommt auch in der Inschrift auf dem Newton Stone (Nordschottland) vor.

Nach Angaben des Historikers Pierre Mariel in seinem Buch *L'Europe païenne du XXᵉ siècle* (Das heidnische Europa des 20. Jahrhunderts) war es Dietrich Eckart, der Adolf Hitler einweihte und 1922 seine Aufnahme in die Thule-Gesellschaft veranlaßte.

In großen finanziellen Schwierigkeiten, aber gepackt von einem rasenden Ehrgeiz, gepaart mit fanatischem Idealismus und obendrein etwas hellseherisch veranlagt, dürfte Hitler sogar als Medium der Verschwörung gedient haben, die sich in zunehmendem Maße von den zweifelhaften Ideen eines finsteren Okkultismus infiltrieren ließ.

Gleichzeitig entstanden ähnliche Bewegungen auf dem gesamten europäischen Kontinent.

In London, Paris, Berlin und Rom wurden insgeheim Zeitschriften und Broschüren gedruckt, in denen sich anarchistische Bestrebungen, ein gewisser Spiritualismus, *traditionelle Forschungsmethoden* und Erotik zu einem seltsamen Konglomerat verbanden.

Um 1920 erschien in Frankreich die *Revue Baltique,* in der vor allem die Frage untersucht wurde, ob als unmittelbare Nachkommen der Hyperboreer die Litauer anzusehen seien, deren Sprache viele Berührungspunkte mit dem Sanskrit hat.

Die 1921 in Paris erschienene Zeitschrift *Les Polaires* hatte den Ehrgeiz, den alten Mythos von Hyperborea wieder neu zu beleben, doch war es vor allem in Deutschland, wo diese Art von Literatur einen besonders fruchtbaren Boden fand: die von Felix Niedner herausgegebene Sammlung *Thule, Altnordische Dichtung und Prosa* (24 Bde., 1911–1930, Eugen Diederichs, Jena), Dietrich Eckarts »Kampfzeitschrift« *Auf gut deutsch* und *Die Hanussen-Zeitung,* das Blatt des Magiers und Hellsehers Erik Jan Hanussen, jenes Mannes, der die Stelle Hitlers als Medium der Thule-Gesellschaft übernommen haben soll und der später ihr gleichsam amtlicher Astrologe wurde.

Hanussen

Mit der Neuausdeutung des Arierbegriffs trat die Dualität der Gralssuche klar zu Tage:
Die Goldene Sonne und die ritterliche Suche nach Erkenntnis; die Schwarze Sonne und das Streben der Thule-Gesellschaft nach der politischen Vorherrschaft.
Die Nationalsozialisten wollten, indem sie bestimmte althebräische Riten nachahmten, zwar bewußt Verwirrung stiften, aber faktisch läßt sich die Hitlerbewegung am besten mit einem psychopathischen Affekt vergleichen, bei dem sich deutliche Merkmale von Hysterie und Wahnsinn überlagern.
Der Eintritt des Magiers Hanussen in die Thule-Gesellschaft bestätigt dies in bestürzender Weise.
Herschel Steinschneider, geboren am 2. Juni 1889 in Wien, Yppenplatz, war siebenundzwanzig Jahre alt, als er ausgerechnet die Nichte des Rabbiners von Lemberg zur Mutter machte. Um sich den Folgen zu entziehen, hielt er es für richtig, das Weite zu suchen.
In der russischen Stadt Schitomir fand er eine Stelle in dem kleinen Wanderzirkus von Signor Bellachini. Unter dem Pseudonym Steno trat er zunächst als eine Art Faktotum und Allroundman auf, arbeitete sich dann langsam empor und wurde Clown, Säbelschlucker und Hellseher.
Nach dem Kriege begegnen wir ihm 1918 in Wien, wo er ein neues Leben angefangen hat: Er ist nicht mehr Steno der Wahrsager und auch nicht mehr ein jüdischer junger Mann namens Herschel Steinschneider, sondern ein blonder Arier mit scharfgeschnittenen Gesichtszügen und einem geheimnisvoll-durchdringenden Blick sowie einem wohlklingenden Namen, der ihm seine wikingische Abkunft bescheinigt: Erik Jan Hanussen, dänischer Aristokrat obendrein!

Hundert Mätressen in drei Monaten

Er steigt zum Magier der österreichischen High Society auf, indem er sich der Erpressung, der Bestechung – und seines ungewöhnlichen physischen Charmes bedient.
Die Frauen der höchsten Persönlichkeiten Wiens sind seine Mätressen und verraten ihm die Geheimnisse ihrer Ehemänner, so daß Hanussen auf billige Weise den Wahrsager spielen und von ihnen ein wahres Vermögen erpressen kann.
In drei Monaten soll er mehr als hundert Geliebte gehabt haben, über die sich Eintragungen in einer Kartei fanden:
Lilian, am 6. und am 26.
Maria, am 12.
Marlene, am 20.
Eva, am 7., am 14., am 21.
Josepha, am 3., am 23.
Wenn man diese Liste richtig deutet, kann man vermuten, daß Maria und Marlene Schönheiten von bedingtem Interesse waren, daß Eva Reichtümer besaß und daß Lilian und Josepha sich mit zwei Kohabitationen pro Monat begnügten.
1919 ist der Magier so berühmt, daß er im Wiener Apollo-Theater als Varietéstar in einer kombinierten Telepathie-, Hellseh- und Hypnosenummer auftritt.
Im Jahre 1923 gelingt es ihm, die damalige Sensation von Wien, den im Ronachervarieté als Entfesselungskünstler und Rekordmann im Schwergewichtheben auftretenden Sigmund Breitbart, auszustechen; schließlich, nach ungewöhnlichen Abenteuern, läßt sich Hanussen in Berlin nieder, wo er in der Lietzenburger Straße sein »Haus des Okkultismus« leitet und, wenn man damaligen Presseberichten Glauben schenken will, als »der größte Hellseher aller Zeiten« gefeiert wird.

Begegnung mit Hitler

Eines Tages wird Hanussen in der Wohnung des Schriftstellers Hanns Heinz Ewers, der in einem Roman den Versuch einer Ehrenrettung des von den Kommunisten erschossenen nationalsozialistischen Jura-Studenten Horst Wessel unternahm, Hitler

vorgestellt, und der künftige Herr des Reiches wittert sofort den Nutzen, den er aus diesem intelligenten, ehrgeizigen und gewissenlosen Magier für sich ziehen kann.
Hanussen seinerseits ist sicher, daß es ihm gelingen wird, den kleinen, nervösen, reizbaren und leidenschaftlich gestikulierenden Mann, der großartige Pläne entwirft und aggressive Theorien befürwortet, mit Leichtigkeit hinters Licht zu führen und in seine Hand zu bekommen.
Zu dieser Zeit tritt der Magier – nach Pierre Mariel – in die Thule-Gesellschaft ein. Er wird der okkultistische Berater Hitlers, schließlich parteiamtlicher Hellseher.
Das Geld strömt wie aus einem unerschöpflichen Quell in seine Kasse, und seine Beziehungen zu Frauen erreichen einen Höhepunkt. Er gibt zwei Zeitschriften heraus: *Die Hanussen-Zeitung,* die in einer Auflage von 150 000 Exemplaren erscheint und pro Nummer für zwanzig Reichsmark verkauft wird, und *Die Andere Welt,* die sich in erster Linie dem Okkultismus widmet. Er betreibt eine intensive Propaganda für die NSDAP und unterstützt finanziell die Thule-Gesellschaft, den SA-Führer Graf Helldorf und sogar den Prinzen August Wilhelm, den er dem Führer vorstellt.
Hanussen besitzt eine aufwendig eingerichtete Luxuswohnung, einen Rennstall, einen roten Cadillac und eine schneeweiße Jacht, die *Ursel IV,* die unter seiner persönlichen Flagge häufig auf dem Jungfernsee bei Potsdam kreuzt und auf der er gern intime Soireen gibt, um in galanter Gesellschaft das preußische *dolce vita* zu erleben.

Der Mann, der Hitler »hochgehen« lassen wollte

Alles beginnt eine schlimme Wendung zu nehmen, als 1933 in der Nazi-Zeitung *Der Angriff* ein Hetzartikel erscheint, in dem es heißt:
Hanussen, Wahrsager und eingetragenes Parteimitglied, ist ein Scharlatan, ein plumper Betrüger und Hochstapler, der mit der Polizei von Leitmeritz ein Hühnchen zu rupfen hatte (was stimmt). *Außerdem ist er Jude, sein richtiger Name ist Herschel Steinschneider ...*

Hanussen gelingt es vorläufig, die Gefahr abzuwenden, aber Goebbels will seinen Kopf, denn er ahnt die schreckliche Wahrheit: Der Magier ist ein Spion!
Freilich ist er kein unbeschriebenes Blatt, aber trotz seiner Verfehlungen, seiner Irrtümer, seiner Laster ist er dem Glauben seiner Väter treu geblieben und erkennt nun, wenn auch zu spät, die geheimnisvollen Machenschaften der Thule-Gesellschaft.
Die Polizei spürt der Vergangenheit des jüdischen Abenteurers nach. 1931 soll er auf dem Zionistenkongreß in Prag erklärt haben: »Ich bin der Nachkomme der Wunderrabbiner von Proßnitz«; er hat dreimal geheiratet und dreimal Jüdinnen, wobei eine der Trauungszeremonien am 1. Januar 1928 in der Synagoge von Ramburg in der Tschechoslowakei stattfand.
Kopflos sucht Hanussen, um der unmittelbaren Gefahr zu entgehen, einen evangelischen Pfarrer auf und tritt offiziell zum Protestantismus über. Dieser Pfarrer, der ihn tauft, wird auch der sein, der ihn beerdigt. Die Angelegenheit ist wichtig ... so wichtig, daß Hitler erklärt haben soll:
Das ist ja eine widerliche Geschichte; ich hätte lieber drei Schlachten verloren, als das zu erfahren.
Dennoch sickert noch nichts von der Wahrheit durch, wenigstens nicht in die breite Öffentlichkeit, aber Hanussen trägt sich mit Fluchtplänen, möchte jedoch zuvor seinen geheimen Auftrag durchführen: Er, der berühmte Astrologe und Hellseher, wird die unheilvollen Machenschaften des nationalsozialistischen Unternehmens aufdecken und den nahe bevorstehenden Tod des Führers voraussagen.
Das ganze abergläubische Deutschland, so spekuliert Hanussen, werde Hitler das Vertrauen entziehen, und das Schicksal der Welt würde sich entscheidend ändern.
Dann versucht er einen großen Coup: Am 2. Februar 1933 läßt er im Haus des Okkultismus vor geladenen Gästen, darunter der Schriftsteller Hanns Heinz Ewers, der vierte Sohn des Kaisers, Prinz August Wilhelm, Graf Helldorf und der Kabarettist Siegfried Arno, durch die Schauspielerin Maria Paudler als Medium verkünden, daß der Reichstag von den Kommunisten in Brand gesteckt würde. Dreieinhalb Wochen später geht die Prophezeiung in Erfüllung, und das Renommée des Hellsehers erreicht noch einmal einen Höhepunkt.

Am 24. März wird er beim Verlassen eines Lokals, noch bevor er aus der Scala in der Lutherstraße, wo er eine Vorstellung gibt, fliehen kann, von zwei SA-Leuten verhaftet.
Zwei Wochen später, am 7. April 1933, wird in einem Waldstück in der Nähe von Baruth im Regierungsbezirk Potsdam die mit Eisendraht umwickelte Leiche Hanussens gefunden, der mit mehreren Schüssen niedergestreckt worden war. Die Thule-Gesellschaft hatte den Mann liquidiert, der Hitler »hochgehen« lassen wollte.
Die Wahrheit über diese seltsame Affäre wurde durch die Enthüllungen des kommunistischen Journalisten Bruno Frei in der linkssozialistischen Zeitung *Berlin am Morgen* sowie durch die späteren Erklärungen von John S. Goldsmith, einem Agenten des Intelligence Service, und von Pierre D., einem ehemaligen Mitarbeiter des französischen Deuxième Bureau, bekannt.

Die Ordensburgen

Von 1934 an wurde die Thule-Gesellschaft zu einem mächtigen Geheimbund, dessen Name weder der Öffentlichkeit noch denen bekannt werden durfte, die sich um Aufnahme bewarben.
Für solche Anwärter setzte man vor der Einweihung das Gerücht in Umlauf, daß es sich bei der Gemeinschaft um den geheimen Deutschritterorden handele. Dieser geheime Deutschritterorden steht natürlich in keiner Beziehung zu dem wirklichen Deutschen Ritterorden, der noch in Portugal und den Niederlanden existiert. Unter der Bezeichnung »Poseidonsritter« (immer wieder stößt man auf das Rittertum, das Westmeer und Atlantis) hat sich der Orden als Devise das Abenteuer auf dem Meeresboden erkoren. Sicherlich bestehen Kontakte zwischen diesem Unterwasserorden und der Thule-Gesellschaft. Man hat behauptet, die Poseidonsritter stellten die weltliche Macht der deutschen Geheimarmee dar, während die Thule-Gesellschaft die geistige Macht verkörpere. Vielleicht trifft dies zu.
Die Riten der Gralsritter wurden auf Schlössern und Burgen, die an den Ufern des Rheins oder an besonders geweihten Stätten lagen, zu neuem Leben erweckt.
Dort bereiteten sich ausgewählte junge Nationalsozialisten auf ein

heroisches Geschick vor, indem sie von hohen Felsen in die Flüsse hinabtauchten und sich sportlichen Spielen und lebensgefährlichen Zweikämpfen hingaben. Aber es wurde bald offenbar, daß eine solche Wiederauferstehung des Rittertums zu romantisch und – alles in allem – veraltet war.
Das war die Geburtsstunde der Ordensburgen, einer Art von Geheimuniversitäten, auf denen die neuen Gralsritter, die zukünftigen Mitglieder der Thule-Gesellschaft, geschult wurden.
Das Ausbildungsprogramm der Ordensburgen gliederte sich in drei Teilabschnitte:

1. Militärische Ausbildung, wie sie an der *Ecole spéciale militaire* von Saint-Cyr und allgemein an modernen Polizeischulen üblich ist.

2. Politische Schulung.

3. Okkulte Schulung, entsprechend den Lehren von Georg Iwanowitsch Gurdjew.

In der Eifel auf dem Neunseenblick erhebt sich inmitten hoher Tannenwälder die imposante Silhouette der Ordensburg Vogelsang, die die Ordensburg Nr. 1 der Thule-Gesellschaft war und auf der sich die Hauptgeschäftsstelle einer Abteilung befand, die man heute als »psychologische Führung« bezeichnen würde.
Die anderen Ordensburgen lagen bei Sonthofen in Bayern, am Krössinsee in Pommern und nicht weit von der westfälischen Kreisstadt Büren auf der Wewelsburg (*Anmerkung des Übersetzers:* In der Gemeinde Wewelsburg gab es keine Ordens- oder Schulungsburg der NSDAP; Charroux meint die dortige SS-Führerschule).
Wie der Historiker Ray Petitfrère in seinem Buch *La Mystique de la croix gammée* (Der Mythos des Hakenkreuzes) ausführt, gehörte zur körperlichen Ertüchtigung u. a. eine Mutprobe von besonderer Roheit: der *Tierkampf,* bei dem der Anwärter oder später der »Junker« zwölf Minuten lang mit bloßen Händen gegen riesige Doggen kämpfen mußte, die »auf den Mann« dressiert waren. Der Kampf durfte nur unterbrochen werden, wenn für den »Mann« Lebensgefahr bestand. Häufig endeten diese Mutproben für den Anwärter tödlich, aber wer dieses Risiko nicht eingehen wollte, wurde aus der Thule-Gesellschaft ausgestoßen.

Auf militärischem Gebiet waren die aufgenommenen Mitglieder berufen, den Kader der Eliteregimenter und der vormilitärischen Formationen zu bilden, aber stets nur in den höheren Dienstgraden, d. h. als Führungsoffizier oder im Stab.
Heute wird die Kaderbildung besonders in vormilitärischen, halbmilitärischen oder sportlichen Organisationen gepflegt, so z. B. bei den Tauchern, wo die Praxis der körperlichen Ertüchtigung mit der Vermittlung technischer Kenntnisse eng verbunden ist, die im Kriegsfall von ungeahnter Bedeutung sein könnten.
Die Gruppe der *Poseidonsritter*, in der erstrangige Taucher arbeiten, ist das Hauptbetätigungsfeld der Thule-Gesellschaft.
Geistige Konzentrationsübungen, die vor 1940 üblich waren und es zweifellos noch immer sind, wechselten mit Lehrgängen über die Geschichte des arischen Volkes ab.
Professoren lehrten, daß die Wiege der weißen Rasse in sehr ferner Zeit in Hyperborea und seiner Hauptstadt Thule gestanden habe. Sie impften ihren Schülern auch den Haß gegen das jüdische Volk ein, das sich, wie sie behaupteten, ungeziemenderweise als auserwähltes Volk aufgespielt habe, eine Bezeichnung, die von Rechts wegen den Ariern und ihren ausgeprägtesten Repräsentanten, den Deutschen, zukomme.
Aus unserer Untersuchung geht hervor, daß, falls unsere Vorfahren wirklich aus Thule stammten, die Hyperboreer, d. h. die höherstehenden Menschen der Primhistorie, die Fortführung ihrer Mission den Hebräern anvertrauten, die damals das am höchsten entwickelte Volk der bekannten Welt waren. Was die »Sendung der Arier« und insbesondere die der deutschen Arier betrifft, so läßt sie sich durch eine politische und psychologische Reaktion erklären, die einem offensichtlichen Minderwertigkeits- oder zumindest Frustrationskomplex entspringt.

Der Blutritus

Der Blutritus ist eine unwandelbare Grundlage des Satanskults, den man bei den Einweihungszeremonien wiederfindet, denen sich die Mitglieder der sogenannten »Sonderkommandos« unterziehen mußten. Von jedem Initianden soll u. a. die Ausführung des abscheulichen »Katzenritus« verlangt worden sein, der durch Blutvergießen und die Grausamkeit der Handlung in unmittelbarer Beziehung zur teuflischen Magie steht.

Die Probe bestand darin, einer lebendigen Katze mit einem Skalpell beide Augen auszustechen, und zwar so geschickt, daß das bedauernswerte Tier nicht daran zugrunde ging.

In seiner Studie über das heidnische Deutschland verweist Pierre Mariel, der Einzelheiten des Kults schildert, auf Ausführungen des katholischen Psychologen und Religionsphilosophen Prof. Dr. Alois Mager (1883-1946), denen zufolge das nationalsozialistische Ideal darin bestand, die »drei Begierden der Erbsünde« mit den höchsten Werten des menschlichen Geistes gleichzusetzen.

Hitler, sagt Prof. Mager, war das *Medium des Satans.*

Es steht fest, daß Magie die Führer der Thule-Gesellschaft erheblich beeinflußte; einige von ihnen: Hitler, Rudolf Heß und Karl Haushofer waren echte Medien, die in Trance fallen und prophetische Visionen haben konnten.

Hitler, ein fanatischer Anhänger des Okkultismus, aufgeschlossen für den elementarsten Empirismus wie für die subtilsten Zusammenhänge der Überlieferung, hatte die Absicht, das Schicksal Europas zu dem astrologischen Zeitpunkt zu bereinigen, der ihm von Pseudo-Eingeweihten in Lhasa übermittelt worden war.

Der Einfluß dieser mit der Aura des Pittoresken umgebenen Persönlichkeiten war unbestreitbar, doch spielten sie ein doppeltes Spiel: Sie führten den leichtgläubigen Hitler in die Katastrophe, weniger durch echte Magie, die zu beweisen sie selber außerstande waren, als vielmehr durch schlechte Ratschläge und Verrat.

Thule und Agharti

Die Lamapriester verteidigten der Überlieferung nach ihre Kaste gegen drohenden Verfall und arbeiteten an einem Plan zur Ausübung der Weltherrschaft, der dem der Deutschen durchaus ebenbürtig war.

Von unbekannter Herkunft, im Besitz einer ungewöhnlichen Sprache, leben die Tibetaner, wie die Ureinwohner der Anden, auf 4000 Meter hohen Felsplateaus, die zahlreiche abflußlose Salzwasserseen aufweisen.

Eine Legende – aber ist es wirklich eine Legende? – besagt, daß

unter der Gebirgskette des Himalaja in der Umgebung von Shampullah und Shigatse sich das große unterirdische Reich des Herrn der Welt erstreckt.
Dieses Königreich und magische Zentrum des Ostens heißt Agharti und ist der Gegenpol zum westlichen magischen Zentrum von Hyperborea, dessen Imperator zu werden Hitler sich erträumte.
Man erkennt jetzt, welches heimliche Einverständnis bestehen konnte zwischen:
Hitler und der Thule-Gesellschaft als Ausdruck des Mythos von Hyperborea und der weißen Rasse;
Gurdjew (das ist eine Vermutung) und der Shigatse-Gruppe als Ausdruck des Reiches von Agharti und der *unbekannten*, von den Tibetanern geschilderten Rasse. (Wir werden dieses Thema im letzten Kapitel mit dem Titel »Die Zentrale des Gelben Geheimnisses« ausführlich behandeln.)
Im Jahre 1947 gründete der ehemalige SS-Obergruppenführer Hans Müller einen Geheimbund, den Freiorden, um bestimmte, im Dritten Reich verkündete Grundsätze und Richtlinien fortzuführen. Dieser durch seine ideologische Verwandtschaft an die Thule-Gesellschaft eng angeschlossene Bund ist international und umfaßt aktive Mitglieder, die nach der Weihe sieben verschiedene Grade erlangen können: Freiwillige, Herrschende, Paladine, Ritter, Visitatoren, Meister, Großmeister.
Man findet hier eine Hierarchie, die mit der des Templerordens und des Schwertbrüderordens verwandt ist.
Andere europäische Bewegungen haben mit der Thule-Gesellschaft gemeinsame Berührungspunkte:
L'Occident (Der Westen), wo die Überlebenden der »Jungen Nation« neu erfaßt werden (seit der O.A.S.-Affäre aufgelöst); die *Wikinger*, deren Stoßtrupps sich ganz offen dazu bereit finden, den Kampf um die Vorherrschaft des weißen Mannes, z. B. in Südafrika und der portugiesischen Kolonie Angola, zu unterstützen.
Der noch viel rassenbewußtere amerikanische Geheimbund *Ku-Klux-Klan* schließlich ist eine straffe Organisation von unumschränkter Macht, die sich auf die geheime, aber wirksame Unterstützung eines großen Teiles der amerikanischen weißen Bevölkerung verlassen kann.
Das erklärte Ziel des Ku-Klux-Klan ist es, »die weiße Rasse vor

der durch die Neger heraufbeschworenen rassisch-moralischen Entartung zu bewahren«.

Unter dem Schutz eines »unsichtbaren Reiches« beabsichtigte der Ku-Klux-Klan sogar die Wiedergeburt der altnordischen Mythen. Und sofort denkt man an Hyperborea!

Seit vier Jahrtausenden gründet sich die gesamte Geheimpolitik aller Länder und Völker, ob bewußt oder unbewußt, auf die Idee von dem Privileg und der Vorherrschaft einer Rasse.

Die geheimnisvollen extraplanetarischen »Engel« der Primhistorie – die Hebräer, die Araber, die romanischen Völker – haben abwechselnd und oft mitten im Chaos den Lauf der Evolution in die Bahn ihres Geistes gelenkt.

Doch schon dämmert am Horizont der Zukunft die Ära der gelben Rasse, und die weißen Menschen beginnen in ihrer Angst zu begreifen, daß interne Kämpfe innerhalb der weißen Bruderschaft veraltet und gefährlich sind.

Der zweite Weltkrieg war – so hoffen wir – der letzte durch Hyperborea und den Gralsmythos inspirierte Versuch, die Weltherrschaft zu erlangen, und zwar zu einem Zeitpunkt, als der Mythos schon lange im Dienste einer verbrecherischen Politik stand und im Prinzip und in seinen Riten bereits entwürdigt war.

Ob die Thule-Gesellschaft auf dieser Wahnsinnspolitik beharrt? Man kann daran zweifeln, wenn man der ehrlichen Überzeugung eines Vorstandsmitgliedes der Poseidon-Gruppe Glauben schenken will, der 1964 erklärte:

Hitler schickte die Elite der hyperboreischen Jugend auf den Weiten Rußlands in den Tod. Deshalb ist er der größte Verbrecher des Jahrhunderts!

XV. DIE GESICHTE DES EZECHIEL

Vor zweitausendsechshundert Jahren, »im dreißigsten Jahr, am fünften Tage des vierten Monats«, als der Prophet Ezechiel sich an den Ufern des Flusses Chebar (etwa 160 km südöstlich von der heutigen Stadt Bagdad) in babylonischer Gefangenschaft befand, widerfuhr ihm etwas, was er Gesichte nannte.
Waren diese Gesichte, wie es die Theologen glauben, von Gott gesandt, stellten sie eine Fiktion dar oder berichten sie von einem Vorgang, den Ezechiel persönlich erlebt hat? Zunächst wird man den geschilderten Begebenheiten hinsichtlich ihres Wahrheitsgehalts wenig Glauben schenken wollen, doch die Beschreibung des von Ezechiel gesehenen Himmelswagens setzt durch die genau beobachteten, ungewöhnlichen Details in Erstaunen, sowie durch ihre Wechselbeziehung zu dem Phänomen, das heute unter der schlagwortartigen Bezeichnung »Fliegende Untertassen« bekannt ist.
Kurz, die Exegeten vertreten die Auffassung, daß der Prophet Zeuge der Landung eines intergalaktischen Raumschiffs war und daß er von den Insassen dieses Raumschiffs »instruiert« wurde.
Ezechiel (hebräisch *Jechezkel:* »Gott möge stärken«) ist der dritte und merkwürdigste der großen Propheten. Er lebte im 6. Jahrhundert vor unserer Zeitrechnung und empfing während seiner Gefangenschaft in Babylon von Gott die Gabe der Prophezeiung.
Die 48 Kapitel seines Buches, das in der Bibel zwischen den Klageliedern Jeremias und dem Buch Daniel seinen Platz hat, sind Folgen von Unheilsweissagungen, Verfluchungen und Erzählungen, die, obwohl aus einer großen sittlichen Besorgnis entstanden, bisweilen so anstößig sind, daß ihre Lektüre eine Zeitlang den jungen Hebräern untersagt war und daß sie für christlich erzogene Mädchen keinesfalls empfehlenswert erscheint.
Natürlich liegt in der Vision Ezechiels und in ihren bizarren Einzelheiten ein verborgener Sinn; wir glauben sogar, daß wir darin den goldenen Schlüssel finden werden, der uns das unantastbare Tabernakel der Kabbala öffnet.
Deshalb wollen wir versuchen, mit großer Umsicht in das Geheimnis einzudringen und den tiefen Sinn der Bildersprache zu analysieren.

Ezechiel beginnt das erste Kapitel, aus dem wir nur die wichtigsten Verse wiedergeben, wie folgt:

4. *Ich sah aber, wie ein Sturmwind daherkam von Norden her und eine große Wolke, umgeben von strahlendem Licht und einem unaufhörlichen Feuer, aus dessen Mitte es blinkte wie Glanzerz.*
Bei unserer Interpretation gelangen wir zu der Erklärung, daß der Himmelswagen Ezechiels oder die »Wolke« eine Flugmaschine ist, was übrigens auch der Prophet erkennt.
Wolken spielen in der biblischen Geschichte eine bedeutsame Rolle: Sie bewegen sich vor dem Herrn oder bringen ihn von einem Ort zum anderen, sie leiten die Hebräer, sie entführen Noah, um ihn vor der Sintflut zu retten, und befördern den, der das Gesetz diktiert.
Vornehmlich Moses hat mit dem Herrn und seiner Wolke oft zu tun, und jedes Mal darf das Volk Israel nicht nahe herankommen: Es kann »die Herrlichkeit des Herrn« hören (den Lärm des Motors), *aber es darf den Herrn nicht sehen!*
Andererseits kommt die Wolke »von Norden her«, d. h. aus dem Lande der Hyperboreer. Wir sehen darin nur einen, wenn auch bedeutsamen, Anhaltspunkt.

5. *Und mitten im Feuer erschienen Gestalten wie von vier Tieren (oder lebenden Wesen); die waren anzusehen wie Menschengestalten.*

6. *Und ein jedes hatte vier Gesichter und ein jedes vier Flügel.*

7. *Ihre Beine waren gerade, und ihre Fußsohle war wie die Fußsohle eines Kalbes, und sie funkelten wie poliertes Erz.* (Man vergleiche die »Vision« des Johannes in der Offenbarung, Kap. 1, V. 15: *Und seine Füße waren gleich schimmerndem Erz wie aus einem feurigen Ofen, und seine Stimme wie das Rauschen vieler Wasser.* Liegen hier Anklänge an den Himmelswagen vor?)

8. *Unter ihren Flügeln an ihren vier Seiten hatten sie Menschenhände.*
Ezechiel versucht also, die Insassen der Flugmaschine zu beschreiben, aus der sie soeben ausgestiegen sind. Er sagt, sie seien »Tiere« (Lebewesen) mit menschlicher Gestalt. Man lasse sich

dadurch nicht täuschen: Es handelt sich um *Cherubim,* denn in Kapitel 10, Vers 20 sagt Ezechiel: »Und ich erkannte, daß es Cherubim waren.« Er wird es noch mehrere Male sagen und sie unterschiedslos als Cherubim oder als Tiere oder als lebende Wesen und sogar – an einer früheren Stelle seines Berichts – als Männer bezeichnen.

Die Cherubim der Bibel waren nicht, wie man es im allgemeinen annimmt, unkörperliche Wesen wie die Engel, sondern eine Art von Tieren, die etwa die Funktion der *Sphinxe* bei den Ägyptern, der *Ankas* bei den Arabern und der *Simorgs* bei den Persern ausübten.

Sie waren Mischgestalten aus Tier und Mensch, die der hebräischen Überlieferung nach mit der Bewachung des Paradieses betraut und bei den Griechen als Wächter im Garten der Hesperiden zum Schutz der goldenen Äpfel eingesetzt waren. Wenn wir übrigens diese Cherubim mit Kosmonauten gleichsetzen, finden wir sie als Wächter oder Aufseher im Lande der Hyperboreer.

Nach allgemeiner Auffassung »zeigte sich die Herrlichkeit Gottes zwischen zwei Cherubim«, was die Cherubim erklärt, die den Deckel der Bundeslade und die Mauern des Salomonischen Tempels zierten.

Im zweiten Buch Mose, im ersten Buch der Könige und an anderen Stellen wird uns mitgeteilt, daß die Cherubim Kopf und Hände eines Menschen hatten.

Treffen all diese seltsamen Einzelheiten nicht für die Vorstellung zu, die sich primitive Wesen von Fliegern oder Kosmonauten in Raumanzügen machen könnten, wie sie auf dem Sonnentor von Tiahuanaco zu sehen sind?

Die in der Bibel erwähnten Details entsprechen aber auch den Raumanzügen unserer heutigen Düsenpiloten oder Raketenbesatzungen mit ihren metallischen oder aus glänzenden Kunststoffen gefertigten Kombinationen.

Cherubim und Hubschrauber

Im folgenden werden wir auf die von Ezechiel erwähnten vier Gesichter der Cherubim eingehen; zunächst macht es uns jedoch stutzig, daß der Prophet jedem Wesen nur zwei Hände zuordnet, während er ihnen jeweils vier Flügel gibt, entsprechend den Rotoren bzw. Drehflügeln eines Hubschraubers.

9. *Und die Flügel von allen vier berührten einander, und ihre Gesichter wandten sich nicht um, wenn sie gingen; ein jedes ging gerade vor sich.*

Diese Beschreibung ist offenbar nicht sehr genau, zumal da der Urtext im Laufe der Zeit durch zahlreiche Abschriften verstümmelt sein dürfte. Dennoch entnehmen wir der Schilderung, daß die »Cherubim« mit einer Art von persönlichem Hubschrauber ausgerüstet sind. Sie sind das, was man in der modernen luftfahrttechnischen Terminologie als *rocket belt men* bezeichnet.

10. *Ihre Gesichter aber sahen so aus: ein Menschengesicht nach vorn bei allen vieren, ein Löwengesicht auf der rechten Seite bei allen vieren, ein Stiergesicht auf der linken Seite bei allen vieren, und ein Adlergesicht bei allen vieren . . .*

Im 10. Kapitel, Vers 14 heißt es:

Ein jedes der lebenden Wesen hatte vier Gesichter: Das erste war ein Stiergesicht, das zweite ein Menschengesicht, das dritte ein Löwengesicht und das vierte ein Adlergesicht.

Kapitel 1, Vers 13. *Und die lebenden Wesen waren anzusehen, wie wenn feurige Kohlen brennten; es war anzusehen, als würden Fackeln zwischen den lebenden Wesen hin und her fahren, und das Feuer hatte einen strahlenden Glanz, und aus dem Feuer fuhren Blitze.*

14. *Und die lebenden Wesen liefen hin und her, daß es aussah wie Blitze.*

François Couten, einer der besten französischen Fachleute und Techniker auf dem Gebiet der UFOs (=Unbekannte Flug-Objekte), sieht in diesem Text die anschauliche Beschreibung von vier Männern, die sich mittels einer Flugvorrichtung, mit der jeder der Männer ausgerüstet ist, in die Luft erheben, ohne daß sich trotz der Rotation der Hubschrauberflügel der Körper mitdreht.

Diese Männer tragen Flugkombinationen oder Raumschutzanzüge, deren Oberfläche ein metallisches Aussehen hat und die aus den Düsen austretenden starken Stichflammen reflektiert.

Was ihre Ähnlichkeit mit einem Stier, einem Adler oder Löwen betrifft, so läßt sie sich leicht aus der Form des Helms, der Sauerstoffmaske, des Mikrophons usw. ableiten.

Die fliegenden Räder

Der weitere Bericht Ezechiels beschreibt uns eine sonderbare Raumflugmaschine:

15. *Weiter sah ich neben jedem der vier lebenden Wesen ein Rad auf dem Boden* (protestantische Fassung). Oder:

15. *Als ich die Tiere so sah, da sah ich bei den Tieren ein Rad erscheinen, das war auf der Erde und hatte vier Gesichter* (Fassung des gelehrten Bibelübersetzers Isaac Lemaistre, genannt Lemaistre de Dacy [† 1684]).
Diese zwei verschiedenen Übersetzungen ein und desselben Verses sind von Interesse, weil sie einander in Punkten widersprechen, die sich leicht klarstellen lassen.
Unten (auf dem Boden) ist ein Rad, sagt der eine Text.
Ich sah ein Rad erscheinen, sagt der andere Text.
Die erste Fassung ist zweifellos die bessere: Das Rad war einfach da, es erschien nicht plötzlich!
Außerdem, was noch wichtiger ist:
1. Fassung: ein Rad auf dem Boden neben den vier Cherubim;
2. Fassung: ein Rad, das vier Gesichter hatte.
Die zweite Übersetzung ist wahrscheinlich falsch.

16. *Das Aussehen der Räder war wie der Schimmer eines Tharsissteins* (Chrysoliths), *und die vier Räder waren alle von gleicher Gestalt, und sie waren so gearbeitet, als wäre je ein Rad mitten in dem anderen* (zwischen zwei Rädern?).

17. *Sie konnten nach allen vier Seiten gehen, ohne sich im Gehen zu wenden.*

18. *Ihre Felgen waren von einer schrecklichen Höhe, und die Felgen der vier Räder waren voller Augen ringsherum.*

In diesen Versen erkennen wir noch deutlicher: Es handelt sich um vier Räder, die wir uns wie einen Stapel von Reifen übereinandergelegt denken. Die Flugmaschine hat riesige Ausmaße, was erklärt, daß die *rocket belt men* sie mit Hilfe ihrer eigenen Hubschrauber verlassen können, und besitzt an ihrem vierfachen Rumpf Reihen von Rundfenstern.

19. *Wenn die lebenden Wesen (die Cherubim) gingen, so gingen auch die Räder (das Raumfahrzeug) neben ihnen; und wenn sich die lebenden Wesen vom Boden erhoben, so erhoben sich auch die Räder.*

20. *Wohin jene der Geist zu gehen trieb, dahin gingen auch die Räder, und sie erhoben sich zugleich mit jenen; denn der Geist der lebenden Wesen war in den Rädern.*
Das Rad des Ezechiel, schreibt François Couten, *ist die genaue Beschreibung der Flugmaschinen, die während der letzten Jahre von Augenzeugen in aller Welt so häufig beobachtet oder photographiert wurden.*
Man beachte, daß der Prophet die Räder und die Flügel nie gleichzeitig erwähnt, was darauf hindeutet, daß es sich um zwei verschiedene Dinge handelt.

22. *Und über den Häupten der Cherubim (der lebenden Wesen) war etwas wie eine feste Platte (Himmelsfeste, Gewölbe), schimmernd wie ein Kristall, hingebreitet oben über ihren Häuptern.*
Ist dies nicht der durchsichtige Kunststoffhelm der Kosmonauten des 20. Jahrhunderts?

24. *Wenn sie gingen, hörte ich ihre Flügel rauschen gleich dem Rauschen großer Wasser, gleich der Stimme des Allmächtigen, und ein Getöse wie das eines Heerlagers. Wenn sie aber stillstanden, senkten sie ihre Flügel.*
Die Ähnlichkeit mit einem Hubschrauber, dessen Flügel, wenn sie sich drehen, einen großen Lärm verursachen und nach Abstellen des Motors aus der horizontalen Lage in die Ausgangsposition zurückfallen, ist so unverkennbar, daß auch der letzte Zweifel ausgeräumt wird.
Im 8. Kapitel beschreibt Ezechiel ein zweites »Gesicht«, aber die mächtige Flugmaschine mit den umlaufenden Rundfenstern fehlt:

2. *Ich sah eine Gestalt, die war anzusehen wie ein Mann; von seinen Hüften abwärts war es anzusehen wie Feuer, und von seinen Hüften aufwärts war es anzusehen wie heller Schein, wie das Blinken von Golderz (Erz gemischt mit Gold).*
Hier wird uns ein einzelner *rocket belt man* oder ein Fallschirmspringer beschrieben, der den Götzendienern Jerusalems verkündet (Kapitel 9):

1. *Die, die das Gericht an der Stadt zu vollstrecken haben, sind nahe, und jeder hat sein Mordinstrument in seiner Hand.*

2. *Und es kamen sechs Männer* (er sagt nicht mehr Cherubim oder lebende Wesen oder Tiere, da er sich in seine Vision hineingelebt hat) ... *ein jeder sein Zerschmetterungsgerät in der Hand.*

Es handelt sich um eine Strafexpedition, denn, so sagt Ezechiel in Vers 9, die Sünder glaubten, *der Herr hätte die Stadt verlassen* (die Hyperboreer wären fortgegangen?), und so drangen die Kosmonauten in die Stadt ein und töteten viele Menschen, die »die aufgehende Sonne anbeteten«.
Vielleicht geben uns diese Zeilen Aufschluß über das Geheimnis: Nicht zur aufgehenden Sonne hin gewandt soll man Gott anbeten, sondern nach *Westen* oder nach Norden, wo sich »das Bild seiner Herrlichkeit« befindet.

Nur eine zeitliche Verschiebung

Freilich könnte man zu diesen Gesichten, Fortbewegungsmitteln und Cherubim eine Fülle von Kommentaren verfassen, doch kommt unserer Meinung nach nur *eine* vernünftige Lösung in Frage: Man muß bei der Schilderung des Ezechiel von Flugmaschinen bzw. Raumfahrzeugen und *rocket belt men* ausgehen.
Ein Schäfer aus der Lozère, der in unserer Zeit Zeuge eines so phantastischen Ereignisses sein würde – spräche er nicht mit den Worten des hebräischen Propheten?
Es fragt sich nur noch, was die Kosmonauten aus Hyperborea in Babylonien suchten, wenn wir uns einmal – unter Verzicht auf die sonst übliche Vorstellung von einer »Intervention« Gottes – bis zu dieser Hypothese vorwagen!
Dürfen wir an die Existenz fliegender Untertassen sechshundert Jahre vor unserer Zeitrechnung glauben?
Zu jener Zeit wie auch heute bleiben die Gegebenheiten dieselben und werfen lediglich das Problem des »Extraplanetarismus« auf: wahrscheinlich oder nicht wahrscheinlich?
Für Jurij Gagarin, German Titow, John Glenn, Scott Carpenter, für 400 Millionen Russen und Amerikaner, für die Techniker, Wissenschaftler und Arbeiter von Baikonur in der Kasachischen

Sowjetrepublik, von Cap Kennedy und Wallops Island in den USA lautet die Antwort entschieden: Die Reise in den Kosmos ist seit Menschengedenken theoretisch möglich.
Es will uns unglaubhaft erscheinen, daß Ezechiel sich die Flugmaschine mit Düsenantrieb und den Drehflügelschrauber ausgedacht, ja fast erfunden haben soll.
Eine Vision? Eine Vorahnung? Göttliche Inspiration? Man könnte meinen: Ja, wenn auf das Wunder des Himmelswagens Prophezeiungen oder Ereignisse von außergewöhnlicher Tragweite gefolgt wären. Aber was ist das Ergebnis des Wunders? Banale Verwünschungen gegen diejenigen, die an die Prophezeiungen nicht glauben wollen: den unvermeidbaren Untergang Jerusalems, Tyrus', Ägyptens, die Wahrheit des Wortes Gottes, kurz, an das naive und abgedroschene Arsenal aller biblischen Prophezeiungen.
Ein Stoßtrupp von Kosmonauten stürzt also, die Maschinenpistole im Anschlag, in die Straßen Jerusalems – aber trotzdem können wir schlecht begreifen, daß nach dem Donner eines solchen wirklich sensationellen Anfangsauftritts nur noch Sensatiönchen folgen, die wie feucht gewordene Schwärmer verpuffen!
Ob Ezechiel die von ihm beschriebenen Flugapparate tatsächlich gesehen hat? Höchst unwahrscheinlich!
Wir haben für dieses Ereignis nur zwei Erklärungen: Entweder kannte Ezechiel die Geschichte der Extraplanetarier durch mündliche Überlieferung, die ihn monate- und jahrelang nicht in Ruhe ließ, bis sie schließlich die Vision auslöste, oder aber Ezechiel lebte nicht im 6. Jahrhundert v. Chr., sondern sehr viel früher, zu einer Zeit, als die Raumfahrzeuge der Hyperboreer noch durch die Sternnebel kreuzten.
Obwohl die zeitliche Verschiebung nur einige Jahrhunderte beträgt, können wir mit unseren Schätzungen nicht vorsichtig genug sein, um so mehr als das *Buch Ezechiel,* selbst wenn wir zugeben, daß es von dem Propheten selber stammt, in erheblichem Umfang bearbeitet oder – wie man heute sagen würde – umgeschrieben wurde. Selbst auf die Gefahr, daß die ursprüngliche Fassung oder die Wahrheit in das Gegenteil verkehrt wurde!
So würde zum Beispiel der Sachverhalt, daß Kosmonauten in das Innere des Tempels eine Handgranate geschleudert und dadurch den Altar des Herrn verwüstet und in Brand gesetzt hätten, sich etwa folgendermaßen ausnehmen:

Gott ließ seine Herrlichkeit leuchten in seinem Tempel und auf seinem Altar.
Verwandelte sich nicht auch der Lärm der Hubschrauberflügel in die Stimme Gottes? *Und das Rauschen der Flügel der Cherubim war bis in den äußeren Vorhof zu hören gleich der Stimme des allmächtigen Gottes, wenn er redet* (Kapitel 10, Vers 5).
Wie wir gesehen haben, wurden aus den »lebenden Wesen« oder »Tieren« der Vision im Munde Ezechiels nacheinander zunächst »Cherubim« und dann sogar »Männer«!

Ein Abglanz der Kabbala

Wir erfahren ferner, daß Ezechiel von Gott den Befehl erhält, eine Schriftrolle zu essen und sich dann unter der Asche Gerstenbrot zu backen, wobei besonders auf folgende wenig appetitliche Einzelheit hingewiesen wird (Kapitel IV):

12. ... *Auf Menschenkot sollst du es backen vor ihren Augen.*

15. *Da sprach der Herr zu mir: Nun, so gestatte ich dir Kuhmist anstatt Menschenkot; bereite dein Brot darauf.*

Die 1964 in Rom versammelten Konzilsväter bemühten sich vergebens, uns zu versichern, daß die Bibel »unter göttlicher Eingebung« verfaßt worden sei, welche »die Heilige Schrift vor jedem Irrtum bewahre ...« Selbst wenn man den Erklärungen des Herrn eine symbolische Bedeutung beilegt, fällt es uns schwer, solche Ungereimtheiten und anstößige Formulierungen als Gottes Wort zu schlucken. Im Rahmen unserer Analyse können wir daher nur vernünftigen und vor allem *zweckfreien*, d. h. solchen Berichten Glauben schenken, die den Hebräern und den Christen weder zu nützen noch zu schaden vermögen.
Zusammenfassend läßt sich sagen, daß im *Buch Ezechiel* lediglich eine einzige Sache mit Sicherheit stattgefunden hat: die Landung des Himmelswagens, wenn wir auch nicht den genauen Zeitpunkt des Ereignisses angeben können. Dies wiederum könnte bedeuten, daß der Prophet auf eigene Faust die sehr alte Geschichte von den »auf die Erde hinabgestiegenen Engeln« wieder aufgriff, eine Geschichte, die er aus dem *Maasseh Merkabah* der Kabbala oder aus dem Buch Henoch erfahren hatte.

Das Geheimnis des Buches Henoch

In diesem Buch, scheint uns, stoßen wir auf den Urquell des Geheimnisses oder des großen Mythos. Die Kabbala (der Sohar) bezeugt, daß das Buch Henoch älter als alle Dokumente des Alterums ist:

Der Heilige – gelobt sei er! – hob Henoch von dieser Welt auf, um ihm einen Dienst zu erweisen nach dem, was geschrieben ist. Denn Gott nahm ihn zu sich. Von da an wurde überliefert das Buch, welches genannt wird das Buch Henoch. Als Gott sich seiner bemächtigte, zeigte er ihm alle Geheimnisse in der Höhe; er zeigte ihm den Baum des Lebens inmitten des Paradieses, seine Blätter und seine Zweige (die Erkenntnis und ihre verschiedenen Wissenszweige?). *Und wir sehen all dies in seinem Buch . . .*

In dem altslawischen Text mit dem Titel *Das Buch von den Geheimnissen Henochs* findet sich die erste bekannte Beschreibung der »Engel«, die vom Himmel herabgestiegen waren, um die Frauen der Menschen zu verführen.

Nun, die Beschreibung dieser »Engel« stimmt in auffallender Weise mit der Schilderung überein, die Ezechiel von den Cherubim gibt, und mit den meisten Visionen oder »Gesichten« von Heiligen aller Zeiten.

Es ist erstaunlich, daß Henoch in dem altslawischen Text nicht mehr von Engeln oder Heiligen, sondern von *Männern* spricht:

Es erschienen mir zwei sehr große Männer, wie ich solche niemals auf der Erde gesehen hatte. Ihr Angesicht leuchtete wie die Sonne, ihre Augen glichen brennenden Fackeln (Lampen); aus ihrem Mund ging Feuer hervor; ihre Kleider ähnelten einer Verteilung von Schaum, und ihre Arme waren wie goldene Flügel am Kopfende meines Bettes . . .

Wir finden hier den 13. Vers aus dem 1. Kapitel des Ezechiel wieder:

Und die lebenden Wesen waren anzusehen, wie wenn feurige Kohlen brennten; es war anzusehen, als würden Fackeln zwischen den lebenden Wesen hin und her fahren, und das Feuer hatte einen strahlenden Glanz, und aus dem Feuer fuhren Blitze.

Wir begegnen hier auch den Kleidungsstücken, die die Kosmonauten tragen und die als eine »Verteilung von Schaum« beschrieben werden – vielleicht handelte es sich um Raumanzüge aus kurzfaserigem oder Flockenasbest –, und den goldschimmernden Flügeln oder Rotoren der Hubschrauber.

Im Jahre 1224 hatte Franz von Assisi, der sich auf den Alvernaberg im oberen Arnotal zurückgezogen hatte, eine ähnliche Vision: *Er sah herabsteigen vom Himmel einen Seraph (einen leuchtenden Engel), der hatte sechs hellstrahlende Feuerflügel ... Zwischen den Flügeln erschien die Gestalt eines gekreuzigten Menschen.*

Im bischöflichen Palast von Assisi hatte Franz bereits *einen feurigen Wagen gesehen, auf dem eine Kugel war, deren Licht wie die Sonne strahlte.*

Der heilige Franz von Assisi hatte gewiß eine Halluzination – er neigte dazu –, vielleicht auch Ezechiel, aber die feurigen Wagen, die Elia, Moses und Henoch gesehen hatten, waren mit großer Wahrscheinlichkeit sinnlich wahrnehmbare Realitäten ebenso wie die mit mechanischen Flügeln ausgerüsteten Männer.

Die Identität dieser Männer kommt auch in Kapitel 16 des *Buches Henoch* ganz klar zum Ausdruck. Henoch, der im Auftrage zum Herrn (dem Chef der Kosmonauten?) gekommen ist, vernimmt das Urteil gegen die Rebellen von Armenien:

3. *Und jetzt sprich zu den Geistern des Himmels (den Wächtern): Ihr hattet eure Wohnung vor kurzem noch im Himmel; doch alle Geheimnisse waren euch noch nicht offenbart worden; nur ein nichtswürdiges Geheimnis habt ihr erfahren.*

4. *Und ihr habt es in der Regung eures Herzens den Weibern mitgeteilt, und dadurch habt ihr das Übel auf Erden vermehrt.*

5. *Sage ihnen also noch einmal: Nie werdet ihr Gnade erlangen; es gibt keinen Frieden für euch.*

Bei einer modernen und rationalen Auslegung kristallisiert sich der Sinn dieser Verse mit äußerster Klarheit heraus; so erfahren wir auch den von der Bibel verschwiegenen Grund für die Bestrafung, die uns als Sintflut bekannt ist: Die Kosmonauten lehrten die Frauen der Menschen die Geheimnisse der Sünde.

Weil sie also die Magie offenbarten und ausübten, haben unsere Vorfahren möglicherweise die Evolution der Menschheit und der Erde aufs Spiel gesetzt.

Berichtete die mündliche Kabbala (hebräisch: »Empfangen«, »Überlieferung«) von diesen Urwahrheiten? Hat der Maasseh

Merkabah sie durch alle moralischen Nutzanwendungen und hinzufabulierten Ausschmückungen, deren Opfer Ibn Sina (Avicenna), Raimundus Lullus, Paracelsus, sämtliche Kabbalisten und falschen Eingeweihten wurden, getreulich überliefert und bewahrt? Wir wollen das im folgenden Kapitel zu klären versuchen.

XVI. DIE KABBALA

Wenn es feststeht, daß die alten Schriften zu politischen und religiösen Zwecken interpoliert und verfälscht wurden, ist es für die Anhänger der überlieferten Lehre ebenso wahrscheinlich, daß die authentischen Handschriften über die wahre Entstehung der Welt an wenigstens drei geweihten Stätten aufbewahrt werden: in der Geheimbibliothek des Vatikans, zu der nicht einmal der Papst Zutritt haben soll; an einem geheimgehaltenen Ort – vermutlich in Spanien –, der nur wenigen eingeweihten Rabbinern bekannt ist; in Marokko, wo sich wertvolle Originale im Besitz von Moslemführern befinden, die eine Veröffentlichung verhindern.
Im Jahre 1887 sandte der Sultan Abd ul Hamid II. den Gelehrten Ibn At Talamid mit dem Auftrag nach Spanien, Handschriften, die die Araber nach ihrem Abzug im 15. Jahrhundert zurückgelassen hatten, zu untersuchen und wenn möglich zurückzubringen. Andere Forschungskommissionen versuchten später, das Unternehmen zu einem erfolgreichen Abschluß zu bringen, vor allem in Granada, Córdoba und Sevilla.
Mußten diese Handschriften nicht von unschätzbarem Wert sein, wenn man solche Mühe aufwandte, um ihrer habhaft zu werden? Weitere Dokumente, ebenso kostbar wie unbekannt, lagern wahrscheinlich an einem geheimen Verwahrungsort in indischen und tibetanischen Klöstern, und es ist fraglich, ob sie jemals veröffentlicht werden.
Es erscheint daher logisch, daß die Wahrheit – wenn auch in Bruchstücken – und authentische Berichte nur durch Funde bekannt werden können, die bei auf Regierungsbeschluß durchgeführten Ausgrabungen gemacht werden, oder aber durch die Apokryphen, insbesondere solche wie das *Buch Henoch,* die teilweise dem Verdammungsurteil der sektiererischen Verschworenen entgingen.
Die Kabbala der Juden soll in ihren rätselhaft-okkultistischen Anspielungen, ihren Symbolen und Allegorien die Offenbarung der transzendenten Wahrheiten, das Geheimnis der primhistorischen Völker und ihres Wissens in verhüllter Form enthalten.
Die Kabbala soll auf Befehl Gottes durch Rasiel, *den Engel des Geheimnisses,* Adam übermittelt worden sein, als er aus dem irdischen Paradies vertrieben wurde.

Die Rationalisten freilich halten die Kabbala für eine Fabel, die sich irgendwelche Schwarmgeister ausgedacht haben und der daher keine Glaubwürdigkeit zukommt.
Die Kabbalisten dagegen glauben die Geheimnisse des Weltalls durch Auslegung dieses magischen Buches erklären zu können, dessen Lehre, dem Bereich irdischen Wissens nicht zugehörig, darüber hinaus das »Mysterium des Unbekannten« enträtseln soll: die insgeheim wirkenden Kräfte des menschlichen Ichs und des Wortes, der Vorahnung, des Hellsehens, der Levitation usw.
Diese Lehre hat ihre Symbole, ihre Zeichen, ihre Chiffren, ihre Mathematik, kurz: eine Schrift, die die Eingeweihten deuten und übertragen könnten, wenn sie den Schlüssel zu dem System besäßen.
Jahrhundertelang haben Generationen von Empirikern nach diesem gefährlichen Schlüssel gesucht; die meisten von ihnen verirrten sich in die schwarze Magie und die Alchimie, während diejenigen, die das Problem gelöst zu haben meinten, uns bis heute den Beweis dafür schuldig sind.
Wir haben nicht den Ehrgeiz, die verbotene Tür aufzustoßen, um so weniger, als unserer Ansicht nach die schriftliche Fassung der Kabbala nicht das ungewöhnliche Interesse beansprucht, das man ihr im allgemeinen entgegenbringt, wohl aber wollen wir einige Rätsel zu klären versuchen, indem wir bestimmte kabbalistische Grundgedanken auf unsere These über die Primhistorie der Menschen anwenden.

Der Himmelswagen

Ursprünglich zerfällt die Kabbala in zwei äußerst aufschlußreiche Hauptgegenstände:

1. den *MAASSEH BERESCHITH oder die Geschichte der Schöpfung* (zusammengefaßt im Sefer Jezirah);

2. *den MAASSEH MERKABAH oder die Geschichte des Himmelswagens* (zusammengefaßt im Sohar).

Die Geschichte des Himmelswagens (oder der Sohar) soll nach Ansicht einiger Historiker im 13. Jahrhundert von dem spanischen Kabbalisten Moses ben Schemtob de Leon (1250–1305) schriftlich niedergelegt und vielleicht sogar erfunden worden sein. Man muß sich dabei die Tatsachen vor Augen halten: Die Originalhandschriften der Kabbala, des Talmuds, der Bibel existieren nicht mehr oder haben nie existiert. Wir besitzen in den günstigsten Fällen nur Abschriften aus zweiter oder dritter Hand, d. h., daß der Urtext mehr oder weniger verschwunden ist.

Und hier sind wir schon mitten in dem Mysterium, besonders wenn man berücksichtigt, daß der Anreger oder Schreiber Nr. 1 dieser Kabbala ein Engel ist, dessen Name klanglich an die Namen der im *Buch Henoch* erwähnten Kosmonauten erinnert.

Außerdem ist er der *Engel des Geheimnisses*, wie die Überlieferung sagt.

Die Geschichte dieses »Himmelswagens« dürfte dem Bericht von dem geheimnisvollen Wagen im 10. Kapitel des Buches Ezechiel um mehrere Jahrtausende vorausgehen, doch handelt es sich in beiden Fällen wahrscheinlich um die gleiche Flugmaschine oder, unserer These zufolge, um ein Raumschiff.

Der Maasseh Merkabah wurde schon immer als »der heiligste und wichtigste Bestandteil« der Kabbala angesehen.

Er darf, so behaupteten die Rabbiner, *nur jeweils einem Schüler* kundgetan werden, und auch nur *unter zahllosen Vorsichtsmaßnahmen und Vorbehalten;* vor 2000 Jahren durften *nur die großen jüdischen Eingeweihten, und zwar nur die, die in das größte Geheimnis eingeweiht waren,* untereinander davon sprechen oder sich vielmehr ihre Erkenntnisse und Ansichten ins Ohr flüstern.

Dann wurde die mündliche Tradition schließlich schriftlich fixiert, und heutzutage ist die »Geschichte des Himmelswagens« in gedrängter Form im Sohar dargestellt.

Nun, von dieser Geschichte ist eigentlich nicht mehr als der Titel erhalten, denn alles, was sich auf das geheimnisvolle Gefährt, seine Herkunft, seine Insassen und deren höhere Kenntnisse bezieht, wurde von den Rabbinern für verwerflich erklärt, so daß die wahre Kabbala, wie in alten Zeiten, noch immer ein Privileg von Eingeweihten ist und noch immer sozusagen hinter vorgehaltener Hand ins Ohr geflüstert wird.

Man wird uns vielleicht vorwerfen, daß wir dem Titel »Geschichte des Himmelswagens« eine zu wörtliche, zu elementare, zu vordergründige Definition geben. Man muß dabei jedoch beachten, daß alle Titel der Heiligen Schrift oder der Apokryphen eine streng wörtliche Bedeutung haben: Bibel = Buch; Talmud = Lehre; Thora = Gesetz; Sohar = Lichtglanz, usw. Darüber hinaus erscheint uns unsere Art der Auslegung wesentlich gründlicher als die symbolische Erklärung.

Der Sohar ist der Universalcode der Kabbala und auch der Bibel, die man ohne ihn nicht interpretieren kann. Man gewinnt eine Vorstellung von der durch die Eingeweihten des Altertums gestifteten Verwirrung, wenn man sich, um die Bibel zu verstehen, mit dem Sohar, und um den Sohar zu verstehen, mit den hermetischen Schriftensammlungen oder *Claviculae* (lat. = kleine Schlüssel) auseinandersetzen muß, deren berühmteste und zugleich unverständlichste die »Schlüssel Salomons« sind.
Und das ist nicht alles! Die Erklärung des Sohar läßt sich mit Erfolg nur durchführen, wenn man sich einer ganzen Reihe einweihender »Schlüssel« bedient: Der *Themurah* (Verwandlung), des *Notarikons* (Zeichen) und der *Gematria* (Geometrie), was sich praktisch in drei Arbeitsgänge gliedert:

1. Die Bedeutung der Wörter verändern, indem man den ersten Buchstaben durch den letzten ersetzt (Themurah);

2. jeden Buchstaben für sich studieren, wobei das ganze Wort als ein Satz angesehen wird; von jedem Wort eines Verses den ersten und den letzten Buchstaben nehmen, um daraus ein neues Wort zu bilden, das die mystische Bedeutung des Ausgangswortes enthüllt (Notarikon);

3. den Sinn eines Wortes suchen, indem man die Buchstaben, aus denen es besteht, durch die Zahlen ersetzt, die ihnen in der hebräischen Zahlenreihe entsprechen (Gematria). Daher stammt übrigens die bedeutsame Ermahnung der Talmudisten und Kabbalisten: am Urtext nicht ein *Iod* zu ändern. Ein einziges fehlendes, verwandeltes oder ersetztes Wort, und der ganze Text wird unverständlich.
Man wird zugeben müssen: Alles ist klar, eindeutig, genau – ein reines Kinderspiel!
Drei Postulate beherrschen die Metaphysik des Sohar:

1. Alles hat einen mystischen Namen, bei dessen Aussprechen der Träger des Namens gehorchen muß.

2. Es ist unmöglich, Gott zu erfassen, der weder meßbar noch begrenzt ist, weder lokalisiert noch lokalisierbar usw.

3. Es existiert eine unserer sichtbaren Welt unbekannte andere, mehrdimensionale Welt, die von höheren Mächten bewohnt ist und in der *hinter dem kosmischen Vorhang oder Schleier die Bilder aller präexistierenden Dinge verborgen sind.*

Das Prinzip des mystischen Namens (welches man in der Geschichte des Grals wiederfindet) deutet also auf die überlegene Macht des Wortes als Funktion magischer, einem geheimnisvollen Unbekannten zugehöriger Kenntnisse hin.
Der Hohepriester oder Priesterkönig Israels – etwa Moses und Melchisedek – kannte als einziger die richtige Aussprache des *Tetragrammatons,* d. h. des heiligen vierbuchstabigen Namens, der J-H-W-H (Jahwe) geschrieben wurde.
Das Prinzip des unbekannten, unbegreiflichen Gottes erklärt die Texte der Bibel in einzigartiger Weise und gibt uns einen Schlüssel zum Verständnis der wichtigsten Stellen.
Nach diesem Postulat ist es völlig klar, *daß Gott sich den Menschen weder zeigen noch von ihnen gesehen werden, ja nicht einmal befehlen kann.* Wer aber sprach dann zu Moses, wen traf der große Patriarch »von Angesicht zu Angesicht« auf dem Berge Sinai?
Unsere Stellungnahme ist eindeutig: Moses traf auf dem Berge Sinai eine Art von Demiurgen, jene höherstehenden, mit außerplanetarischen Wesen identifizierbare Menschen, die Henoch, Noah und Abraham bekannt waren.

Auge in Auge mit Gott

Die Begegnungen des Herrn mit Moses verlaufen unter höchst seltsamen Begleitumständen; hinter ihnen verbirgt sich eine Wahrheit, die freilich von der orthodoxen Konzeption stark abweicht.
Im zweiten Buch Mose, Kapitel 19, Vers 9 spricht der Herr:
Ich werde im dichten Gewölke zu dir kommen ... Vers 10: ... *Gehe hin zum Volke und ordne an, daß sie ... ihre Kleider waschen ...*

Wir drücken das so aus: Der Herr, d. h. der außerirdische »Urheber«, Heilsbringer, Kulturstifter beabsichtigt, mit seinem Raumschiff unbemerkt zu landen, während das Detail der zu waschenden Kleidungsstücke auf eine leichte (radioaktive?) Strahlung hindeutet, deren Wirkung vielleicht durch Spülen der Kleider in sauberem Wasser beseitigt werden kann.
Diese Hypothese läßt sich durch weitere Textstellen desselben Kapitels (Vers 12f.) stützen:

Ziehe eine Grenze für das Volk rings um den Berg Sinai und sprich zu ihnen: Hütet euch, auf den Berg zu steigen oder auch nur seinen Saum zu berühren; denn wer den Berg berührt oder sich ihm nähert, der ist des Todes. Keines Menschen Hand soll ihn berühren; er soll gesteinigt oder erschossen werden; es sei Tier oder Mensch, er soll nicht am Leben bleiben!

Es geht hier nicht darum, aus den Worten des Herrn ungereimte Interpretationen abzuleiten, sondern ihnen vielmehr eine vernünftige Deutung zu geben. Zunächst ergibt sich doch wohl aus dem Text, daß bei Annäherung an den Gipfel des Sinai eine *tödliche Gefahr* besteht, als handle es sich um eine lebensgefährliche Strahlung, von der Moses auf Grund prophylaktisch-immunisierender Maßnahmen verschont blieb, die uns zwar nicht näher erklärt werden, denen sich aber die Besucher des Berges in ihrem eigenen Interesse unterziehen mußten.
Das nicht immune Volk muß sich also außerhalb der verseuchten Zone aufhalten. Wer auch immer – *und sei es ein Tier* – diese Zone betritt, wird selber strahlenverseucht und muß getötet werden. Hier wird ein höchst bedeutsamer Hinweis auf die Ausführung der Tötungsart gegeben: *Das strahlenverseuchte Lebewesen – sei es ein Mensch oder ein Tier – darf nicht berührt werden; man muß es aus der Ferne töten,* indem man es steinigt oder mit Wurfgeschossen durchbohrt.
Welches Vorurteil man gegen diese Art der Auslegung auch geltend machen mag, es ist schwierig, eine plausiblere Erklärung zu finden, zumal da der Herr seinen mysteriösen Befehl ausdrücklich wiederholt (Kapitel 24, Vers 1 und 2):
Gott sprach zu Mose: Steiget herauf zu dem Herrn, du und Aaron, Nadab und Abihu und siebzig von den Ältesten Israels, und betet an aus der Ferne. Mose allein nahe sich dem Herrn, aber die ande-

*ren sollen sich nicht nahen, und das Volk soll nicht mit ihm heraufkommen.**

Man muß zugeben, daß eine solche Beharrlichkeit recht eigenartig ist.

Die Herrlichkeit des Herrn – die Wolke –, die wir für ein Raumschiff halten, leuchtete wie ein verzehrendes Feuer auf dem Gipfel des Sinai ... Man könnte ebensogut sagen: wie der Rumpf einer Flugmaschine aus poliertem Metall.

Die These von der radioaktiven Strahlung zwingt uns zu der Annahme, daß die Kosmonauten selber einer starken Strahlung ausgesetzt waren, was einer unabänderlichen Notwendigkeit entsprechen mußte, über die uns vielleicht die interplanetarischen Flüge der nächsten Zukunft Aufschluß geben werden.

Während der Unterredung, die Moses mit dem Herrn hatte, »war die Haut seines Antlitzes strahlend geworden« (2. Buch Mose, Kapitel 34, Vers 29), und jedesmal, wenn er zu dem Herrn »hin-

* Dies ist erstaunlich und gibt eine gute Vorstellung von der Ungenauigkeit der Bibel. Im zweiten Buch Mose, Kapitel 24, Vers 1, heißt es, Mose allein solle auf den Berg steigen, und der Herr untersagt den Hebräern ausdrücklich, weiter als bis zum Fuße des Berges zu gehen. Sodann findet die Unterredung »von Angesicht zu Angesicht« einzig und allein zwischen Gott und Moses statt. Das Volk kann die Worte nicht hören, was Moses im fünften Buch, Kapitel 5, Vers 5, wiederum ausdrücklich bestätigt: »Ich aber stand damals zwischen dem Herrn und euch, *um euch die Worte des Herrn zu verkünden;* denn ihr waret voll Furcht vor dem Feuer und stieget nicht auf den Berg ...«
Schon in diesem Text steckt ein Widerspruch: Gott verbietet den Hebräern nicht, sich dem Berg Sinai zu nähern, sondern das Volk hat Angst!
Vorher, im 4. Kapitel, hatte Moses nach der feierlichen Ermahnung im zweiten Vers — »Ihr sollt nichts hinzutun zu dem, was ich euch gebiete, und sollt auch nichts davontun ...« — noch einmal auf das Ereignis auf dem Berge Sinai zurückgegriffen und dabei offenkundig den wahren Sachverhalt entstellt. Er macht nämlich die Hebräer zu unmittelbaren Hörern, d. h. zu Ohrenzeugen der göttlichen Botschaft: »Der Herr sagte zu mir: Versammle das Volk vor mir, daß sie meine Worte hören« (Kapitel 4, Vers 10). In Kapitel 5, Vers 22, heißt es dann: »Diese Worte redete der Herr auf dem Berge zu eurer ganzen Gemeinde ... mit lauter Stimme ...«
Hier dürfte es sich um das grundsätzliche Verständnis handeln: Soll man die Wahrheit sagen oder soll man sie nicht sagen? Hat das Volk die Worte Gottes gehört oder nicht gehört? Hatten die Hebräer Angst, auf den Berg Sinai hinaufzusteigen oder war ihnen der Aufstieg verboten worden? Sprach Gott vor allen oder nur vor Moses?
Wie sich die ursprüngliche Wahrheit doch im Laufe weniger Jahre verwandelt hatte!

eingehen« sollte, legte er einen Schleier oder eine Hülle auf sein Gesicht, was sich ebenfalls auf eine Strahlenschutzmaßnahme zu beziehen scheint. (*Anmerkung des Übersetzers:* Sowohl in der Luther-Bibel wie auch in der Zwingli-Bibel ist der Sachverhalt genau umgekehrt dargestellt: *Bevor Moses zum Herrn geht,* um mit ihm zu reden, *legt er die Hülle ab,* bis er wieder »herauskommt«. Nachdem Moses den Israeliten verkündet hat, was ihm vom Herrn befohlen war, *legt er die Hülle wieder auf sein Gesicht, bis er »hineingeht«, um mit dem Herrn zu reden.)*

Es drängt sich ein Vergleich mit der ein paar Jahrhunderte früher spielenden Geschichte vom Untergang Sodoms und Gomorrhas auf, als die das göttliche Strafgericht ankündigenden »Engel« die Leute, welche ihnen übel mitspielen wollten, »mit Blindheit schlugen« (1. Buch Mose, Kapitel 19, Vers 11).

Die Engel rieten Lot, »nicht hinter sich zu sehen«; Lots Frau verstieß gegen dieses Gebot und mußte sterben, während das »ganze umliegende Land verwelkt lag und glühende Asche von dem Lande aufstieg, wie Qualm von einem Schmelzofen«. Man darf hinzufügen: gewiß in der Form des Atompilzes von Hiroshima!

All dies läßt sich nur im Lichte der These von außerplanetarischen Wesen erklären, die das Geheimnis der Kernspaltung kannten. Wenn Gott (nach der Kabbala) nicht vorstellbar, nicht begreifbar ist, muß man zur Klärung der Phänomene an eine Intervention menschlicher Wesen glauben.

Im achten, neunten und zehnten Kapitel des *Buches Ezechiel* finden sich merkwürdige Berichte über eine geheimnisvolle Waffe, die zu ermitteln und nachzubauen unserer Experimentalwissenschaft bestimmt auch noch gelingen wird. Kapitel 9, Vers 1: ... *und jeder hat ein Mordinstrument in seiner Hand.*

2. *Und es kamen sechs Männer vom oberen Tor her, das gegen Norden gewandt ist* (sie kamen also von Norden, wohin wir Hyperborea verlegt hatten), *ein jeder sein Zerstörungsgerät in der Hand.*

Kapitel 10, Vers 2: *Und der Herr sprach zu dem Manne, der in Linnen gekleidet war: Gehe hinein zwischen die Räder unter den Cherubim und hole zwei Handvoll glühender Kohlen zwischen den Cherubim hervor und streue sie über die Stadt ...*

Hier ist die Rede von *Männern,* nicht von Engeln; sechs reichten aus, um die Bevölkerung Jerusalems zu vernichten.

Falls Ezechiel einen Erlebnisbericht verfaßte, könnte das Geheimnis der schrecklichen Waffe mit der Atomwissenschaft zusammenhängen.

Der Herr des Geheimnisses

Die in der Kabbala enthüllten Kräfte des inneren Ichs vermitteln von vornherein den Eindruck eines oberflächlichen Empirismus, in welchem sich jedoch erstaunliche wissenschaftliche Grundgedanken finden, die der Falinskischen Theorie von den Parallelwelten ziemlich verwandt sind.

Im Maasseh Bereschith wird der erste Mensch gleichzeitig an zwei verschiedenen Orten oder – mit größerer Wahrscheinlichkeit – in zwei Parallelwelten erschaffen.

Die gesamte kabbalistische Angelologie (Engellehre) macht uns im übrigen bereits mit dem Evolutionsgedanken vertraut: Wir entwickeln uns von unserer Welt zu jener anderen der Wesenheiten von feinerer Stofflichkeit, die zur Vollbringung von Wundern befähigt sind.

Wenn der Kabbalist die Magie der Namen und des Wortes kennt, kann er die Mächte des Unsichtbaren anrufen und selber in einer Welt wirken, die außerhalb der unseren liegt. Wer das Geheimnis kennt, wer den Schlüssel besitzt, ist ein *Baal ha-Sod:* ein Meister des Geheimnisses.

Bestimmte Abschnitte der Sohar von relativ durchsichtiger Mystik führen vielleicht zum Urquell der Erkenntnis.

Vers 1 des 1. Kapitels sagt, daß *das Buch des Geheimnisses das Gleichgewicht der Waage beschreibt ... ihre Haut ist aus Äther, sie ist hell und geschlossen ... ihre Haare sind wie reine Wolle ... die Welt wird sechstausend Jahre bestehen ...*

So lautet die Erklärung unseres Zeitzyklus, wobei der Anfang dunkel, das Ende dagegen eindeutig formuliert ist: Abgesehen von atomaren oder anderweitigen Katastrophen, die durch den Menschen verursacht werden, wird das nächste Weltende etwa im Jahre 3500 stattfinden.

Im 44. Kapitel kommen zwei nach sibyllinischer Art abgefaßte Verse noch einmal auf die *Genesis* zurück:

1113. *Es gab ENPILIM, Ha-Nephilim, Riesen BARTs, BeAretz*

auf der Erde; um die zurückzuhalten, die fortgegangen waren, die nicht auf der Erde existierten.

1114. *Diese Riesen sind GhZA, Auza und GhZAL, Auzael, die auf der Erde waren; die Söhne Elohims waren nicht auf der Erde. Und dies ist ein Arkanum und alle diese Dinge sind gesagt.*

Es steht unbestreitbar fest, daß der Schreiber des Sohar das Problem absichtlich kompliziert hat; er betont indessen seine außergewöhnliche Bedeutung: *Dies ist ein Arkanum* (Geheimnis) *und alle diese Dinge sind gesagt* (sind wahr).

Dennoch können wir gleichsam den roten Faden dieses Geheimnisses wahrnehmen, wenn wir uns daran erinnern, daß Gott unbegreifbar ist, daß alles in der Kabbala auf Angelologie, also der Lehre von den Engeln beruht und daß die Engel Wesen sind, die tatsächlich in einer Anderen Welt (auf einem anderen Planeten oder Himmelskörper) existieren. Aber wie viele Ungewißheiten sind noch in den Überlegungen enthalten, zu denen uns in dem Bemühen, das Geheimnis zu entschleiern, der Geist treibt!

Übersetzungsschwierigkeiten

In viel höherem Maße als die Bibel, der Talmud, das Popol Vuh und die Wedas bietet die Übersetzung der Kabbala fast unüberwindliche Schwierigkeiten. Selbst die »große Linie« läßt sich in diesem gelehrten Konglomerat nur schwer erkennen, das grundsätzlich nur dem zugänglich sein soll, *der dazu befugt ist.*

Es ist in der Tat unmöglich, klipp und klar zu sagen: Menschen kamen von einem anderen Planeten; Moses war kein Hebräer; die Religion, die er einführte, war genau wie der Beschneidungsritus ägyptischen Ursprungs. Die Extraplanetarier bis etwa zum ersten Jahrhundert unserer Zeitrechnung waren bestrebt, eine möglichst große Nachkommenschaft ihres Stammes zu schaffen, um gewissermaßen ein Geschlecht von Eingeweihten zu begründen.

Die Juden, die doch die natürlichen Erben und Beauftragten der Extraplanetarier waren, haben die Spuren ihrer höherstehenden Vorfahren restlos getilgt und ließen nur ihre eigenen bestehen.

Alle sogenannten heiligen Schriften, die Apokryphen, sämtliche alten Texte wurden verfälscht, damit solche peinlichen Enthüllungen den Völkern unbekannt bleiben sollten.

Damit sich jedoch die wunderbare Wahrheit in ihrer Integrität durch die Jahrhunderte hindurch erhalten konnte, wurde sie von den Rabbinern notgedrungen mündlich überliefert, und zwar unter der Bedingung, an diesem überlieferten Text nie und nimmer »ein Iod zu ändern«.

Es ist leider schwer, sich vorzustellen, wie diese Wahrheit unverletzt bleiben konnte. Was ist diese Wahrheit heute wert? Haben die Mitwisser des Großen Geheimnisses nicht gegen ihre Aufgabe verstoßen?

Im Sohar hat der Übergang vom Gesagten zum niedergeschriebenen Bericht eine Situation geschaffen, deren Charakter zwei Übersetzungsbeispiele erhellen mögen.

Im ersten Kapitel findet man diese Interpretationen desselben Verses: Die Urkönige sind mangels Nahrung gestorben – die Urkönige sind tot, und ihre Kronen wurden nicht wiedergefunden.

Es folgen nun zwei Übersetzungen des 15. Verses aus demselben Kapitel.

Nach de Pauly:

Vor allen Dingen hat der König die Umwandlung des Leeren in einen durchsichtigen Äther gestattet, in ein unwägbares Fluidum, gleich dem Lichte phosphoreszierender Körper ...

Nach Paul Vulliaud, *Les textes fondamentaux de la Kabbale* (Die wesentlichen Texte der Kabbala), Paris, 1930:

Am Anfang formte der Wille des Königs die Gestalten aus dem Licht in der Höhe, aus der strahlenden Leuchte, und es ging, mitten im Geheimnis der Geheimnisse, von dem Haupte des Unendlichen ein Rauch in die ungeformte Materie aus, die durch einen Ring von weder weißer noch schwarzer, von weder roter noch grüner noch überhaupt irgendeiner Farbe befestigt war ...

Sobald man sich für die *richtige*, die *wahrheitsgemäße* Übersetzung entschieden hat, amüsiere man sich damit, an ihr nacheinander die Schlüssel der Themurah, des Notarikons und der Gematria auszuprobieren.

Die Geschichte stellt in der Tat einen rätselhaften Konflikt zwischen der Vergangenheit, der Zukunft, der Gegenwart – und der Art und Weise dar, wie man Texte interpretiert.

Vermählung mit einer Nymphe

Trotz ihres trügerischen, aber gleichwohl faszinierenden Mysteriums wäre die Kabbala um nichts interessanter gewesen als eine beliebige apokryphe Schrift, hätten nicht Alchimisten und Zauberer darin die Marksubstanz ihrer magischen Kunst zu finden gehofft.

In der Kabbala wimmelt es von Engeln und Wundergeschöpfen: Undinen, Nymphen, gnomenhaften »Hütern von Schätzen, Erzgängen und Edelsteinen«, Salamandern, die im Feuer leben, Sylphiden usw.

Eine Nymphe wird unsterblich, wenn es ihr gelingt, sich mit einem weisen Mann zu vermählen; ein Gnom erlangt dasselbe Vorrecht mit einer sterblichen Frau.

Alle bedeutenden Menschen gehen aus solchen Verbindungen hervor, so wie Gott sie vom ersten Schöpfungstage an beabsichtigt hatte.

Will man Herrschaft über die Salamander erlangen, braucht man nur dies Weltfeuer durch Hohlspiegel in einer Glaskugel zu vereinigen; dies ist das Mittel, das die Alten gewissenhaft verborgen hielten und das der göttliche Theophrastus (Paracelsus) *entdeckt hat. Es bildet sich in dieser Kugel ein Sonnenstaub, der sehr wirksam ist, um das Vorhaben zum guten Ende zu führen.*

Rezept, um Sylphen, Nymphen oder Gnomen anzuziehen:

Man braucht nur ein luftgefülltes, von Wasser überwölbtes Glas zu verschließen, es einen Monat lang der Sonne auszusetzen und dann die Elemente gemäß der Wissenschaft zu trennen. Dies ist ein wunderbarer Magnet, um die Nymphen anzuziehen.

Die das Treiben der Alchimisten begünstigenden kabbalistischen Beschwörungen beginnen alle mit dem heiligen Wort *Agla,* das aus den Anfangsbuchstaben von vier hebräischen Wörtern zusammengesetzt ist: Athab, Gabor, Leolam, Adonai (du bist mächtig und ewig, Herr).

Unter Anführung zahlreicher triftiger Gründe haben die Rationalisten – zugegebenermaßen – immer wieder erklärt, daß die Kabbala eine Zusammenstellung von Ungereimtheiten sei, was zum Teil durchaus der Fall ist, nachdem man den ungebändigten Strom der Kraft, der die Kabbala ursprünglich durchzog, zu äußerst fragwürdigen Formulierungen und Rezepten verwässerte, aus denen freilich ab und zu ein Klumpen lauteren Goldes hervorschimmert. Angesichts der Interpretationsbemühungen, der noch immer nicht geklärten Geheimnisse muß man notgedrungen eine Entscheidung treffen: sei es in negativem Sinne, indem man die Kabbala in Bausch und Bogen ablehnt, sei es in positivem Sinne, indem man versucht, den roten Faden durch dieses Labyrinth wiederzufinden.

Die Empiriker entschieden sich für die zweite Möglichkeit und so wurde der Sohar das Zauberbuch der Alchimisten, Magier und Hexenmeister.

DAS MYSTERIUM DES UNBEKANNTEN

XVII. DAS ZAUBERBUCH DES MAGIERS SCOT

Da das Fortbestehen der Überlieferung in erster Linie von einem hervorragenden Gedächtnis abhängt, mußten die Eingeweihten geradezu übernatürliche geistige Fähigkeiten besitzen.

Die Levitation, die schöpferische Macht des Wortes, das Heilen von Kranken, ja sogar die Wiedererweckung Toter rührten von einer Lehre her, die dem Adepten nach Bestehen der verschiedenen Prüfungen einweihenden Charakters mündlich vermittelt wurde.

Beschwörungsformeln, Rezepte niederschreiben, hieß *Verrat üben.*

Die modernen Naturwissenschaften, insbesondere die Atomwissenschaft und die Astronomie, erfordern, um sich ausdrücken zu können, eine erstaunliche Fülle von Buchstaben, Zahlen, Zeichen und Rechenoperationen. Das Rechnen mit überaus großen und mit überaus kleinen Werten nahm zunächst die Form einer mühevollen und zeitraubenden Gehirnarbeit an und erwies sich sodann als technische Unmöglichkeit, die schließlich die Kybernetik begründen half.

Automatische Datenverarbeitungsmaschinen und Elektronenrechner bewerkstelligen heute und künftig in wenigen Sekunden Millionen von Rechenoperationen und demonstrieren auf diese Weise die schwindelerregende Komplexität, der unsere Zivilisation entgegenstrebt.

Nach Ansicht der Kabbalisten könnte man auch vermittels viel einfacherer seelischer und geistiger Vorgänge zur Erkenntnis gelangen, aber die rationalistischen Gelehrten leugnen das Vorhandensein einer solchen vom Hauch des Geheimnisses umgebenen Wissenschaft.

Statt Beispiele aus dem vertrauten Arsenal vieler Scharlatane zu wählen, wie Strahlenfühligkeit oder Radiästhesie, Hellsehen, Wünschelrutengängerei, Divination usw., bei denen man gewiß auf Manifestationen stieße, die sich jeder wissenschaftlichen Erklärung entziehen, wollen wir den beweiskräftigeren Weg bestimmter Phänomene einschlagen, bei denen eben das Mysterium des Unbekannten auf überzeugende Weise an die Stelle der Rechenkünste elektronisch gesteuerter Maschinen tritt.

Biologen, insbesondere der deutsche Ornithologe Gustav Kramer und der Engländer Geoffrey Matthews, untersuchten das Ziehen der Schwalben und der Wildgänse und wiesen nach, daß die Vögel sich während ihres Zuges ständig an der Stellung der Gestirne, d. h. der Sonne, des Polarsterns und des Mondes orientieren und dabei vielleicht auch die Windrichtungen und Klimaverhältnisse sowie den Erdmagnetismus und die Gravitation berücksichtigen. Da die Lichtquellen, die den Zug der Vögel in der Hauptsache zu leiten scheinen, sich in ständiger Bewegung befinden, muß in jedem Augenblick aufs neue »das Besteck gemacht« werden, wie der Seemann sagen würde.

Geoffrey Matthews, der die sukzessiven Kursänderungen eines Schwarms von Zugvögeln berechnete, kam zu dem Schluß, daß es auf Grund der Geschwindigkeit, mit der diese Kursänderungen ausgeführt werden, eines Stabes von Gelehrten bedürfte, wollte man die Vögel nach wissenschaftlichen Methoden – etwa mit Hilfe eines Elektronengehirns – lenken.

Die Vögel kommen indessen sehr gut ohne ein solches aus, da Abtrift, Fluggeschwindigkeit und Umlaufgeschwindigkeit der Gestirne in ihrem winzigen Gehirn im Bruchteil einer Sekunde und mit mathematischer Genauigkeit automatisch registriert, berechnet, korrigiert und aufeinander abgestimmt werden.

Das Tier besitzt also ein Wissen, Sinne oder eine Gabe, die wie in der Kabbala die Wissenschaft der Menschen durch eine geheime Erkenntnis ersetzen.

In diesem Zusammenhang ist erwähnenswert, daß in der amerikanischen Armee Raben auf die frühzeitige Entdeckung sich nähernder Feindverbände abgerichtet werden, da man zu der Ansicht gelangt ist, daß die Sinnesorgane dieser Vögel empfindlicher sind und zuverlässiger arbeiten als Radar- oder Ultraschallwarnanlagen.

Das Mysterium des Unbekannten ist, auch wenn es sich dabei nur um eine noch unbekannte Experimentalwissenschaft handelt, auf keinen Fall ein Märchen.

Der arme Mönch Amon

Wohl gehorcht die Maschine dem Menschen, aber der Mensch weiß sich noch immer nicht die Möglichkeiten zunutze zu machen, die in seinem Unterbewußtsein schlummern und die phantastischer sind als alle elektronischen Rechenmaschinen.
Eine Überlieferung aus dem Vorderen Orient veranschaulicht diese These von den uns innewohnenden merkwürdigen Kräften.
In einem Tabennitenkloster betete und meditierte Bruder Amon und versuchte durch völlige Entäußerung seines Wesens den Gipfel der Vollkommenheit in Gott zu erreichen.
Doch seine tiefe Demut ließ ihn an der Redlichkeit seiner Gefühle, seines Mitleids zweifeln, und wenn man ihn gefragt hätte, wer das unwürdigste Wesen der Schöpfung sei, würde er sich offenherzig als solches bezeichnet haben.
Beladen mit diesem Komplex suchte Bruder Amon eines Morgens den Prior auf und wagte es, diesem einen Wunsch vorzutragen.
Ich bin nicht würdig, mit den anderen Brüdern in der Kapelle zu singen; meine Stimme klingt rauh und heiser und kann dem Herrn nicht angenehm sein. Ernennt mich aus Gnaden zum Bruder Pförtner, und meinen schwachen Fähigkeiten wird noch immer reichlich Genüge getan sein.
Der Prior zeigte sich zwar sehr überrascht von diesem Wunsch eines Mönches, den alle gern hatten und der sich bei allen großer Wertschätzung erfreute, doch er entsprach seiner Bitte.
Einen Monat später bat Bruder Amon um eine andere Beschäftigung:
Ich hielt mich für fähig, die Tore zu öffnen und zu schließen, aber mein Gehör ist ein wenig taub und manchmal höre ich die Glocke nicht. Erweist mir die Gunst, mich den Garten umgraben und den Dung transportieren zu lassen; wolle Gott, daß ich meine Aufgabe in geziemender Weise erledige!
Seine Bitte wurde erfüllt, aber Bruder Amon kam noch mehrere Male zum Prior und begehrte das Holz im Schuppen zu zersägen, Schuster und Handlanger zu sein ... kurz, er wurde schließlich in den Wald geschickt, um Reisig zu sammeln und die Bündel auf seinem Rücken ins Kloster zu tragen, wobei er unterwegs nur zu den geweihten Stunden innehielt, um zu beten und den Allmächtigen zu loben.

Immer demütiger und sich seiner Unwürdigkeit immer bewußter geworden, war der rechtschaffene Mönch untröstlich darüber, daß der Himmel ihn liebte und willkommen hieß. Abermals vertraute er sich dem Prior an:

Ein vorteilhafter Wuchs, eine wohlklingende Stimme und ein steter Blick sind mir nicht beschieden. Jeder, der mich sieht, empfindet großes Mitleid mit den Dienern Gottes, wenn er sie nach meinem elenden und abgezehrten Gesichtsausdruck beurteilt. Gebe ich einem Armen ein Almosen, vermag mein Scherflein seine Not kaum zu lindern, und wenn ich einen Kranken pflege, rette ich ihm nicht immer das Leben.

Gütiger Bruder Prior, gestattet mir, zur Heiligen Stadt zu pilgern, um die Allerheiligste Mutter Gottes zu bitten, bei ihrem lieben Sohn ein gutes Wort für mich einzulegen.

Seine Bitte wurde abermals gewährt, und Bruder Amon machte sich, nur mit einem Pilgerstab als Gepäck, auf den langen Weg nach Jerusalem.

Nach einiger Zeit mußte er eine große Wüste durchqueren, aber er hatte das Glück, zwei Augustinermönchen zu begegnen, die gegen seine Gesellschaft nichts einzuwenden hatten.

Eines Abends kamen sie erschöpft zu einer Strohlehmhütte, wo sie die Nacht zu verbringen beschlossen.

Der Tagesmarsch war beschwerlich und lang gewesen, und glühende Hitze hatte die drei Mönche durstig gemacht. Um sich zu stärken, hatten sie eine halbe Kürbisflasche Wassser, aber nicht den geringsten Bissen fester Nahrung.

Daran soll's nicht fehlen, sagte einer der Augustiner, *ich werde ein Gebet sprechen.*

Er zog sich in eine Ecke der Hütte zurück, murmelte ein paar Worte, und plötzlich erschien auf übernatürliche Weise ein großer Rundlaib Brot in seinen Händen.

Bruder Amon betrachtete voll andächtigen Staunens die Szene und verwunderte sich über die Macht des geheimnisvollen Gebetes, aber auch über den Glauben des Beters! Wie sehr mußte er doch vom Himmel geliebt werden, da dieser ihm eine solche Gnade erwiesen hatte . . .

Ach, seufzte der arme Bruder Amon, mir wäre eine solche Vergünstigung nicht zuteil geworden! Aber Gott ist gerecht und gibt jedem nach seinem Verdienst.

Bei ihrer zweiten Rast in der Wüste wiederholte sich der gleiche Vorgang: Der andere Augustiner kniete in einer Ecke der Hütte nieder, murmelte ein Gebet, und der goldbraune Brotlaib tauchte aus dem Nichts auf.
Bruder Amon lobte Gott für dieses Wunder, lobte seine beiden Gefährten, lobte die ganze Welt, gelobte tätige Reue und aß von dem herrlichen Weizenbrot. Doch am dritten Abend hielt er es nicht mehr aus und bat seine Weggefährten demütig, ihn das wunderbare Gebet zu lehren, das sie doch gewiß an einen der allmächtigen Seligen, wenn nicht an Gott selber gerichtet hätten ...
An Gott wagen wir uns nicht zu wenden, sagten die Augustinermönche, *und die Seligen vermögen nichts; vielmehr rufen wir einen heiligen Mönch an, der im Wald Reisig sammelt. Er ist bestimmt der geliebte Sohn des Herrn, vollbringt er doch alle Wunder, um die man ihn bittet ... Er heißt Bruder Amon ...*

Das Zauberbuch des Magiers Scot

Die von alters her bekannte innere Kraft des Menschen kam in der Magie des Wortes, im Gebet oder in der Anrufung zum Ausdruck. Beten und anrufen heißt sich an ein höheres Wesen um Vermittlung, um Fürsprache wenden; aus sich selber und ohne Hilfe von außen die Materie schaffende Kraft zu schöpfen heißt dieses Mysterium beherrschen.
In der Tat scheint es zu allen Zeiten ein Teilhaftigsein an einem höheren Prinzip gegeben zu haben, das die Gläubigen und die Empiriker entweder mit Gott oder mit dem Teufel gleichsetzen.
Das an den Klosterbruder Amon gerichtete Gebet, er möge einen Laib Brot erscheinen lassen, stellt ein Verfahren dar, das von den Rationalisten nicht anerkannt wird, obwohl sie doch, im ganzen genommen, der unmittelbaren Erschaffung durch ein persönliches Wunder weniger abgeneigt sind.
Die in der Urkabbala dargelegte These bezog sich auf eine aus dem unbekannten »Ich« des Menschen unter zwangsläufiger Vermittlung eines höheren Wesens hervorgegangene Kraft.
Der große Kabbalist Michel Carguèse (Charles Carrega) hat in seinen unveröffentlichten persönlichen Aufzeichnungen das Prinzip dieser Lehre formuliert, das wahrscheinlich den Rosenkreuzern

bekannt war, die als Erben der »unbekannten Wissenschaft« mit gutem Grund die Ansicht vertreten, die heutige Zeit sei für die Enthüllung bestimmter Wahrheiten in besonderer Weise geeignet. Die Aufzeichnungen Carregas, die den Titel *Das Zauberbuch des Magiers Scot* tragen, wurden durch das »Allmächtige Buch« des berühmten Mönches angeregt, obwohl dieser Teil seines Werkes als vernichtet gilt.
Sie dürften das Mysterium des Unbekannten im Fall des Bruders Amon auf eine fast wissenschaftliche Weise erklären, die sich in Professor Falinskis Theorie von den Parallelwelten gut einfügen läßt.

Operation im unerschaffen-erschaffenen Weltall

Um zur Materialisation des Brotes zu gelangen, muß man das Phänomen auf die ursprüngliche Zelle zurückführen und sie durch die Evolution bis zum Stadium des Getreidekorns verfolgen.
Alles geschieht durch das Wort, das – analog – die Funktion des Steuerknopfes bei der Arbeit eines elektronischen Roboters besitzt. Tausende, ja Millionen von Jahren ziehen in wenigen Bruchteilen einer Sekunde vorbei, ebenso wie Millionen von Kombinationen in einem Elektronenrechner als *Eventualitäten,* als *mögliche Fälle* erscheinen.
In der unerschaffen-erschaffenen Welt (oder Anti-Welt) ist zwar alles vorgesehen, aber nichts determiniert, d. h., daß alle Welten, alle Lösungen, alle Entwicklungen als »Eventualitäten«, als »mögliche Fälle« existieren, unter denen der freie Wille seine Wahl trifft.
Das unerschaffen-erschaffene Weltall entspricht in unserer Kosmogonie dem Nullpunkt, wo ein kontrahierendes Weltall zu einem expandierenden Weltall wird, mit anderen Worten: dem hypothetischen Punkt eines nichtseienden Weltalls, das dennoch die gesamte Vergangenheit und die gesamte Zukunft enthält sowie alles schon Erschaffene, das zu nichts wurde und das wieder Schöpfung werden wird.
Kurz, die unerschaffen-erschaffene Welt stellt die Gegenwart dar, deren Existenz theoretisch unmöglich ist.
Vom Getreidekorn entwickelt sich die Materialisation über den

jeweiligen Zustand des Getreidefeldes, der Getreideernte, der Mühle und des Backofens zum fertigen Brot.
Eine ganze Welt von Maschinen, Zeitabläufen und menschlichen Arbeitskräften ist erforderlich, damit sich zunächst die involutive, dann die evolutive Entwicklung in einer fast absoluten Augenblicklichkeit vollziehen kann. Alles kehrt zum Nullpunkt des Unerschaffenseins zurück, nachdem die nützliche Schöpfung, das Brot, erfolgt ist.
Die Energie-Materie wird Bruder Amon entnommen, der unbewußt an dem Phänomen beteiligt ist, d. h., ohne zu wissen, daß er der Energieerzeuger, das Kraftwerk ist, das die Gezeiten der als Ebbe und Flut ausgedrückten Gefühle und Gedanken hervorruft.
Das durch Lavoisier ausgesprochene Gesetz von der Erhaltung des Stoffes, nach dem nichts verlorengeht, nichts gewonnen wird und alles sich verändert, ist während des ganzen Vorganges gültig.

Erforschung einer Parallelwelt

Bei einer ausführlicheren Analyse löst der durch das Wort formulierte Gedanke eine Energieschwingung aus, die in eine Parallelwelt gelangt.
Das Potential dieser Anderen Welt erhält so einen Zuwachs, einen Überschuß, der die Materialisation des Brotlaibes bewirkt und ihn dann zwangsläufig als Fremdkörper in unsere dreidimensionale Welt ausstößt, die ihn aufnimmt, wie ein Hohlraum z. B. eine Flüssigkeit aufnähme. Das Prinzip einer solchen Materialisation wird übrigens in der Atomwissenschaft demonstriert. Indem man in einem Teilchenbeschleuniger eine Energie von etwa $19 \cdot 10^6$ eV erzeugt, bewirkt man die Schaffung schwerer Teilchen.
Es findet also von einer Welt zur anderen eine doppelte Übertragung von Energie-Materie statt.
Die Übertragungen erfolgen in der physiologischen Zeit augenblicklich: Herausdringen, Hineindringen, Schaffen, Ausstoßen!
Die durch das Wort übertragene Energie wird als Brot-Materie gleichsam zurückerstattet.
Der Mensch ist durch das Mysterium des Unbekannten ein mächtiger Erzeuger, der sogar einen Berg schaffen könnte, freilich bei Gefährdung seines physischen und psychischen Gleichgewichts.

Dennoch erweist sich eine solche Übertragung als heilsam, wenn sie sich auf die unbewußte Ausstoßung psychischer Residuen bezieht.
Der Mensch läutert, befreit und vergeistigt sich, indem er seine seelischen Abfälle in die Andere Welt schafft, die ihm dafür eine neue und neutrale Energie liefert.

Das Jenseits der Dämonen und Geister

Das *Zauberbuch des Magiers Scot* gibt diesen osmotischen Vorgang als Grund für die Verunreinigung der Anderen Welt an.
Aus den seelischen Bodensätzen und Ablagerungen der dreidimensionalen Welt schafft das Jenseits eine Menschheit aus Monstren, die von den Empirikern als Dämonen, Inkuben, Sukkuben, Geister, Sylphen, Nymphen, Gnomen, Doppelgänger Lebender oder Verstorbener usw. bezeichnet werden.
Der Spiritismus ist die Lehre von der Anrufung dieser jenseitigen Wesen mit dem Ziel, sie aus ihrer Welt des Jenseits durch das »Sieb« oder die »Schleuse« des Nullpunktes in unsere Welt gelangen zu lassen.
Das Mysterium der Kabbala war, nach dem Magier Scot und Michel Carguèse, das den Zauberern, den Urhebern der mündlichen Fassung des Maasseh Merkabah bekannte und vertraute wissenschaftliche Geheimnis, das darin bestand, durch die Macht des Wortes, einen Austausch zwischen zwei Parallelwelten herbeizuführen.
Zwischen der Welt und der Anti-Welt, wie es im *Zauberbuch* heißt! Die schriftliche Fassung der Kabbala durfte dieses magische und gefährliche Geheimnis nicht enthüllen; deshalb wurde es derart verschleiert und labyrinthisch verschachtelt, daß nur noch wenige Eingeweihte den roten Faden wiederzufinden vermögen.
Aber die Eingeweihten selber besitzen die Fähigkeit der Materialisation und des Verkehrs zwischen den Parallelwelten auch nur durch eine empirische Methode, d. h., ohne den wissenschaftlichen Mechanismus des Phänomens zu kennen.

In der weißen Magie wird der als Energiebetrag berechnete psychische Verlust durch einen aus der Anderen Welt stammenden Gewinn ausgeglichen und so die Niveaugleichheit wiederhergestellt. Doch ist, wie es im *Zauberbuch des Magiers Scot* heißt, der bewußte Verkehr mit der Anderen Welt stets durch körperliche Nachteile erkauft, weshalb die Heiligen für ihre Wohltaten mit dem Verzicht auf die Freuden des Fleisches, mit körperlichen Leiden, kurz: mit der Aufgabe ihres irdischen Glücks bezahlen müssen. Sind sie im allgemeinen nicht abgezehrt, von Wunden und Geschwüren bedeckt, kurzsichtig und oft tuberkulosekrank?

Jeder, der einen guten Gedanken hat oder eine gute Strahlung aussendet, muß für seine Wohltat bezahlen, denn wer Edles gibt, empfängt dafür nicht Edles.

Wenn man also – vergleichsweise – Gold gibt, erhält man lediglich Rohstoff, Ausgangsmaterial zurück: Stein, Holz, Metall, Abfall, aus denen man durch eigene Anstrengung zum eigenen körperlichen Nachteil wieder Gold herstellen muß.

Wer in diesem Sinne gibt, erschöpft sich.

Selbst Gott, der als einziger unaufhörlich zu geben vermag, muß wie der Phönix gewissermaßen als Lösegeld unaufhörlich sterben und unaufhörlich wieder zum Leben erwachen.

Hierin liegt das Mysterium von Prometheus, Luzifer, Quetzalcoatl, Herakles, das Mysterium aller jener mexikanischen, inkaperuanischen und indischen Gottheiten, die sich auf einem Scheiterhaufen freiwillig verbrennen ließen. (In den meisten Kosmogonien bringt Gott sich selber zum Opfer, um die Welt zu erschaffen: Im Rigweda vernichtet sich das Höchste Wesen, um zu erschaffen; der Gott Bel der Chaldäer schneidet sich den Kopf ab; die Welt der Germanen wurde aus dem geopferten Körper des Urriesen Ymir geschaffen, usw.) Auch das Mysterium Jesu Christi und der buddhistischen Mönche gehört hierher.

Im alltäglichen Leben ist das Höchstmaß von Glück, Gesundheit und Erfolg dem unredlichen Menschen beschieden, dem Reichen, der, obwohl er zum Beispiel schon zahlreiche Grundstücke und ebenso zahlreiche Häuser besitzt, trotzdem immer noch weitere Grundstücke und weitere Häuser hinzukauft, um seinen Reichtum zu mehren, dabei aber einen armen Teufel hindert, das Stückchen

Land oder die bescheidene Bleibe zu erwerben, die ihm das Gefühl von Ruhe und Geborgenheit hätte geben können.
Der ehrliche Mensch, der Gute, der Gerechte, der Heilige muß dagegen bezahlen und erhält als Gegenleistung Unglück, Krankheit, Mißgeschick.
Daher kommt es, daß der Gerechtigkeitsbegriff in der exoterischen Bedeutung des Wortes so schlecht ausgelegt wird, es sei denn, daß die Gerechtigkeit von unserer Welt ausgeübt wird!
Aber existiert der Begriff der Gerechtigkeit überhaupt an dem geheimnisvollen Nullpunkt der kontrahierenden und expandierenden Welten, am Nullpunkt der Anti-Zeit, des Anti-Weltalls, der Anti-Welt? Auf diese Weise wird das Geheimnis der Kabbala durch das *Zauberbuch des Magiers Scot* offenbart.

Schwarze Magie

Im achten Kapitel des *Buches Henoch* heißt es, daß die von einem anderen Planeten gekommenen Engel die irdischen Frauen und Männer in der Kunst der Zaubermittel und Beschwörungen, aber *nicht in der wahren Wissenschaft der Heiligen* unterwiesen hätten.
Dieser schwarzen Magie, wie sie in der Kabbala niedergelegt ist, bedienten sich wahrscheinlich die Ägypter und die Hebräer, um miteinander vor dem Pharao in ihren Fähigkeiten zu wetteifern.
Um ein Wunder zu vollbringen, kann der Anhänger der schwarzen Magie die erforderliche Energie seinem eigenen psychischen Potential entnehmen, aber im allgemeinen zieht er es – im Gegensatz zum Heiligen – vor, die anderen bezahlen zu lassen.
Zu diesem Zweck ruft er, ohne die Versuchsperson von der Gefahr, die ihr droht, zu unterrichten, die Andere Welt mit Hilfe eines Mediums an, gewöhnlich einer Frau, die er hypnotisiert oder einschläfert, um ihr ein winziges Stück ihrer grauen Hirnsubstanz zu entwenden.
Mit anderen Worten, der schwarze Magier ist ein Vampir, der bisweilen – wie Gilles de Rais – nicht zögert, Kinder zu opfern, wenn es darum geht, die Vorschriften des Ritus zu erfüllen.
Die Magier des Altertums, Menschen der Vorgeschichte, Hebräer, Ägypter, Inka, Maya, Zauberer, die alle ein Priesteramt bekleide-

ten, liefern uns dadurch, daß sie Menschen- und Tieropfer vornahmen, den Beweis, daß ihnen die Übertragung des psychischen Potentials bei ihren magischen Kulthandlungen unbekannt war. Es berührt merkwürdig, daß auch die Inka und die Maya, die doch Erben einer großartigen Kultur waren und im übrigen nicht zu Grausamkeit neigten, Menschenopfer darbrachten, wie auch die Kelten, bei denen das Opfer allerdings freiwillig war (Selbstmord) oder an Kriegsgefangenen vollzogen wurde. Im letzten Augenblick brauchte Abraham seinen Sohn Isaak nicht zu opfern, obwohl der Blutritus bei der Religionsausübung der Hebräer in hohem Ansehen stand, denn auch der eingeweihte Moses frönte ihm auf höchst abstoßende Weise, wenn man dem 8. und 9. Kapitel des 3. Buches Mose Glauben schenken will. Übertriebene Empfindsamkeit war gewiß nicht die Lieblingssünde unserer Vorfahren vor 3500 Jahren!

Wie hätten sich die Magier derartige Kenntnisse als Frucht einer sehr weit entwickelten Wissenschaft verschaffen können, wenn sie nicht von höherstehenden Vorfahren im Gebrauch der Arkana unterwiesen worden wären?

Wir stoßen also immer wieder auf eine Überlieferung, die von Eingeweihten hinterlassen oder gelehrt wurde.

Die schwarze Magie läßt sich theoretisch und praktisch wie folgt erklären:

Durch Beschwörung (Inkantation), Gebet, Opfer verdichtet der Magier den durch das Unbewußte der Versuchspersonen oder Opfer emanierenden psychischen Strom in einem Sammler: Totem, Statue, Figurine, Kultgegenstand.

Diese Energie wird allein durch die Magie des Wortes auf ein Wesen – Geist oder Dämon – aus einer Parallelwelt übertragen.

(Nach herkömmlicher Anschauung ist die Andere Welt von umherirrenden Geistern bevölkert, die auf eine »von außen kommende« Energie warten, um eine stoffliche Konsistenz anzunehmen.)

Dieses Wesen der Anderen Welt bewirkt die Umwandlung, d. h. das »Wunder«, und vollzieht die Ausstoßung in unsere Welt. Der Austausch ist zustande gekommen: Die Andere Welt bewahrt den psychischen Mechanismus in geläutertem Zustand und schickt eine dem seelischen Abfall gleiche Masse in der gewünschten Form zurück.

Das Wunder, das stets, selbst im unendlich kleinen Maßstab, eine Erschaffung von Materie darstellt, kann in mehreren Formen vorkommen:
Apport: *Blumenstrauß, Gold, Gift, usw.*
Inkarnation: *Geist, körperliche Erscheinung einer Person.*
Halluzinationen und Visionen: *Geisterhafte Bilder erscheinen. Töne oder Geräusche wie dumpfes Brausen, Donnerschläge, Wortgemurmel entstehen auf magische Weise.*
Besessensein: *Der Magier oder die Versuchsperson erhält einen Schlag und fällt in Trance. Er ist »vom Teufel besessen« und führt diese oder jene übernatürlich erscheinende Handlung aus.*
In diesem Fall ist es immer der Zauberpriester, das Medium, das, nachdem es ein Höchstmaß an psychischem Potential abgegeben hat, sich als am leersten erweist und daher die Entladung, den Schlag, erhält, genau wie bei dem magnetischen Bottich von Mesmer.*
Im Rahmen der Schulwissenschaft gelten derartige Manifestationen als nicht streng beweisbar und können somit nicht anerkannt werden; auf dem Gebiet der reinen Experimentalwissenschaft erfreuen sie sich indessen eines gewissen Ansehens, da Erscheinungen wie Hellsehen, Vorahnung, Telepathie, Halluzinationen, Visionen und Levitationen nicht widerlegt werden können.
Welche Bedeutung ihnen auch immer zukommt, diese Phänomene gehören, wie es scheint, zu einem Empirismus, der keineswegs einer Grundlage entbehrt und den der Rationalist nur deswegen nicht wahrhaben will, weil er ihn nicht erklären kann.

* Im Jahre 1778 rief der deutsche Arzt Franz Anton Mesmer, der Begründer der Lehre vom tierischen Magnetismus, mit Hilfe seines »Wunderbottichs« Halluzinationen, Zuckungen und wohl auch Heilungen bei Kranken und Versuchspersonen hervor.
In seinen aufsehenerregenden Experimenten verwendete Mesmer einen hölzernen Zuber oder Bottich, der Eisenfeilspäne, fein zerstoßenes Glas und sorgfältig angeordnete Flaschen enthielt, wobei das Ganze mit Wasser befeuchtet war. Eisenstäbe tauchten in das System ein, das sich wie ein elektrischer Akkumulator verhielt. Der Magnetismus, der sich durch die Eisenstäbe fortpflanzte, war die unmittelbare Ursache der geheimnisvollen Manifestationen.

Kann man auf dem Wasser wandeln?

Mit dem Glauben kann man Berge versetzen. Jesus wandelte auf dem Wasser. Unheilbare Kranke werden in Lourdes geheilt. Der heilige Joseph von Copertino, die heilige Teresa de Jesús aus Avila und der heilige Bernhard von Clairvaux versetzten sich in den Zustand der Levitation.
Kann man diese supranormalen Phänomene abstreiten, nur weil sie sich den vorübergehend geltenden Gesetzen der Experimentalwissenschaft entziehen?
Für den Theologen ist die Erklärung einfach: Für ihn handelt es sich um ein göttliches Wunder, was mit anderen Worten heißt, daß Gott, mit Hochspannung geladen, sich eines winzigen Teils seiner Ladung, seiner Macht entledigt, um ein irdisches Wesen daran teilhaben zu lassen.
Das ist aber auch genau die Theorie, die im *Zauberbuch des Magiers Scot* vorgetragen wird!
Die Gebete, Gedankenströme und Glaubenstaten, die z. B. von einem Heiligen ausgehen, steigen zu Gott auf, der diese Energiesumme in Wunder verwandelt.
Ein in andächtigem Gebet versunkener Heiliger gibt dem Gott, den er anbetet, seine ganze Lebenskraft, sein ganzes Potential, »seinen Glauben«, bis er sich seelisch entleert hat.
Auf diese Weise erfolgt auch das Phänomen des Mesmerschen Magnetbottichs: Der Rückstrom ist, wenn auch nicht viel größer, so doch wenigstens zeitlich viel dichter, so daß das Wunder stattfinden kann.
Diese seelische Ebbe hebt die Schwere auf (Wandeln auf dem Wasser) oder die Anziehungskraft der Erde (Levitation) oder bringt eine supranormale Fähigkeit hervor, wie z. B. die, über glühende Kohlen zu schreiten, ohne sich Brandwunden zuzuziehen, Prophezeiungen zu machen, die Vergangenheit oder die Zukunft wahrzunehmen oder auf wunderbare Weise Kranke zu heilen.

Wie man sich eine Zauberstatuette herstellt

Es ist verhältnismäßig leicht, einen Kondensator für magnetische Ströme oder mit anderen Worten: eine Zauberstatuette herzustellen, deren Wirksamkeit man ausprobieren kann.
Der Gegenstand soll nach Möglichkeit aus einer tierischen Substanz bestehen. So wählen die Zauberer zu diesem Zweck gewöhnlich Elfenbein oder Bienenwachs; aber auch ein pflanzlicher Stoff wie Harz und selbst Holz können verwendet werden.
Von allergrößter Wichtigkeit ist, daß die Statuette die Gestalt und das Aussehen eines besonders geliebten Wesens hat, d. h. eines Wesens, das sich Zuneigung, Liebe oder Bewunderung erworben hat: Christus, Buddha, Luzifer, ein Gott, eine Göttin, ein Hund.
An diese Statuette müssen sich nun die Beschwörungen richten, durch die sie mit einem dem Magnetismus gleichen oder ähnlichen psychischen Potential aufgeladen wird. Selbstverständlich müssen diese Beschwörungen mit Inbrunst zum Ausdruck gebracht werden, damit sie den Strom zwischen Magier und Materie herstellen können. Sensible Wesen werden nach genügend langer, mehrmonatiger oder mehrjähriger Aufladezeit die wohltuenden Wirkungen der Ladung spüren, besonders wenn sie die Statuette berühren.
Dies ist das Prinzip des Totems und der Götterstandbilder, überhaupt jedes Kultgegenstandes. Die segensreiche Ausstrahlung ist vor allem an geweihten Stätten spürbar, die seit Jahrhunderten von Gläubigen aufgesucht werden. Oft ist ein solches Fluidum in elfenbeinernen oder hölzernen Christusfiguren gespeichert, denen die Gläubigen sich nähern und die sie durch unbewußte magnetische Kräfte sogar flüchtig berühren konnten. Der Zaubergegenstand muß frei aufgehängt oder durch einen Sockel aus wenig leitfähigem Material, wie z. B. Glas, isoliert werden.
Die ganze weiße Magie beruht auf diesem Prinzip, das aber auch der schwarzen Magie zugrunde liegt, nämlich dann, wenn die Figur ein unheilbringendes Wesen, einen Dämon, Satan oder eine böse Gottheit verkörpert.
Antiquitätenhändler, bei denen man derartige Zaubergegenstände bisweilen finden kann, mußten schon häufig feststellen, welchen schädigenden Einfluß ihre bloße Anwesenheit auszuüben vermochte.

Unser Leben ist viel mehr, als man annimmt, guten oder schlechten Einflüssen ausgesetzt. Bestimmte Personen haben, entsprechend ihrem Wesen, eine günstige, gutartige oder eine bösartige, unheilvolle Ausstrahlung; ähnlich verhält es sich mit bestimmten Wohnungen, Gegenständen und Örtlichkeiten.
Kurz, jeder von uns wirkt bis zu einem mehr oder weniger vernachlässigbaren oder auch recht beträchtlichen Grade wie eine Zauberstatuette bzw. ein Akkumulator, der zum Beispiel im Laufe einer Veranstaltung in einem Saal, einem Stadion oder dergleichen ein durch intensive Polarisation verstärktes Potential aufnehmen kann.
Die Menschenmassen in Großstädten entladen sich, indem sie die metallenen Schutzgeländer der Untergrundbahneingänge oder die verschiedenen Stangen und Haltegriffe in den Waggons der öffentlichen Verkehrsmittel berühren oder indem sie sich einfach aneinanderdrängen. Aus diesem Grunde vermeiden in Indien die Eingeweihten körperliche Berührungen von Personen, die auf sie ein schädliches psychisches Potential übertragen könnten.

Magische Anziehungskraft der Kurtisanen

Frauen sind im allgemeinen psychisch mehr aufgeladen als Männer, weil sie in höherem Maße Blicke, Bewunderung, Liebe und Begierde auf sich ziehen.
Kurtisanen oder Frauen, die sich ihrer sexuellen Ausstrahlungskraft bewußt sind, speichern ihre Leidenschaften in sich auf und laden sich um so mehr auf, als sie es vermeiden, sich berühren zu lassen.
Ein mehr oder minder flüchtiges Berühren ist wie der magische Strich eines Magnetiseurs und spielt eine entscheidende Rolle zu Beginn des Geschlechtsaktes.
Schauspielerinnen von Film und Bühne, die ebenfalls einen mächtigen, von der Bewunderung durch das Publikum herrührenden Strom auf sich lenken, sind magnetisch ungemein stark aufgeladen, was oft das Aufblühen ihres Talents, ihre künstlerische Entfaltung und ihre Selbstsicherheit erklärt.
Solche Stars laden sich schließlich derart auf, daß es für sie notwendig wird, sich eine Entladungsmöglichkeit zu suchen, mei-

stens in Form der körperlichen Liebe oder auch auf eine unbewußtere Art, nämlich barfuß durch die Straßen oder durch die Landschaft zu gehen, um einen befriedigenden Kontakt mit der Erde herzustellen.
Vom wissenschaftlichen Standpunkt aus betrachtet wird diese Aufladung tierischer Magnetismus genannt, doch esoterisch gesprochen, handelt es sich um ein psychisches Potential, das vielleicht weniger subtil ist als das durch den Glauben bewirkte und daher nicht so leicht eindringen kann, das aber dem gleichen inbrünstigen Wesen entspringt.
Findet der psychische Strom keinen Auslaß, sammelt er sich in dem Betreffenden und erzeugt Phantasmen, d. h., er wandelt sich in eine Art von Zauber, der auf den Sammler zurückwirkt und durch neuropathische Merkmale gekennzeichnet ist.
Am Ende wird sich das geheimnisvolle Unbekannte mit dem Bekannten überlagern, wobei Magie und Magnetismus die Verbindung knüpfen, was uns zu der Voraussage veranlaßt, daß eines Tages auch die empirische Wissenschaft der Kabbala ihren Anschluß an die Experimentalwissenschaft finden wird.

XVIII. HEXENMEISTER UND MATHEMATIKER

Magie und Hexenkunst haben wie alle Wissensgebiete und Lehren ihre Eingeweihten und ihre leichtgläubigen Anhänger.
Man könnte mit den Rationalisten meinen, Vernunft und Naturwissenschaft hätten dem Empirismus längst den Todesstoß versetzt, aber das Mysterium des Unbekannten, für das man noch keine Erklärung gefunden hat, widersteht den ungehobelten Ausfällen der Ignoranten und Stümper.
Darüber hinaus bedarf der unterdrückte Mensch der Magie, die in der Rangordnung der Wissenschaften die erste Stelle einnimmt.
Man verstehe uns nicht falsch: Wir wollen hier nicht einem absurden Aberglauben und gewissen ebenso unnützen wie lächerlichen Teufelspraktiken das Wort reden, sondern eine Esoterik untersuchen, deren gesellschaftliche Bedeutung noch wenig bekannt ist.
Der französische Altertumsforscher und Kulturhistoriker Alfred Maury (1817–1892) behauptete, daß die Magie die erste Form gewesen sei, in die der Wissenschaftstrieb des Menschen schlüpfen mußte, als er von der Natur die Macht ihrer Geheimnisse übernahm.
Für die Eingeweihten stellt diese Definition, so günstig sie auch ausfallen mag, lediglich die äußerliche Erklärung eines Mysteriums dar, das seine Kraft aus unserer Entstehungsgeschichte schöpft.
Andererseits ist die Magie untrennbar mit der Bibel, der Religion und der Philosophie verbunden; sie durchzieht den Talmud, die Kabbala sowie alle Grundlagen unserer überlieferten und schriftlich niedergelegten Erkenntnis.

Initiandin Nr. 1

Als die »Engel« aus dem Kosmos landeten, bestand die Urmenschheit gewissermaßen nur aus Funktionselementen einer ungezähmten Horde.
Das *Buch Henoch* berichtet, daß die erste Sorge der Himmelsreisenden dem Ziel galt, »sich einander durch Verwünschungen

zu verpflichten«, d. h., sie stiegen auf den Berg Hermon in Armenien und schlossen einen *Satans*pakt, der bei Androhung furchtbarster Vergeltungsmaßnahmen nicht gebrochen werden durfte.
Bemerkenswert ist, daß die feierlich-rituelle Exsekration von profanen Flüchen begleitet sein muß und stets einen unheilvollen Charakter hat. (Noch heute findet, wenn ein größerer Teil des Mauerwerks einer Kirche einzustürzen droht oder eingestürzt ist, eine liturgische Entweihung oder Verwünschung statt. Die Kirche verliert dadurch ihre geistliche Weihung und kehrt in den Status eines weltlichen Bauwerks zurück.)
Unter den »Engeln« wurde also ein regelrechter magischer Zirkel gebildet; seit diesem Ereignis wird Semjasa, der Anführer der Abtrünnigen, häufig bei magischen Beschwörungen angerufen.
Die »Engel« wählten sich nun Frauen aus und – so fährt das *Buch Henoch* fort – *begannen zu ihnen zu gehen und sich mit ihnen zu vermischen, und sie lehrten sie Zaubersprüche und Hexereien und die Eigenschaften der Wurzeln und Bäume. Sie unterwiesen sie auch in der Schminkkunst sowie im Gebrauch der Edelsteine sowie aller Färbemittel.*
Seit Anbeginn der Menschheit begegnen wir also der Magie – und Frauen, denen auf dem Wege der Initiation ein Wissen vermittelt wurde, das zuvor auf der Erde unbekannt war.
Die Rationalisten vom lautersten Wasser freilich dürften das, was die ersten Kenntnisse menschlicher Wesen ausmachte, weder glaubwürdig noch interessant finden; und dennoch ist die Behauptung keineswegs paradox, daß die erste Wissenschaft die Magie war, deren zwei Hauptzweige die Zauberkunst und die klassische Experimentalwissenschaft bilden.
Sogar hieraus erkennt man jetzt das Wesen der kabbalistischen Geheimlehre, in der übrigens das *Buch Henoch* als Urquell jeglicher Offenbarung erwähnt ist.
Der Talmud und die Bibel ihrerseits räumen der Magie eine große Bedeutung ein; sie spielte auch in der Religion der Skandinavier und Kelten eine Rolle, deren ausschließlich von Frauen geleitetes esoterisches Zentrum sich auf der Insel Sein befand. (In der Bretagne, dem Land der Druiden, lebte die Magie der Extraplanetarier fort und fand ihre esoterische Erfüllung in dem Zauberer Merlin. Auch die mit eingravierten Kreisen und Spiralen versehenen Dolmen deuten auf die Vorstellung einer kosmischen Ex-

pansion hin, die sich auf eine viel rationalere Wissenschaft bezieht.)

Diese Einweihung der Frauen in der Urzeit überschneidet sich wahrscheinlich mit dem Mythos vom irdischen Paradies, wo Eva, die Wissende, auf die Schlange hörte und sich für den freien Willen entschied, der gleichsam ein Aufbegehren des Intellekts gegen die starren Fesseln des Determinismus darstellt.

Hexensabbat der armen Leute

In der Tat sind Magie und Zauberkunst ein Zeichen der Empörung gegen die Diktatur der Religion oder der Gesellschaft.

Gott gibt den einen Reichtum und Überfluß, während er die anderen in Hunger und Elend umkommen läßt – zu unserer Interpretation der tiefen Bedeutung des Phänomens ziehen wir hier die Enzyklopädisten heran –, *und um Gott für seine Ungerechtigkeit zu bestrafen, wendet sich das Volk von ihm ab und betet seinen Widersacher, den Teufel, an ...*

Desgleichen war für die Unglücklichen, die sich ihm hingaben, der »Hexensabbat« ein Feiertag, der nach einer Woche beschwerlicher Arbeit auf sie wartete; er war ihnen die ausgelassene Runde, die der Verzweiflung folgte; aber hinter dem äußeren Schein verbarg sich eine echte Verschwörung.

Während die Frau sich dem sogenannten Satan hingab und sich von dem Gott abkehrte, der ihr nichts als Elend und Entbehrungen beschert hatte, trachtete der Mann nach etwas anderem als einem flüchtigen und grobsinnlichen Vergnügen.

Am Hexensabbat saßen Menschen neben ihm, die ebenso ausgebeutet, mürrisch, verzweifelt und halb irre vor Wut waren wie er; die unter der Schirmherrschaft Satans abgehaltenen Zusammenkünfte waren mehr als einmal die Keimzelle jener furchtbaren Aufstände, die seit dem 12. Jahrhundert ausbrachen. Von 1300 an beginnt die schwarze Messe, die später die Jacquerie, den französischen Bauernaufstand von 1358, auslösen sollte.

Man vergleiche in diesem Zusammenhang den okkulten und schreckenerregenden Einfluß von großen Persönlichkeiten mit dem Vornamen Jacques (Jakob) und das Gebaren jenes geheimnisvollen Unbekannten, der nach der Hinrichtung Ludwigs XVI. dessen

Haupt durch die Luft schwang und ausrief: »Französisches Volk, ich taufe dich auf den Namen Jacques und den der Freiheit!« Diese Begebenheit wird von Prudhomme und Eliphas Levi erwähnt. Interessant dabei ist, daß die Jacquerie am Tage des Fronleichnamsfestes, am 28. Mai 1358, ausbrach!

Was nun die Hexensabbate jener Zeit betrifft, so spiegeln sie deutlich den politischen Charakter wider, den überängstliche Historiker zu betonen vergaßen.

Der Altar, vor dem die Zeremonie stattfand, war dem »aufständischen Hirsch, dem alten, aus dem Himmel zu Unrecht verstoßenen Geächteten, dem Geist, der die Erde schuf, dem Herrn, der die Pflanzen keimen läßt«, geweiht.

Hier haben wir es mit dem Ausdruck einer Auflehnung zu tun, die von grausam unterdrückten, ausgesogenen, nach Brot und Gerechtigkeit hungernden Leuten ausgeht, welche sich aus reiner Verzweiflung dem Teufel zuwandten, von dem sie kaum größere Qualen zu befürchten hatten, als ihnen ohnehin beschieden waren. (Im Oktober 1964 richtete der italienische Zauberer Vittorio Scifa einen Appell an alle Zauberer, Geisterbeschwörer und Hexenkünstler der ganzen Welt, sich in dem Bemühen zu vereinigen, die Menschheit vor der Gefahr eines Atomkrieges zu bewahren.)

Diese Empörung findet man heutzutage in den Teufelsbünden und den Luzifer geweihten Geheimgesellschaften wieder und sogar, wenn man die Jahrtausende zurückverfolgt, bei den Hebräern, als sie beispielsweise, des Wartens auf ihren mit dem Herrn auf dem Sinai »konferierenden« Anführer Moses überdrüssig, aus ihren Ohrgehängen das Goldene Kalb verfertigten (2. Buch Mose, Kapitel 32, Vers 1–5).

In der Kabbala symbolisieren zwei Engel den Aufstand der Materie gegen den Geist, aber auch des Volkes gegen die Willkür: der weiße Sammael oder der Engel der Züchtigung und der schwarze Sammael, der Katastrophenengel.

Das Fatale der Magie wird durch ein seltsames und tiefes Bild heraufbeschworen: »Irrtümer sind die Schalen, die das Fleisch der Wahrheit umhüllen.«

Der Talmud bezieht sich ganz unverhohlen auf die höhere Erkenntnis, um Verfahren für Hexenkünste und Wunderheilungen zu offenbaren, die in der Tat einem buchstäblichen Empirismus zuzurechnen sind.

Diese berühmten Präzedenzfälle und die Tatsache, daß die Magie älter als alle geistigen Kenntnisse des Menschen ist, lassen es geraten erscheinen, die älteste aller Wissenschaften höchst aufmerksam zu studieren.
Wegen des empirischen Faktors täuschen manche Gelehrten, sobald das Stichwort Magie fällt, Taubheit vor oder wechseln absichtlich auf ein anderes Thema über – eine ebenso unverantwortliche wie nutzlose Methode –, denn es erscheint uns außer Zweifel, daß die Experimentalwissenschaft nach ihren spektakulären Vorwänden und – sagen wir es ruhig – meisterhaften Ausflüchten in absehbarer Zukunft einer zwangsläufigen Begegnung mit ihrer großen Vorläuferin zustrebt: jener transzendenten Magie der Meister, die mit der Magie der »Engel-Kosmonauten« nichts gemein hat.
Weder die Kabbala noch der Talmud noch die Bibel haben es jemals vermocht, »die Schale« der transzendenten Wissenschaft und der transzendenten Magie auch nur zu ritzen, »um in das Fleisch der Wahrheit einzudringen«.

Satan führt den Ball an

Es gibt ein geheimnisvolles Unbekanntes, das uns beunruhigt, und ein geheimnisvolles Unbekanntes, das uns dient.
Der Diktator, der Politiker auf der Rednerbühne, der Priester vor dem Altar praktizieren eine Magie, deren Macht über die Volksmassen ihnen bekannt ist.
Der Zauberer, den man einst den »Mathematiker« nannte, hatte seinen magischen Kreis, der, durch den sogenannten rationalistischen Gelehrten modernisiert, zur konzentrischen Rundfunk- und Fernsehwelle geworden ist.
Wie die Kaiser im alten Rom, wie Caligula und Nero, bedienen sich auch die heutigen Regierungschefs der Magie des Wortes, hypnotisierender Vorstellungen sowie mannigfacher Schliche und Winkelzüge, um die Bürger ihres Staates zu behexen.
Das Fernsehgerät ist der magische Spiegel der alten Zauberer, in dem auf Kommando die Ereignisse erscheinen, die am anderen Ende der Welt stattfinden oder stattgefunden haben.
Eine ans Phantastische grenzende Magie, eine schwarze Magie mit

Menschenopfern: In Japan wird ein Ministerpräsident ermordet ... man sieht die Klinge in den Händen des Mörders aufblitzen, in Texas wird der Präsident der USA ermordet, wir erleben, wie sein Mörder vor unseren Augen erschossen wird ... Es würde eine Handbewegung unsererseits genügen, um diese an Halluzinationen erinnernden Bilder sich in nichts auflösen zu lassen, aber wir führen diese Handbewegung nicht aus, denn nach diesen Morden brauchen wir den Anblick weiterer Morde, wahrer Berge von Leichen, blutiger Krawalle *made in USA*, den Anblick von Menschen, die verzweifelt gegen Wirbelstürme, Überschwemmungen, Großbrände kämpfen ...

Welche Magie! Welch teuflische Magie, bekannte und unbekannte Verstorbene, die man bisweilen eben erst zu ihrer letzten Ruhestätte geleitete, wieder zum Leben erweckt, lachend und scherzend zu sehen!

Wir leben im Zeitalter der Zauberei. Der Mensch beherrscht die Erde, die Tiere, den Himmel. Er zähmt und lenkt Gewitter, erzeugt Blitze, Regen, Schneefall und Erdbeben; er läßt das Innere der Erde Eruptionen emporschleudern, die tausendmal furchtbarer sind als die des Mont Pelé, des Vesuv und des Ätna. Der fliegende Teppich – sprich: Raketensatellit – dringt auf der Suche nach neuen Sternen in die Weiten des Himmels vor; das Geschoß der Maschinenpistole ist der in Stahl verwandelte Fluch, und der tödliche Blitz ist das im Bruchteil einer Sekunde wie Höllenfeuer aufflammende elektrische Licht; Tore und Türen tun sich vor uns wie durch Zauberhand auf, ohne daß wir ein »Sesam, öffne dich« zu sprechen brauchen.

Und alles materialisiert sich aus einem einzigen Gedanken. Ein mächtiger Zauberer denkt, und seiner Stirn entspringen Wundermaschinen aus Stahl, aus Wolfram, aus Zirkonium, die zur Herstellung anderer Maschinen dienen.

Alles geschieht durch Zauberei, und wie einst am Hexensabbat die Adepten, so fallen die »aufgeklärten Massen« unseres Jahrhunderts in Ohnmacht, schütteln sich in Ekstase oder bekommen zumindest einen verklärten Blick, sobald auf dem magischen Spiegel die Dämonen – Sukkuben und Inkuben – erscheinen, d. h. die »großen Künstler« des Varietés, die »Sterne« des klassischen Tanzes, die »Stars« der Leinwand und vor allem die »Idole« der Jugend.

Die Zauberdarbietungen des Spiegels werden durch ein Ministerium der Regierung amtlich organisiert und unter der Schirmherrschaft des Präsidenten (Satan) sowie unter Mitwirkung von 600 Beisitzern (den Dämonen) durch Produzenten und Regisseure (die Hexenmeister) in Wellen umgesetzt; je nach dem Grad der Verzauberung lassen sich Nervenkrisen, Trancezustände, epileptische Anfälle und Merkmale von Hysterie erzielen.
All dies ist tatsächlich im strengsten Sinne des Wortes Teufelsmagie und wird durch eine enge Zusammenarbeit, eine geistige Gemeinschaft ermöglicht, die vom Gelehrten bis zu dem zum Gesangsstar avancierten Tankwart und dem zum Idol aufgestiegenen Fleischergesellen reicht.
Das Seltsame an dieser Sache ist, daß der Wissenschaftler in seinem Laboratorium wie auch sein »Kollege« vom magischen Kreis, der »yeah-yeah« schreiende Tänzer, steif und fest behaupten, daß sie nicht an Magie, den Teufel und an Dämonen* glauben.
Schließlich lassen sich durch Vergleiche aufschlußreiche Wechselbeziehungen ableiten:
Wie der »Mathematiker« beim Teufelskult legt auch der Gelehrte und Wissenschaftler ein würdiges, zurückhaltendes Wesen an den Tag.
Wie die Zauberpriesterinnen und Hexen, die die schwarze Messe zelebrierten, ziehen auch die Verehrerinnen der »Idole« ihren Rock bis weit übers Knie hoch oder verkleiden sich als Mann, tanzen barfuß und stoßen unzusammenhängende Schreie und ein hysterisches Geheul aus.
In unserer modernen, ganz dem Teufelsdienst ergebenen Welt ist die schwarze Magie in ein akutes, endemisches Stadium getreten, dessen einziges neues Merkmal darin besteht, ihr Wesen zu verleugnen.

* Die Tätigkeit des Wissenschaftlers ist völlig auf schwarze Magie und ihre Probleme ausgerichtet: den fliegenden Teppich, die Hypnose, die Verwünschung und Verfluchung sowie die Elementumwandlung.
Die hundert größten Wissenschaftler der Erde arbeiten an der Rakete mit Suchkopf, am Überschallbomber, an der Kernspaltung, an der »Vervollkommnung« der Wasserstoffbombe, aber *nicht einer* benutzt seine geistigen Fähigkeiten unmittelbar dazu, die Arbeit des Bauern zu erleichtern, die ärztliche Kontrolle in unseren Landbezirken anzuordnen und die soziale Sicherheit aller Arbeitnehmer zu gewährleisten.

Früher, zur Zeit des Obskurantismus, lag das Problem umgekehrt: Es gab keine Zauberei, und alle Welt glaubte zum Hexensabbat gehen zu müssen!

Barfuß und mit geschürztem Rock

Es soll in eurer Mitte ... kein Wahrsager, Zeichendeuter, Schlangenbeschwörer oder Zauberer gefunden werden, kein Bannsprecher oder Geisterbeschwörer, keiner, der Wahrsagegeister befragt oder sich an die Toten wendet, um von ihnen die Wahrheit zu erfahren.
Denn ein Greuel ist dem Herrn jeder, der solches tut ... (5. Buch Mose, Kapitel 18, Vers 10–12).
Trotz dieser Gebote steht es fest, daß die Hebräer leidenschaftliche Anhänger der Magie waren. War ihnen denn Moses vor dem Pharao nicht schon mit gutem Beispiel vorangegangen?
Die Römer trieben, wenn man Horaz glauben soll, die praktische Seite der Magie auf die Spitze: Canidia und Sagana, schreibt er in seinen *Satiren*, begeben sich des Nachts auf die Friedhöfe, um ihre Behexungen vorzunehmen. Dann beschreibt er eine Szene, die aus einem Schauerroman stammen könnte: Die Hexen begraben lebendig ein kleines Kind und bereiten aus seiner Leber und seinem Mark einen Zaubertrank; sie sammeln Gebeine, Kräuter, erwürgen ein schwarzes Schaf und gießen sein Blut in eine Grube, die sie mit den Fingernägeln ausgehoben haben. Schließlich formen sie aus Wachs kleine Figuren mit dem Bildnis der Person, die sie zu töten begehren, und verbrennen sie unter inbrünstigen Beschwörungsformeln.
Auf dem Esquilinischen Hügel Roms lag, bevor Maecenas dort einen Palast errichten ließ, der Friedhof des niederen Volkes, eine Art von öffentlichem Graben, in den man die sterblichen Überreste der Beklagenswerten ohne viel Umstände hineinwarf.
Dort kamen, sobald die Nacht hereinbrach, die Zauberinnen zusammen, bekleidet mit einem aufgeschürzten, schwarzen Gewand, das ihr Geschlecht erkennen ließ, barfuß und mit aufgelösten Haaren. Auf dem behexten Erdreich sammelten sie gewisse Kräuter und die Gebeine, die sie für ihre magischen Zubereitungen benötigten.

Fünfzehn Gründe, lebendig verbrannt zu werden

Um Hexenmeister oder Zauberer zu werden, mußte man mit dem Teufel einen vorschriftsmäßigen Pakt schließen, wobei jeder der Vertragspartner eine formelle Verpflichtung einging.
Der Zauberer verleugnete seine Taufe, gab sich gotteslästerlichen Praktiken hin und überließ seine Seele dem Bösen.
Der Teufel dagegen verpflichtete sich durch seine Unterschrift, für eine bestimmte Zeitspanne zu gehorchen, sich in eine Flasche, eine Kiste, in Ringe, in den Körper eines Haustieres usw. sperren zu lassen und dergleichen mehr. Natürlich mußte er die Wünsche des Zauberers erfüllen und ihm ungewöhnliche Fähigkeiten verleihen, wie z. B. in die Vergangenheit und die Zukunft zu blicken, sich verbotene Genüsse zu verschaffen, die Ruhe anderer Menschen zu stören, dem Liebhaber die begehrte Frau zuzuführen und ihn von seinen Nebenbuhlern ebenso wie den Ehrgeizigen von seinen Feinden zu befreien, unsichtbar zu werden, durch die Luft zu fliegen, die Wesen der Anderen Welt seinem Willen zu unterwerfen, Tote aufzuerwecken ...
Wie man sich denken kann, hat es nichts von alledem jemals gegeben, angefangen bei dem Pakt, denn es genügte, Satan anzurufen, um ihn erscheinen zu lassen, und es genügte, ein Zauberbuch mit Blut zu unterschreiben, um Reichtum, Liebe, Macht zu erlangen; der arme Teufel hätte alle Hände voll zu tun gehabt, und das Glück auf Erden wäre vollkommen gewesen!
Seit dem Aufkommen des Christentums vollzog sich ein Wandel der alten Magie mit ihren Zauberformeln und Beschwörungsriten, und es bildete sich ein neues Ritual aus.
Die Unglücklichen glaubten, daß Satan sich mit allen besiegten und zu Dämonen oder bösen Geistern gewordenen Gottheiten der Vergangenheit verbündet habe und daß diese Machtkonzentration sich gegen Gott, den Sieger, erhebe.
Der Glaube an Hexerei und an ihre besonders typische Manifestation, den Hexensabbat, wurde so stark, daß die Heiligen selber davon überzeugt waren.
Die älteste unserer Gesetzessammlungen, die *Lex Salica*, erwähnte in Abschnitt 67 Strafandrohung für den Fall, daß der Täter den Beweis für seine Behauptung schuldig bleibt:
Jeder, der einen anderen einen Hexenmeister nennt oder einen an-

deren beschuldigt, an dem Ort, wo die Hexenmeister sich treffen, den Kessel getragen zu haben, und es nicht beweisen kann, wird zu einer Geldbuße von 2500 Heller verurteilt.

Wir lassen nun die Aufzählung der den Hexenmeistern und Hexen unterstellten Verbrechen folgen, wie sie der französische Publizist und Staatstheoretiker Jean Bodin in seiner Schrift *Über die Dämonomanie* (Paris, 1581) veröffentlicht hat:

Das erste Verbrechen besteht darin, daß sie öffentlich erklären, Gott und jeden Glauben zu leugnen. Ihr zweites Verbrechen besteht darin, daß sie, nachdem sie sich von ihm losgesagt haben, ihn verfluchen, ihn lästern und ihm trotzen. Das dritte Verbrechen ist noch abscheulicher, weil sie dem Teufel huldigen, ihn anbeten und ihm opfern. Das vierte Verbrechen ist noch größer, weil mehrere von ihnen überführt wurden und gestanden, ihre Kinder dem Satan geweiht zu haben; um dieser Bosheit willen verkündet Gott in seinem Gesetz, daß er seine Rache gegen die schüren werde, die ihre Kinder dem Moloch weihten. Das fünfte Verbrechen übertrifft noch die vorigen, denn die Hexen werden gewöhnlich durch ihr Geständnis überführt, dem Teufel kleine Kinder noch vor der Taufe geopfert zu haben, indem sie sie in die Lüfte entführten und ihnen dann eine dicke Nadel durch den Kopf bohrten. Das sechste Verbrechen ist noch größer, denn die Hexenmeister begnügen sich nicht damit, dem Teufel ihre eigenen Kinder hinzugeben und sie als Opfergabe zu verbrennen, sondern sie weihen dem Satan auch fremde Kinder, wenn sie noch im Leib ihrer Mutter sind, um sie dann beide sterben zu lassen. Das siebente Verbrechen ist das häufigste und besteht darin, daß sie dem Teufel versprechen, ihm alle die zuzuführen, deren sie habhaft werden können. Das achte Verbrechen besteht darin, den Namen des Teufels anzurufen und bei seinem Namen zum Zeichen der Ehre zu schwören. Das neunte Verbrechen ist, daß Hexenmeister und Hexen blutschänderische Beziehungen unterhalten, denn Satan gibt ihnen zu verstehen, daß es noch nie einen vollkommenen Hexenmeister und Zauberer gegeben habe, der nicht vom Vater und seiner Tochter oder von der Mutter und ihrem Sohn gezeugt worden wäre. Das zehnte Verbrechen besteht darin, daß sie das Töten von Personen als Lebensunterhalt betreiben, was schlimmer ist als das bloße Schlachten kleiner Kinder, denn sie lassen die Toten so lange im eigenen Saft kochen, bis die Körperflüssigkeit und das Fleisch zu einer trink-

baren Brühe geworden sind. Das elfte Verbrechen besteht darin, daß sie Menschenfleisch essen und sogar kleine Kinder, und ihr Blut gierig trinken. Und wenn sie Kinder nicht bekommen können, scharren sie die Menschen aus ihren Gräbern hervor oder gehen auch zu den Galgen, um sich das Fleisch der Gehenkten zu verschaffen. Das zwölfte Verbrechen ist, daß sie ihre Opfer durch Gift oder Hexerei vom Leben zum Tode bringen, denn es ist eine viel schwerere Sünde, durch Gift als durch rohe Gewalt zu töten, und eine noch schwerere Sünde ist es, durch Hexerei zu morden als durch Gift. Das dreizehnte Verbrechen besteht darin, das Vieh sterben zu lassen, eine Sache, die gang und gäbe ist. Und aus diesem Grunde wurde ein Hexenmeister aus Augsburg im Jahre 1569 mit glühenden Zangen gefoltert, nachdem er die äußere Form des Fells oder der Haut dieser Tiere angenommen hatte. Das vierzehnte Verbrechen, das häufig vorkommt, besteht darin, die Früchte zum Absterben zu bringen und im ganzen Land Hungersnot und Unfruchtbarkeit zu verursachen. Das fünfzehnte Verbrechen ist die fleischliche Vermischung der Hexen mit dem Teufel, und zwar sehr oft im Beisein ihrer Ehegatten, und alle Hexen gestehen, diese Sünde begangen zu haben. Dies sind fünfzehn abscheuliche Verbrechen, von denen das geringste die ausgesuchte Todesstrafe verdient.

Der Heilige Geist der Françoise Bos

Der Hexensabbat oder die Zusammenkunft der Hexenmeister und Hexen fand in der Nacht von Sonnabend zu Sonntag mitten im Wald auf einer Lichtung statt.

Mit auswendig vorgetragenen oder aus Zauberbüchern verlesenen Beschwörungsformeln wurde Satan angerufen, der Name Gottes wurde verkehrt ausgesprochen, man schlürfte aphrodisische Getränke und gab sich, genau wie beim modernen *dolce vita,* den schlimmsten sexuellen Ausschweifungen hin.

Es kann mit Sicherheit angenommen werden, daß solche Zusammenkünfte stattgefunden haben und daß von dem »Mathematiker« Verwünschungen gegen adlige Herren oder reiche Bürger ausgestoßen wurden, die sich der Erpressung armer oder einfacher Leute schuldig gemacht hatten.

Fanatisierte Männer und brünstige Frauen sorgten für ein befriedigendes Schauspiel, indem sie aus ein und derselben undurchsichtigen Anwandlung heraus ihren Groll mit ihrer Sucht nach ausschweifendem Treiben verbanden; doch die überreizte Phantasie bauschte wirklich erlebte Szenen noch erheblich auf, so daß viele Teilnehmer beteuerten, sie hätten den Teufel leibhaftig gesehen und mit ihm Unzucht getrieben.

In den Zeiten, da ein solcher Obskurantismus herrschte, neigte die breite Masse zu einer noch nie dagewesenen Leichtgläubigkeit, wie es die unglaubliche Begebenheit zeigt, die der Françoise Bos aus Gueille das Leben kosten sollte, einer armen unbedarften Hysterikerin, die unglücklicherweise hübsch genug war, um einen liebeshungrigen Gauner in Versuchung zu führen.

Es folgt die Aussage der Françoise Bos, die am Montag, dem 30. Januar 1606, des intimen Umgangs mit einem Inkubus angeklagt war:

Die Beschuldigte bezeugt, daß einige Tage vor dem Allerheiligenfest des Jahres 1605, als sie nachts neben ihrem Ehemann schlief, sich etwas auf ihr Bett warf, so daß sie vor Schreck erwachte; ein anderes Mal warf sich das gleiche Etwas wie eine Kugel auf ihr Bett, wobei sie diesmal wach war, ihr Mann aber wiederum schlief. Der Geist hatte die Stimme eines Menschen. Auf ihre Frage: »Wer ist da?« antwortete man ihr sehr leise, daß sie keine Angst zu haben brauche, daß der, der sie heimsuche, ein Ritter des Heiligen Geistes sei, daß er gesandt worden sei, um wie ihr Ehemann ihr beizuwohnen, und daß sie sich nicht fürchten solle, ihn in ihrem Bett zu empfangen. Als sie es ihm verwehren wollte, sprang der Geist auf einen Backtrog, dann auf die Erde und kam schließlich zu ihr, indem er sprach: »Du bist sehr grausam, da du mir etwas verwehren willst, was zu tun ich mir vorgenommen habe.« Dann deckte er das Bett auf, nahm eine ihrer Brüste, hob sie empor und sagte: »Du kannst nunmehr erkennen, daß ich dich liebe, und ich verspreche dir, daß du sehr glücklich sein wirst, wenn du mich dir beiwohnen läßt; denn ich bin der Tempel Gottes, der gesandt ist, arme Frauen wie dich zu trösten.« Sie antwortete ihm, daß sie damit nichts zu schaffen habe und sich mit ihrem Mann begnüge. Der Geist erwiderte: »Du bist doch sehr enttäuscht von ihm; ich bin der Ritter des Heiligen Geistes und bin zu dir gekommen, um dich zu trösten und dir beizuwohnen, und versichere dir, daß ich die höchste Gunst aller Frauen genieße; nur den Frauen von Priestern wohne ich nicht bei.« Dann legte er sich in ihr Bett und sprach: »Ich will dir zeigen, wie es die jungen Burschen mit den Mädchen treiben.« Und danach begann er, sie unziemlich zu betasten ... und entfernte sich, ohne daß sie wußte, wie es geschehen war noch ob er sein Vorhaben durchgeführt hatte ... Dennoch glaubt die Beschuldigte, daß es sich um einen guten und heiligen Geist gehandelt habe, der sich im Umgang mit Frauen auskennt. Sie fügt hinzu, daß am ersten Tage des Jahres, als sie etwa um Mitternacht wach neben ihrem schlafenden Ehemann im Bett lag, derselbe Geist an ihr Bett getreten sei und sie gebeten habe, ihm zu gestatten, sich zu ihr zu legen, damit er ihr beiwohne und sie glücklich mache; sie aber lehnte ab. Und er fragte sie, ob sie nicht den Erlaß ihrer Sünden erlangen wolle; da sagte sie ja. »Dies ist schon geschehen«, erwiderte er, empfahl ihr aber, darüber nicht mit ihrem Beichtvater zu sprechen. Und als sie gefragt wurde, ob sie den Beischlaf mit dem Geist nicht gebeichtet habe, antwortete sie, sie habe nicht gewußt, daß es eine Sünde sei, Umgang mit einem Geist zu haben, den sie für gut und heilig hielt, und daß der Geist jede Nacht zu ihr gekommen sei, sie ihm aber nur dieses eine Mal ihr beizuwohnen gestattet habe. Als sie sich ablehnend verhielt, sei der Geist vom Bett auf die Erde gesprungen; auch wisse sie nicht, was aus ihm geworden sei. Acht oder neun Tage, bevor man sie ins Gefängnis gebracht habe, sei der Geist nicht mehr gekommen, weil sie ihr Bett mit Weihwasser besprengt und das Zeichen des Kreuzes geschlagen habe.

Erinnert diese Geschichte nicht an ähnliche, ebenso unglaubliche Erlebnisse, die einst hübschen jungen Ehefrauen widerfuhren, wenn sie von »Engeln« heimgesucht wurden? Aber die Richter im 17. Jahrhundert glaubten, im Gegensatz zu den damaligen Ehemännern, nicht so sehr an den Einfluß des Heiligen Geistes, dafür aber um so mehr an den des Teufels.

Allerdings hatten gewisse schlüpfrige Einzelheiten dem Prozeß der Françoise Bos einen pikanten Beigeschmack verliehen: Die Angeklagte hatte ihre Nachbarinnen aufgefordert, ebenfalls mit dem Geist zu schlafen, damit sie einen »ähnlichen Umgang« hätten, und ihnen »versprochen, daß der Geist sie wohlhabend machen und ihnen helfen würde, ihre Töchter unter die Haube zu bringen«.

Die einfältige Frau (aber war sie es wirklich?) wurde überführt, »mit dem Teufel verkehrt und ihm beigewohnt zu haben«, und am 14. Juli 1606, nachdem sie barfuß und im Hemd öffentliche Abbitte geleistet hatte, vor der versammelten Geistlichkeit ihres Kirchspiels *als Hexe* gehängt und verbrannt.
Das Bestürzendste an diesem Prozeß war die Tatsache, daß die Richter den »Ritter des Heiligen Geistes« nicht mit irgendeinem Wüstling identifizierten, sondern mit – irgendeinem Teufel!
Noch weitaus häufiger kam es vor, daß Frauen, die an deutlichen Halluzinationen litten und daraufhin bei der Behörde angezeigt worden waren, schreckliche, aber völlig aus der Luft gegriffene Schandtaten gestanden und begeistert den Scheiterhaufen bestiegen!

Hexensabbat der Geistesgestörten

Im 18. Jahrhundert verhörte ein Richter in Florenz eine Frau, die von ihrer Schuld sehr überzeugt war. Sie gestand, daß sie ihren Nachbarn behext, kleinen Kindern das Blut ausgesogen, am Hexensabbat teilgenommen und mit dem Teufel Unzucht getrieben habe.
Der Richter war ein vernünftiger Mensch und befahl ihr, noch in derselben Nacht zum Hexensabbat zurückzukehren, wodurch sie begnadigt würde.
Zwei junge Leute, die der Richter von seinem Plan in Kenntnis gesetzt hatte, verbrachten den Abend mit der Frau, die sich von ihnen mit Speise und Trank reichlich bewirten ließ. Nach dem Dessert entblößte sie sich, nahm ihre teuflische Toilette vor, indem sie sich mit mehreren Salben einrieb, legte sich auf ein Bett und schlief sofort ein.
Die jungen Männer mißhandelten die Frau nun ein wenig, indem sie ihr Brandwunden an den Brüsten und an den Schenkeln beibrachten und ihr schließlich noch die Haare abschnitten.
Nach dem Erwachen erzählte die Frau dem Richter, daß sie nackt auf einem Besen zum Hexensabbat geritten sei, daß der Teufel sie mit glühendroten eisernen Ruten gepeitscht und daß der »Bock« sie auf seinem Rücken zurückgebracht und ihr dabei mit dem brennenden Besen die Hälfte ihrer Haare versengt habe.

Der Chronist Minucci schließt seinen Tatsachenbericht mit folgenden Worten: *Dank dieser List gelangte der gewitzte Richter zur Erkenntnis einer Wahrheit, über die es keinen Zweifel gab. Es lohnte sich also, eine arme Irre so zu foltern!*
Unter Ludwig XIV. erhielt der französische Philosoph und Naturforscher Pierre Gassendi in einem Tal der Niederalpen bei Bauern, die er versuchsweise in einen tiefen Schlaf versenkt hatte, ein ähnliches Ergebnis.
Die Patienten erzählten ihm nach dem Erwachen, daß sie zum Hexensabbat gegangen seien, was eindeutig bewies, daß es sich bei allen um Geisteskranke handelte, die ihre Halluzinationen für bare Wirklichkeit hielten.
All diese angeblichen Erlebnisse von »Hexen« oder mit »Hexen« sind natürlich eine Fiktion, bei der indessen das unbekannte Ich eine rätselhafte Rolle spielt, indem es in eine Parallelwelt einen Vorgang von materiellen Handlungen versetzt, deren Nichtigkeit nur in unserer sichtbaren Welt zutage tritt.

Der Regenwurmkult

Ausgeglühte Hühnerknochen auf dem Altar einer halbverfallenen Abtei bei Turnbridge südlich von London, ein auf dem Friedhof des Dorfes Clophill (er hatte einer 1770 verbrannten jungen Hexe gehört) auf das Ende eines Spießes gesteckter Schädel, nicht weit davon entfernt kreisförmig angeordnete Kuh- und Pferdeköpfe: Diese 1964 gemachten Entdeckungen erbrachten den Beweis für das Fortbestehen heidnischer Riten und Hexenbräuche in England, für die die keltischen und nordischen Rassen noch immer eine Vorliebe hegen.
Die englischen Hexenmeister und Hexen, die an den geweihten Daten der Sommersonnenwende und der Wintersonnenwende zusammenkommen, zählen 338 Mitglieder, eine rituelle Zahl, die sich durch Aufteilung in Dreizehnergruppen ergibt (13 x 2 x 13).
Die Hohepriesterin der Sekte ist eine Frau von untadligem Körperbau, mit formvollendeter Büste und Beinen, die denen der Jagdgöttin Diana gleichen; sie amtiert an den Sabbaten völlig nackt und trägt als einzigen Schmuck um den Hals eine goldene Kette und einen silbernen Stern im blonden Haar.

Auf einem im Mittelpunkt eines magischen Kreises errichteten Altar handhabt sie ein Schwert, ein Feuersteinmesser, einen Stab, Salz, Wasser, ein Weihrauchfaß und ruft den Himmel und die Erde an zum Besten des Vereinigten Königreichs, dieser oder jener namentlich erwähnten Persönlichkeit und »aller Menschen, die guten Willens sind«.

Die englischen Hexenmeister widmen sich der weißen Magie (im Gegensatz zu der – wie sie behaupten – schwarzen Magie der offiziell anerkannten Religionen), und zwar nach einem uralten Ritus, der dem Sternbild des Orion und dem Regenwurm gilt, d. h. dem schönsten aller Sternhaufen und dem bescheidensten aller Lebewesen. Der Überlieferung nach wird Orion aus dem vermischten Urin von Zeus, Poseidon und Hermes geboren und erhält zum Andenken an diese Begebenheit nach der Flüssigkeit (griechisch οὖρον = Harn) seinen Namen. Der mythologische Heros ist ein Riese – einer der ersten Menschen der Erde –, dem Poseidon die Gabe verlieh, über das Meer hinzuschreiten.

Das Sternbild des Orion, das größte und glänzendste am ganzen Himmel, bildet mit seinen drei hellen Ecksternen Beteigeuze, Rigel, Bellatrix und dem vierten, kappa Orionis, ein großes Viereck oder vielmehr Doppeltrapez, in dessen Mitte in gerader Linie drei Sterne zweiter Größe stehen: der sogenannte Gürtel des Orion.

Orion gilt als der Beherrscher des Himmels und soll das Regiment in der schlechten Jahreszeit führen. In der Astrologie wird ihm eine hervorragende Bedeutung und ein besonders fühlbarer magischer Einfluß zugeschrieben.

Der Regenwurm dagegen verkörpert die irdischen Mächte, er ist das Symbol Gaias und des barmherzigen Luzifer, der aus dem Himmel vertrieben wurde, weil er das Menschengeschlecht liebgewann. In diesem Luzifer-Regenwurm haben wir keinesfalls den Teufel und noch weniger eine böse Wesenheit zu erblicken, sondern im Gegenteil das Sinnbild des Verstoßenen, des Geächteten, des Opfers göttlicher Unterdrückung und Bosheit.

Die englischen Hexenmeister und Hexen verehren die Kräfte der Natur und verwahren sich gegen den Vorwurf, daß sie ihre Tätigkeit im Sinne des Bösen betreiben.

Sie kommen nackt zum Sabbat, um mit den Kräften, die sie anrufen, besser in Verbindung treten zu können und von der Mutter Erde wohltätige Ausströmungen zu empfangen. Ihr heidnischer

Hexensabbat ist also nicht vom Satan inspiriert, sondern bewahrt von der Überlieferung des Mittelalters lediglich »den Grundsatz des Selbstschutzes gegen den unheilvollen Einfluß Gottes«.

Honni soit qui mal y pense

Nach Ansicht des Schriftstellers Roger Delorme gelangte ein anderer heidnischer, aber auf schwarzer Magie beruhender Kult, dessen Ursprung in ferner prähistorischer Zeit zu suchen ist, im 14. Jahrhundert mit der Schaffung des berühmten Hosenbandordens erneut zur Geltung. Dieser Ritus soll in der englischen Aristokratie bis zum Ende des vorigen Jahrhunderts bestanden haben.

Als Eduard III. im Jahre 1348 auf einem Ball das Strumpfband aufhob, das seine bezaubernde Tänzerin (vielleicht die Gräfin Salisbury) verloren hatte, und dabei äußerte: »Schmach über den, der Schlechtes dabei denkt; wer heute noch darüber lacht, wird sich morgen glücklich schätzen, es tragen zu dürfen«, wollte der König wahrscheinlich auf seine Zugehörigkeit zum Kult der Janusverehrer hinweisen. Obwohl England diesem Vorfall den um 1350 gestifteten berühmten Orden verdankt, ist die Entstehungsgeschichte dieser Stiftung so gut wie unbekannt.

Janus, ein altrömischer bocksfüßiger Gott mit Doppelgesicht, war etruskischen und nordischen Ursprungs.

Zur Erhärtung seiner Behauptungen erinnert Roger Delorme daran, daß der König die Schaffung eines doppelten *coven*, bestehend aus 26 adligen Rittern des Königreichs, öffentlich bekanntgab, wobei er sich selber an die Spitze einer Gruppe von 13 Rittern stellte, während der Prinz von Wales der anderen Dreizehnergruppe vorstand.

Der zum Motto gewordene Ausspruch »Honni soit qui mal y pense« war nicht denen gewidmet, die sich durch den Anblick eines Strumpfbandes beleidigt fühlten, sondern jenen eingefleischten Frömmlern, die über die antike Religion murrten.

Im Mittelalter ließ der Kult Menschenopfer zu, und die Machtbefugnisse des britischen *Royal Coven* sollen so weit gegangen sein, daß bei einer der blutigen Opferzeremonien sogar das Leben eines Königs gefordert wurde, den man freilich bisweilen durch einen nahen Verwandten oder Freund ersetzte.

Der schon legendäre William II. Rufus, der von einem seiner Höflinge, Sir Walter Tyrrel, unter sehr mysteriösen Umständen bei einer Jagd getötet wurde, dürfte dem Ritus zum Opfer gefallen sein.
Roger Delorme vermerkt, daß Rufus' Leichnam mehrere Stunden lang im Wald liegengelassen wurde; als Holzfäller ihn nach Winchester brachten, war der neue König schon gewählt worden, und Walter Tyrrel brauchte sich wegen seiner Ungeschicklichkeit oder seines Treubruchs keine Sorgen zu machen.
Der Tod von Thomas Becket, Erzbischof von Canterbury und Kanzler Heinrichs II. von England, ist gleichfalls als Ritualmord anzusehen. Wir legen Wert auf die Feststellung, daß die Historiker die These von Roger Delorme stark anfechten.
Auf der Insel Man, in der Nähe von Castletown, hat Doktor Gardner ein ausgezeichnetes Museum geschaffen, das einen Querschnitt durch alle Bereiche des Hexenwesens zeigt; außerdem leitet er persönlich eine Gruppe von Hexenmeistern, die den gehörnten Gott unserer prähistorischen Vorfahren verehren.
Der erste Weihetempel des Gottes befand sich in der Höhle von Trois-Frères im Departement Ariège.
Noch nach dem ersten Weltkrieg sollte der Hexensabbat in England mit der *Golden-Dawn*-Sekte unter Aleister Crowley ein stark vergeistigtes »Comeback« erfahren.

Die scharlachroten Frauen der Golden-Dawn-Sekte

Zu jener Zeit grassierte auf der ganzen Welt eine Massenpsychose, die weite Kreise in einen Strudel aus geheimnisvollen Phänomenen, abergläubischen Vorstellungen, Überspanntheiten und Ausschweifungen hineinzog und auf dem Gebiet der Kunst und der Literatur zu erstaunlichen, wenn auch sehr häufig unbedeutsamen Manifestationen führte. Unter dem Deckmantel einer Erforschung des Innenlebens, einer geistigen Durchdringung und restlosen Enthüllung des Unbewußten, einer Rückkehr zu den Urwahrheiten begannen Sekten im Zeichen des als Erzengel verkleideten Satans wie Pilze aus dem Boden zu schießen.
Und Satan, das hat etwas mit »Geschlechtlichkeit« zu tun – manche werden sagen: mit Erotik –, in ihren vielfältigen und doppel-

sinnigen Aspekten, sei es nun, daß der Sexualakt verboten wird, sei es, daß er als Mittel zum Zweck und als Arkanum angesehen wird.

Um 1920 übte die englische Geheimgesellschaft *Golden Dawn* (Goldene Morgendämmerung), welche die erotischen Überlieferungen und die sexuelle Magie der arischen Inder geerbt hatte, ihren Einfluß zunächst nur in Großbritannien aus, verzweigte sich dann weiter und griff auf Frankreich und Italien über.

Mac Gregor und Aleister Crowley, insbesondere der letztere, den das Justizministerium den unkeuschesten und ekelhaftesten Menschen von ganz England nannte, loteten die Abgründe des schwarzen Grals aus und destillierten daraus nach Art der Alchimisten die Hefe der Hefe, um daraus wiederum den Stein der Weisen zu gewinnen, das Arkanum der Magier des Erotischen. Crowley selber gab sich stolz die Bezeichnung »666«, also die Zahl des Tieres in der Apokalypse oder des *Baphomet*, des okkulten Pseudosymbols der Templer.

Seine Musen, seine Ratgeberinnen, seine Medien, seine »scharlachroten Frauen« – die rotgewandeten Hohepriesterinnen der Sekte – mußten »an Lastern und Perversitäten alles übertreffen, was ein durch Alkohol und Rauschgifte überreiztes Gehirn sich in der Erotik auszudenken vermochte«. Ebenso wie Crowley für sich die Titel »666« und »Das Tier« in Anspruch nahm, war seine geheime Ratgeberin die »Große Hure« aus der Offenbarung des Johannes (Kapitel 14, Vers 4): »Und das Weib war angetan mit Purpur und Scharlach und geschmückt mit Gold, Edelsteinen und Perlen, und sie hatte einen goldenen Becher in ihrer Hand, voll von Greueln und dem Schmutz ihrer Unzucht.«

Alles liegt im Geschlechtlichen, verkündete Crowley, *und wir können zu Gott nur durch die erotische Weihe gelangen. Der Tod des Gerechten muß im Orgasmus erfolgen . . .*

Solche Theorien fanden bei einer bestimmten intellektuellen und okkultistischen Eliteschicht Anklang. Die *Golden-Dawn*-Sekte erlebte ihre Glanzzeit; Crowley wurde gleichsam ein schwarzer Moses, ein Wegbereiter der neuen Religion; eines seiner Medien namens Rose diktierte im Trancezustand das *Buch des Gesetzes;* wie Aaron in der Bibel wurden Hohepriester nach einer Art Sühnopfer in ihr Amt eingeführt, wobei menstruierende Frauen das Menschenblut lieferten.

Der Imperator strich Blut auf das rechte Ohr des »Priesters« sowie an seinen rechten Daumen und seine rechte große Zehe (genau wie bei der im dritten Buch Mose, Kapitel 8, Vers 15, 19, 23 und 24 beschriebenen Einweihung Aarons); dann wurde das Sakrileg durch einen Koitus des »Priesters« mit einer scharlachroten Frau vollendet.

Die Zahl dieser Hohepriesterinnen und Beraterinnen wurde rasch Legion, da alle nach erfolgreicher Ablegung unglaublich anmutender Aufnahmezeremonien darin wetteiferten, den höchsten Titel zu erlangen.

Eine von ihnen, die schreckliche »Balkis«, verführte, um zur scharlachroten Frau zu avancieren, ihren Vater, ihre Brüder und Onkel, wurde Straßenmädchen und Hafendirne und bot ihre Reize in Matrosenkneipen feil. Eines Nachts wurde sie während einer außergewöhnlichen Sitzung – noch mit den Spuren der Ausschweifungen ihres Gewerbes behaftet – in den »Tempel Gottes« aufgenommen und auf einem großen Tablett »so schön, so strahlend dargeboten«, wie unser Informant, der bei der Zeremonie zugegen war, berichtet, »daß in diesem Augenblick sicher Gott selber in ihr weilte!«

Man glaubt zu träumen!

Dennoch spielten sich in Frankreich und in Italien, in Ägypten und in den skandinavischen Ländern im Zeichen einer sexuell betonten Spiritualität oder einer vergeistigten Sexualität ähnliche Szenen ab.

Der Historiker Pierre Mariel erwähnt in seinem Buch *L'Europe païenne du XXe siècle – Magie noire en Angleterre* (Das heidnische Europa im 20. Jahrhundert – Schwarze Magie in England), daß Crowley auf Sizilien bei Cefalù einen *Tempel* gegründet habe, den er Thelem nannte und in dem »*The Great Beast*« (Crowley selber) die äußersten Grenzen der rituellen Magie erforschte. Man mag Crowley aller Laster und einer beträchtlichen Zahl von Fehlern beschuldigen, doch kann man ihm zumindest eine Tugend nicht streitig machen: eine absolute, eine unversöhnliche Aufrichtigkeit. Er war von seiner Mission überzeugt und glaubte sich dazu berufen, eine alte, aber vom Christentum vergessene oder »verdorbene« Lehre zu verbreiten: *The Magic.*

Andere Teufelssekten hielten in allen Ländern Europas und in Amerika geheime Kongresse ab, »Meister«, die natürlich alle aus

dem Fernen Osten kamen, vor allem Georg Iwanowitsch Gurdjew und Meher Baba, täuschten und mißbrauchten Leichtgläubige für ihre Zwecke.
Merkwürdigerweise trat die Psychose nach dem zweiten Weltkrieg in denselben Ländern als Epidemie auf; es tauchten allenthalben »Meister« auf und sogar ein »Herr der Welt«, der erlauchte Prinz Cherenzii Lind, Maha Chohan und oberster Herrscher von Agharti.
Solche Scharlatane behaupten, weiße Magie zu praktizieren, und geben sich als Philosophen oder Spiritualisten aus; ihre Zahl nimmt ständig zu, je mehr wir uns dem schicksalhaften Jahr 2000 nähern.

Der Magier des Geschlechtsaktes

Im Jahre 1964 kam ein ungewöhnlicher Mann nach Paris, der nicht zögerte, sich als Zauberer vorzustellen. Er hieß Paul Gregor und war in der Tat ein Hexer und Zauberer, aber im Sinne der weißen Magie.
In seinem nicht im Handel erhältlichen Buch *Journal d'un sorcier* (Tagebuch eines Hexers) legte er seine Ziele dar, die ihre Bestätigung in einer Schule der Magie, dem Macumba-Institut, finden sollten.
Paul Gregor verfocht eine seltsame Theorie, deren Prinzip dem hinduistischen Tantrismus, den Empfehlungen des englischen Schriftstellers und Sexualpsychologen Havelock Ellis sowie der Geheimlehre der brasilianischen Zauberer entstammt und auf den »Wechsel im Rhythmus des Geschlechtsaktes« gerichtet ist.
Der merkwürdige Orgasmus, der dann folgt, schreibt Paul Gregor, *ist wie ein leichter Krampf, der minutenlang das Herz und den Sympathikus erregt. Er verläuft viel langsamer und zeichnet sich durch eine viel größere Sanftheit aus. Man spürt, wie das Essentielle des Daseins sich in zwei Ströme zerteilt, von denen der eine sich zur Geliebten fortpflanzt, während der andere zum geheimen Mittelpunkt des Lebens zurückfließt.*
Der Zeitablauf und der Alterungsprozeß erfolgen wie der Geschlechtsakt langsamer und umgekehrt ...
Die praktische Seite der Magie war mit einer wirksamen Persön-

lichkeitsspaltung und einem Liebeszauber verbunden, der durch die Anwendung pflanzlicher Stimulantien begünstigt wurde.
Kein Wort mehr von Satan, von Dämonen, von grausamen Menschenopfern ... Die Magie kehrte mit Paul Gregor zu ihrer ursprünglichen Konzeption zurück, d. h. zum Status einer rätselhaften, auf die Erhöhung des unbekannten Ichs gerichteten Wissenschaft.

XIX. DAS SIEBENTE SIEGEL DER APOKALYPSE

Die Prophezeiungen in der Offenbarung des Johannes sind nicht in Erfüllung gegangen, und das »sehr nahe« Ende der Welt hat lange auf sich warten lassen; dennoch macht sich eine überzeugende Parallelwahrheit in unserer Zeit bemerkbar, so als gehöre sie zur »überwundenen Zeit«, zur Nach-Apokalypse.

»Es soll hinfort keine Zeit mehr sein«, schwor der Engel, der auf dem Meer und auf der Erde stand (Offenbarung Kapitel 10, Vers 6). Leben wir bereits in der biblischen Antizeit?

Unsere kontinuierliche Evolution gleicht einem gewaltigen Gärungsprozeß, der um unseren Planeten eine Art Aura erzeugt, die mit all den von uns ausgehenden bösen und schädlichen Gedanken, Einflüssen und Strömungen aufgeladen ist.

Gelangt diese Form von Beschwörungen ähnlich wie bei der Magie in die Andere Welt Gottes, um von da als psychischer Abfall, d. h. als Katastrophe, zu uns zurückzukehren?

So unbegründet diese Hypothese auch sein mag, sie fügt sich in bemerkenswerter Weise in die gegebenen Tatsachen der Überlieferung ein: *Es besteht eine Wechselbeziehung zwischen der allmählichen Entartung, dem fortschreitenden Verfall der Menschheit und den großen kosmischen Katastrophen.*

Die Entwürdigung des Menschen geht der großen Umwälzung voraus und bildet sozusagen die Einleitung.

Man könnte also zum Beispiel sagen, daß im Falle eines von Menschen ausgelösten Atomkrieges ein geheimnisvoll waltender Zufall es fügen würde, daß das Ende unserer Welt wie ein Rückstoß wenig später unweigerlich eintritt.

In der Tat ließe sich dieses Phänomen bestimmt als eine Art von kernphysikalischem Prozeß erklären, wenn die Wissenschaftler sich nur ein wenig Mühe geben wollten.

In dieser Antizeitepoche ereignet sich offenbar alles so, als kämen die höchsten Befehle von einem rätselhaften unbekannten Etwas, gewissermaßen von einem elektrischen Potential, das nach unserem Dafürhalten das Aussehen eines mit Bewußtsein begabten Wesens hat: Befehl, den Blutritus wiederherzustellen; Befehl an das Scharlachene Weib, den Becher ihrer Unzucht zu schwingen (Offenbarung, Kapitel 17, Vers 4).

Befehl an die Priester, den Altar und die Anbetenden mit einem stabförmigen Rohr zu messen (Offenbarung, Kapitel 11, Vers 1). Gleichwohl sind manche Okkultisten der Ansicht, daß die »Befehle« von einer irdischen Zentrale ausgehen, in der ahnungslose Magier das Gremium des großen Teufelshauptquartieres bilden.

Der tägliche Tribut

Unsere gesellschaftliche Organisation ist eine Riesenverschwörung, die es darauf abgesehen hat, die Gemütsverfassung des rechtschaffenen Menschen aus dem Gleichgewicht zu bringen.
Das tägliche Maß an phantastischen, unwirklich erscheinenden Dingen resultiert aus einer Organisation, deren Gliederung auf einem durchaus rationalen Fundament ruhen dürfte. Wer aber einen Sinn für rätselhafte Zusammenhänge hat, wird nicht umhinkönnen, darin ein Symbol, wenn nicht ein typisches Zeichen der sogenannten apokalyptischen Zeiten zu erblicken.
An bestimmten Tagen, den sogenannten gesetzlichen Feiertagen, verlassen die autobesitzenden Städter, getrieben von einem geheimnisvollen und allmächtigen Befehl, die Hauptstadt, um einem dunklen Gott, der vielleicht Moloch ist, ihren Blutzoll zu entrichten.
Die Höhe des Tributs schwankt mit der Bedeutung des öffentlichen Feiertages: 100 Opfer am 1. Mai, 150 während des Hochbetriebs an den Vortagen der großen Feste; aber oft sind Glaube und Begeisterung stärker als die Routine des Alltags, und man erlebte Frühlingsfeste, denen zu Ehren wesentlich größere Opfer dargebracht wurden. Der jährliche Tribut beläuft sich auf etwa 35 000 Opfer; das sind 200 000 Liter Blut, die auf dem Altar des Gottes Moloch vergossen werden.
Großraumtransportflugzeuge (z. B. das amerikanische Modell C-5 A), die den Tod von 750 Passagieren gleichzeitig garantieren können, werden bereits von bedeutenden Firmen gebaut, und der von den jeweiligen Streitkräften mit wissenschaftlichen Erklärungen ummäntelte Knall der Düsenflugzeuge zerstört nicht nur alte Städte und Baudenkmäler, sondern zieht auch das Herz alter, kranker Menschen und unser ganzes Nervensystem in Mitleidenschaft.

Wie die »Stimme des Herrn« donnert die des Teufels in den Wolken, zerstört die Brut der Insekten und Vögel, verdirbt den Fetus im Leib der Mutter und läßt das Vieh auf den Feldern sich wie toll gebärden.

Die Verfälschung des Heroischen

Die Menschheit strebt der Verwirklichung eines weltweiten Selbstmordrezeptes zu, was bedeuten könnte, daß die veralteten, überflüssig gewordenen Menschen mit dem Ende der Welt einverstanden sind.
Einst fürchtete der ehrliche Mann, ja sogar der Held, den Tod; ein Leonidas, ein Bayard (der berühmte Ritter ohne Furcht und Tadel) hätten sich bestimmt geweigert, in die Kapsel einer Raumrakete zu klettern oder sich in einen mit 250 Kilometer in der Stunde dahinjagenden Ferrari zu setzen. Heute reißen sich Tausende von Freiwilligen darum, in Selbstmordkommandos eingesetzt zu werden: Kamikaze-Flieger, die sich mit ihren dynamitgefüllten und plombierten Flugzeugen in den Tod stürzen, Froschmänner, die aussichtslose Unternehmungen unter der Wasseroberfläche durchführen, Fallschirmspringer, die keinen sehnlicheren Wunsch haben, als sich bei Dien Bien Phu im Kampf zu bewähren oder gar ohne Fallschirm ins Leere zu springen ...
Millionen scheinbar ausgeglichener Männer begeistern sich für die Fliegerei, den Unterwassersport; Frauen probieren ihren Lebensüberdruß aus, indem sie sich monatelang in unterirdischen, dreißig Meter tiefen Höhlen einschließen lassen; der ängstliche Bürger schließlich fürchtet sich nicht, sein Leben aufs Spiel zu setzen, wenn er mit seinem Wagen in rasendem Tempo über das Straßenpflaster jagt.
Gewöhnung an die Gefahr, an den Rhythmus des Lebens?
Nur eine Lust an der Gefahr, an der existentialistischen Infragestellung des Daseins vermag dieses irrsinnige Verhalten zu erklären, in dem auch nicht die geringste Spur eines Selbsterhaltungstriebes mehr zu finden ist.
Die Furie des Todes und der Antizeit manifestiert sich in allen Stellen und auf allen Ebenen des gesellschaftlichen Lebens.
Architekten lassen massive Häuser abreißen, um moderne Ge-

schäftshochhäuser zu errichten, die noch vor der Fertigstellung zusammenstürzen.
Zehnjährige Kinder plündern ihre Schule aus und fallen Passantinnen auf offener Straße an; Sechzehnjährige ermorden Taxichauffeure; Achzehnjährige betätigen sich als Bankräuber.
Es ist bekannt, daß 1964 im ehemaligen Gebiet von Belgisch-Kongo der Führer der Aufständischen, Gbenye, dem ersten Regierungschef von Kenia, Kenyatta, eine Botschaft zukommen ließ, in der es wörtlich hieß:
Die gesamte Bevölkerung ist entschlossen, im Falle einer erneuten Bombardierung des Gebietes die Gefangenen zu verspeisen.
Gbenye sagte ferner: »Wir werden aus dem Herzen der von uns getöteten amerikanischen und belgischen Soldaten Fetische machen und mit ihrer Haut unsere Soldaten bekleiden.«
Tatsächlich wurden mehrere Belgier völlig roh verzehrt.
Am 24. Mai 1964 endete das in Lima ausgetragene Fußballspiel zwischen Argentinien und Peru wegen eines Tores mit 328 Toten und 1500 Verletzten.
Am 18. Juni desselben Jahres steckten Athener die Tribünen eines Stadions in Brand, weil die Spieler angeblich nicht rücksichtslos genug waren.
In Paris wälzen sich Männer und Frauen, die zu dreiviertel nackt sind, in einem Haufen von Lumpen und zusammengeknülltem Papier und werfen sich gegenseitig bluttriefende Hühnchen, rohe Fische und Konfitüreklumpen ins Gesicht. Es handelt sich um eine »intellektuelle« Bewegung, die in willkürlichen Kombinationen von menschlichem Material und nicht plastischen Materialien eine neue künstlerische Synthese sucht.
In eingeweihten Kreisen nennt man so etwas ein *Happening* (Ereignis). Wenn das Durcheinander aus Hühnern, Sardinen, Konfitüre und Menschenfleisch den Höhepunkt der »Spannung« erreicht, springt ein geistiger Funke über, und man kann zum Beispiel erleben, daß ein Mann seinen Kopf in einen Eimer mit Farbe taucht, sich dann auf einer weißen Leinwand wie ein Hund schüttelt und schließlich auf diese Weise ein Gemälde fabriziert, das nicht nur von geistig und künstlerisch unbedarften Gemütern der Pariser Hautevolee, sondern auch von zahlreichen Kunstkritikern in den höchsten Tönen gelobt und bewundert wird.
Fünf solche hervorragenden Demonstrationen menschlicher Gei-

stestätigkeit fanden im Juni 1964 auf dem Boulevard Raspail im amerikanischen Künstlerzentrum statt.
Es fanden sich dennoch einige Personen, die ihrer Empörung dadurch Ausdruck verliehen, daß sie fortwährend »Verrückte« und »Irrenhaus« schrien, und die Vereinigten Staaten als Urheber solchen Unfugs bezeichneten, indem sie daran erinnerten, daß auch Schlammringkämpfe zwischen Catcherinnen, denen als Wurfgeschosse zum Teil Fische dienten, in New York »kreiert« worden seien.
Trotz der großen und unerschütterlichen Freundschaft, die das französische mit dem amerikanischen Volk verbindet – und vielleicht gerade auf Grund dieser Freundschaft –, reagierte die Presse unterschiedlich. Einige Zeitungen gingen sogar so weit, daß sie einen zeitweiligen Abbruch der kulturellen Beziehungen zwischen beiden Ländern forderten.

Muß man die USA zerstören?

Im Jahre 1962 erhielt die französische Wochenzeitung *La Presse* von einem Korrespondenten einen Artikel, der, wäre er veröffentlicht worden, zu einem Spannungsverhältnis zwischen Frankreich und Amerika hätte führen können.
Obwohl nicht ohne vorgefaßte Meinung, schildert der Verfasser darin u. a. ein aufschlußreiches *Happening* jener irregeleiteten Elemente, durch deren Wühlarbeit unser Land und sein großer Freund jenseits des Atlantiks sich immer mehr beunruhigt fühlen. Hier eine Zusammenfassung der wesentlichsten Punkte des Artikels:
In absehbarer Zeit wird das Leben für die Franzosen unmenschlich, wenn nicht unmöglich werden, denn man will in Städten und Dörfern die alten, übermäßig »abgewohnten« Häuser niederreißen und an ihrer Stelle Stahlbetonhochhäuser mit Wohnzellen errichten.
Durch diese unvermeidlichen, massiven Neubauten wird die Seele ihrer Bewohner, der alteingestammten Bürger Frankreichs, getötet und gleichzeitig die Nabelschnur durchschnitten werden, die die Franzosen mit ihren Vorfahren verbindet.
Die Misere wird dadurch verschlimmert, daß man, statt den Men-

schen wenigstens »menschliche« Behausungen zu geben, die mit einer neuen persönlichen Atmosphäre, mit einer neuen Vergangenheit erfüllt werden könnten, sterilisierte Häuser *(z. B. die teuflischen Wohnmaschinen eines Le Corbusier) baut und immer mehr bauen wird, die nur einige Jahrzehnte Bestand haben werden und schon auf Grund ihrer Konzeption und des verwendeten Baumaterials das Miteinanderleben der Bewohner, die körperlich-seelische Gemeinschaft von vornherein unmöglich machen.*

Nie wird ein aus Betonklötzen aufgetürmtes Haus ein wohnliches, gemütliches Heim abgeben, was Fremden, die sich nur zeitweilig in Frankreich aufhalten, und den Materialisten der extremen Linken zwar gleichgültig sein mag, was aber für den Fortbestand der französischen Nation lebenswichtig ist. Und was soll man von den scheußlichen, den mittleren Einkommensklassen zugedachten Wohnkästen des sozialen Wohnungsbauprogramms halten?

Die Lage ist ernst, sehr ernst; Millionen von Menschen werden ihrer Lebensgrundlage beraubt werden und einer ungewissen Zukunft entgegensehen, denn sie wissen nicht, wohin sie gehen sollen, da sie nicht mehr wissen werden, woher sie kommen.

Die Franzosen sind im Begriff, sich von ihrem schöpferischen Geist, von ihrer Geschichte zu trennen und ihre Sitten und Gebräuche, ihre Identität zu verleugnen.

Sie werden ihren Namen verlieren, wie die jungen Völker den ihrigen verloren haben. Durch die Schuld der Amerikaner.

Sie sind es nämlich, die infolge ihres Bastardisierungskomplexes *danach trachten, die Nabelschnur aller noch unverdorbenen Völker zu durchtrennen, damit alle Menschen den Vater, die Mutter, das Heim verlieren, damit alle Menschen wie sie werden, d. h. Wesen, die ein trügerisches Erbe hinterlassen: den Betonkäfig, der in fünfzig Jahren zerbröckelt; Möbel, Kleidungsstücke, belanglose Nippessachen, die sich innerhalb einer Generation auflösen.*

Die vollamerikanisierte Menschheit wird nur noch aus Bastarden bestehen.

Deshalb muß man, noch bevor die große Seuche die gesamte Menschheit heimsucht, die Vereinigten Staaten zerstören, um zu einer wahrhaft menschenwürdigen Gesellschaftsstruktur zurückzufinden.

Dieser Aufsatz war für unsere amerikanischen Freunde offenbar

zu schroff gehalten; dennoch spiegelte er eine unerbittliche, wenn auch schmerzhafte Wahrheit wider.
Die USA zerstören? Keinesfalls! Aber man darf sich insgeheim fragen, ob der höhere Auftrag der Russen oder der Chinesen nicht gerade darin besteht, die Welt durch Vernichtung eines Volkes zu retten, das mehr als alle anderen die Verfälschung des Heroischen zum Prinzip, ja zum System erhoben hat.
Wird Atlantis ein zweites Mal versinken?

Die Sehnsucht nach dem einfachen Leben

Natürlich wurden in dem fraglichen Artikel alle echten oder übertriebenen Anklagepunkte aufgeführt, die von den europäischen Völkern gegen Amerika vorgebracht werden können:
Jugendkriminalität;
Filme, die das Gangsterunwesen, Raubüberfälle, brutale Schlägereien und Wildwestabenteuer zum Inhalt haben;
Ausschreitungen von Halbstarkenbanden – falsche Erziehung der Kinder;
Verfolgung von rassischen Minderheiten;
Gangstertum auf dem Gebiet der Musik, der Schallplatte, die Musikautomatenseuche usw.;
Niedergang des Amateursports;
Ersetzen des intelligenten Arbeiters durch den Roboter;
unüberlegte Automatisierung usw.
Einige der Beschuldigungen entbehrten nicht einer humorvollen Note, denn man warf den Amerikanern ihr Coca-Cola, ihre Konservenhummern, ihr Dosenbier, ihre Schokoladeneier vor . . .
Trotz des radikalen Tenors, aus dem man andererseits eine gewisse politische Sorge herauslesen zu können glaubt, hätte man es sich gewünscht, daß der Aufsatz veröffentlicht worden wäre, wenn auch nur zur Orientierung beider Seiten, der Amerikaner und der Franzosen.
Leider besteht die Wahrscheinlichkeit, daß die Welt durch die Schuld des wissenschaftlichen Fortschritts sich in einem immer engmaschiger werdenden Netz verstrickt, in dem sie schließlich an Erstickung zugrunde gehen wird. Für dieses Schicksal unserer Welt tragen alle Kulturvölker das gleiche Maß an Verantwortung,

wenn auch die meiste Schuld vielleicht die Amerikaner trifft, da sie an der Spitze der wissenschaftlichen Forschung stehen.
Die Städter sind schon tödlich verseucht, aber auch der Landbewohner verliert seinen elementaren gesunden Menschenverstand.
Der redliche, rechtschaffene Mann kann sich grün oder grau kleiden, kann eine Perücke tragen oder sich den Schädel glatt rasieren lassen, er kann eine Vorliebe für Marx oder Hörbigers Welteislehre haben, aber er muß drei obligatorische Forderungen erfüllen, die bisher die einzigen Grundelemente von universellem und außerzeitlichem Charakter bildeten: Der ehrliche Mann muß einen Namen, ein Messer, ein Haus besitzen.
Einst pflanzte der Landmann Ebereschen, Eiben, Buchsbäume, die für künftige Generationen bestimmt waren; heute baut er nur für seinen Eigenbedarf, seinen Lebensunterhalt an, ohne freilich die Gewißheit zu haben, daß nicht ein Städtebauprojekt, eine Schnellstraße oder – die schlimmste aller Katastrophen – ein Flugplatz seine bescheidene Initiative schon im Keim zunichte machen wird.
Immer mehr Bauern geben den Kartoffel- und Rübenanbau auf, um sich nur noch der gewerblichen Viehzucht und der hohe Gewinne abwerfenden Bodenbewirtschaftung zu widmen. In zwanzig Jahren werden lediglich landwirtschaftliche Betriebe mit mehreren hundert Hektar Ackerland lebensfähig sein, während der Kleinbauer ebenso wie der kleine Handwerker und der Kleinbürger durch die neue Zeit längst hinweggefegt sein wird.
Nicht mehr von Büschen die Felder umsäumt, sondern von elektrisch geladenen Zäunen; dahin die freundlichen Haine, dahin die Vogelbeer- und Nußbäume, Kastanien, Ebereschen, Mispelsträucher ... dahin auch die letzte Spur des Romantischen, des Seltenen, des Vertrauten.
Sind dies die Zeichen der Apokalypse?

Die Wüste breitet sich aus

Infolge der Überbevölkerung herrscht auf der Erde ein Mangel an Kulturland; auch wird es den Menschen bald an Wasser fehlen, was durchaus verständlich ist, denn der häusliche und industrielle Wasserbedarf wächst ständig. Aber Ackerland?

Nun, der Erdboden befindet sich in einem ununterbrochenen *Mineralisierungsprozeß*, in einem Stadium zunehmender Verfestigung, d. h., er wird im Laufe der Zeit zu Wüstensand oder zu unfruchtbarem Ton.

Dies bedeutet, daß der Ackerboden einer tiefgreifenden Veränderung bedarf, die zwangsläufig in drei Phasen erfolgt:

1. Millionen von Regenwürmern lockern Millionen Tonnen Akkerboden besser auf, als es Pflüge vermögen: die verkrustete Oberfläche, mineralische und biologische Bestandteile. Die Würmer bilden die erste Gäranlage.
2. Die Kuh weidet. Sie ist die zweite Gärfabrik.
3. Die Exkremente und der Misthaufen. Dritter Gärprozeß.

Der Kreislauf ist beendet, und der Boden lebt.

Seit dem 19. Jahrhundert hat sich nun in diesem fundamentalen Kreislauf ein Bruch vollzogen, da der Humus durch den Mißbrauch von chemischen Düngemitteln auf rein mineralischer Basis, also von Stickstoff-, Phosphat-, Kalidüngern usw., abgetötet wird. Deshalb erschöpft sich der Boden aus Mangel an biologisch aktiven Bestandteilen, und selbst in den fruchtbarsten Gegenden der Erde, in den USA, in Rußland, in einigen Landstrichen Frankreichs, wie Beauce, der »Kornkammer von Paris«, Brie, Somme u. a., gehen die Ernteerträge laufend zurück.

In der ganzen Welt breitet sich die Wüste aus und frißt sich wie ein Krebsgeschwür in das uns nährende Erdreich. Zwar haben die Israelis mit großer Zähigkeit die Negev-Wüste zurückerobert, aber Ägypten, Algerien und Marokko verlieren jährlich etwa zehntausend Hektar Ackerland.

Die Erde braucht Ruhe, braucht Schlaf, und vielleicht ist im Reich des Unsichtbaren bereits jemand darauf bedacht, die schon seit zu langer Zeit aufgetauchten Kontinente wieder in die Fluten der Meere zurücksinken zu lassen.

Auch der Kosmos hat seine Fruchtumläufe.

Was das Leben der Pflanzen verkümmern läßt, verseucht auch unser Leben.

Zuerst waren wir bestrebt, lediglich Butter, Milch, Käse, Obst, Wasser, Wein usw., kurzum: unsere Hauptnahrungsmittel durch Desinfizieren, Sterilisieren und Pasteurisieren absolut keimfrei zu machen; heute desinfizieren wir sogar unseren Organismus – durch den Mißbrauch von Antibiotika.

So als wollten sie unsere hochfahrenden Pläne zur Eroberung des Makrokosmos durchkreuzen, rächen sich die vermeintlich schon zur Strecke gebrachten kleinsten Lebewesen des Mikrokosmos mit Krebs, Herzinfarkt, Rheumatismus, Sklerose und vorzeitiger Senilität, als deren Erreger die Ärzte in immer stärkerem Maße Viren zu vermuten beginnen. Sind die Kunstdünger, die Antibiotika, der Krebs die Tiere der Offenbarung?

Die Gefahr ist ernst; ein geringfügiger Irrtum unserer Wissenschaftler kann den unwiderruflichen Fall des Menschen herbeiführen, wie es bei den Sulfonamiden fast geschehen wäre.

Wissen die Amerikaner, daß sie ihren boxerartigen Gesichtsausdruck dem übermäßigen Genuß sterilisierter Nahrungsmittel verdanken? Die Konservendose wird in absehbarer Zeit das äußere Bild des Amerikaners völlig verändert haben.

Die radioaktiven Niederschläge verstärken das bestehende Mißverhältnis nur noch, gegen das der Mensch einen sinn- und aussichtslosen Kampf führt.

Nach Schätzungen des Chemie-Nobelpreisträgers Professor Linus Pauling, des französischen Wissenschaftlers Professor J. P. Vigier und japanischer Physiker führt jede Explosion einer Superatombombe in der ganzen Welt zu etwa 15 000 Mißgeburten. Bisher kamen mehr als 500 000 Kinder mit Mißbildungen zur Welt, die wiederum Nachkommen zeugen werden, welche mit den übrigen Individuen unserer Art nichts mehr gemein haben.

Ein Wassertropfen im Ozean, behauptet die UNO, deren bevölkerungsstatistische Vorausberechnungen ergeben haben, daß die Bevölkerung der Erde von 2900 Millionen im Jahre 1960 auf 7410 Millionen im Jahre 2000 anwachsen wird.

Aber ob die Menschen dieses Jahr 2000, das sie so sehr beeindruckt, erleben werden? Man kann daran zweifeln, wenn man die tiefen weltanschaulichen Gegensätze in Erwägung zieht, welche die Chinesen von den anderen Völkern der Welt trennen; der eine der beiden Machtblöcke muß verschwinden, ein Kontinent muß von der Weltkarte gestrichen werden. Falls die Chinesen alle Weißen umbrächten, würde die Geschichtsschreibung diesen Völkermord aus Schamgefühl sicher verschweigen, und in einigen Jahrtausenden würde die Wahrheit nur noch in den Geheimzentralen bekannt sein. Ist es denkbar, daß die rote Rasse einst von der weißen Rasse ausgerottet wurde?

Unsichtbare Soldaten im Fort Vanves

Die Kriegsindustrie hat eine ziemlich unerwartete Vervollkommnung erfahren: durch die Unsichtbarkeit.
Der Sehvorgang ist das Resultat eines sehr komplizierten Prozesses; jedes Atom schwingt und sendet nicht wahrnehmbare Strahlungen aus, die im Innern der Trilliarden von Molekülen, welche die Gegenstände bilden, verstärkt werden.
Diese Schwingungen, die sich unter Veränderung ihrer Amplitude und ihrer Periode über einen sehr ausgedehnten Bereich erstrekken, sind sichtbar, hörbar, treten als Wärmestrahlung in Erscheinung oder gehören zu Wellen, die sich der Wahrnehmung durch unsere Sinne entziehen.
Die Wissenschaftler haben sich nun überlegt, ob es nicht möglich sei, die für das menschliche Auge wahrnehmbare Strahlung in andere Schwingungen im Bereich der unsichtbaren Wellen umzuwandeln. Auf diese Weise würden zunächst die Farbwerte, dann Einzelheiten und schließlich die allgemeine Form eines Gegenstandes verschwinden. Mit anderen Worten, die Gegenstände würden ihre Undurchsichtigkeit behalten, aber ihre Einzelheiten würden für das Auge unsichtbar werden.
So würde z. B. eine Stutzuhr ihr Gehäuse, die Zeiger, die Ziffern und den Sockel verlieren, man könnte zwar nicht mehr erkennen, wie spät es ist, wohl aber die Grau in Grau gehaltene, einem Nebelfleck vergleichbare äußere Gestalt einer Stutzuhr, deren Undurchsichtigkeit die Wahrnehmung der dahinter befindlichen Wand verhindern würde. Dies bedeutet zwar noch keine völlige Unsichtbarkeit, doch einen großen Schritt vorwärts zur Verwirklichung des Wunders.
In Fort Vanves bei Paris arbeiten ganze Teams von Technikern im Rahmen staatlicher Forschungsaufträge an der Durchführung dieses Projekts, indem sie die Gegenstände, die unsichtbar gemacht werden sollen, mit einem Magnetfeld umgeben und so wenn auch nicht die normale Bewegung der Atome, doch wenigstens das visuell Wahrnehmbare des betreffenden Gegenstandes verändern.
Desgleichen werden Versuche mit farbigen Verkleidungsmaterialien, z. B. aus Natur- oder Kunstharzschaumstoffen, angestellt; probeweise wurden bereits Panzer, Flugzeuge, Flakbatterien und die Bekleidungsstücke der Soldaten ausgerüstet.

Die Aussicht auf einen Krieg, bei dem die kämpfenden Parteien unsichtbar bleiben, gewinnt an Wahrscheinlichkeit und wird offenbar ernst genommen, denn seit etwa 1950 sind die Streitkräfte aller Großmächte im Besitz von Infrarotzielgeräten und -feuerwaffen, welche die von Gegenständen ausgesendete Wärmestrahlung in ein sichtbares Bild umwandeln und somit eine Beobachtung des Zieles selbst bei völliger Dunkelheit ermöglichen.
Doch bevor der Mensch an die Vernichtung seinesgleichen denkt, muß er auf seinen eigenen Schutz gegen einen natürlichen Feind bedacht sein: die Verpestung der Luft, des Wassers und der Erde.
Die Verunreinigung der Luft über den Großstädten ist so dicht geworden, daß sich die Zahl der Nebeltage innerhalb eines Jahrhunderts verdoppelt hat.
In vierzig Jahren dürfte es über Paris keinen Sonnenschein mehr geben, wenn wir nicht eine Möglichkeit finden, künstliche Luftwirbel zu erzeugen; der Bürger im kommunistischen China, der getreu den Lehren Mao Tse-tungs lebt, hat freilich die Sonne aus seinem Gefühlsleben schon längst verbannt.

Der Frühling läßt sich nicht aufhalten

Die Lehre des chinesischen Premiers läßt sich in zwei Hauptpunkten zusammenfassen:
Die Liebe ist eine psychosomatische bürgerliche, also schädliche Tätigkeit.
Die Ehe ist die Verbindung eines Revolutionärs mit einer Revolutionärin zu dem Zweck, der Partei besser zu dienen.
Die in Peking erscheinende Wochenzeitung *Die chinesische Frau* veröffentlichte im September 1964 zehn derartige Gebote, die uns lieber die Apokalypse und das baldige Ende unserer zu einem riesigen Konzentrationslager gewordenen Welt erhoffen lassen sollten!
Vielleicht ein Zeichen der Zeit, wie weiland jener Verrückte, der durch die Pfalz zog und sich als Gegenpapst Clemens XV. ausgab!
Nichts mehr vermag unsere Zeitgenossen zu empören, obwohl die Zeitungen allmorgendlich haarsträubende Vorfälle berichten, deren ungeheuerliche Phantastik den Lesern aber schon gar nicht mehr auffällt: Das Kolosseum in Rom für 1800 Franc an

einen amerikanischen Touristen verkauft ... In Orly verlieren Schüler durch Flugzeuglärm das Gedächtnis ... Amerikanischer Wissenschaftler sagt für 1970 Welthungersnot voraus ... Russischer Bauer verkündet das Ende der Welt ... Spieler Nr. 8 der Rugby-Mannschaft von Bagnères-de-Bigorre beißt einem Spieler aus Marmande ein Ohr ab ... Die Balubas verspeisen sich im Kongo gegenseitig ... Eine Frau aus Rouen weigert sich, Kinder zu bekommen, wenn man ihre Lieblingssendung im Fernsehen streicht ...

Deutet all das auf die Apokalypse hin? Man weiß es nicht, aber nichts hält uns wohl den Spiegel des nahenden Endes mehr vor Augen, als eine »beruhigende« Information, die wir Dr. Peter Kelly, dem Leiter der technologischen Entwicklungslaboratorien der »Philco«-Werke in Arlington (USA), verdanken: In zehn Jahren werden wir alle Übermenschen sein.

Es wird genügen, sich der Zauberkraft einer Elektrode von der Größe eines Geldstücks zu bedienen, die man auf der Hirnschale befestigt. Die Elektrode ist über Funk mit einem Elektronengehirn verbunden, dessen Aufgabe es ist, alle nur möglichen und denkbaren Probleme zu lösen, selbst dann, wenn sie eben erst »gedacht« worden sind.

Man wird nicht mehr zu überlegen, Mathematik, Astronomie, Literaturwissenschaft zu studieren brauchen – die elektronische Vorrichtung wird alles für uns erledigen.

In zehn Jahren, sagt Dr. Kelly. Aber schon jetzt entsteht der Robotermensch im neurophysiologischen Laboratorium von Dr. José Delgado in New Haven (Connecticut).

Dieser Roboter hat in seinem Gehirn Mikroelektroden aus Silber, die mit einem fingerhutgroßen Empfänger verbunden sind, der sich auf dem Schädel durch den natürlichen Haarwuchs leicht verdecken läßt. Die Befehle, die Gefühle auslösen, also Freude, Zorn, Liebe, Angst, Optimismus usw., werden über Fernsteuerung in Form von elektrischen Impulsen oder Reizen in den Teil des Gehirns geleitet, in dem die Empfindungszentren, die man erregen will, liegen. Dann ist der freie Wille des Robotmenschen ausgeschaltet, und dieser reagiert nur noch auf die eingegebenen Impulse.

Dr. Robert White aus Cleveland (Ohio) ist der Meinung, daß man in naher Zukunft imstande sein wird, das Gehirn eines Menschen an elektronische Roboter anzuschließen und auf diese Weise die

»Übertragung« beispielsweise eines Gelehrtenhirns auf einen Athletenkörper zu verwirklichen.
Diese Wunder werden – soviel steht fest – eines Tages Wirklichkeit werden, was vermuten läßt, daß das Ende der Welt in der Tat schon sehr nahe bevorsteht.
Doch wie spricht der Weise, der bisher noch immer recht hatte? *Grübelt nur, erfindet, tyrannisiert, bereitet Herbst und Winter ... was immer ihr treibt, ihr werdet den Frühling nicht aufhalten!*
Das siebente Siegel der Apokalypse wird nie geöffnet werden.

XX. DAS RÄTSELHAFTE UNBEKANNTE

Das rätselhafte Unbekannte ist das ungewöhnliche Phänomen, die ungewöhnliche Tatsache, an der sich unsere Vernunft stößt.

Manchmal beruht das Unbekannte nur auf einer unvollkommenen wissenschaftlichen Erforschung. Wie lassen sich die Gezeiten erklären? Warum bilden sich Antizyklonen stets bei den Azoren? Warum dreht sich der Ozean um den Südpol? Warum wird Schwefel im allgemeinen nicht durch die Vulkane und Erdöl nicht durch die Meere, sondern jeweils durch Bakterien gebildet?

Manchmal dagegen scheint sich das Unbekannte, obwohl es noch im Bereich der Experimentalphysik oder -chemie bleibt, bereits mit einem gewissen Okkultismus zu überlagern: Wie kann ein lebendiges Wesen die mineralischen Stoffe, aus denen es besteht, erzeugen, auch wenn es seiner Umgebung an solchen Stoffen ermangelt?

Tatsächlich können Hühner trotz Kalkentzug während einer bestimmten Zeit Eier mit voll ausgebildeter Schale legen; in destilliertem Wasser gezüchtete Spinat- und Kohlpflanzen enthalten jeweils den normalen Anteil an Eisen und Kupfer. Warum zeigen die Buchen nur bei Verzy auf der Höhe von Reims und bei Remilly an der Mosel Krüppelwuchs?

Ein ziemlich einfach durchzuführendes Experiment bringt die Physiker in Verwirrung.

Man nehme ein Glasrohr, beispielsweise eine leere und gut gereinigte Ampulle von etwa 10 Milliliter Inhalt, wie man sie für Injektionslösungen verwendet.

Dann bringe man in das Innere der Ampulle eine gewöhnliche Bohne sowie einen kleinen feuchten Wattebausch und schmelze mittels eines Lötrohres die beiden Enden der Ampulle zu, so daß die Bohne und die Watte sich in einem völlig luftdicht verschlossenen Gefäß befinden.

Dann lege man das Röhrchen auf die Wiegeschale einer Präzisionswaage und tariere.

Nehmen wir an, das Gewicht des Röhrchens betrage 7 Gramm.

Man stelle die Waage unter eine Glasglocke, um sie vor Staub zu schützen, und bringe die gesamte Anordnung vorsichtshalber an einen dunklen Ort, um sie von Sonnenlicht fernzuhalten, dessen

Lichtquanten oder Photonen auf Grund ihrer Masse (vielleicht!) eine entsprechende Erklärung liefern könnten.
Nach einigen Tagen wird die Bohne die Feuchtigkeit der Watte absorbiert haben und gekeimt sein; die Ampulle wird nun etwa ein zehntel Gramm mehr wiegen als die zu Beginn des Experimentes notierten 7 Gramm.
Wie soll man sich dieses Phänomen erklären? Bis jetzt konnte das Rätsel nicht gelöst werden.
Bisweilen schließlich hängt das Geheimnisvolle unmittelbar mit okkulten Phänomen, z. B. Hellsehen, Vorahnung, Magie usw., zusammen und gewinnt buchstäblich die Bedeutung des Rätselhaften und Unbekannten.
Es läßt sich schwerlich erklären, dieses rätselhafte Unbekannte, es sei denn gefühlsmäßig oder durch Intuition, während die Vernünftler ihm jeglichen Reiz und jeglichen Einfluß rundweg absprechen.
Seien wir ehrlich: Das rätselhafte Unbekannte wird vor allem durch die unglaubliche Naivität oder die herausfordernde Unredlichkeit der meisten Empiriker in Mißkredit gebracht.

Die Quacksalber haben sich verrechnet

Scharlatane und Betrüger machen sich in dem feinverästelten Labyrinth breit, das zu entwirren einzig den Okkultisten und ihrer Kunst zukommt.
Da gab es den Heilpraktiker (sprich: Kurpfuscher), der unfehlbare »Goldsalze« gegen den Krebs und die Leukämie verkaufte (600 000 alte Franc Nettogewinn *pro Vormittag*!); da gab es den hochstaplerischen »Biologen« mit seinem Pseudo-Serum gegen Leukämie; da gab es den »großen italienischen Professor«, der das Fluidum der Sterne eingefangen haben wollte; und es gibt noch immer die Zigeunerin, die »Erbin der ägyptischen Wissenschaft«, die zwar sehend, aber nicht hellsehend ist; es gibt den Heuchler, der »infolge eines Gelübdes« diese oder jene Krankheit behandelt, selbstverständlich *kostenlos*, d. h. zu einem unerschwinglichen Preis.
In allen Zeitungen findet man Anzeigen dieser Art, in denen sich der Scharlatan auf das rätselhafte Unbekannte beruft:

Der faszinierende Blick der Hypnotiseure ..., mühelos, einfach, leicht.
Erfolg haben durch den nach den Regeln der talismanischen Kunst gestalteten X-Ring ...
Liebe erwecken ... wirksames Rezept, durch den Zauberspiegel ...
Das Wellenarmband, gegen Rheumatismus, usw.
Das Okkulte kann manchen Hieb parieren; um es der Lächerlichkeit preiszugeben, scheut der Pfuscher nicht davor zurück, sich den Titel eines Meisters, Professors, Magiers beizulegen. Dabei besteht sein Unternehmen meistens nur aus einem schlichten Postschließfach (das ist sicherer) oder einem »internationalen Laboratorium« oder auch einem »Institut«. Das wirkt seriös!
Aber außer diesen kriminellen Scharlatanen, Hochstaplern, Erpressern und Betrügern gibt es eine Unzahl gutgläubiger, biederer Quacksalber, die entweder von ihren Kräften und Fähigkeiten oder von ihrer Sendung oder von ihrer Wahrheit überzeugt sind.
Der Logenbruder Bruegghe aus Danville hätte sich den Kopf abschlagen lassen, um die Wirklichkeit der »keltischen Stadt« zu bezeugen, die er als Astralleib dreißig Meter unter der Erde gesehen und durchstreift haben wollte.
In Poitou will ein rechtschaffener Maurer mit seinem Pendel den »größten Schatz der Welt« in einer drei Kilometer hohen Pyramide entdeckt haben, die in der Erde genau unter seinem Haus verborgen sein soll.
»Auf Ehre und Gewissen«, schrieb uns dieser untadlige Mann, »versichere ich Ihnen, daß dies die reine Wahrheit ist.«

Der Schatz der Tempelherren

Mit einer ähnlichen Unbefangenheit vermuten einige »Radiästheten« im Schloß von Arginy (Rhône) den so oft gerühmten Schatz der Tempelherren.
In Wirklichkeit ist diese Annahme durch nichts gerechtfertigt (ein Eingeweihter aus Lyon ist allerdings im Besitz von Dokumenten, die das Vorhandensein des Schatzes in Arginy bestätigen könnten), aber von jetzt an hat die Legende Gesetzeskraft. Und was hält sich schließlich länger als eine Legende?

Darauf könnte man mit Fug und Recht antworten: »*Zwei* Legenden halten sich noch länger«, und in der Tat sollte dem Schatz der Tempelherren außer Arginy fortan noch ein zweiter, wahlweiser Fundort zugeschrieben werden: Gisors.

Der Fall geht auf das Jahr 1942 zurück, als Roger Lhomoy, ein braver und beherzter Schloßkastellan, Wünschelrutengänger und Pendler obendrein, unter einem kleinen Erdhügel des Parks einen sagenhaften Schatz entdeckt.

Mit einem Glauben, der den Himalaja wie Schweizer Käse durchlöchert hätte, hebt er einen Schacht aus, treibt einen Tunnel in den Hügel und stößt 1946, wie er behauptet, schließlich auf eine unterirdische Kirche, wo er dreißig riesige Truhen erblickt, von denen er annimmt, daß sie bis an den Rand mit Goldbarren, Münzen und Edelsteinen gefüllt sind.

Er braucht nur eine Truhe zu öffnen und sich zu bedienen!

Aber infolge irgendeiner Anwandlung bewahrt der Pseudoentdecker Schweigen über seinen Fund; er hat leider auch kein noch so winziges Bröckchen des Schatzes mitgenommen, und so wird er wieder das, was er war: ein armer, aber rechtschaffener Mann wie weiland Hiob.

Aber er spricht darüber, erzählt davon, hat plötzlich einen Gedanken. Die Zeit arbeitet für ihn, und nach einigen Jahren bestätigt er das Gerücht von dem Schatz und der Kirche mit den dreißig Truhen. Ein so riesiges Vermögen, dessen Vorhandensein über jeden Zweifel erhaben schien, konnte nur von Krösus, König Salomo oder den Templern stammen. Man entscheidet sich für die Tempelherren, und auf einmal besitzen sie einen zweiten Schatz. Für alle Zeiten!

Die Legende nimmt Gestalt an, geht sozusagen in die Geschichte ein, regt einen Schriftsteller zu einem Buch an und beeindruckt sogar einen Minister derart, daß er Grabungen anstellen läßt.

Natürlich findet man nichts, und zwar aus gutem Grund, aber der Schatz der Tempelherren wandert von Arginy nach Gisors, wo er zweifellos noch lange Jahre liegenbleiben wird.

Man wird nun einwenden, daß Gisors nie ein Lehen des Ordens war, daß es töricht gewesen wäre, ausgerechnet in einer Stadt des Königs, also im Lager des Feindes, das Gold zu verstecken, das man vor der Gier des Herrschers in Sicherheit bringen wollte. Was macht das schon!

Wie soll man auch auf den Gedanken kommen, daß das Pendel von Roger Lhomoy sich vielleicht geirrt hat? Man ist eher bereit, die Geschichte zu vergewaltigen, und genau das tat man. Aber solche Phantastereien kommen den Empirismus teuer zu stehen, und man begreift bis zu einem gewissen Grade den Argwohn von Anhängern der Experimentalwissenschaft.

In Paris gibt es einen »Klub der Schatzsucher«, in dem 29 Fachleute aus Wissenschaft und Forschung mit Hilfe elektronischer Suchgeräte und einer fundierten Dokumentation bemüht sind, sich über geheimnisvolle oder verborgene Schätze, die noch im Innern der Erde oder auf dem Grunde des Meeres ruhen, Klarheit zu verschaffen.

Die nicht jedermann zugänglichen Archive des Klubs enthalten Dokumente, nach denen Gisors und Arginy als geheimer Aufbewahrungsort des Vermögens der Tempelherren nicht in Frage kommen.

Aus den Archivunterlagen geht vielmehr hervor, daß der Schatz zunächst auf eine Komturei in der Charente gebracht und später, im 15. Jahrhundert, auf dem Schloß von Barbezieux noch einmal versteckt worden sein dürfte, wo in die Mauern eingeritzte Zeichen seine genaue Lage angeben.

Legende Nr. 3? Vielleicht, aber hier ist die Odyssee des Tempelherrenschatzes noch nicht zu Ende.

Die Geheimschriftexpertin des Klubs der Schatzsucher, die Archäologin Jacotte de Grazia, die ihre Lebensarbeit der Erforschung der Templeresoterik gewidmet hat, behauptet ihrerseits, daß der wahre Lageort des Schatzes eine noch unzerstörte Komturei im Departement Seine-et-Marne sei; dort habe sie alle Schlüsselsymbole der Tempelherren und die Lösung des Rätsels ihrer Bauwerke wiedergefunden.

Legende Nr. 4? Wer weiß! Liegt doch der Reiz dieser Art des rätselhaften Unbekannten gerade darin, daß es sich der Nachprüfung durch das Experiment entzieht.

Sethon, der Goldmacher

Verstanden es die Goldmacher wirklich, Blei in Edelmetall zu verwandeln? Die Überlieferung bestätigt es zwar, aber im engeren Sinne muß das Geheimnis des »Projektionspulvers« von den letzten Alchimisten des Mittelalters mit ins Grab genommen worden sein. (Das Projektionspulver, das die Fähigkeit besitzt, ein beliebiges Metall in Gold zu verwandeln, ist für die materialistischen Alchimisten der Stein der Weisen.)

Einer von ihnen, obwohl kaum bekannt, ist vielleicht der einzige, der den Beweis für sein Können und seine Geschicklichkeit erbrachte.

Er hieß Sethon, war schottischer Abstammung und lebte gegen Ende des 16. Jahrhunderts; er ist allerdings mehr unter dem Pseudonym »Kosmopolites« bekannt.

Im Jahre 1602 begegnete er in der Schweiz dem Freiburger Professor Wolfgang Drenheim, der trotz seiner entschiedenen Ablehnung des Okkultismus sich dennoch von den Tatsachen überzeugen lassen mußte: Sethon verwandelte vor seinen Augen unedles Metall in Gold.

In einem Werk mit dem Titel *De Minerali Medicina* (Argentorati [d. h. Straßburg], 1810) berichtet er von dem Experiment, bei dem er und ein Basler Goldschmied namens Jakob Zwinger zugegen waren.

Mit mehreren Bleiplättchen, die Zwinger von zu Hause mitgebracht hatte, einem Schmelztiegel, den wir uns bei einem Goldschmied verschafften, und mit gewöhnlichem, unterwegs gekauftem Schwefel gingen wir zu einem Goldminenarbeiter.

Sethon rührte nichts an. Er ließ Feuer machen und befahl, daß man zunächst das Blei und den Schwefel in den Schmelztiegel geben, dann den Deckel auflegen und die Masse mit Stäben umrühren solle.

Währenddessen sprach er mit uns.

Nach einer Viertelstunde sagte er:

»Werft dieses kleine Papier in das geschmolzene Blei, aber genau in die Mitte und achtet darauf, nichts ins Feuer fallen zu lassen ...«

In diesem Papier befand sich ein ziemlich schweres Pulver von zitronengelber Farbe. Übrigens mußte man gute Augen haben, um es zu erkennen.

Obwohl wir so ungläubig waren wie der heilige Thomas persönlich, taten wir alles, was er uns auftrug. Nachdem die Masse noch eine weitere Viertelstunde erhitzt und beständig mit Eisenstäben umgerührt worden war, erhielt der Goldschmied die Weisung, den Schmelztiegel (sic) *durch Darübergießen von Wasser zu löschen. Wir fanden reinstes Gold, das nach Ansicht des Goldschmieds hinsichtlich der Güte noch das schöne Gold Ungarns und Arabiens übertraf. Es wog ebensoviel wie das Blei, dessen Stelle es eingenommen hatte. Wir waren starr vor Staunen und wagten kaum unseren Augen zu trauen.*

Jakob Zwinger bestätigte den Sachverhalt in einem lateinischen Brief *Epistola ad doctorem Schobinger*, der in den Basler *Ephemeriden* von Emmanuel Koning abgedruckt wurde.

In diesem Brief wird berichtet, daß Sethon vor seiner Abreise aus der Schweiz seine Umwandlungsexperimente bei dem Goldschmied André Bletz noch einmal wiederholt habe.

Später führte er in Straßburg unter dem Namen Hirschborgen erneut Umwandlungen bei dem Goldschmied Gustenhover vor, dem er etwas von seinem hochwirksamen Projektionspulver schenkte.

Obwohl Sethon die breite Öffentlichkeit scheute, gelangte die Sache zur Kenntnis Kaiser Rudolfs II., der den armen Gustenhover auf sein Schloß nach Prag kommen ließ.

Aufgefordert, das Geheimnis der Umwandlung unedler Metalle in Gold zu enthüllen, konnte er nur immer wiederholen, daß er das Pulver des Schotten lediglich habe ausprobieren wollen; aber man glaubte ihm nicht, und er beschloß sein Leben im Gefängnis.

Sethon wurde trotz seiner Vorsicht an den Hof Christians II., des Kurfürsten von Sachsen, gelockt, wo man ihn folterte, um ihn zur Preisgabe seines Geheimnisses zu zwingen.

Man durchbohrte ihn, wie Louis Figuier in seinem Buch *L'Alchimie et les Alchimistes* (Alchimie und Alchimisten) erwähnt, *mit spitzen Eisen, man brannte ihn mit flüssigem Blei ... er wurde mit Ruten geschlagen.*

Der Alchimist blieb standhaft, und im Jahre 1603 gelang es seinem polnischen Kollegen Michael Sendivag durch eine List, ihn zu befreien, wobei der Retter sich allerdings von dem Hintergedanken leiten ließ, daß Sethon ihn zum Dank in die höchste Erkenntnis einweihen würde.

Da Sethons Gesundheit stark angegriffen war, starb er bald dar-

auf und hinterließ Sendivag lediglich winzige Reste des Projektionspulvers.
Es steht außer Zweifel, daß das wunderbare Geheimnis in dem einzigen Werk, das von dem schottischen Alchimisten bekannt ist, dem *Buch der Zwölf Kapitel,* enthüllt wurde, doch Sendivag bemächtigte sich des Buches und verstümmelte den Text bis zur völligen Unverständlichkeit.
War Sethon ein geschickter Zauberkünstler? Gelang ihm die Umwandlung? Jeder mag sich darüber seine eigene Meinung bilden.

Ein Mysterium der Rosenkreuzer

Wenn es auch leicht ist, sich über die alten Empiriker lustig zu machen, so darf man dennoch mit Sicherheit annehmen, daß viele von ihnen Eingeweihte von hohen Graden waren und Kenntnisse besaßen, die zu durchdringen und zu erklären die Experimentalwissenschaft eine unverhältnismäßig lange Zeit brauchte.
Vor einigen Jahrhunderten, berichtet der von der Überlieferung ausgehende Historiker Charles Carrega, forderten unbekannte Meister, daß Schüler, die sich um die Einweihung bewarben, sich mit dem folgenden Gedanken auseinandersetzen mußten:
Das reine Wasser der Wahrheit führt zum Verständnis des höheren Mysteriums der Rose.
Ohne uns auf einen Beitrag zur Klärung festzulegen, wollen wir zunächst die drei Grundbegriffe des Satzes analysieren: reines Wasser, Wahrheit, Rose.
Exoterisch gesehen, ist die Rose gewiß nichts Geheimnisvolles, aber in esoterischer Beziehung kann man sich über die Wahl jener Meister nur verwundern, denn die Rose vereinigt in sich in besonders vortrefflicher Weise wenigstens vier Dimensionen: Länge, Breite, Dicke, Zeit, denen man vier Unterdimensionen hinzufügen muß: Form, Stoff, Farbe, Duft, die man nirgends in so harmonischer Vollendung gepaart findet.
Die Rose ist also eine außergewöhnliche Schöpfung, fast eine absolute Schöpfung, und die Menschen haben ihr stets den Preis der Schönheit, des edelsten Duftes und der Anmut zuerkannt.
Sie ist ferner das Symbol des Todes, denn wenn sie ihr Geheimnis enthüllt, wenn sie ihre Blütenblätter öffnet und so den Blick in ihr

Innerstes freigibt, ist sie am Ende ihres Lebens und hat, im Gegensatz zu den meisten anderen Blumen, nicht mehr die Kraft, in einem Samenkorn wiederzuerstehen.
Diese Todesbotschaft findet man in den beiden anderen Grundbegriffen wieder:
Auch die Wahrheit ist in der Welt der Menschen eine Botschaft des Todes, und wer sie verkündet, kann gewiß sein, daß sich über ihm eine tödliche Gefahr zusammenzieht.
Wer die Wahrheit sagt, muß nach dem Sprichwort ein gesatteltes Pferd haben, um schnellstens zu entfliehen ...
Reines Wasser bedeutet ebenfalls Tod.
Die Alchimisten forschten zur Verwirklichung des Großen Werkes vergeblich nach reinem Wasser und ersetzten es, da sie es nicht fanden, durch *Tau*.
Um das Große Werk zu vollenden, bedurfte der Adept der Erneuerung durch das reine Wasser (Ätzwasser).
Auch die Taufe stellt eine Erneuerung dar, eine Wiedergeburt nach dem Tode (auf geistlichem Gebiet), wobei die Art des Taufwassers streng definiert ist: Es muß *natürliches* (kein reines) Wasser sein. Es darf sich dabei laut theologischer Definition um Quellwasser, Brunnenwasser, Meerwasser, Flußwasser, Seewasser, Teichwasser, Zisternenwasser oder Regenwasser handeln: *Non refert, frigida sit an calida, potabilis vel non potabilis, benedicta vel profana.* (Es kommt nicht darauf an, ob es kalt oder warm, trinkbar oder nicht trinkbar, geweiht oder ungeweiht ist.)

Reines Wasser bedeutet Tod

Es handelt sich also – das sei noch einmal betont – nicht um *reines Wasser*, denn solches Wasser würde den physischen Tod bedeuten. Wer immer davon tränke, wer immer es zum Waschen benützte, müßte sterben.
Es ist schädlicher als die gefährlichsten Säuren, und seine lösende Kraft ist so groß, daß es allmählich alle Körper zersetzt.
In Frankreich existiert reines Wasser nur im Pasteur-Institut, und da es das Glas der Flaschen und Ballons anlöst und schließlich zerstört, mußte man einen Kunststoff erfinden, um es überhaupt aufbewahren zu können.

Die tödliche Kraft des reinen Wassers war den Eingeweihten schon seit mehreren Jahrhunderten bekannt, noch ehe die Wissenschaftler chemisch reines Wasser herzustellen vermochten.

Soll dies heißen, daß man den im vorigen Abschnitt erwähnten Satz wie folgt zu interpretieren hat: Das reine Wasser (Tod) der Wahrheit (Tod) führt zum Verständnis des höheren Mysteriums der Rose (Tod), wobei all dies auf den menschlichen Bereich bezogen und nicht als absolut anzusehen ist?

Auch im sogenannten Wassermannzeitalter könnte man einen merkwürdigen Sinn entdecken: Wasserlauf, Wasser = Goldenes Zeitalter, Zeitalter der Gottmenschen = Tod.

In der Reihenfolge der Tierkreiszeichen steht der Wassermann zwischen dem Steinbock und den Fischen; er ist das elfte und vorletzte Zeichen; vielleicht das letzte der physischen Welt vor der psychischen Welt der Fische?

Wenn das Wassermannzeitalter tatsächlich die Ära der Gottmenschen ist, muß man befürchten, daß das Ende der Irrfahrt des Menschen auf der Erde nahe bevorsteht, denn man kann sich den Menschen nicht gut vorstellen, der nach einem Ziel strebt – das er bereits erreicht haben dürfte!

Kriegsgefallenenstatistiken und die durch die rasche Vermehrung der asiatischen wie auch anderer Völker heraufbeschworene Gefahr lassen uns dagegen befürchten, daß der nächste Weltkrieg Hunderte von Millionen, wenn nicht sogar eine Milliarde Menschenleben fordern wird.

In diesem Sinne wäre das Wassermannzeitalter das Zeitalter der Ausrottung und des Todes.

Für die Traditionalisten käme die Selbstzerstörung der Menschheit im reinen Wasser des Wassermanns einer Taufe, einer Wiedergeburt gleich, die zu einem neuen Zyklus führt, vielleicht zum Zyklus der Wahrheit, während wir auf das Zeitalter der Rose warten.

Die magische Stunde

Der dem Menschen innewohnende tiefe Sinn für das Geheimnisvolle ist vor allem auf das Walten der Naturkräfte sowie auf bestimmte Orte und Zeiten bezogen.

Jahrtausendelang kämpfte der Mensch gegen die Finsternis; für ihn war die Entdeckung des künstlichen Lichtes der erste große Sieg der Wissenschaft. In den langen dunklen Winternächten war ihm nun endlich die Möglichkeit gegeben, die Bilder, die Form der greif- und fühlbaren Materie sichtbar werden zu lassen. Wenn diese Bilder und Formen auch bisweilen für seine geschärften Sinne im Dunkeln wahrnehmbar waren, so verloren sie sich doch auf größere Entfernung in undurchdringlicher Schwärze.

Seit der Erfindung dieses Lichtes und – einige Jahrtausende später – jenes anderen Lichtes, das eine ganze Nacht zu besiegen vermochte, verloren unsere Vorfahren ganz allmählich den vertrauten, anheimelnden Kontakt mit der Dämmerung, jener phantastischen Stunde, da das Tageslicht noch nicht ganz der Nacht gewichen ist.

Die Menschen des Altertums glaubten, daß der Mensch um diese Zeit in eine Andere Welt eintrete und magische Fähigkeiten erlange.

Versucht einmal, so sagten sie, *euch eines Abends in der Dämmerung von den Wesen der Anderen Welt bewußt durchdringen zu lassen ... die vielleicht eine euch innewohnende Welt ist; in dem Maße wie die erleuchtete Welt nicht mehr auf euch einwirkt und ihr sie nur noch gedämpft wahrnehmt, werdet ihr spüren, daß mit der inneren Ausstrahlung eurer Gedanken neue Wahrnehmungen aus der Anderen Welt auf euch überströmen.*

Schließt ihr nicht auch am Tage die Augen, um diese wohltuende Zurückgezogenheit zu finden und auf euch einwirken zu lassen?

Draußen wird Finsternis herrschen; aber in euch wird das Licht leuchten, das sich ausbreitet, das läutert, das die Seele erhebt. Bei einiger Gewöhnung werdet ihr vielleicht höchstens den kurzen Augenblick bestimmen können, in dem euer noch lichtdurchtränkter Leib eine wunderbare Ausdehnung erfährt.

Ein verkehrt ablaufendes endosmotisches Phänomen? Ein elektrisches Phänomen? Zweifellos ein Vorgang wie bei einem Kondensator, der nach einer bestimmten Aufladezeit seine überschüssige Energie im Bruchteil einer Sekunde abgibt.

Die Erinnerung an die magische Kraft der Dämmerstunde ist im Menschen seit langem erloschen, wie auch sein Orientierungssinn und das Gefühl für raumgeologische Zusammenhänge immer mehr verkümmern.

Eleusis – Alesia

Der ehemalige Polizeipräfekt von Paris, Xavier Guichard, ist der Verfasser eines merkwürdigen Buches mit dem Titel »*Eleusis-Alesia* – Kurze Abhandlung und Hypothesen über die geographische Lage (Länge und Breite) der Städte sakralen Charakters, die einst an einem Wundersee oder einer Wunderquelle lagen«.
Xavier Guichard versucht zu beweisen, daß diese Städte »seit dem frühesten Altertum längs astronomischer unwandelbarer Linien gegründet wurden, die man zunächst am Himmel bestimmte und dann auf die Erde in regelmäßigen Abständen übertrug, von denen jeder dem 360. Teil des Erdumfangs entspricht«.
Auf Grund dieser Hypothese überzieht der Autor die Weltkarte mit einem Netz von »alesianisch-geodätischen Linien« und von »Richtungs- oder Bestimmungslinien«.
Auf der französischen Transversallinie Calais–Eze liegt Olizy, Elise, Alaise, Eyzins, Aussois; auf der Linie Elsenburg–Alès findet man Aisey, Lisey, Alaise, Lezat, Laiziat . . .
Alle diese »Alesia«-Orte, sagt Xavier Guichard, liegen in Gebieten, die von mehr oder minder bedeutenden Wasserläufen umgeben sind und daher eine Art von Halbinsel bilden.
Die »alesianischen« Orte besitzen alle eine Mineralquelle, oft eine prähistorische Fundstätte; selbstverständlich liegt Eleusis, die altgriechische Stadt des berühmten Mysterienkults, auf einer wichtigen Diagonale.
Es ist schwer nachzuprüfen, inwiefern diese Theorie ihre Berechtigung hat; gleichwohl wäre es nicht uninteressant, sie mit der Theorie der Erdströme zu vergleichen.
Gibt es auf der Erde Gebiete mit günstiger Strahlung, in denen Menschen, Tiere und Pflanzen ihre seelischen, geistigen und körperlichen Fähigkeiten optimal entfalten können? Höchstwahrscheinlich. (Nach einer Überlieferung soll das unterirdische Reich von Agharti in der Provinz Sinkiang bei Urumtschi auf einer sogenannten Emergenzlinie der Erdströme liegen.)
In solchen Gebieten besitzen die tellurischen Ströme, die unseren Erdball durchziehen, wahrscheinlich Emergenzen oder Austrittspunkte, deren günstigen Einfluß auf unser Wohlbefinden, auf den Verlauf unserer Unternehmungen und vor allem auf unsere Fähigkeit zur Akklimatisation wir deutlich wahrnehmen können.

Manchmal ist das betreffende Gebiet ein ganzer Landstrich, eine Gemeinde oder ein einfacher Acker, bald ein hochgelegener Ort, auf dem die Menschen Tempel errichteten, bald ein Tal mit einer Quelle, der man wundertätige Kräfte zuschrieb . . . eine »alesianische« Quelle, wie Xavier Guichard sagen würde.
Bisweilen umfaßt die Emergenzzone nur wenige Quadratmeter. Landwirte und Baumzüchter wissen natürlich, daß es Stellen gibt, wo jeder gepflanzte Baum rasch welkt und eingeht, während ein, zwei Meter daneben alles ganz normal gedeiht.
In einer buschigen Hecke gibt es häufig eine bestimmte Stelle, an der Dornsträucher und Stauden regelmäßig verkümmern. Warum? Bisher ist es noch niemand gelungen, Licht in dieses Rätsel zu bringen. In jüngster Zeit ist von Gesteinsspalten, von Verwerfungen die Rede, deren Ausströmungen die Atmosphäre ionisieren und elektromagnetische Störungen hervorrufen. Der französische Geologe Claude Trouvé ist der Ansicht, daß bestimmte Erdschichten, insbesondere das granitische Urgestein, im Gegensatz zu der jüngeren Kalksteinformation eine schädliche Strahlung aussenden.

Die Legende von der heiligen Enimia

Im 7. Jahrhundert war die Prinzessin Enimia (oder auch Herminia oder Hirma), die Tochter des Frankenkönigs Chlotar II., das schönste Mädchen im ganzen Königreich.
Mein liebes Kind, sprach eines Tages ihr Vater, welchen der fränkischen Edelleute willst du heiraten?
Enimia antwortete:
Ich will keinen anderen Bräutigam als Jesus, dem ich gelobt habe, Jungfrau zu bleiben.
Um sie ganz für sich zu behalten, so berichtet die Legende, bedeckte dieser hochherrliche Gemahl den Leib des Mädchens zum großen Kummer ihrer Angehörigen alsbald mit einem häßlichen Aussatz. Da die Prinzessin furchtbare Schmerzen litt, riet ihr der »durch ihre Qualen gerührte Himmel«, eine Pilgerfahrt zur Quelle von Burla im Gévaudan zu unternehmen.
Das Wasser von Burla gab der Prinzessin, sooft sie darin badete, ihre Gesundheit und ihre zarte Haut zurück, doch sobald sie sich

von der Quelle entfernte, kam wieder der Aussatz zum Vorschein. Da sie in der Erscheinung den Willen Gottes sah, ließ Enimia an dieser Stelle ein Kloster erbauen, das sie bis zu ihrem Tode leitete. Die Quelle ist noch heute ein bekannter Wallfahrtsort.

Das Wasser der anderen nahe gelegenen Quellen hat, obwohl es wahrscheinlich aus demselben riesigen unterirdischen See stammt, nicht die wunderbare Kraft, die dem Wasser der Burla-Quelle zugeschrieben wird. Die dortige Bodenbeschaffenheit oder die geodätische Lage der Quelle dürfte die Erklärung dafür sein, daß die heilige Enimia sich nicht von ihr entfernen konnte, ohne der wohltätigen und heilkräftigen Strahlung verlustig zu gehen.

»Der Wissende«, sagen die Eingeweihten, »schläft nicht irgendwo«, was bedeutet, daß man ein Haus nicht an einem verrufenen Ort, sondern nach sorgfältiger Überlegung nur an einer besonders auserwählten Stelle errichten darf.

Die meisten alten Städte sind an günstigen Orten gebaut. Wo das Unheil waltet, können Handel und Gewerbe nicht gedeihen, was schon dazu geführt hat, daß die Bewohner bestimmter Industriezentren immer mehr in andere Gegenden abwandern.

Es ist trotzdem nicht ausgeschlossen, daß die Kraftlinien der Erde und die Emergenzpunkte der Erdströme geophysikalisch bedingten Verschiebungen unterliegen.

Warum baut man manchmal ein Dorf hundert Meter oder einen Kilometer von seinem ursprünglichen Standort entfernt wieder auf?

Die Wissenschaft weiß auf die Fragen, die uns das rätselhafte Unbekannte stellt, noch immer keine Antwort; dennoch wagt sie sich in jüngster Zeit unter Abkehr vom streng Experimentellen mit Hilfe der Atomistik an die mehr oder weniger rationale Deutung aller bisher für unerklärbar gehaltenen Phänomene.

Schöpfung durch Gedanken

Das Atom entzieht sich trotz aller Bemühungen nach wie vor dem Zugriff der Wissenschaftler. Nun hat sich der französische Gelehrte Lucien Barnier zum Fürsprecher der Physiker-Avantgarde gemacht und die Behauptung aufgestellt, daß die Teilchen, aus denen das Atom besteht, sehr wohl eine Art »flüssiger Blasen«

sein könnten, die von außen einwirkende Kräfte in ständiger Bewegung halten. Man ist noch weit davon entfernt, die einzelnen Bausteine des Atoms identifiziert zu haben, die bis jetzt lediglich mathematisch-abstrakte Begriffe sind.

Das Atom, im wörtlichen Sinne kleinstmögliches Teilchen oder noch besser: *der Anfang aller Dinge*, wäre demnach Bewegung.

Diese Energieform, wie auch die elektrische Energie, die Strahlungsenergie, die elektromagnetische Energie usw., soll sich in sichtbares Licht oder andere Wellensysteme umwandeln lassen, die in den Raum gesandt werden können. Diese Theorie würde, falls sie sich bestätigt, der Phantasie einen unbegrenzten Spielraum einräumen, wenigstens solange, bis sie praktisch erprobt ist.

Ein in Lichtwellen umgewandelter Mensch könnte mit einer Geschwindigkeit von 300 000 Kilometern pro Sekunde auf einen Planeten oder einen Fixstern geschickt werden, wo er freilich in seine ursprüngliche Form reintegriert werden müßte.

Doch wie schnell sich das Licht auch fortpflanzt, es hat nicht die Fähigkeit, während eines Menschenlebens den unendlichen Raum zu überwinden, ja nicht einmal den Raum, der uns von einem entfernten Stern trennt.

Der Mensch hat nun eine Möglichkeit, das fast Unendliche zu erreichen, nämlich durch den Gedanken, der ihn mit Augenblicksgeschwindigkeit im Geiste weit hinaus in den Weltenraum trägt, sei es zum Ponex, woher unsere Erde kommt, sei es zum fernsten Gestirn unseres Universums.

Da alles Energiematerie ist, handelt es sich um eine Ortsveränderung, gleichsam um einen Langstreckenflug in der Raum-Zeit. Wahrscheinlich ist die Raum-Zeit selber Energiematerie. Da die Reise augenblicklich erfolgt, verharrt die Zeit also praktisch »im Stillstand«, was auf eine Verneinung der Bewegung hinausführen würde. Diese Vorstellung von der Unbeweglichkeit der Zeit entspricht der Vorstellung von der Undurchsichtigkeit und Unbeweglichkeit der Materie; ein Haus erscheint uns unbeweglich, obwohl es in allen seinen Bestandteilen sich bewegt, schwingt, umherwirbelt.

Wenn wir diese Bewegung wahrnehmen könnten, würde unsere Welt ihr Antlitz verändern: Alles bestände nur aus Schwingungen. Da die kleinen Flüssigkeitsblasen des Atoms, wie sie Lucien Barnier konzipiert, im Prinzip auch Bestandteile der Gedankenmaterie sind, muß es theoretisch möglich sein, diese Gedankenmaterie umzuwandeln und sie mit »Augenblicksgeschwindigkeit« in alle Parallelwelten zu senden, die nach Professor Falinski möglich sind. Diese Hypothese wird durch die ältesten Kosmogonien der Heiligen Schriften, insbesondere durch die Weden, gestützt, wo es heißt, daß das Weltall und seine Erschaffung *Gedanken* Gottes seien.

Das Zauberwort

Genauer ausgedrückt, Gott denkt, spricht, und der göttliche Gedanke nimmt im Raum Gestalt an.
Diese Schöpferkraft manifestiert sich im babylonischen Schöpfungsmythos »Enuma elisch« (4. Tafel, Vers 5):
Zerstören und erschaffen, er spricht, und es wird also geschehen.
Der Gott Thoth schuf ebenfalls durch sein Wort, aber dieses Wunder stellt nach Ansicht des französischen Ägyptologen Gaston Maspéro keine göttliche Fähigkeit dar; für ihn ist die Macht des Wortes größer als die der Götter: *Die Schöpfung ist das Werk der artikulierten Stimme.*
Die Ägypter glaubten sogar, der Name eines Menschen sei wie sein körperliches Wesen: Wer den Namen besaß, besaß das Wesen. Aber der geheime und allmächtige Name war nicht aufs Geratewohl gebildet worden, und man mußte schon ein großer Eingeweihter sein, um ihn zu kennen.
Jeder Buchstabe, aus dem der Name bestand, besaß seinen Sinn und seine Kraft, die sich zum allgemeinen Sinn, zur Kraft und Eigenschaft des Ganzen vereinigten. Wenn man einen einzigen Buchstaben umstellte oder ihn ausließ, wenn man den Namen nicht mit den gehörigen Pausen und mit der richtigen Betonung aussprach, wirkte der Zauber nicht oder kehrte sich gegen den, der sich der Macht des Namens bedienen wollte.
Magier und Scharlatane verstümmelten das Geheimnis, indem sie schwierig auszusprechende Wörter miteinander kombinierten, wie in dem folgenden Zaubergebet:
Im Namen des Vaters, des Sohnes und des Heiligen Geistes, des dreieinigen Gottes.
Wir sprechen die Namen unseres Herrn und Heilandes Jesus Chri-

stus aus, durch die man im Namen der Dreifaltigkeit die bösen Geister und die Dämonen vertreibt:
Sëdrëlâoui, Bâdegâoui, Quédalolâél, Quédéroufrëgâdigon, usw.
Durch die Macht des Wortes tötete Moses einen Ägypter, entrann Jesaja dem König Ahas, gebot David dem Abgrund Einhalt, der sein Werk zu vernichten drohte, als er die Fundamente des Altars ausschachtete.
Für die Hindus ist das *Sabdabrahma* oder das Wort Brahmas eine Meditation über das heilige und geheimnisvolle einsilbige Wort AUM, das Brahma selber ist.
Dieses Wort besteht aus drei Buchstaben, die nur in der Schrift einen einzigen ergeben: A = Brahma; U = Wischnu; M = Schiwa. Das Zeichen, das AUM darstellt, ist ein Halbkreis mit einem *Bindu* (Punkt) in der Mitte: ◡̇, Symbol des rein geistigen Wesens. Um des eigenen Seelenheils willen muß man unablässig über dieses Wort meditieren, indem man es in jedem Augenblick wiederholt und dabei die Gedanken fest auf den Punkt richtet.
In ungewöhnlicher Übereinstimmung würde die von heutigen Gelehrten aufgestellte Atomtheorie der »Flüssigkeitsbläschen« demnach wieder an das Wissen der Weisen anknüpfen, die die Fähigkeit besessen haben dürften, ihre schöpferischen Gedanken in Materie zu verwandeln.
Wird der Mensch die Grenze zum Bereich des rätselhaften Unbekannten eines Tages überschreiten? Wird er seinen Wunsch, Materie zu erschaffen, verwirklichen können? Dies wird ihm bestimmt nicht unbegrenzt gelingen, denn dann könnten wir Planeten, ja den ganzen Kosmos erschaffen – oder zerstören!

Alles hat eine Masse

In der Magie versteht man unter Materialisation im Prinzip den Transport und die Umwandlung psychischer Energie in sichtbare Materie. Von dieser Theorie ausgehend, bietet sich unserer Phantasie ein verblüffender Aspekt an.
Da nun einmal alles Energie = Materie = Bewegung ist, kann nichts existieren, ohne Energie, also ohne Masse zu sein, wie unendlich klein sie auch sein mag.
Dieses Postulat leuchtet nicht ohne weiteres ein. Wie soll man,

falls auch das Licht ein Gewicht hat, zugeben, daß seine Intensität, seine Farbe, seine Geschwindigkeit etwas wiegen? Hat ein Wort ein Gewicht?
Kurz, man könnte ebensogut fragen, ob ein Gedanke eine Masse hat. Wahrscheinlich, zwar nicht in der praktischen Physik, aber vielleicht in der Mathematik und in der Metaphysik. Dabei unterscheiden wir das *Gewicht* (Resultante der Schwerkraft) von der *Masse* (Eigenschaft der Materie). Dem schwedischen Wissenschaftler Holger Hyden ist es gelungen, das Gedächtnis einer Ratte zu wiegen. Zunächst zwang er das von Natur aus »rechtshändige« Tier, sich ausschließlich seiner linken Vorderpfote zu bedienen. Dann tötete er die Ratte und wog die Neuronen der Hirnrinde im Bereich des Rechts-Links-Unterscheidungsfeldes. Hyden zeigte auf diese Weise, daß sich die gespeicherten Erinnerungen durch die Bildung von Proteinen geäußert hatten, die vorher nicht existierten. In anderer Form gestellt, lautet unsere Frage: Kann etwas existieren, das sein kann, ohne zu sein, das gleichzeitig nichts und etwas ist, das vom Menschen in einer bereits erschaffenen Welt erschaffen werden kann?
Obwohl eine Funktion des Geistes, schöpft der Gedanke seine Substanz offenbar nicht aus einer bekannten Masse unserer bekannten Welt.
Falls ein Gedanke nicht existiert, bevor er durch Urzeugung in den Geist des Menschen gelangt – ist dieser dann ein Schöpfer wie Gott und vermag er dann das Werk Gottes zu vermehren?
Falls er die göttliche Schöpfung nicht vermehren kann, muß der Gedanke bereits in einer uns unbekannten Form existiert haben, ehe er in den Geist des Menschen gelangt.
Nun, was zur geschaffenen Welt gehört, gehört auch zu ihrem ursprünglichen Bestandteil: zur Energie. Offenbar kann also der Gedanke nichts anderes sein als eine Massenform der Energie. Denken hieße demnach, aus einem rätselhaften, unbekannten, zweifellos im unbekannten Ich des Menschen ruhenden Energiereservoir schöpfen, um in einer Welt zu schaffen, Schöpfer zu sein, die wahrscheinlich nicht unsere materielle, drei- oder vierdimensionale Welt ist*.

* In unserer Theorie gibt es außer der persönlichen Energie des »Ichs« und außer all jenen Energieformen, die den organisierten oder nicht organisierten

Je mehr Gedanken der Mensch aussendet, desto mehr schöpft er aus sich, desto mehr erschöpft er sich und erschafft irgendwo eine Materie, die vielleicht nur von kurzer Dauer ist wie das Aufleuchten einer Blitzlampe und deren Energie sich im Universum, im Plasma des Universums verliert, es sei denn, daß sie zu ihrem Ausgangspunkt zurückkehrt.
Trägt der Mensch in sich eine unermeßliche Energiemasse, millionenmal größer als seine meßbare physische Masse?
Deckt sich diese Masse mit ihrem Gewicht? Oder wird der Gedanke aus dem Universal»plasma« geschöpft, um sich wieder darin aufzulösen?

Empirismus = Experimentalwissenschaft

Wir müssen die Frage unbeantwortet lassen. Aber die Darlegung dieser Theorien hilft uns, das Problem des rätselhaften Unbekannten zu erfassen, wie es die Empiriker verstanden wissen wollen (Gott erschafft die Welt mit einem Gedanken; die Energie des Mediums bewirkt eine Materialisation), das sehr genau mit dem rätselhaften Unbekannten der Wissenschaftler (der schöpferische Gedanke; jede Energie ist Masse) übereinstimmt.

Wesen immanent sind, die Energie des »Plasmas«, worunter wir eine Art Massebank der universellen Evolution verstehen.
Der Geologe Claude Trouvé vertritt dagegen die Auffassung, daß die den Menschen zur Verfügung gestellte Energie eine Art beständiger Masse sei, die sie sich im Verhältnis zu ihren Fähigkeiten teilen. Je stärker sich also die Menschheit vermehrt, desto weniger Energie besitzen die Menschen, da die Masse durch die Zahl der Individuen geteilt werden muß.
Daraus läßt sich unschwer folgern, daß der Intelligenzgrad des Menschen immer mehr zurückgeht.

Pythagoras (600 v. Chr.) mit seinen mathematischen Kenntnissen; Leukipp und Demokrit (500 v. Chr.), die Begründer des Atomismus; Heraklit (500 v. Chr.) mit seiner Evolutionstheorie; Anaxagoras (um 450 v. Chr.) mit seiner Theorie von der Wirbelbewegung; Platon (400 v. Chr.) und sein Schüler Aristoteles (350 v. Chr.) mit ihrer Philosophie; Giordano Bruno (16. Jahrhundert) mit seiner Lehre von der Evolution des Universums, usw.: Alle diese großen Denker der Vergangenheit waren fraglos genialere Köpfe als Einstein, der, wenn man den Stand der wissenschaftlichen Entwicklung berücksichtigt, der ihm zustatten kam, die Probleme und Rätsel des Unbekannten weniger gründlich durchdachte.

So finden sich die beiden Vorstellungen vereinigt wieder, deren magische, sowohl für die eine wie auch für die andere gültige Grundformel in der Einsteinschen Gleichung $E = mc^2$ zum Ausdruck kommt (E = Energie; m = Masse; c^2 = Quadrat der Lichtgeschwindigkeit).

Die Reise in die Zeit

Nach der Lehre der Schulwissenschaft kann uns kein Ereignis erreichen, kann kein Vorgang sich abspielen, dessen Geschwindigkeit über der des Lichtes liegt.
In der Metaphysik muß der Gedanke, der einen sich mit Augenblicksgeschwindigkeit fortpflanzenden Vorgang darstellt, dem allgemeinen Gesetz von der Kontraktion oder Verkürzung der Zeit durch die Geschwindigkeit gehorchen.
Demnach müßte ein Gedanke auf Grund seiner nicht meßbaren Geschwindigkeit auch eine nicht meßbare Masse haben; andererseits müßte er, wenn er nach Art einer Wickelranke in die Zeit eintritt, im Laufe seines Weges »jünger werden« und unmittelbar in die bereits verflossene Zeit eintreten, d. h. er müßte seine Materialisation in der Vergangenheit finden, vielleicht in der außerordentlich fernen Vergangenheit der Urschöpfung.
Nach dieser Hypothese würde es in Zukunft möglich sein, Jeanne d'Arc auf dem Scheiterhaufen zu befreien, vorausgesetzt, man könnte das zeitliche Eindringen des Gedankens so bemessen, daß er genau auf das Jahr 1431 gerichtet ist.
Die Materialisation, die wir »denken« könnten – z. B. ein mit Maschinenpistolen und Handgranaten bewaffnetes Fallschirmspringerkommando –, würde mehr als genügen, um die Befreiung unserer Nationalheldin zu gewährleisten.
Wenn der Gedanke in unserem Gehirn gefangen ist, kann von einer Fortpflanzung mit Überlichtgeschwindigkeit keine Rede sein, doch falls er auf eine Bahn geschickt werden und durch den Raum eilen kann, dann wäre es durchaus möglich, daß sich im Gedanken eine Lösung des Problems einer Reise in die Zeit anbietet.
Jedenfalls ist der Gedanke entweder eine abstrakte Spekulation oder eine Projektion, eine Hinausverlegung von Energie in die Vergangenheit oder in die Zukunft.

Durch den Gedanken erleben wir das Martyrium der tapferen Johanna: eine imaginäre Reise.
Könnte ein Wellenumformer unseren Gedanken bei seiner Ankunft im Jahre 1431 umwandeln, würde die Reise Tatsache werden. Doch wie soll man *zunächst* einen entsprechenden Energiewandler und eine technisch qualifizierte Bedienungsperson hinausschicken, um erst *dann* eine Fülle phantastischer Gedanken umzuwandeln? Das Problem scheint unlösbar zu sein, doch ist die Lösung zweifellos einfacher, als wir sie uns vorstellen. Die Empiriker *behaupten* nämlich, in die Zeit reisen zu können, sei es als Astralleib, sei es durch das zweite Gesicht, durch Radiästhesie oder durch Persönlichkeitsspaltung. Sie behaupten allerdings nicht, den Mechanismus des Phänomens erklären zu können, weshalb sie – ohne herabsetzende Nebenbedeutung – nun einmal Empiriker sind.

Keine empirischen Beweise

Sie erbrachten früher nie und erbringen auch heute nicht den Beweis für ihre Reise, und doch veranlassen unerklärte Phänome die Rationalisten zu der Annahme, daß das rätselhafte Unbekannte durchaus eine Realität ist.
Freilich müssen wir zugeben, daß der Beweis dafür fehlt. Ein Beweis wäre beispielsweise, wenn ein Medium Moses nach dem Verbleib der Gesetzestafeln oder Jacques de Molay, den letzten Großmeister der Tempelherren, nach dem Versteck ihres Schatzes fragen würde. Obwohl also gewichtige Beweise dieser Art fehlen, gibt uns das Unbekannte jedoch die Überzeugung, daß unsichtbare Mächte und Welten existieren, die sich als sogenannte supranormale Phänomene manifestieren und sämtlich von jener dem Menschen innewohnenden geheimnisvollen Kraft des »Ichs«, seiner Gedanken oder seines Wortes herrühren.
Der Bereich des Problems ist wahrscheinlich durch diese drei Elemente genügend abgegrenzt; das Medium übernimmt dabei die Rolle eines automatischen Energiewandlers.
Daß man seine eigenen Gedanken hinausprojizieren oder vergegenständlichen kann, ist wahrhaftig ein Wunder, das uns nicht nur die Gewißheit eines sehr hohen menschlichen Energiepotentials verschafft, sondern auch die Existenz von Parallelwelten vor-

aussetzt. Der Schlüssel zur höheren Wissenschaft der Magie wird uns in Zukunft wohl oder übel von der Kernphysik gegeben werden.

Kosmische Dialoge unter Tauben

Wenn der Mensch unseres Planeten, unserer sichtbaren Welt sich durch Introspektion in die Raum-Zeit projizieren kann, dann darf man annehmen, daß auch der umgekehrte Vorgang möglich ist. So dürften intelligente Wesen von anderen Welten oder anderen Planeten in Form von uns unbekannten elektrischen Wellen oder Energiezuständen mitten unter uns weilen, wobei diese Art von Elektrizität theoretisch wiederum durch geeignete Umformer in Materie verwandelt werden könnte.
Unsere Radioteleskope, Radaranlagen und Abhörgeräte für Zeichen und Signale aus dem Kosmos empfangen eine Unmenge von Nachrichten, die wir *Quasare* oder kosmische Störungen nennen, vielleicht nur deshalb, weil wir sie noch nicht umzuwandeln imstande sind.
Seit im April 1965 die Sendungen von CTA-102 aufgefangen wurden, neigen Astronomen und Physiker immer mehr zu der Ansicht, daß Gespräche unter Tauben im Weltall gleichsam steckengeblieben sein müssen. Unsere wachen Sinne und unsere Neugier lassen uns jedoch annehmen, daß auch dieses Hindernis eines nicht mehr fernen Tages beseitigt werden wird, und zwar aus dem logischen Grund, daß unsere kosmische Isolierung nicht auf unbestimmte Zeit weiterbestehen kann.
Vor einigen Jahren wurde von den Amerikanern eine in keinem Programm vorgesehene Fernsehsendung aufgefangen. Man stellte Nachforschungen an, woher diese ungewöhnlichen Bilder kamen, und fand, daß sie von keinem der in Betrieb befindlichen Sender, sondern vier Jahre zuvor von einer seitdem verschwundenen Sendestation ausgestrahlt worden waren.
Eine andere, weniger vernunftswidrige Erklärung lautete, daß ein Bündel Hertzscher Wellen sich in den Weiten des Kosmos verirrt haben und unzählige Male an planetarischen Auffangschirmen reflektiert worden sein mußte, schließlich vielleicht in einem Schwingungsknoten oder Magnetfeld steckenblieb und dann wie

durch ein Wunder in die Atmosphäre über dem amerikanischen Kontinent wieder eintrat, während die Erde in dieser Zeit einige hundert Millionen Kilometer ihrer auf den Apex gerichteten Bahn zurückgelegt hatte.
Diese Erklärung fand in wissenschaftlichen Kreisen nicht viel Anklang. Man kann eine weitere kühne Hypothese aufstellen, wenn man annimmt, daß die Sendung von irgendwelchen *space people,* die zwei Lichtjahre von der Erde entfernt wohnen, aufgefangen und dann wieder in Richtung Erde zurückbefördert wurde.

Eine Schleuse zur Anderen Welt?

Am 12. Dezember 1959 veröffentlichte eine amerikanische Agentur die folgende Meldung, die trotz ihres merkwürdigen Inhalts kaum Aufsehen erregte:
Das amerikanische Argus-Experiment hat u. a. zu dem Ergebnis geführt, daß sich über Afrika in 20 000 km Höhe ein Loch befindet, in dem das Magnetfeld und das elektrische Feld der Erde nicht existieren.
Die durch die drei französischen Atombombenversuche bei Reggane erzeugten elektrischen Teilchen (sic) *haben dieses Loch übersprungen, ohne hindurchzudringen ...* (Diese Beobachtung, die durch die »schwarzen Löcher« im Weltenraum bestätigt wird, wo die sterbenden Sterne unter ihrem eigenen Gewicht in sich zusammenstürzen, steht in Beziehung zu gewissen Theorien Einsteins.)
Kurz, dieses Loch erscheint als die Abflußöffnung unserer irdischen Welt, als jene phantastische »Schleuse«, von der der Schriftsteller Marc Heimer in seinem Buch *Surhommes et Surmondes* (Übermenschen und Überwelten) spricht und durch die der Mensch von seiner vom Untergang bedrohten Erde zur Welt der Antimaterie entfliehen könnte.
Diese »Schleuse«, die zweifellos mit jenem Gebiet in Kenia übereinstimmt, wo die Magnetnadeln der Kompasse in Unordnung geraten, dürfte vielleicht auch die Serie rätselhafter Unfälle erklären, denen Flugzeuge beim Überfliegen afrikanischen Gebiets zum Opfer fielen.

Durch eine solche »Schleuse« ohne magnetisches und elektrisches Feld könnten die Medien sich aus unserer Welt entfernen, würden die Energieübertragung von einer Welt zur anderen und das Phänomen der Materialisationen durch feste Materie hindurch ihre Erklärung finden: das Brot des Klosterbruders Amon, die Dämonen der Zauberer, die Steine der Poltergeister usw.
So findet das rätselhafte Unbekannte der Hexenmeister, Hellseher und anderer Okkultisten nicht nur seine Bestätigung, sondern in immer stärkerem Maße auch seine weitgehend rationale Deutung.

XXI. DIE GELBE GEHEIMZENTRALE

Unser Kulturkreis begann vor Tausenden von Jahren mit der Ankunft außerirdischer Menschen auf unserem Planeten, und schon scheinen sich am Horizont der Zukunft Vorboten eines abermaligen Eingriffs extraterrestrischer Mächte abzuzeichnen.
Sind wir der Spielball von Trugbildern, das Opfer einer weltweiten Psychose, ausgelöst durch das immer näher rückende Jahr 2 000?

Für und wider die intergalaktischen Raumfahrzeuge

Der katholische Schriftsteller Henri Daniel-Rops neigt zu einer phantastischen Erklärung, wenn er in der Zeitschrift *Ouest-France* vom 13. September 1963 schreibt:
Wir Menschen des 20. Jahrhunderts sind angesichts der fliegenden Untertassen vielleicht in der psychologischen Situation der südamerikanischen Indianer, die zum ersten Mal Gewehre sahen, in der Situation der ersten Schwarzen Afrikas, die Flugzeuge erblickten.
Diese primitiven Menschen glaubten an magische Phänomene, an Halluzinationen, an Träume. Aber ist schließlich eine Form bewußten und intelligenten Lebens, die auf einem anderen Himmelskörper als dem unsrigen existiert, einem Himmelskörper, dessen Lebewesen unserer menschlichen Wissenschaft um einige Jahrtausende voraus und daher auch in alle Geheimnisse der Atomwissenschaft und der Kybernetik seit langem eingedrungen sind, eine so unvorstellbare, unzulässige Sache?
Für den Schriftsteller M. Ollivier sind die unidentifizierbaren Flugobjekte keine intergalaktischen Raumfahrzeuge:
Warum sollten solche Kreiselbewegungen nicht aus unserem räumlichen, substantiellen und durch Wellen beliebigen Ursprungs, insbesondere durch unsere Wellen beeinflußten Unbekannten kommen?
Diese Hypothese ist sehr verlockend, zumal sie die Möglichkeit, daß es sich um erdfremde Phänomene handelt, nicht bestreitet. Führt man die Hypothese etwas weiter, kann man sich ebensogut

vorstellen, daß die räumlichen Gebilde von einer Parallelerde stammen, die in anderen Dimensionen existiert; aber hieße das nicht die Lehre der Heiligen Schriften und der Überlieferung allzusehr auf die leichte Schulter nehmen?
Im Jahre 1962 registrierten die Radargeräte der NATO-Streitkräfte Bilder, die man sich nicht erklären konnte und die alle Truppen eine Woche lang in Alarmbereitschaft hielten. Natürlich ist bekannt, daß auf den Radarschirmen häufig Geisterbilder erscheinen, weshalb jede gut ausgerüstete Radarstation drei, vier oder fünf unabhängig arbeitende Geräte besitzt. Erst wenn ein Bild von mehreren Radarschirmen gleichzeitig registriert wird, gilt die Anzeige als einwandfrei. Jedenfalls spielten sich damals an unserem Himmel recht merkwürdige Dinge ab.
Zur Zeit nehmen die Luftsicherheitsbehörden aller Völker der Erde die Möglichkeit einer Landung oder eines Angriffs interstellarer Raumfahrzeuge sehr ernst.
Der italienische Major Achille Lauro gab nach einem dreiviertelstündigen Gespräch mit dem amerikanischen General Douglas MacArthur bekannt, daß dieser aus dem Weltenraum kommende Störungen befürchte. General MacArthur habe die Auffassung vertreten, daß alle Völker der Erde auf Grund der rapiden Weiterentwicklung der Naturwissenschaften sich eines Tages zusammenschließen müßten, um zu überleben und gemeinsam jedem Angriff durch mögliche Völker anderer Planeten Widerstand entgegenzusetzen.
Was wissen wir denn schon von diesen anderen Planeten? Nicht viel! Auf dem Grunde des 174 Meter tiefen Meteorkraters im Cañon Diabolo in Arizona, der vor mehreren Jahrtausenden durch den Aufprall eines riesigen Meteoriten entstand, entdeckten amerikanische Forscher zwei auf der Erde in natürlicher Form nicht vorkommende Mineralien von sehr hoher Dichte: das Stishovit und das Coesit.
Die Rätsel des Kosmos halten also für uns noch zahlreiche Überraschungen bereit und rechtfertigen manche Vermutungen.

Leuchtende Objekte

Am 9. Januar 1964 trieben im Golf von Sant' Eufemia Marina auf hoher See in einer Reihe hintereinander seltsame leuchtende Objekte von ovaler Gestalt.
Alarmierte Fischer ruderten mit ihren Booten aufs offene Meer hinaus, um der Erscheinung auf den Grund zu gehen. Als einer der Männer mit seinem Ruder das größte der Objekte berührte, erhielt er einen elektrischen Schlag, der ihn fast getötet hätte.
Ein Patrouillenboot der Polizei versuchte die Flottille zu umfahren, als diese ihre Lichter löschte und plötzlich verschwand. Handelte es sich um Ungeheuer nicht bekannter Herkunft oder um kleine Unterseeboote? Die rätselhafte Erscheinung wurde nie geklärt, aber sie fügt sich ein in Hunderte von ähnlichen, durch amtliche Stellen verifizierten Beobachtungen, die ernsthafte Probleme aufwerfen.
In Brasilien hatte sich die Polizei mit einer Entführungsangelegenheit zu befassen: dem Kidnapping eines gewissen Rivalino do Manfra da Silva am 19. August 1962 und dem Diebstahl von 17 Hühnern, 6 Schweinen und 2 Kühen durch »die Besatzung eines mutmaßlich außerirdischen Raumfahrzeugs«.
Allem Anschein nach hatten die Entführer die Absicht, Musterexemplare der auf der Erde vorkommenden Fauna mitzunehmen.

Kontakt zu anderen Planeten

Zu derartigen Manifestationen äußerten sich amtliche sowjetrussische Stellen im September 1964 auf einer im Vurakan-Observatorium in Eriwan abgehaltenen Tagung über »extraterrestrische Zivilisationen«.
Das aufgestellte Forschungsprogramm sieht u. a. die eingehende Untersuchung der aus dem Kosmos kommenden scheinbar natürlichen Signale (Emissionen von verschiedenen Teilchen oder Wellen) vor.
Außerhalb unseres Sonnensystems ist der nächste Fixstern Proxima Centauri, der von der Erde 4,3 Lichtjahre entfernt ist, d. h., daß ein Austausch von Signalen etwa einen Zeitraum von 8 Jahren und 9 Monaten benötigen würde.

Die Vorstellung, wir Menschen seien die einzigen lebenden Wesen im Weltenraum, ist bei uns mittlerweile zum geistigen Gemeingut geworden, weshalb wir uns mehr denn je bemühen sollten, mit anderen Planeten und Sternen in Kontakt zu kommen. Auf dem Kongreß von Cornwallis wurde beschlossen, den mutmaßlichen Bewohnern des unbekannten Weltenraums telegraphische Nachrichten zu übermitteln. Professor Melwin Calvin sendet zu diesem Zweck mit Hilfe des riesigen Radioteleskops in Green Bank (Westvirginia, USA), das eine Reichweite von tausend Lichtjahren besitzt, in regelmäßigen Abständen Signale ins All.
Falls denkendes Leben anderswo als auf der Erde existiert, schreibt Lucien Barnier, *hat es gewiß auch eine der unseren vergleichbare Zivilisation hervorgebracht. Unsere fernen Brüder werden von denselben Ängsten und Nöten heimgesucht. Vielleicht forschen sie genauso wie wir und bemühen sich, uns zu erreichen, obwohl wir von ihnen bisher noch kein Signal empfangen haben.*
Freilich würde ein solcher Gedankenaustausch, käme er erst einmal zustande, unter Umständen Tausende von Jahren dauern. Aber weiß man denn, welche Überraschungen auf dem Gebiet der interplanetarischen Beziehungen uns von der Wissenschaft noch beschert werden mögen?

Beherrschung der Welt

Soll man an »intergalaktische Raumfahrzeuge« glauben? Das spielt eigentlich ohnehin keine Rolle, denn ob man daran glaubt oder nicht glaubt, es würde nichts an der in der *Genesis* und im *Buch Henoch* berichteten Tatsache ändern, daß vor sehr langer Zeit geheimnisvolle Wesen auf die Erde kamen und vielleicht noch heute, ohne daß wir es merken, unter uns weilen.
Es werden in unseren Tagen Vorfälle bekannt, deren Tragweite wir noch nicht absehen können, die uns aber auf Grund ihrer Häufigkeit zu denken geben, wenn nicht gar erschrecken sollten. Im Mittelpunkt dieser Geschehnisse steht China, von dem Marschall Tito sagte, es strebe nach der Weltherrschaft.
Wir werden über diese weitgehend unbekannten Tatsachen berichten, die sich trotz ihrer Phantastik im Rahmen des wunderbaren Abenteuers bewegen, das die Zukunft für uns bereithält.

Es handelt sich nicht um eine banale Geschichte von angeblich interstellaren Raumschiffen, sondern um ein auf die Beherrschung unseres Planeten gerichtetes politisches Unternehmen zum Nutzen eines mächtigen Volkes.

Dokumente von Proxima Centauri

Sehr geehrter Herr,
was ich Ihnen schreibe, ist kein Märchen und noch weniger ein Science-fiction-Roman.
Die Informationen, die Ihnen zu übermitteln ich beauftragt bin, werden sich nach und nach zu einem homogenen Ganzen zusammenfügen, und vielleicht werden Sie erst beim letzten Wort meines letzten Briefes zu der Überzeugung gelangen, daß der gelegentliche Briefschreiber, der ich bin, nie, zu keinem Zeitpunkt, die Absicht hatte, Sie hinters Licht zu führen.
So begann der seltsame Brief, den wir am 16. März 1964 erhielten. Er stammte von M. N. Y., einem Einwohner einer Stadt bei Paris, der uns den Auftrag enthüllte, mit dem er durch Wesen vom Stern Proxima Centauri betraut worden war.
Kurz, die Tatsache, daß wir in unserem letzten Buch *Phantastische Vergangenheit – Die unbekannte Geschichte der Menschen seit hunderttausend Jahren* archäologische Entdeckungen erwähnt hatten, die uns zum Beweis der Existenz höherstehender Vorfahren und alter untergegangener Kulturen dienten, hatte die außerirdischen Wesen veranlaßt, uns über die wahre Entstehungsgeschichte des Menschen aufzuklären.
Was sollte man von dieser Sache halten?
Wir waren zunächst davon überzeugt (wir bitten unseren Gewährsmann um Verzeihung), es mit einem Irren, einem pathologischen Lügner oder einem Spaßvogel zu tun zu haben.
Kurz und gut: Wir glauben nicht sonderlich an fliegende Untertassen in unserem Jahrhundert und haben aus diesem unserem Standpunkt nie ein Hehl gemacht, aber die ganze Angelegenheit schien recht geistreich aufgezogen zu sein, und so entschlossen wir uns, mitzuspielen. Wir würden ja sehen, wie sich die Dinge entwickelten, aber im Innern hatten wir unsere Entscheidung bereits getroffen.

Die Dokumente und Unterlagen, die wir im Laufe der Zeit erhielten und von denen wir nachstehend die wesentlichen Auszüge wiedergeben, überzeugten uns, daß M. N. Y. ein untadliger und ehrenwerter Mann sein mußte, der seinen Auftrag unleugbar von einer Gruppe *außerplanetarischer oder irdischer Wesen* erhalten hatte, unter denen sich hochqualifizierte Wissenschaftler und Gelehrte befanden: Physiker, Chemiker, Biologen, Sprachforscher, Mathematiker, Archäologen usw.
Sind die Wesen dieser Gruppe Menschen von Proxima Centauri? Kamen sie mit intergalaktischen Raumfahrzeugen auf unseren Planeten? Wir müssen ehrlich zugeben, daß wir nichts darüber wissen. Aber das Vorhandensein dieser Synarchie, dieser seit langen Jahren, *wenn nicht seit Jahrhunderten* vorzüglich organisierten Geheimzentrale beweist, daß eine im Verborgenen wirkende, sehr mächtige Politik gegenwärtig für ein großes Volk arbeitet, das möglicherweise die Unterstützung eines über mehr als 700 Millionen Menschen herrschenden Regierungschefs genießt.

Die Bewohner von Baawi sprechen zu uns

Die außerirdischen Wesen, die in ihren für uns unbegreifbaren »fliegenden Untertassen« am Himmel und manchmal auch auf der Erde erscheinen, erklären ihr Eingreifen in unser Leben so:
Wir haben uns, um das Schlimmste zu vermeiden, entschlossen, das Verhalten gewisser »Führer« zu beeinflussen, die sich als Ihre Herren und Gebieter aufspielen.
Unsere Tätigkeit vollzieht sich durch Vermittlung »derer, die uns kennen« und die imstande sind, Ihre Führer zu lenken, ohne daß diese sich dessen bewußt werden.
Die Fähigkeit unserer Oberen zur Zweiteilung ermöglicht ihnen, aus dem Unbeweglichen ihres wissenden Bewußtseins die Elemente positiver Kräfte zu schöpfen, die für sich allein mächtiger sind als alle Ihre Determinismen zusammen.
Andererseits sind die Extraterrestrischen über unsere ungezügelte und gefährliche Anwendung der Kernspaltung beunruhigt.
Mit anderen Worten: Sie wollen uns auf den rechten Weg zurückführen und würden zweifellos nicht zögern, den kosmischen Krieg der Welten auszulösen, d. h. uns zu vernichten, falls unsere Zau-

berlehrlingsexperimente eine Bedrohung auf interplanetarischer Ebene darstellten.
Auf wirksame, aber diskrete Weise wachen sie über uns und schaffen gleichzeitig eine Verbindung zwischen unserer Erde und ihrem Stern, der von seinen Bewohnern – in entsprechender phonetischer Transkription – »Baawi« genannt wird.
Die intergalaktischen Raumfahrzeuge dieser Sternwesen sind eine Art fliegender Untertassen, sogenannte »Vaïdorgs«, die sich mit Überlichtgeschwindigkeit bewegen können, was ihnen ermöglicht, in die Zeit einzutreten, d. h. auch die größten Strecken in wenigen Minuten positiver Zeit oder sogar in negativer Zeit zurückzulegen. Anders ausgedrückt: Diese Kosmonauten sind imstande, bereits am Tage vor dem Abflug ihr Ziel zu erreichen.
Die Vaïdorgs landen im Laufe ihrer Erkundungsflüge nicht sehr häufig; sie verharren unbeweglich (nur die Scheibe dreht sich) etwa zwei Meter vom Erdboden entfernt.
Sie besitzen einen geheimen Stützpunkt auf einer der unzähligen Inseln des Maledivenarchipels im Indischen Ozean südlich von Indien, wahrscheinlich direkt auf dem Äquator.
Die Insassen der Vaïdorgs, die Korrespondenten in den meisten Ländern der Erde haben, setzen Kontaktstellen fest, wo sie sich mit ihren Informanten zu bestimmten Zeiten treffen; auf diese Weise gehen ihnen alle Nachrichten zu, die für die »Wissenden« (Führer) von Baawi wichtig und nützlich sind.
Hunderte von Inselchen und Atollen, die zu den Malediven gehören, sind bis heute noch unerforscht, so daß der Sützpunkt der Vaïdorgs völlig sicher ist.
In Frankreich liegen die Hauptkontaktorte in den Departements Cher, Indre, Creuse und Lozère.

Eine ungewöhnliche Wissenschaft

Die Dokumente, die uns die Kosmonauten von Baawi haben zukommen lassen, sind äußerst detailliert und umfassen:
einen wissenschaftlichen Teil, in dem das Prinzip und der Mechanismus der »Dorgs« erklärt werden;
einen Abriß der »baawianischen« Zivilisation;
eine Grammatik sowie das Alphabet von Baawi;

eine Erläuterung des Maß- und Gewichtssystems, insbesondere der Längenmaße;
eine Darlegung der von den unseren abweichenden Begriffe auf den Gebieten der Physik, der Chemie, der Astronomie usw.
Mit dem Einverständnis von M. N. Y. ließen wir den wissenschaftlichen Teil durch Techniker, insbesondere durch Dr. rer. nat. Robert Frédérick, begutachten. Das Ergebnis dieser Nachprüfung ist eindeutig: Alles ist wissenschaftlich exakt oder zumindest möglich. Nichts läßt sich wegen eines Formfehlers oder eines technischen Schnitzers widerlegen.
Es würde zu weit führen, wollten wir hier auf die näheren Einzelheiten eingehen, aber für die Statistiker wird es vielleicht interessant sein zu erfahren, daß der Zeit auf Baawi eine Einheit zugrunde liegt: das *Tolt* = 1⁴/₁₀ Sekunde. Die öffentlichen Uhren besitzen drei Zeiger und weisen die 18 Serrkaeh auf, die einem Sternentag entsprechen. Die Maßeinheit ist das Sys = 42 Zentimeter (die ägyptische Elle).
Baawianische Gelehrte haben diese Gesetze, Regeln und Maßstäbe aufgestellt. Aber auch die jüngsten wissenschaftlichen Hypothesen sind ihnen durchaus vertraut, so zum Beispiel, daß ein Kubikzentimeter Hyperonenmasse (überschwere Elementarteilchen) 10 Milliarden Tonnen wiegen würde.
Diese Einleitung gestattet uns, nunmehr auf die phantastische Geschichte der Entstehung des Menschen und auf die unsichtbare Geschichte unserer Zeit zu sprechen zu kommen, wie sie ausführlich in den Dokumenten der außerirdischen Wesen aufgezeichnet ist, die wahrscheinlich Tag für Tag auf unserem Planeten landen.

Baawi

Unser Briefschreiber greift noch einmal, wie wir es in diesem Buch getan haben, die Behauptung des ersten Buches Mose auf, nach der einst »Gottessöhne« auf die Erde kamen.
Die wörtliche Übersetzung des Textes lautet: *die Söhne derer, die von oben kommen*. Das heißt: Wesen, die vom Himmel kamen, also von einem anderen Stern oder Planeten.
Es handelte sich um Menschen von hohem Wuchs, die auf intergalaktischen Raumschiffen von der Milchstraße (unserer Galaxis)

oder, um genauer zu sein, vom Fixstern Proxima Centauri bzw. Baawi kamen, der 4,3 Lichtjahre von der Erde entfernt ist.
Menschen von der Erde leben gegenwärtig auf Baawi völlig frei und dem Leben der Ureinwohner angepaßt.
Sieben Grundregeln bilden dort das allgemein gültige Gesetz.

Eine merkwürdige Zivilisation

Seit der großen Meinungsspaltung vor etwa 10 000 Jahren ist auf Baawi die Familie nicht mehr die Grundlage der Gesellschaft. Da das Leben der Bewohner praktisch ewig dauert, war es notwendig, eine strenge Geburtenkontrolle durchzuführen. Das Kind wird als planetarisches Erbe angesehen, das später ausschließlich dazu bestimmt ist, den Fortbestand der Rasse zu gewährleisten. Unmittelbar nach seiner Geburt wird unter die Kopfhaut des Kindes ein winziges Goldplättchen praktiziert, auf dem bestimmte Buchstaben und Ziffern eingraviert sind, die lediglich den Empfangenden bekannt sind; dann wird das Kind in die Obhut eines Säuglings- und Kinderpflegezentrums gegeben, wo es ein mit einer Nummer versehenes provisorisches Armband erhält.
In diesem Zentrum verbringt das Kind fünf Jahre, wobei seine Herkunft unbekannt bleibt; vom 5. bis zum 10. Lebensjahr besucht es ein Erziehungsinstitut.
Mit 10 Jahren nimmt man ihm das Armband fort und schickt das Kind zum Empfängniszentrum zurück, wo es erzeugt wurde und wo ihm die Wissenden (die höheren Meister der unwandelbaren Ordnung) nunmehr das Bewußtsein seiner psychischen Kraft und die Fertigkeit verleihen, durch deren Besitz man die Unsterblichkeit erlangt.
Zu einem geeigneten Zeitpunkt, der von den Wissenden bestimmt wird, liefert der junge Mann bzw. das junge Mädchen seinen Beitrag zum Zeugungsakt, dann werden sie sterilisiert.
Vor dem Verlassen des Empfängniszentrums wählt jeder die Namen, die er gerne tragen möchte, und erhält das amtliche Gegenstück dazu in Form eines Plattenarmbandes, das im Falle einer Identitätsüberprüfung nur einem Kontrollgerät darüber Auskunft zu geben vermag, ob es mit den Zahlen und Buchstaben auf dem Goldplättchen unter der Kopfhaut übereinstimmt.

Aus diesem Armband wissen unsere Gefährtinnen (es spricht ja noch immer ein Bewohner von Baawi!) oftmals prächtige Schmuckstücke herzustellen.
Der auf diese Weise geschaffene Erwachsene besucht Universitäten, die ihm je nach seinen Neigungen eine gründliche Spezialausbildung als Kosmonaut, Sozialfürsorgerin, Verwalter der Staatsgüter usw. vermitteln.
Wenn ein Sohn (oder eine Tochter) der Sonne, wie sich die Bewohner von Baawi nennen, der Meinung ist, lange genug gelebt zu haben, findet er sich im Empfängniszentrum ein, wo er von sich aus und durch Verdoppelung seines Astralleibes sein geistiges »Ego« freisetzt.
Sein Körper gehört den Wissenden; was sie allerdings damit machen, bleibt den einfachen Unsterblichen auf Baawi unbekannt.

Die geheimnisvollen Yetis

Neben den geistig hochstehenden Bewohnern existieren auf Baawi drei Meter große Riesen: die Yetis, die zwar sehr sanftmütig sind, deren geistige Entwicklung jedoch der eines normalen fünf- bis achtjährigen Kindes entspricht.
Sie arbeiten auf den staatlichen Bauernhöfen und werden von allen mit großer Zuvorkommenheit behandelt.
Diese Yetis, die nach ihrer Art leben und sich vermehren, sind den allgemeinen Gesetzen auf Baawi nicht unterworfen; sie unterhalten keine sexuellen Beziehungen zu den anderen Bewohnern, und wenn sie solche Beziehungen unterhielten, würde die Verbindung unfruchtbar sein, was die Baawianer vermuten läßt, daß die beiden Rassen nicht denselben Ursprung haben.
Die Yetis gelten als die den meisten Menschen des Universums gemeinsamen Vorfahren; einige von ihnen dürften ein scheues und ungeselliges Leben auf allen bewohnten Planeten führen. Auf der Erde hat man sie im Himalaja und in der Kordillere der Anden gesichtet, wo sie vor jedem Kontakt mit anderen Menschen ängstlich die Flucht ergriffen.

Der Luftstützpunkt von Ba'albek

Die intergalaktischen Raumfahrzeuge von Baawi besitzen eine Einrichtung zur Überwindung der Schwerkraft, die mit den von uns auf der Erde verwendeten Systemen nichts gemein hat.
Die alten Baawianer bedienten sich zunächst des Photonen-, dann des Ionenantriebs außerhalb der Gravitationsfelder ihres Sterns, um ihren »Untertassen« eine progressive Beschleunigung zu erteilen, die 280 000 irdische Kilometer pro Sekunde erreichen konnte. Alle Startgeschwindigkeiten wurden durch Antigravitation erzielt.
Der erste Luftstützpunkt, den die Baawianer im Laufe ihrer Erkundigungsflüge auf der Erde anlegten, wurde vor 15 000 Jahren im heutigen Antilibanon bei Ba'albek gebaut.
Die Raumschiffe starteten in der Rotationsrichtung des Planeten, so daß jedes Raumfahrzeug bereits von der ersten Rückstoßphase an seine Antigravitation über der syrischen Wüste ausübte.
Von ihrer massiven Startrampe findet man noch heute die riesigen Steinplatten, die zum Bau der Landebahn dienten.
Der größte zugehauene Stein der Welt, der »Hadschar el Guble«, wurde von den Baawianern als Beweis dafür zurückgelassen, daß sie auf die Erde kamen und das Geheimnis der Levitation kannten. (Diese Hypothese verdanken wir dem sowjetischen Publizisten Agrest.) Die Ausflüge der baawianischen Kosmonauten in den Raum führten sie auf alle bewohnbaren Planeten unseres Sonnensystems, insbesondere auf den Mars.

Mars – aus nächster Nähe betrachtet

Offengestanden, schreibt M.N.Y., hatten die Söhne der Sonne, ehe sie zu uns kamen und ehe noch die Charta von Baawi in Kraft trat, schon zahlreiche Streifzüge auf dem Planeten Mars unternommen, dessen Masse etwa nur ein Siebentel der Erdmasse beträgt und dessen Schwerkraft um zwei Drittel geringer ist als die der Erde. Die letztere physikalische Eigentümlichkeit begünstigte die Landung der intergalaktischen Raumfahrzeuge.
Mars ist ein an rötlichen Oxyden reiches, riesiges Sandsteinplateau, das von einem Netz tief eingeschnittener Täler durchzogen ist, die sich hauptsächlich in Richtung der Pole erstrecken

und deren Breite zwischen 20 Metern und über 10 Kilometern liegt. Auf dem Grunde der Täler wachsen einige zwei bis drei Meter hohe Sträucher, die sich längs eines winzigen Flußlaufs zusammendrängen, der aber unsichtbar ist, weil seine Ufer mehrere Meter hoch mit einem schwarzen flechtenähnlichen Kraut bedeckt sind.

Diese Moosart war gewissermaßen der Schutzengel der Marsbewohner, denn sie hat die Eigenschaft, während der sonnendurchglühten Tagesstunden Infrarotstrahlen zu speichern, die sie im Laufe der Nacht wieder abgibt.

Während also auf dem Sandsteinplateau des Mars in den Taleinschnitten eine grimmige Kälte von −50° bis −80° herrscht, beträgt die Temperatur fünf Meter über dem Boden nur noch −20°, und in der Nähe der Flechten liegt sie bei etwa +8°.

Der Luftsauerstoff wird zum großen Teil durch den Boden des Planeten unter einem atmosphärischen Druck gebunden, der zehnmal geringer ist als auf der Erde. Am Tage besteht zwischen der Luft und dem Boden ein Unterschied von 20 Grad, so daß man barfuß in der Sonne spazierengehen könnte und einem zur selben Zeit Ohren und Nase erfrieren würden. So erklärt sich, daß nur die Sohle einiger dieser »Cañons« einen Sauerstoffgehalt besitzt, der gerade zur Aufrechterhaltung einer »Monade« kleiner Wesen mit robuster Vitalität ausreicht.

Die Säugetiere des Mars sind Nager mit weißem, sehr dichtem Pelz, die mit großen Hasen vergleichbar sind. Sie ernähren sich von Wurzeln, Larven und von den Eiern großer Eidechsen, die auf den niedrigen Felsen längs der Talwände leben.

In bestimmten tieferen Geländemulden bildet das Wasser Sümpfe, in denen sich Krebstiere tummeln.

Die Kosmonauten von Baawi unterhielten freundschaftliche Beziehungen zu den Marsbewohnern.

Übrigens bewegten sich ihre intergalaktischen Raumschiffe damals erst mit Lichtgeschwindigkeit, und die Reise von Baawi zum Mars dauerte mehr als sechs Erdenjahre. Man kann sich also leicht vorstellen, daß die Kosmonauten in kurzer Zeit sexuelle Beziehungen zu den kleinen Marsfrauen anknüpften, die mit ihrer gelben Hautfarbe zu der »mongolischen Monade« gehören.

Und außerdem: Welch günstige Gelegenheit bot sich hier für die Kosmonauten, den strengen Bestimmungen auf Baawi zu entgehen

und auf einem fremden Himmelskörper ein Geschlecht von Mischlingen mit den Eigenschaften der riesenhaften Sonnensöhne und den so anders gearteten Merkmalen ihrer zierlichen Frauen zu begründen!
Vor rund 12 000 Jahren, als die Lebensbedingungen auf dem Mars immer schlechter wurden, sah man sich vor die dringende Aufgabe gestellt, die Bewohner des Planeten zu evakuieren. Bei der Suche nach einer neuen Heimat fiel die Wahl ganz zwanglos auf den Planeten Erde.

Landung in Tibet

Die Auswanderungsaktion riesigen Ausmaßes machte einen reibungslosen, sich über dreißig Jahre erstreckenden Flugverkehr zwischen dem roten Planeten Mars und dem blauen Planeten Erde erforderlich. Auf den Hochplateaus von Tibet, die denen in ihrer alten Heimat so ähnlich waren, suchten sich die Marsmongolen zu akklimatisieren und zeugten auch bald mit den Erdbewohnerinnen Kinder. Dort also findet sich der außerirdische Ursprung aller Völker mit gelber Hautfarbe, dort lebten die unmittelbaren Vorfahren der Chinesen, der Japaner, der Moï, der Koreaner und auch der amerikanischen Maya.

Aufstand der Kosmonauten

Die mit den kleinen Marsbewohnerinnen und den noch hübscheren Erdentöchtern gemachten Gefühls- und Liebeserfahrungen hatten das psychologische Verhalten der Kosmonauten, der Sonnensöhne, merklich verändert.
Die auf Baawi gültige Gesellschaftskonzeption (insbesondere der Fortfall persönlicher leidenschaftlicher Liebe zugunsten eines staatlich geplanten Begattungsaktes) kam ihnen schließlich gefühllos und widernatürlich vor.
Mit solchen Empfindungen kehrten die Kosmonauten nach Baawi zurück. Hier fanden sie schnell eine Menge gleichgesinnter Anhänger und traten zusammen mit diesen in einen offenen Aufstand gegen die »unwandelbare Ordnung« der Wissenden.

Auf Grund einer stillschweigenden Vereinbarung zwischen den gegnerischen Parteien wurde beschlossen, daß die Rebellen und die, die sich zu deren Ideologie bekannt hatten — sämtlich Männer –, Baawi für immer verlassen sollten.
Die Expatriierung fand vor 10 000 Jahren statt und erfolgte schubweise über einen Zeitraum von zehn Jahren, denn die Zahl der Emigranten, darunter Kosmonauten, Universitätsprofessoren und anerkannte Wissenschaftler, betrug 827 600.
Die extraterrestrischen Menschen bildeten das Geschlecht, aus dem die höherstehenden Vorfahren der irdischen Menschen entstanden.

So also verlief unsere unbekannte Genesis, die uns die heutigen Kosmonauten enthüllten, alles Sonnensöhne, die den unmenschlichen Gesetzen auf Baawi treu geblieben waren.
Zwar sind wir jetzt in die Lebensweise und in die außerirdischen und irdischen Abenteuer unserer geheimnisvollen Briefschreiber eingeweiht, aber vielleicht empfiehlt es sich, noch einiges über ihre Antigravitationseinrichtungen und Flugkörper mitzuteilen, die unsere zukünftigen Schöpfungen auf flugtechnischem Gebiet zweifellos bereits vorwegnehmen.

Das Rätsel der Antigravitation

Die Materie ist eine Verdichtung von Bewegung, d. h. eine Energie, die Wellen erzeugt, von denen jede ihre eigene Frequenz hat. Ein Massekörper ist also nichts anderes als ein Schwingungszentrum mit gegebenen Eigenschaften.
Die Schwerkraft ist ein Druck, der aus einer Reaktion des durch die Anwesenheit der Erde deformierten umgebenden Raumes resultiert. Im Innern des Raumes herrscht ein Gravitationsfeld, in dem jeder Körper das Bestreben hat, sich möglichst eng gegen den Boden zu legen, und zwar auf Grund eines Gesetzes, das für gravitationelle, elektrische oder magnetische Kräfte gleichermaßen gilt.
Um einen Massekörper etwas über dem Erdboden in Levitation zu halten, muß man die diesem Körper eigentümliche Schwingungsfrequenz derart verändern, daß sie der des Gravitationsfeldes entgegengesetzt ist. Zu diesem Zweck muß man die Schwin-

gungsfrequenz des betreffenden Körpers auf eine extrem hohe Spannung bringen (45 Millionen Volt für jede Steinplatte in Ba'albek).

Die Vaïdorgs

Die Vaïdorgs beruhen nicht auf dem veralteten Prinzip amerikanischer Raketen und sowjetischer Sputniks, die mit zunehmender Beschleunigung gegen die immer stärker werdenden entgegenwirkenden Kräfte einen aussichtslosen Kampf führen, und zwar bis zu einem Grenzwert, der zwangsläufig früher oder später erreicht sein wird.

Die Vaïdorgs von Baawi sind auf Antigravitation beruhende Flugkörper, die eben diese entgegenwirkenden Kräfte ausnützen. Sie besitzen einen Neutrino-Rumpf mit negativem Gewicht, und das gesamte Raumfahrzeug tritt in Resonanz mit den Gravitationswellen, die sich mit Überlichtgeschwindigkeit fortpflanzen und alles durchdringen. Diese Resonanz erzeugt eine Energie, die den Massewirkungen entgegengesetzt ist, falls sich das Raumfahrzeug bereits mitten in negativer Schwere und einer selbständigen Gravitationskraft befindet ...

Nach etwa zwanzig Seiten, auf denen das gesamte wissenschaftliche Verfahren einer Reise in die Zeit und in den Raum erläutert wird, gelangt unser Informant in seiner Schilderung schließlich zu dem entscheidenden Augenblick, wo die Vaïdorg, wenn sie sich dem Grenzbereich der Gravitationsgeschwindigkeit nähert, buchstäblich in die Antizeit bzw. Antiwelt kippt, ohne sich dabei in Atome aufzulösen. Diesbezüglich, so führt unser Briefschreiber weiter aus, darf man nicht das »Universum negativer Zeit« (die sogenannte Antizeit) mit den negativen Teilchen des expandierenden Weltalls (unseres Weltalls) verwechseln, die Antiwelten darstellen.

Eine Antiwelt ist lediglich eine andere Galaxis, wo Materie für unsere Galaxis Antimaterie ist.

Das Universum negativer Zeit verläuft also in einer dem unsrigen entgegengesetzten Richtung: Es handelt sich um das kontrahierende Weltall.

Wie man sieht, wendet sich der wissenschaftliche Teil der Ausführungen ausschließlich an Techniker mit entsprechender Vorbildung; daher ist es besser, wenn wir uns auf die Wiedergabe zweier charakteristischer Zeichnungen von Einrichtungen und Konstruktionen intergalaktischer Raumfahrzeuge beschränken, wie sie auf Baawi in Betrieb sind, nicht ohne auf die tibetanische Herkunft des Namens Vaïdorg hinzuweisen. (M.N.Y. verwendet aber auch das Wort »Torus«, das sich auf die von dem Ingenieur und Astronomen Emile Drouet erdachte Maschine zum Reisen in die Zeit bezieht.)

Eine Antimaterie-Kanone

Sobald die Menschen sich im Raum mit Hilfe von Photonenraketen fortbewegen werden, müssen sie ihre Raumschiffe zwangsläufig mit Antimaterie-Kanonen ausrüsten.
Der Zusammenstoß eines dieser Raumfahrzeuge mit einem winzigen Meteoriten würde eine Explosion bewirken, die der von etwa 30 Megatonnen Trinitrotoluol (TNT) gleichkäme; außerdem könnten nukleare Kettenreaktionen ausgelöst werden.
Man muß also um das Raumfahrzeug ein Magnetfeld erzeugen, das imstande ist, alle Meteoriten und noch so kleinen Staubteilchen, die für die Weltraumschiffahrt Gefahrenmomente darstellen, abzulenken und damit unschädlich zu machen.
In einem besonderen Raum der Vaïdorg wird vor dem Start unter hohem Druck ein Spezialstaub eingelagert, der durch feinste Verteilerkanäle mit veränderlichem Durchlaßquerschnitt in einen Abschnitt des Torus geleitet wird, der »Antimaterie-Ausstoßraum« heißt.
Die dem Torus erteilte Rotation von 91 mag-kua/Tol (die in Baawi-Schreibweise ausgedrückte Photonengeschwindigkeit) stellt in der Tat eine Art Cosmotron dar, das Strahlen beschleunigter Teilchen aussendet, die auf große Entfernung vor und neben der Vaïdorg alle Korpuskularstrahlenfelder sowie im Raum umherschweifende Körper vernichten.
Die Antimaterie-Bordkanone sendet einen echten »Todesstrahl« aus; zwei Vaïdorgs, die im stellaren Raum in geringem Abstand voneinander kreuzen, würden sich gegenseitig zerstrahlen.

Wir wissen jetzt also das Wesentliche über die rätselhaften intergalaktischen Raumfahrzeuge und über die im verborgenen wirkenden Herren unseres Planeten.
Es fragt sich nur noch, ob dieser Bericht die größte Enthüllung unseres Jahrhunderts darstellt oder einen bemerkenswert gut aufgemachten Ulk.
Halten wir zunächst fest, daß uns, wie bei allen Berichten über fliegende Untertassen, kein stichhaltiger Beweis für die Authentizität des geschilderten Sachverhalts geliefert wurde.
Kein intergalaktisches Raumfahrzeug wird ausgestellt oder vorgeführt, kein »Sonnensohn« nimmt Kontakt zu Persönlichkeiten des politischen oder wissenschaftlichen Lebens auf, was schon aus Gründen der Höflichkeit und des Anstandes zu fordern wäre, insbesondere England gegenüber, dem der Maledivenarchipel gehört; keine exakte Verlautbarung, welche die hohe Wissenschaft der »Wissenden«, der Besitzer des Unsterblichkeitsgeheimnisses, bestätigen könnte, z. B. in Form von Heilmitteln gegen Krebs und Hautflechten oder auch nur gegen den simplen und hartnäckigen Schnupfen.
Für Leute, die nach ihrem eigenen Eingeständnis in unseren Planetenhimmel eindringen und ohne weiteres auf unseren Luzernenfeldern und Viehweiden landen, in der Tat ein recht eigenartiges Benehmen!
Nach den Unterlagen, die uns erreichten, bleiben die Extraterrestrischen von Baawi im Schatten und gewähren den Erdbewohnern keinerlei Hilfe, weil sie nicht wollen, daß »die kosmischen Verbannten samt ihren irdischen Frauen und ihren Mischlingskindern« in die Lage versetzt werden, in ihre alte Heimat, also nach Baawi, zurückzukehren. Dieses Rassenbewußtsein erscheint durch eine Schlußfolgerung von M. N. Y. gerechtfertigt: Würden wir es uns gefallen lassen, daß außerirdische Menschen ihren Geburtenüberschuß auf unseren Planeten »abschieben«?
In einigen Jahrtausenden, wenn die Chinesen das auf Baawi herrschende Gesellschaftssystem auch auf der Erde eingeführt haben, könnte es durchaus sein, daß die Rückkehr der Verbannten auf den Stern ihrer Väter genehmigt wird.

Diese ganze Angelegenheit wäre uns verhältnismäßig banal erschienen, wenn abgesehen von der erstaunlich folgerichtigen und zusammenhängenden Darstellung der technisch-wissenschaftlichen Details sich in dem Bericht von M. N. Y. nicht auch beunruhigende Einzelheiten mit politischer Resonanz gefunden hätten.
Unleugbar ist die Zivilisation auf Baawi dem Gesellschaftssystem aller Kulturvölker genau entgegengesetzt, mit Ausnahme eines einzigen Volkes: der Chinesen.
Andererseits zielt die Entstehungsgeschichte der Sonnensöhne, die in geschickter Weise bestimmte Fakten aus der Bibel, den Apokryphen und der Wissenschaft verwendet, darauf ab, die Überlieferungen des Abendlandes zu verdrängen.
In diesem Sinne ist die Welt nicht mehr in den USA, in Hyperborea oder in Sumer, sondern auf einem anderen Stern entstanden; unsere Vorfahren waren vielleicht die Menschen von Neandertal oder Cro-Magnon, aber die höherstehenden Vorfahren stammten nicht von der Venus, wie wir es angedeutet hatten, sondern von Proxima Centauri, und ihre unmittelbaren Nachkommen (das wirkliche Auserwählte Volk?) dürften die Chinesen sein!
Bei unserer These hatten wir uns für Hyperborea, d. h. Atlantis, als Wiege der abendländischen Menschheit entschieden, wir hatten aber auch die Landung von Kosmonauten im Lande Mu vermutet. Diese Kosmonauten – und hier kommen wir wieder auf die Version von M. N. Y. zurück – gehörten vielleicht zu einem anderen Volk als die Hyperboreer, was ihren Widerstand und schließlich den Atomkrieg erklären würde, von dem in den heiligen Schriften der Inder die Rede ist.
Diese doppelte Hypothese würde bedeuten, daß die heutige zivilisierte Menschheit von zwei höherstehenden Rassen, der weißen und der gelben, abstammt; alle Kulturen hätten einen zweifachen Ausgangspunkt: Hyperborea und die Mongolei, und es gäbe zwei Auserwählte Völker: die Juden und die Chinesen.
Oder auch noch ein drittes: die Japaner, denn es fällt auf, daß, obwohl die Hebräer zwei Jahrtausende lang verfolgt wurden und noch unlängst in den Feueröfen der Vernichtungslager den Tod fanden, auch die Japaner durch das Feuer – die Auslöschung ihrer Städte Hiroshima und Nagasaki – gezeichnet wurden.

Die Juden bilden augenscheinlich den kultiviertesten, den intelligentesten Kern der weißen Rasse, während die Japaner offenbar die Elite der gelben Rasse darstellen, wobei der Ursprung beider Völker von einem undurchdringlichen Geheimnis umgeben ist ...

Derartige Überlegungen veranlaßten uns, den Dokumenten und Unterlagen von M. N. Y. ein besonderes Interesse entgegenzubringen, und zwar nicht als Dokumente, die uns durch M. N. Y., sondern sicher vielmehr durch ein geheimes Gremium der Chinesen zugänglich gemacht worden waren, die jahre-, ja jahrhundertelang ihren Aufstieg zur politischen Vormachtstellung, ihre Mythologie und die Primhistorie von morgen vorbereiten konnten und vorbereitet haben.
Es drängt sich nämlich eine Feststellung auf: Die unmittelbaren Nutznießer dieses Anschlags sind die Chinesen, die der Überlieferung nach »Himmelssöhne« genannt werden, ohne daß man den Grund dafür kennt, und die in dem Bericht von M. N. Y. als die Nachkommen der eingewanderten Baawianer bezeichnet werden.
Wir sind andererseits davon überzeugt, daß es sich um eine tatsächliche Verschwörung handelt, weil sich in bestimmten, durch die Philosophie und das Denken der Asiaten beeinflußten Kreisen eine verfängliche Propaganda entwickelt, deren Ziel es ist, die Psychose von der Überlegenheit der gelben Rasse auf die Völker des Westens zu übertragen. So wirbt z. B. auf religiösem Gebiet die japanische Sekte der Sokka-Gakkaï in allen europäischen Hauptstädten fanatische Mitglieder an.

Die Monstermathematiker

Sicher tischen uns die Sonnensöhne, die nahen Verwandten der Himmelssöhne, eine ganz hübsche Geschichte auf, die wir mit Fug und Recht nicht ernst zu nehmen brauchen; aber hier stoßen wir eben auf einen Punkt von großer Bedeutung: Die gesellschaftliche Organisation der Baawianer, die jede Gefühlsregung leugnet und im Keim erstickt, die jedes emotionale und psychische Moment zugunsten des reinen *mathematischen Kalküls* ausschaltet, ist mit der unnatürlichen Gesellschaftsstruktur identisch, die die Machthaber und Funktionäre in China und Japan der Bevölkerung aufzwingen, um eine Menschheit aus höheren Tieren zu schaffen. (Es bleibt also bei der biblischen Botschaft der höherstehenden Vorfahren: Der Mensch verliert das Paradies [das Glück] dadurch, daß er die Frucht vom Baum der Erkenntnis stiehlt.)

In Japan ist die Geburtenbeschränkung bereits eine vollendete Tatsache, und in China herrschen Heldenkult und Selbstverleugnung neben der abgöttischen Verehrung des Dritten Gottes, dessen Name *Mathematik* lautet.

Dreimal schneller als Frankreich, mit viel begrenzteren technischen Mitteln, aber unter Einsatz eines größeren geistigen Potentials hat China seine erste Atombombe innerhalb von nur fünf Jahren hergestellt.

Die Chinesen sind sich ihrer rassischen Überlegenheit über alle weißen Völker bewußt und geben diesem Überlegenheitskomplex oft auf recht spitzfindige Weise Ausdruck.

Die jungen chinesischen Studentinnen und Studenten, die zu einem Studienaufenthalt nach Frankreich gekommen sind, verblüffen Beobachter immer wieder durch ihren Arbeitseifer und ihre unerschütterliche Überzeugung. Als man einige von ihnen nach ihrer Meinung über die Schönheit und Eleganz der französischen Frauen befragte, antworteten sie mit abweisender Miene, sie seien nicht in den Westen gekommen, um sich mit solchen Dingen zu befassen, sondern um ihre Kenntnisse zu erweitern und zu vertiefen.

Der chinesischen kommunistischen Partei ist es gelungen, die Persönlichkeit von Millionen junger Menschen in einen starren Block zu pressen.

Liebe ist ein schimpfliches Gefühl, das höchstens noch veraltete Bourgeois empfinden, zu denen auch die Russen zählen. Ein Chinese schätzt und achtet seinen Vater, seine Mutter, seine Frau, sofern sie gute Kommunisten und vollwertige Mitglieder der Gesellschaft sind, aber er entwürdigt nicht seine Intelligenz, indem er sich einer Liebe oder Freundschaft hingibt, die für ihn lediglich ein Wiederaufleben des Instinkts und der Infantilität des prähistorischen Menschen darstellen.

Der Mensch, der seinen Nächsten liebt, gilt als Feigling, als Schlappschwanz, der das Beste seiner menschlichen Eigenschaften einer Gefühlsduselei, einer längst überholten Empfindsamkeit opfert, die nicht einmal bei Tieren vorkommt. Alles in der Natur gründet sich auf Vernunft, nicht auf Liebe, Zärtlichkeit, Hingabe.

Gibt es Zärtlichkeit, Mutterliebe in einem Rudel ausgewachsener Wölfe, in Rinder- und Schafherden, in Termitenhügeln und bei der Ameisenbrut?
Gibt es Zärtlichkeit, Liebe in der Evolution des Weltalls, in der Himmelsmechanik, in der Folge der Jahreszeiten? Durchaus nicht!

Alles muß demnach durch die Lebensnotwendigkeit und die Imperative der Evolution gelenkt werden, welches auch immer der Preis sein mag, den der einzelne dafür zu bezahlen hat. In diesem Geiste sind Millionen, Hunderte von Millionen Chinesen bereit, ihr Leben zu opfern, um ihren Aufstieg zur absoluten Weltmacht zu beschleunigen, um Raum für ihre Nachkommen zu schaffen, genau wie es bei einem in Brand gesteckten Ameisenhaufen der Fall ist, wo jedes Individuum seine persönliche Lage »vergißt« und sich als erstes um die Rettung der Brut bemüht.
In Saigon ist der Straßenasphalt vom Blut und der Asche junger Mädchen gefärbt, die sich selber bei lebendigem Leibe verbrennen, vom Blut und der Asche der Mönche, die sich mit unbeweglicher Miene von anderen Mönchen in lodernde Fackeln verwandeln lassen; an den Häuserwänden findet man immer wieder die gleichen Parolen – *U. S. go home* –, geschrieben mit dem Blut Halbwüchsiger, die sich die Pulsadern aufgeschnitten haben ...
Von einem Blutrausch, einem unaufhaltsamen Todesmut, von einer fanatischen Bereitschaft ohnegleichen zur Selbstaufopferung sind eine Milliarde Lebewesen vom Altaigebirge bis zum Japanischen Meer durchdrungen, eine Milliarde Irregeleiteter, die den großen reinigenden Aderlaß erflehen und nur auf das Signal warten, die Welt in Brand zu stecken.
China ist bereit, zwei Millionen Tonnen Blut zu vergießen, mit dem es seine Weltherrschaft erkaufen zu müssen glaubt.
Seit zweitausend Jahren beherrschten die Weißen den Erdball, der der Reihe nach den Griechen, den Engländern, den Römern, den Spaniern, den Franzosen und zur Zeit den Amerikanern und Russen gehört. Der Kreis schließt sich, und es wird ein neues Zeitalter im Zeichen der mathematischen Vernunft anbrechen.
Mittels mathematischer Operationen werden die Menschen an ihrer Vervollkommnung arbeiten; der Priester und der Politiker werden durch den Wissenschaftler substituiert, und das Gehirn wird auch die letzte Spur jenes bourgeoisen Gefühls eliminieren,

das bisweilen 2 + 2 = 5 sein läßt, das Trinkerkinder und Tbc-Kinder zur Welt kommen läßt, das dem Krüppel und dem nutzlos gewordenen Greis nicht das Recht zu leben streitig macht.

Der letzte Gang in die große weiße Wüste

Wenn bei den Eskimos im hohen Norden der Großvater zu einer Bürde für das Gemeinwesen geworden ist, wenn sein tätiges Leben einer beschaulichen Ruhe gewichen ist, führen ihn seine Angehörigen mit ernsten Mienen und oft genug auch mit einem – freilich nicht zur Schau getragenen – Gefühl des Mitleids auf seinem letzten Spaziergang, fernab vom Iglu, in die große weiße Wüste.

Dort bleibt der Mensch, der der Gemeinschaft nicht mehr nützen kann, freiwillig einige Stunden allein, bis die Kälte ihn für immer einschläfert und in das Leichentuch des ewigen Eises hüllt. (Von 1940 bis 1944 wurden auf Befehl Hitlers durch Veronalinjektionen 250 000 Geisteskranke oder sonstige unheilbar Kranke deutscher Staatsangehörigkeit getötet.)

Die Chinesen sind der Meinung, daß für die Weißen die Zeit gekommen ist, den letzten Gang in die große Wüste des Todes anzutreten.

Die asiatischen Lehren, die nach Frankreich, England und Amerika durchsickern, enthalten im Kern immer wieder dieselbe Grundforderung: *Der Westen muß ausgelöscht werden, der Osten will die Welt beherrschen.*

Und der Osten, das ist das riesige China, das aristokratische und verschlagene Japan, das nichts von dem, was ihm in der Vergangenheit widerfuhr, vergessen hat!

Falls Paris und Orléans, London und Lancaster, New York und Chicago mit Atombomben dem Erdboden gleichgemacht worden wären – ob die Franzosen, die Engländer, die Amerikaner dies jemals verziehen hätten?

Japan ist das Land der Götterverehrung, der Tradition, des Ahnenkults, das Land der Erinnerung schlechthin. Das Land, in dem die Erinnerung an Hiroshima und Nagasaki noch immer lebendig ist!

Muß man nicht befürchten, daß eines Tages – noch in diesem Jahrhundert – zehn, hundert, fünfhundert Selbstmordpiloten oder Kamikazeflieger, sei es mit oder ohne Billigung ihrer Regierung, in TNT-gefüllten Flugzeugen oder an Bord von Langstreckenraketen mit Atomsprengköpfen Kurs auf New York oder eine andere amerikanische Stadt nehmen?
Entweder die Japaner oder die Chinesen ...
Das Ende der Welt könnte für die Bewohner des Abendlandes durchaus mit dem apokalyptischen Verglühen der Wolkenkratzer von Brooklyn und Manhattan beginnen!
Die Stunde ist also gekommen, etwas über unsere Herkunft zu erfahren, ehe wir von der Erdoberfläche verschwinden. Es liegt an uns, etwas über das wahre Antlitz der Welt in unserem Zeitalter des bewußten Lebens in Erfahrung zu bringen und herauszufinden, zu welch rätselvoller Antiwelt wir unsere magische Irrfahrt vielleicht noch fortsetzen könnten.
Die Stunde ist gekommen, alles auszusprechen und natürlich auch, wie es die »hohen Persönlichkeiten des Westens« zur Zeit der Sintflut taten, die Schaffung einer geheimen Stätte vorzubereiten, wo Repräsentanten der weißen Rasse überleben könnten.

Die gelbe Geheimzentrale

Eine Zentrale, die der Wahrung eines wirklichen oder eines erfundenen Geheimnisses dient, existiert irgendwo in Asien; obwohl sie im verborgenen wirkt, steht sie im Ruf einer furchtbaren Macht. Diese Zentrale bereitet die Vergöttlichung des Zeitalters vor, in dem wir seit 1940 leben.
Wir wissen durch M. N. Y., daß die Befehle von dem südlich von Indien gelegenen Atoll Minicoy kommen und daß die Post in Quilon (Kolam) im indischen Staat Travankur aufgegeben wird; die Zentrale hat natürlich ihren Sitz in China.
Die These der Sonnensöhne hat einen Trumpf für sich, den die anderen Überlieferungen nicht aufweisen können: Sie verlagert die irdischen Wahrheiten an die Peripherie des Geschehens und bringt den Ursprung des Menschen zur Überschneidung mit dem wahrscheinlichen mehrfachen Eingriff extraplanetarischer Lebewesen.

Wir sind der Meinung – und die Menschen von morgen werden erst recht dieser Meinung sein –, daß die Wahrheit in der *oben aufgezeigten* Richtung zu suchen ist und nicht in den Überlieferungen unseres klassischen Erbes.
Kurz, der Mythos von Baawi kommt der Wahrheit näher als alle unsere von furchtsamen Exegeten ungenügend durchdachten Mythologien zusammen.
Alles läßt sich auf den gemeinsamen Nenner eines Kampfes um die rassische Überlegenheit bringen. Entweder entwickeln sich die abendländischen Überlieferungen in der durch das neue Zeitalter festgelegten Richtung, die im Zeichen der Eroberung des Kosmos steht, oder die Geheimzentrale in Peking oder Lhasa wird uns ihre Genesis, ihre Bibel aufzwingen.
Weiß die Regierung der Volksrepublik China über die Verschwörung Bescheid? Lenkt sie insgeheim das Komplott?
Seit mehreren Jahren geht das Gerücht um, daß amerikanische und russische Beobachter rätselhafte Bewegungen von »unidentifizierten Flugobjekten« über dem Militärstützpunkt von Sinkiang wahrgenommen haben sollen, der in einem von Truppen streng bewachten Gebiet liegt.

Man muß der Lüge glauben

Was sollen wir Menschen des 20. Jahrhunderts von dieser phantastischen Geschichte halten, die für uns ebenso unglaublich ist, wie es die Landung der »Himmelssöhne« zur Zeit Henochs und Noahs für die damaligen Menschen war?
Nicht ohne Bedenken haben wir den Bericht von M. N. Y. in unsere Geheimgeschichte der Menschheit aufgenommen, auf die Gefahr hin, diese oft genug verschriene Geschichte am Rande der offiziellen Historie in Mißkredit zu bringen, falls sich die chinesische Geheimzentrale als Fiktion erweist wie die fliegenden Untertassen, wie Gespenstererscheinungen, das Ungeheuer von Loch Ness und die gelbe Gefahr.
Zwei Punkte sprachen jedoch für eine solche Aufnahme:
1. Fliegende Untertassen, Gespenstererscheinungen, das Ungeheuer von Loch Ness und die gelbe Gefahr sind, wenn auch nicht Realitäten von heute, so doch Wahrheiten von morgen.

2. Vor x-tausend Jahren kamen die »Himmelssöhne« auf die Erde, um sie zu bevölkern und den Erdbewohnern die Kultur zu bringen. In x Jahren werden die »Himmelssöhne« über das Abendland herfallen, um ihm ihre Kultur, ihre Zivilisation, die Architektur ihrer Städte aufzuzwingen.

Die – gewiß übertriebene – Aussicht auf die Vernichtung unserer Rasse durch die gelbe Rasse soll dem Vernehmen nach den ehemaligen sowjetischen Ministerpräsidenten Nikita Chruschtschow im Jahre 1964 dazu bewogen haben, mit den Westmächten einen Geheimpakt abzuschließen.

Hinter den Kulissen des politischen Geschehens vermutete man, daß der Pakt in absehbarer Zukunft – zweifellos bei der nächsten chinesischen Aggression – die atomare Vernichtung Chinas von Turkestan bis zur Mandschurei, von der Mongolei bis zum Himalaja vorsah.

Chruschtschow wurde kaltgestellt und die gelbe Rasse gerettet. Vielleicht war dies auch das Todesurteil für den Westen, denn die von einigen Optimisten geleugnete gelbe Gefahr kann einfach nicht nur ein Mythos sein; selbst wenn sie wirklich nicht existierte, wurde sie gewiß aus den schöpferischen Gedanken von Milliarden eingeschüchterter Menschen geboren, von modernen Alchimisten, die sich der dämonischen Materialisation nicht bewußt sind.

Die Gesetze, die Philosophie, die Weltanschauung, die im heutigen China entgegen allen Einwänden rigoros praktiziert werden, geben den meisten Menschen der weißen Rasse die felsenfeste Überzeugung, daß die Chinesen eines Tages den Planeten beherrschen werden.

Stützt man sich auf das, was man das Gesetz von der periodischen Wiederkehr nennen könnte, so darf man die Vermutung anstellen, daß der Westen vorzeitig besiegt werden wird, weil seine Elite, seine wissenschaftlich gebildete, aber jeder Intuition ermangelnde Führungsschicht den geheimen Sinn der Historie nicht begriffen hat, weil unwissende und falsch aufgeklärte Menschen sich auf kümmerliche Interpretationen der Offenbarung des Johannes verließen, weil sie es unterhaltsam fanden, mit der scharlachenen Hure der Apokalypse zu kokettieren und Unzucht zu treiben.

Überlegungen dieser Art veranlaßten uns, die phantastische Geschichte von Proxima Centauri und der gelben Geheimzentrale als *theoretisch wahr* anzusehen.

Ob die Geschichte zutrifft oder nicht, ist *heute* belanglos, da sie im voraus *die Wahrheit von morgen* enthält.

Hoffnungsschimmer im Westen

Ist das Unternehmen der Chinesen auf lange Sicht geplant?
Bereiten sie die Verwirklichung eines gigantischen Planes vor, der jahrtausendelang gewissermaßen im Tiefschlaf gehalten wurde?
Nach der Kabbala soll die Welt 6000 Jahre bestehen.
Da die Sintflut vor 3500 Jahren stattfand, müßte der Aufstieg der gelben Rasse bald erfolgen, damit sie sich – unter Berücksichtigung des beschleunigten Ablaufs der Geschichte – über einen Zeitraum von etwa zweitausend Jahren entfalten kann.
Wenn man also für die gefürchtete Übernahme der Weltherrschaft durch die Chinesen das Jahr 2200 ansetzt, wäre es der weißen Rasse vergönnt, noch rund zweihundert Jahre zu leben. (Falls die Chinesen vor dem Jahre 2000 nach Europa vordringen sollten, um den für sie unentbehrlich gewordenen Lebensraum zu erobern, wären sie gezwungen, die Weißen hundertprozentig zu vernichten, da diese sich dem Arbeitsrhythmus und der gesellschaftlichen Askese der gelben Rasse anzupassen nicht imstande sein würden. Eine friedliche Koexistenz wäre unmöglich. Die Aussicht auf einen plötzlich ausbrechenden Konflikt läßt einige Zeitgenossen glauben, daß China noch vor dem Jahre 2000 einen schweren Blutzoll wird entrichten müssen, wodurch sich die Übernahme der Weltherrschaft durch die siegreiche gelbe Rasse etwa auf das Jahr 2200 verschieben würde.)
Ganze zweihundert Jahre würden also der weißen Rasse verbleiben, um die Erde und die fernen Sternnebel mit dem Feuerwerk ihres Geistes zu erhellen und dann für alle Zeiten ausgelöscht zu werden. Zwei Jahrhunderte noch, damit der weiße Mensch die Fackel dem gelben Menschen übergeben kann, damit die Rose sich entblättert und damit die Rose wieder erblüht im anbrechenden Zeitalter des Kondors, wie es von den Völkern im alten Amerika geweissagt wurde.
Unter diesen Auspizien, nachdem die Völker des Westens Jahrtausende der Prüfungen und des Reifens erlebten, muß auf die veraltete Ära der Bevorrechtung und der Ersten und Zweiten

Götter nunmehr eine Ära der Evolution mit dem Ziel einer weltweiten Verbrüderung folgen, die zwar noch in der Ferne liegt und als gewagte Spekulation erscheint, die aber schon jetzt eine Erweiterung aller bestehenden Anschauungen und das Studium der verschiedenen Wahrheiten verlangt.

Wir haben nach einem Schlüssel gesucht, der uns alle Schlösser öffnet, der uns alle Geheimnisse der Genesis, der Kabbala, der Ritterorden und der untergegangenen Kulturen enthüllt.

Wir waren der Meinung, ein Geheimnis großer Tragweite aufdekken zu müssen: Von Anbeginn unserer außerirdischen Kultur bis zur gelben Zentrale, die vielleicht nur die Vorankündigung einer zukünftigen Wahrheit ist, gab es im Unbewußten der Völker stets die Sorge um die Erhaltung, den Fortbestand des Menschengeschlechts, den es gegen physischen und psychischen Verfall zu sichern galt. In unserer Zeit beginnt ein noch großartigeres Ziel sich abzuzeichnen, dem die Völker des Westens zustreben: das Erwachen des universalen, des kosmischen Bewußtseins.

Der Mensch will seinem kleinen Planeten, den abergläubisch-pedantischen Vorstellungen seiner kleinen Welt entfliehen, wo die Probleme in kindlicher Weise zwischen dem Gott der Erde und den Bewohnern der Erde ausgehandelt werden.

Er will sich aus dem Teufelskreis eines überholten finsteren Rassedünkels befreien, um an seine Stelle den kosmischen Charakter seines Wesens zu setzen.

Sicher wird auch der neue Mensch Wert darauf legen, seine Sitten, Überlieferungen und Gebräuche, seine Hautfarbe und seine Abkunft und vielleicht auch seinen rassischen Typus als schätzbares und pittoreskes Beiwerk auf irdisch-folkloristischem Gebiet zu bewahren, doch ist er bereits durch die, die ihm den Weg wiesen, für eine höhere Wahrheit gewonnen: Die Menschen unseres Planeten sind Bürger der unendlichen Welt.

Mag er der weißen, gelben oder schwarzen Rasse angehören, der Mensch von morgen wird seinen Weg zu den Sternen fortsetzen.

Die steinernen Bücher von Ica enthüllen in mehr oder minder klarer Form – z. T. genügt es, die Zeichnungen zu lesen, z. T. muß man sie interpretieren –, was die Bewohner von Atlantis oder jedenfalls diese unbekannten Vorfahren über Biologie, Naturgeschichte, Chirurgie, Geographie, Soziologie, Paläontologie sowie die meisten anderen wissenschaftlichen Disziplinen wußten. Ja, es ist nicht auszuschließen, daß diese Steine die ganze Geschichte der Welt sowie des Universums erzählen, auch wenn das uneingeweihte Auge die Symbole vielfach nicht zu entziffern vermag.

»Möglicherweise«, meinte Dr. Cabrera, »sind auch wir heute am Ende unserer Zeit angelangt, d. h. vielleicht stehen auch wir am Vorabend einer großen Sintflut, die weitsichtige Menschen bereits ahnen, haben die Amerikaner doch die wesentlichen Zeugnisse unserer Kultur in einer Rakete vergraben. Ganz ähnlich muß es wohl auch damals gewesen sein.«

Dann führte uns der Doktor durch die Säle, um uns einen Überblick über die *primhistorische Bibliothek* von Ica zu vermitteln. Wie in einem Film rollten vor unseren Augen Szenen ab, die sich vor Jahrmillionen in einer uns fremden Umwelt mit einer längst ausgestorbenen prähistorischen Flora und heute nur noch den Paläontologen bekannten Tieren (Dinosaurus, Brachiosaurus, Pteranodon, Tyrannosaurus, Brontosaurus, Protoceratops, Stegosaurus usw.[1]) abgespielt haben, beispielsweise Jagdszenen mit Menschen und Dinosauriern, darunter die Darstellung eines Mannes mit

[1] Aufgrund unserer mangelnden Vertrautheit mit diesen Arten könnte sich bei dieser Aufzählung unter Umständen der eine oder andere Fehler eingeschlichen haben.

einem Bündel Fischen auf dem Rücken, der einen Bogen auf einen Saurier anlegt.
Noch verwirrender aber sind die Zeichnungen, die – obwohl doch anscheinend ebenso alt wie die obenerwähnten – Tierarten darstellen, die der offiziellen Wissenschaft nach erst viel später aufgetreten sind: Strauße, Känguruhs, Pinguine, Reiher, Fledermäuse, Kamele etc.

Prähistoriker melden Zweifel an

Auch Dr. Cabrera überrascht die Gleichzeitigkeit von Tieren, die eigentlich Jahrtausende voneinander trennten, nicht so offensichtlich jedoch die Menschen, die die Steine gravierten und die es ja wohl besser gewußt haben müssen. Mögen die Fachgelehrten dieses Rätsel lösen!
Wir möchten hier nur in aller Bescheidenheit darauf hinweisen, daß der in der Kreidezeit, also zur gleichen Zeit wie der Tyrannosaurus lebende Sauropode große Ähnlichkeit mit dem Känguruh aufweist. Und hat man nicht präkolumbianische Darstellungen eines Paläotherium magnum gefunden, das eigentlich schon vor fünfzig Millionen Jahren hätte ausgestorben sein sollen?[1]
Außerdem war der ebenfalls in der Kreidezeit (also vor 80 bis 60 Millionen Jahren) lebende Stycosaurus ein Zwillingsbruder des Nashorns, dessen Vetter wiederum das Arsinoitherium war. Und das halb im Wasser lebende Moeritherium stand dem Flußpferd ebenso nahe wie der Aegyptopithecus-Affe dem Menschen, so daß sie auf einer jahrtausendealten Steinritzzeichnung sehr wohl durcheinandergebracht wor-

[1]Tatsächlich sind Toxodonten-Darstellungen auf den Töpferwaren von Tiahuanaco und den Stelen von Mexiko keine Seltenheit.

den sein könnten! Die klassischen Prähistoriker jedoch nehmen eben diese offenkundige Unstimmigkeit zum Anlaß, das ehrwürdige Alter der Steine von Ica zu bestreiten.
Um 1968 kam dem amerikanischen Professor N. A. John Rowe in Lima ein Stein aus der Sammlung Dr. Cabreras vor Augen. Er drehte ihn mehrmals in der Hand, beschnüffelte ihn und befand mit Kennermiene:
»Eindeutig gefälscht!«
Wie nicht anders zu erwarten, schlossen sich ihm die anderen Hohenpriester der Wissenschaft an und erklärten, ohne ein weiteres Gutachten einzuholen, die Bibliothek von Ica ihrer Aufmerksamkeit für unwürdig.
»Die klassischen Prähistoriker«, so der Kommentar Dr. Cabreras dazu, »sind Opfer ihrer Vorurteile und Scheuklappen. Schließlich findet man bereits seit fünfundzwanzig Jahren in der Umgebung von Ica gravierte Steine, und weitere Tausende harren noch ihrer Entdeckung. Nun behaupte ich gewiß nicht, alles erklären zu können, aber eines läßt sich doch wohl nicht bestreiten: Diese Steine gibt es, und zwar in solchen Mengen – wohl an die hunderttausend –, daß es absurd wäre, sie als Fälschung abtun zu wollen. Und wenn auf manchen ein Mensch einen Stegosaurus angreift, so mag das sehr wohl bedeuten, daß sich besagte vorgeschichtliche Tiere hier in Peru aufgrund besonderer ökologischer Bedingungen länger halten konnten als in anderen Regionen des Globus. War man nicht auch zutiefst davon überzeugt, daß der Coelacanthus seit dem Devon[1], also seit 300 Millionen Jahren, ausgestorben sei, und dennoch werden heute an der Ostküste Afrikas wiederholt lebende Exemplare gefangen! Wie es scheint, können auch klassische Prähistoriker irren.

[1]Devon: Rund 300 bis 280 Millionen Jahre zurückliegender Zeitabschnitt des Erdaltertums.

Wie der Geologe Neil Opdyke herausgefunden hat, sind zur Zeit der Verschiebung der Magnetpole gewisse Arten mariner Mikroorganismen – die Strahlentierchen – verschwunden. Und gewiß blieben auch die bereits durch ihr Riesenwachstum sehr verwundbaren Saurier der Vorzeit von den Auswirkungen dieser Verschiebung, die u. a. eine fünfzehnprozentige Erhöhung der Radioaktivität auf der Erdoberfläche zur Folge hatte, nicht verschont. Andererseits jedoch hat sich diese Polverschiebung nur auf bestimmte Zonen ausgewirkt. So hat man z. B. in Mammouth, Kalifornien, oder bei Oldway Felsen mit einer vom Normalen abweichenden, d. h. umgekehrten Kristallisation gefunden und dies in Zusammenhang mit dem Erdkern gebracht, dem dabei gewissermaßen die Rolle einer aus sich selbst getriebenen Kraft zufiele.
Aber ob die Dinosaurier nun wirklich aus diesem Grunde von der Erdoberfläche verschwunden, Wüsten fruchtbar und fruchtbare Landstriche zur Wüste geworden sind – eins jedenfalls steht fest: Die Auswirkungen machten sich nicht überall gleich stark bemerkbar, d. h. in bestimmten Zonen könnten die Saurier noch lange nach dem allgemeinen Aussterben der Art überlebt haben.

Lupe und Teleskop in primhistorischen Zeiten

Im *primhistorischen Museum von Ica*[1] finden sich noch andere, nicht minder erstaunliche Darstellungen, so z. B. sehr

[1]Prähistorie (Studium der vorgeschichtlichen Epochen) läßt an Höhlen, Eisen- und Bronzezeit sowie andere Irrtümer ihrer klassischen Hohenpriester denken und hat sich somit als Bezeichnung mehr oder weniger selbst disqualifiziert. Aus diesem Grund haben wir 1962 den Begriff *primhistorisch* geprägt, der im Grunde dasselbe bedeutet, aber die Vorstellung von Affenvorfahren ablehnt und statt dessen von untergegangenen Hochkulturen und höherentwickelten Vorfahren ausgeht.

sauber ausgeführte Zeichnungen, die eindeutig Menschen mit einer *Lupe* zeigen oder Astronomen, die den Himmel mit einem Fernrohr, das man sicher schon als *Teleskop* bezeichnen darf, beobachten. Das Auge ans Okular gepreßt, haben sie ihr Gerät auf einen Stern erster Ordnung bzw. auf einen Kometen mit einem riesigen leuchtenden Schweif gerichtet, dessen Kopf, wie offensichtlich zu allen Zeiten, als Kugel dargestellt ist.

Nun könnten diese Details den Verdacht aufkommen lassen, die Ritzzeichnungen seien womöglich in einer noch nicht allzu lange zurückliegenden Epoche entstanden. Aber sind Sterne nicht seit jeher als sechseckige Gebilde und Kometen als gehörnter Kopf mit glänzendem Lichtschweif dargestellt worden?[1]

Möglicherweise könnte der auf den Steinen von Ica dargestellte Riesenkomet auch Kohoutek sein, der unseren höherentwickelten Ahnen einen solch unauslöschlichen Eindruck gemacht hätte, daß sie die Erinnerung an ihn unbedingt wachhalten wollten. Damit wäre die Frage der Datierung der Bibliothek von Ica wesentlich erleichtert. Leider nur ist das Problem noch keineswegs gelöst. Für Kohoutek spricht immerhin, daß er auf der südlichen Hemisphäre, also auch in Peru, gut sichtbar ist.

Möglicherweise allerdings hat der Komet von Ica damals das »Ende der Welt« ausgelöst. Das heißt, es könnte sich um den »Kometen« Venus handeln, der vor rund 5000 Jahren auftauchte, oder auch um eine der 12 000 Jahre zurückliegenden großen allgemeinen Sintflut vorausgehende Himmelserscheinung.

[1] Kometen, gasartige Sterne, von denen es mehrere Milliarden gibt, kreisen in einem bestimmten, periodischen oder nichtperiodischen Rhythmus um die Sonne. Man denke nur an die »Venus mit dem Feuerschweif«, an die »Feuerschlange mit dem langen Schwanz« aller primitiven Völker!

Noch zutiefst beeindruckt von den *pistas,* bereiten wir uns in unserer Piper-cub auf die *grabados* vor, die man wohl als eine Art Illustrationen zu einer geheimen Schrift betrachten darf. Als erste taucht am Rande des Panam die sechsundvierzig Meter lange, stark stilisierte Spinne auf, die mit ihrem im Vergleich zum Hinterleib relativ großen Bruststück aus prähistorischen Zeiten stammen könnte. Vom Flugzeug aus gesehen scheint sie acht mit einem einzigen Strich gezogene Beine zu haben, während es sich in Wirklichkeit, wie wir tags darauf am Boden feststellen, jeweils um einen Doppelstrich handelt.

Nachdem wir dem Panamerican Highway eine Zeitlang gefolgt sind, drehen wir nach Westen ab, wo wir auf eine besondere Fülle größerer Zeichnungen stoßen.

Gleich am Anfang können wir vollkommene Spiralen und geometrische Figuren, die z. T. aus *líneas* und kleinen geraden Pisten zusammengesetzt sind, Parallelen, die den großen *pistas* folgen, sowie Kreuzungen von Linien verschiedener Dicke bewundern. Dann macht uns unser Pilot, Hauptmann Arboulou, aufmerksam: »Aufgepaßt, señor, der Affe«: Ein riesiges, 100 m langes Tier in voller Aktion, den langen Schwanz zur Spirale aufgerollt. Wir beeilen uns, zu knipsen und zu filmen, während die Piper in ein paar hundert Metern Höhe Schleifen zieht. Die Arme des Affen werden von einer *línea* durchschnitten. Von seinem Schwanz gehen zwei Parallellinien aus, die sich zu einer geometrischen Figur erweitern. Eine mysteriöse Angelegenheit. Aber es ist uns schon des öfteren aufgefallen, daß Zeichnungen, darunter recht bedeutende, anscheinend später mit einem Liniennetz überzogen wurden. Nicht so allerdings der 180 m lange Kondor, über den wir anschließend hinwegfliegen.

Edmond Wertenschlag allerdings sieht in diesem »Kondor« aufgrund seines langen Schnabels einen *picaflor* (Kolibri). Bekanntlich jedoch werden die Zeichnungen häufig durch dazustoßende *pistas* verlängert. In derselben Zone gibt es übrigens noch andere Kondore oder Vögel, darunter einen mit unmäßig langem, gewundenem Hals und Schnabel.

Das Symbol des Kondors würde, da dieser Vogel in den Anden als »Götterbote« gilt, außerdem zur Erklärung der *grabados* beitragen. In diesem Fall wären die riesigen Zeichnungen ein Akt der Huldigung bzw. eine Botschaft an höhere Wesen oder Götter im Himmel.

Vor Rätsel stellen uns dagegen nach wie vor die anderen Symbole wie die Papageien, Katzen, geflügelten Vierfüßer, die Saurier, Fische, Küken, Blumen, mehrköpfigen Schlangen und nicht näher definierbaren Objekte.

Auch die Bedeutung der beiden 6 km südlich von Palpa in einen Hügel gegrabenen, schon halb verwischten Gestalten mit der strahlenförmigen Aureole wird für immer im Dunkel bleiben. Möglich, daß es sich um eine Darstellung des Gottes Inti (der Sonne) handelt, aber mit Sicherheit wird man es nie herausfinden.

Dazu kommen noch Tausende durch Erosion unleserlich gewordene *grabados*, Spiralen, die an Steingravierungen bei Chavin erinnern, aber auch in allen übrigen Teilen der Welt Entsprechungen haben, abstrakte Zeichnungen mit griechischen Mäandern, rechtwinkeligen Labyrinthen, Zickzacklinien . . .